古城悠悠

图书在版编目（CIP）数据

大事如皋. 2018 / 江苏省如皋市档案馆编. —北京：方志出版社，2019.6
ISBN 978-7-5144-3766-9

Ⅰ. ①大… Ⅱ. ①江… Ⅲ. ①如皋－地方史－大事记－2018 Ⅳ. ①K295.34

中国版本图书馆CIP数据核字（2019）第117516号

大事如皋（2018）

编　　者： 江苏省如皋市档案馆
责任编辑： 黄　彦

出 版 者： 方志出版社
地址　北京市朝阳区潘家园东里9号（国家方志馆4层）
邮编　100021
网址　http://www.fzph.org
发　　行： 方志出版社图书经销中心
电话（010）67110500
经　　销： 各地新华书店
印　　刷： 南通彩虹印刷有限责任公司

开　　本： 889×1194　1/16
印　　张： 15.25
字　　数： 395千
版　　次： 2019年6月第1版　2019年6月第1次印刷

ISBN 978-7-5144-3766-9　定价：150.00元

大事如皋

CHRONICLE OF EVENTS IN RUGAO

中共江苏省如皋市委员会
江苏省如皋市人民政府 主办
江苏省如皋市档案馆 编

2018

方志出版社
Publishing House of Local Records

《大事如皋》编纂委员会

序

时光荏苒，岁月流转。刚刚过去的2018年，如皋市深入学习贯彻习近平新时代中国特色社会主义思想和党的十九大精神，紧扣“高质量发展走在前列”目标定位，围绕南通建设上海大都市北翼门户城市要求，践行新发展理念，做实产业、做优城市、做好民生、建强队伍，统筹做好改革、发展、稳定各项工作，保持经济社会健康协调发展，综合实力再上新台阶。

在这一年里，如皋名列福布斯中国大陆最佳县级城市第9位、全国综合实力百强县（市）第25位。全市实现地区生产总值1120.5亿元，全年粮食生产喜获丰收，新增亿元企业47家、10亿元企业7家，完成服务业应税销售、建筑业施工总产值均超千亿元。城乡居民人均可支配收入分别增长8.7%、9.2%。

在这一年里，如皋县域综合执法改革代表南通接受国务院实地督查并被通报表扬，简政放权创业创新环境评价全省第一。全年新批外资项目26个，实际到账外资4.57亿美元，居南通首位；进出口总额229.6亿元、增长10%；境外投资6338万美元；外经营业额3.3亿美元。如皋港完成港口吞吐量5800万吨，集装箱吞吐量突破30万标箱。

在这一年里，如皋创建“国家基层标准化改革创新先行区”正式启动，主导制定国际、国家、行业标准18项。如皋高新技术产业开发区成功获批省级高新区。神马电力名列2017年度国家科技进步奖特等奖主要完成单位，力星钢球、星球石墨、九鼎新材分别获评国家工业强基工程示范企业和省科技小巨人、能源计量示范企业。

在这一年里，如皋出台乡村振兴三年行动计划，完成10个镇总规修编，中心城区基础设施投入10亿元，完成新城提升规划、高铁南站周边概念规划编制，南美世贸中心、希尔顿酒店等项目成功落户。盐通高铁开工建设，通皋大道工程近半，高铁南站、张皋过江通道、港区铁路专用线等工程前期工作有序开展。

在这一年里，如皋推进生态环境司法保护集成改革，组建全省首家生态环境保护执法司法联动中心。完成大气污染防治工程91项，空气质量优良天数比率达74.7%，列全省县（市）第9位。落实河长制、断面长制，市考以上断面化学需氧量、氨氮、总磷同比分别下降14.4%、43.3%、44.5%，全面消除劣Ⅴ类。新改建镇级污水处理厂6座，新增村庄污水处理设施64座。

在这一年里，如皋创成国家级农村职业教育和成人教育示范县（市），成为全国首批县级融媒体中心建设试点县（市）。全市普通高考本一上线率位居南通第一，基层综合性文化服务中心实现全覆盖。北外附属龙游湖外国语学校投入使用，4家镇级公立卫生院挂牌运行。支云足球俱乐部成功冲甲。《如皋年鉴》获全国地方志评比特等奖，市档案馆顺利建成省AAAAA级数字档案馆。

在这一年里，如皋率先在全省县（市）中实施职工照护保险，全市城乡居民医保、职工“五险”实现动态全覆盖，城乡低保标准实现一体化，农村“五保”保障标准稳步提升。省级双拥模范城创建实现“四连冠”，连续四届蝉联“中国百强公益慈善城市”，连续11年获评“省平安县（市）”。

回首来时路，人民群众是历史的创造者。2018年，全市人民奋发图强，在贯彻党的十九大精神开局之年和改革开放40周年之际，弘扬以“勠力同心、同甘共苦、坚韧不拔、善作善成”为主要内容的如皋治沙精神，以空前的热情投入如皋的各项建设，再度取得累累硕果。《大事如皋（2018）》忠实记录下建设者们艰苦奋斗的不平凡历程，籍此向全市人民的辛勤付出和丰厚回报致敬！

鉴古知今，继往开来。2019年，恰逢新中国成立70周年，又是决胜高水平全面建成小康社会的关键之年，在长三角一体化与“一带一路”、长江经济带发展等国家战略交汇叠加背景下，如皋进入加速发展、追赶超越的“窗口期”，奋力构建长江经济带战略支点重要支撑，为高水平全面建成小康社会完美收官夯实决定性基础，时代为这片热土赋予新的历史使命！

风好正是扬帆时，面对百年未遇之大变局，新的一年，勤劳智慧的如皋人民将再次书写全新的答卷，接续开辟如皋高质量发展新境界，让千年古邑焕发出更加蓬勃的生机！

编　者

2019年4月

编辑说明

《大事如皋》是以马克思列宁主义、毛泽东思想、邓小平理论、“三个代表”重要思想、科学发展观、习近平新时代中国特色社会主义思想为指导，坚持辩证唯物主义和历史唯物主义的立场与观点，以时间为序，收录如皋市经济、政治、文化、社会、生态文明建设的重要档案文献资料，旨在为各级领导、各部门了解全市的工作动态和发展情况、总结经验、指导工作等提供系统的档案信息服务。

《大事如皋(2018)》记录和反映了如皋市2018年全市范围内发生的大事、要事、新事及市委、市政府为民办实事项目，以图文并茂的形式记述党和政府的重大政策、各部门的重大活动、各界人士关注的重大事件、与人民群众生活密切相关的重大项目，记录成就，展示风貌，保存史料。

全书由领导调研、热点聚焦、新闻人物、大事纪要、成就展台、惠民实事、专文选编、先进荣誉8个部分的内容组成。

1.领导调研 主要记录和反映省、部级以上和南通市委、市政府主要领导人在本地区的重要活动。

2.热点聚焦 选取全市当年事关全局、有广泛和长远影响的大事，重点加以记述。

3.新闻人物 简要介绍如皋市新上任、变动的主要领导人；做出重大贡献的国内外各界如皋籍人士的履历、事迹；全市2018年组织机构及负责人名录。

4.大事纪要 按时间顺序逐条记载2018年如皋经济、政治、军事、文化、社会、生态文明等方面的情况、部门工作动态、重大活动和事件及本地区的特异自然现象等。

5.成就展台 记录和展示全市2018年经济社会发展所取得的重大成就和亮点。

6.惠民实事 主要记述2018年市政府确定的为民办实事项目的落实情况。

7.专文选编 选录市委、市政府重要专题报告和全市性的政策、法规性文件。

8.先进荣誉 选录获得国家、省级、南通市级和如皋市级奖励和荣誉称号的模范人物、科技成果、文体活动等。

如皋市档案馆

2019年3月

目 录

■领导调研

江苏省委常委、组织部部长郭文奇走访慰问如皋城乡困难群众 …… (2)
南通市委书记陆志鹏到如皋调研 …… (3)
徐惠民到如皋调研时要求深入推进生态优先绿色发展 …… (4)
省政协领导阎立调研如皋深化科技体制机制改革工作 …… (5)
陆志鹏在如皋调研中央环保督查交办问题整改情况 …… (6)
省人大常委会副主任魏国强调研如皋乡村振兴战略实施情况 …… (6)
全国政协副主席万钢考察指导如皋市氢能产业 …… (8)
副省长马秋林调研如皋氢能产业和新能源汽车产业发展情况 …… (9)
文化和旅游部副部长李群到如皋调研 …… (10)
徐惠民勉励如皋在招大引强上下足功夫,努力实现能快则快发展 …… (11)

■热点聚焦

如皋百岁老人突破400位 …… (14)
神马电力获2017年度国家科技进步奖特等奖 …… (14)
市委十二届六次全体(扩大)会议召开 …… (15)
政协第十四届委员会第二次会议召开 …… (16)
如皋市十七届人大二次会议召开 …… (17)
南通首家知识产权保护联盟成立 …… (18)
如皋市第七届旅游文化节开幕 …… (19)
刘延淮向红十四军纪念馆捐赠革命遗物 …… (20)
如皋市在全省先行启动“智慧居保”工程 …… (20)
“白蒲黄芽菜”地理标志证明商标获批注册 …… (22)
如皋市成立全省首家生态环境保护执法司法联动中心 …… (22)
盐通高铁如皋段正式开工建设 …… (23)
如皋市正式启动国家基层标准化改革创新先行区创建 …… (24)

如皋 8 所高中高考成绩公布 …… (25)
如皋列 2018 县域经济 100 强(2018 年)榜单第 24 名 …… (26)
如皋市举行庆祝中国共产党成立 97 周年大会暨第五期“村(社区)书记大讲坛” …… (26)
如皋治沙精神图片展在全市巡回展出 …… (28)
国家税务总局如皋市税务局挂牌成立 …… (31)
南京如皋商会成立 …… (31)
如皋市入围 2018 中国县域营商环境百强榜第 32 位 …… (32)
江苏省如皋高新技术产业开发区正式获批 …… (33)
千年古城里的一支劲旅——市综合商会 …… (34)
第三届国际氢能与燃料电池汽车大会在如皋举行 …… (35)
2018 如皋“一会两节”成果丰硕 …… (36)
2018 全国盆景交易大会暨首届中国如皋小微盆景实景展在如皋开幕 …… (37)
华东首家南美世贸中心落地如皋 …… (38)
三年梦终圆,南通支云足球队昂首挺进中甲 …… (39)
如皋再获“中国百强公益慈善城市”称号 …… (40)
南通市庆祝第十九个中国记者节活动在如皋举行 …… (40)
如皋市第十一届运动会暨第二届全民健身运动会开幕 …… (41)
2018 如皋国际铁人三项赛圆满举办 …… (42)
如皋市档案馆通过省 AAAAA 级数字档案馆评估 …… (42)
如皋市位列全国县域经济综合竞争力百强排名第 25 名 …… (43)
如皋市位列“中国大陆最佳县级城市 30 强”第 9 名 …… (44)
苏州市如皋商会成立 …… (44)
第二届中国工业物联创新发展高峰论坛在如皋市举行 …… (45)
全市领导干部会议召开　宣布市委主要领导调整决定 …… (45)

■新闻人物

张建华担任中共如皋市委书记 …… (48)
石慧宏任如皋市委常委(挂职) …… (49)
以企业创新创造社会价值——通商优秀代表江苏神马电力董事长马斌 …… (50)
杨德英、李建云家庭分别入选全国“最美家庭”、全国“五好家庭” …… (51)
“无臂硬汉”石晓华当选助人为乐“中国好人” …… (52)
如皋医生程锋万米高空成功急救病人 …… (53)
人民警察谢翠东因公殉职 …… (53)

大事如皋

如皋市总工会党组书记、主席周太荣获评“全国优秀工会工作者”称号 …… (54)
如皋木作大师薛爱民根据郎世宁系列名画《十骏图》所雕作品亮相北京文博会 …… (55)
沈银亮当选12月份“江苏好人” …… (57)
“姚铁嘴”专题报告蜚声盐阜大地 …… (58)
严纯华获颁全国“最美科技工作者” …… (59)
如皋姑娘陈梦雅登上“雪龙”号，前往北极科学考察 …… (59)
如皋籍优秀运动员李彤、石高峰为国争光 …… (60)
马瑾院士追思会在中国地震局地质研究所举行 …… (61)
缅怀闵乃本院士 …… (62)
如皋籍医学专家洪专当选中国老年学和老年医学学会精准医疗分会主任委员 …… (63)
丁佐宏荣膺“改革开放40年百名杰出民营企业家” …… (64)
如皋市旅比华人收藏家吴培获评首届欧洲华人影响力年度人物 …… (65)
如皋旅美作家卢新华小说《伤痕》手稿捐赠复旦大学图书馆 …… (65)
如皋姑娘、哈佛大学庄小威博士摘得“生命科学突破奖”桂冠 …… (66)
如皋籍“华人神探”李昌钰获评“江苏省荣誉居民”称号 …… (67)
组织机构及负责人名录(2018年度) …… (68)

■大事纪要

1月 …… (96)
2月 …… (102)
3月 …… (107)
4月 …… (114)
5月 …… (120)
6月 …… (127)
7月 …… (134)
8月 …… (141)
9月 …… (148)
10月 …… (155)
11月 …… (163)
12月 …… (171)

■成就展台

成就一：致力促进产业转型，运行质效不断提升 …… (178)
成就二：致力转换新旧动能，内生动力不断迸发 …… (178)

目录

成就三:致力推进改革开放,发展活力不断释放 …… (179)
成就四:致力统筹城乡建设,宜居魅力不断彰显 …… (179)
成就五:致力推动绿色发展,生态环境不断改善 …… (179)
成就六:致力保障民生需求,百姓福祉不断增进 …… (180)
成就七:致力建设和谐社会,治理能力不断提高 …… (180)

■惠民实事

2018年政府为民办实事项目完成情况 …… (182)

■专文选编

解放思想再深入　改革开放再出发
接续开辟如皋高质量发展新境界
——在市委十二届八次全体(扩大)会议上的讲话 …… 张建华(186)
解放思想再出发　追赶超越勇争先
奋力推动如皋高质量发展走在前列
——在市委十二届七次全体(扩大)会议上的讲话 …… 陈晓东(193)
政府工作报告
——2019年1月22日在如皋市第十七届人民代表大会第三次会议上 …… 何益军(200)
2017年度如皋市环境状况公报 …… 如皋市环保局(215)
2018年如皋市国民经济和社会发展统计公报 …… 如皋市统计局(218)

■先进荣誉

国家级荣誉 …… (228)
省部级荣誉 …… (230)
如皋市级荣誉 …… (231)

领导调研

Lingdao Diaoyan

江苏省委常委、组织部部长郭文奇走访慰问如皋城乡困难群众

2月7日，江苏省委常委、组织部部长郭文奇一行到如皋，深入社区、敬老院和群众家中，走访慰问部分老党员、劳模、残疾人、五保户等。他要求各级党委、政府要着力为困难群众排忧解难，把党和政府的温暖送到群众心坎上。南通市委书记陆志鹏、如皋市委书记陈晓东一同走访慰问，送上新春祝福。

郭文奇一行首先到如皋工业园区（如城街道）长港村17组，看望老党员杨张根。杨张根是一位已有70年党龄的老党员，全家5口人中有4人是党员。“老一辈在艰苦的条件下为革命和建设事业做了大量工作，党和人民永远不会忘记你们。”郭文奇详细询问老人身体情况，给老人送上慰问金、慰问品，代表省委、省政府向老人送上新年祝福。

在高新区（城南街道）张八里社区，郭文奇先后看望了五保老人徐伯生和残疾人倪德凤一家。郭文奇握着老人的手嘘寒问暖。徐伯生老人激动地说：“党和政府一直很关心我，逢年过节都来慰问。”走进倪德凤家，三居室的拆迁安置房敞亮干净。倪德凤肢体残疾，丈夫在外务工支撑家庭，儿子两年前因意外致使腿部残疾，家庭纳入最低生活保障。郭文奇向倪德凤一家送上节日问候和祝福，勉励他们在党委、政府的关心帮助下，战胜眼前困难，让日子越过越红火。

如城敬老院集中供养着102位五保老人，如皋市投资460万元对敬老院消防设施提档升级，对房间的卫生间进行改造，增加了2个公共浴室，建设健身娱乐场地，五保老人的生活环境得到很好改善。郭文奇走进老人们的房间，和他们聊家常，聊生活。看到敬老院环境优美，听到老人们齐声称赞，郭文奇高兴地表示，让五保老人在这里吃得好、住得好，心情愉悦，体现了南通和如皋对这一工作的重视，也说明敬老院的服务到位了。

在如皋工业园区（如城街道）颐园新村，郭文奇看望了82岁的省劳模石昭龙，叮嘱老人保重身体，安享晚年，同时在力所能及的范围内继续发挥余热，传播劳模精神。

郭文奇一行还到如皋工业园区（如城街道）顾庄社区开展调研。顾庄社区是“如派”盆景的发祥地，一直致力于大力发展花木盆景产业。社区有党员117名，其中60%的党员是花木经纪人。社区党总支实施“党建+服务”工程，组织广大党员为百姓发家致富带好头、领好路。郭文奇充分肯定了社区党总支的做法，希望社区党总支进一步提升组织力，做强集体经济，提升服务能力，不断赢得百姓更多的支持和信任。

南通市委书记陆志鹏到如皋调研

4月12日，南通市委书记陆志鹏到如皋调研，要求认真学习习近平新时代中国特色社会主义思想和党的十九大精神，以开展“解放思想、追赶超越、推动高质量发展”大讨论活动为契机，进一步统一思想、凝聚共识，抢抓机遇、砥砺奋进，明确追赶超越目标，切实打好“三大攻坚战”，推动产业、城市、交通三大转型，持续加强党的建设，努力推动高质量发展走在前列。

陆志鹏（前中）一行在平园池村调研　　黄友谊 摄

南通市委常委、秘书长沈雷及如皋市委书记陈晓东，市委副书记丁兴华，市委常委、经济技术开发区党工委副书记马金华参加活动。

陆志鹏深入沿江岸线、社区、园区、企业、田头进行调研。他察看了沿江非法码头、船厂、沙石场拆除和岸线生态修复工作，对如皋市高标准 、高质量完成岸线生态工程表示认可，要求严格落实习近平总书记关于长江沿线“共抓大保护、不搞大开发”的要求，走生态优先、绿色发展道路。在长江镇中心沙社区，他肯定了社区党总支全面实施党建标准化建设，夯实新时代农村党建基础的做法。在海泰科特精密材料有限公司，他详细听取了企业发展计划，肯定了企业积极引进先进设备和技术，超前布局加快转型发展的做法。在如皋软件园，他到“一下未来科技城”，了解企业产品研发、融资等情况，对如皋软件园打造大众创新、万众创业优质平台的做法给予充分肯定。他还实地调研了经济技术开发区平园池村高标准农田建设、龙游河二期和宝塔河整治及生态修复项目、龙游湖商务区建设等。陆志鹏对如皋市在经济社会发展、城乡建设、社会事业、文明城市创建等方面取得的成绩给予了肯定。

陆志鹏指出，南通市委决定在全市开展“解放思想、追赶超越，推动高质量发展 ”大讨论活动，这次活动也是全市上下深入学习贯彻习近平新时代中国特色社会主义思想和党的十九大精神的主题活动。要通过学习讨论，将思想统一到习近平新时代中国特色社会主义思想的深刻内涵、总体要求和基本方法上来，切实增强思想自觉和行动自觉。要通过学习讨论，把思想统一到省委对如皋市提出的追赶超越工作要求上来，认清形势，认真梳理分析现有的优势、存在的短板和问题，树好追赶超越的目标，进一步抓住机遇，激发动力与激情，砥砺奋进实现追赶超越。要通过学习讨论，把思想统一到高质量发展的工作目标上来，在经济发展、 项目建设中更加注重质量、效益和生态，更加注重统筹发展各项社会事业，更加注重保障和改善民生。

陆志鹏要求如皋市切实打好“三大攻坚战”，多措并举，切实防范地方债务风险； 精准施策，持续推进阳光扶贫、精准脱贫；继续聚焦治水、治气、治土，坚决打好污染防治攻坚战。要坚持以深化供给侧结构性改革为主线，以项目建设为抓手 ，加快产业转型升级，提升城市建设水平，实现交通互联互通。要切实加强基层党的建设，总结推广党建标准化试点经验，探索实施党建质量体系认证，不断提升基层党建工作水平。

徐惠民到如皋调研时要求深入推进生态优先绿色发展

徐惠民（右三）一行在国际园艺城调研　　　　黄友谊 摄

5月17日，南通市委副书记、代市长徐惠民到如皋调研。他指出，如皋是南通沿江的重要板块，要深入学习贯彻习近平总书记“共抓大保护、不搞大开发”、正确把握“五个关系”等重要战略思想，按照省委、省政府的部署要求，深入推进生态优先、绿色发展，大力实施“生态+”，加快新旧动能转换和产业转型升级，走在长江经济带高质量发展的前列。南通市政府秘书长陈俊及如皋市领导陈晓东、何益军、马金华、刘向阳陪同调研。

围绕发展生态绿色经济，如皋市已形成新能源汽车、氢能、软件及信息服务外包等重点特色产业集群。徐惠民前往汽车文化馆、康迪电动车、赛麟汽车公司等处，了解新能源汽车产业发展情况。他对如皋市大胆布局新能源汽车产业，积极打造氢经济示范城市和氢能小镇表示肯定，希望把握技术进步方向，强化项目支撑作用，加强人才培养和引进，通过新技术的研发应用，实现行业领跑、产业跨越。在百应能源公司，徐惠民试乘了氢燃料电池公交车，了解氢能源应用和市场拓展等情况，鼓励企业加强与相关企业合作，加快氢燃料汽车产业化。他表示，对技术过关、商业模式合理的新产品，要鼓励本地市场先试先用，加大推广应用的政策扶持力度。在如皋软件园凌志软件公司，徐惠民希望企业做大做强，争取早日上市；要求园区放大成本优势、人才优势，继续做好服务，吸引更多软件企业落户。

徐惠民到国际园艺城、城南花苑公共服务中心调研，希望如皋在保护中利用沿江资源、发展绿色产业的同时，更加注重农村生态富民、生态振兴。在国际园艺城，徐惠民指出，花木产业是典型的绿色产业、富民产业，要顺应社会化服务需求，充分利用互联网、物联网等新一代信息技术，补齐产业链短板，在富民增收、乡村振兴中发挥更大作用。在城南花苑，徐惠民希望积极把握原居民和新生代居民的需求，加强就业培训和服务，完善社会保障，防止新的“城市病”，增强群众认同感、幸福感。他指出，广大村居要积极发展集体经济，确保集体资产保值增值，但是要切实防止“散乱污”企业和面源污染；相关部门要研究制定专门引导政策，系统考虑脱贫增收、污染防治和经济发展等问题。

省政协领导阎立调研如皋深化科技体制机制改革工作

阎立（前排中）一行在汽车文化馆调研　　邱宇摄

6月6日，省政协副主席、党组副书记阎立率领调研组到如皋，就深化科技体制机制改革工作进行专题调研。南通市委副书记、代市长徐惠民，南通市政协主席、党组书记黄巍东，南通市政协副主席金元及如皋市领导陈晓东、何益军、张元健、马金华、郑振明陪同调研。

阎立一行第一站到中国最大的花木盆景市场——花木大世界（如皋）国际园艺城。该市场是如皋花木大世界的转型升级之作，在国内属于规模最大，功能齐全，环境优美的花木盆景综合性大市场。园艺城在国内已经率先形成了“花木盆景+互联网+旅游”的特色产业链。走进市场中心主展馆，阎立便被一盆盆造型独特的精品盆景所吸引，各种罗汉松、五针松、黄杨风采各异。在如派盆景前，阎立饶有兴趣地听取了如派“两弯半”盆景艺术的故事。市委书记陈晓东介绍说：“如皋盆景在国际、国内许多重要的评比展览中屡屡摘金夺银，并作为鲜活的艺术品走进了中南海、人民大会堂和毛主席纪念堂等重要场所。”西侧的龙飙盆景工作室里面摆满了各种微型盆景、山水盆景和树桩盆景。在与负责人龙飙交谈中，阎立仔细询问盆景的销售情况，了解盆景生长特性和养护技术。阎立对如皋市的花木产业赞不绝口，他希望如皋大力发展以花木盆景为重点的创意农业，进一步提高花木科技成果转化和孵化功能，实现花木产业高质量发展，进一步叫响如皋“中国花木盆景之都”的品牌。

随后，阎立一行到赛麟汽车项目现场和汽车文化馆，详细了解如皋市新能源汽车产业发展情况。在赛麟汽车项目建设现场，阎立十分关心项目建设进度和品牌战略。项目负责人表示，现在，一期项目已经全面启动建设，设计产能15万台，达产后可实现产值750亿元。阎立表示，赛麟在各个方面都是一个非常有竞争力的品牌，希望如皋市加快推进赛麟汽车这个龙头项目建设，争取早日投产，提升新能源汽车产业层次。汽车文化馆是如皋面向全国、全世界展示新能源汽车产业集群以及新能源汽车产业互动创新、研讨开发的平台，崛起成为城市文化新地标。该馆对新能源汽车的基本原理、产品类别、产品特点以及国际国内在推广新能源汽车方面的做法和政策进行科普和宣传，给调研组一行留下深刻印象。阎立对如皋当初选择发展新能源汽车产业的卓绝眼光表示赞赏，勉励要进一步抢抓机遇，加强技术攻关和市场开拓，加强产业链延伸拉粗，做大做强新能源汽车产业。

调研中，阎立指出，花木产业和新能源汽车产业都是如皋的龙头产业，要聚焦现有产业优势，坚持改革创新，加大科技体制机制改革力度，突出科技和人才的作用，整合好创新资源，推动地方经济高质量发展。

陆志鹏在如皋调研中央环保督查交办问题整改情况

6 月 21 日上午，市委书记陆志鹏在如皋市专题调研中央环保督查交办问题整改情况。南通市副市长徐新民及如皋市领导何益军、刘向阳、高峰陪同调研。他强调，要坚持以习近平生态文明思想为指导，高度重视中央环保督查交办问题和相关生态环境问题整改工作，以科学务实的态度切实解决群众反映强烈的突出问题，并以问题整改倒逼产业转型，坚决打好打赢污染防治攻坚战，奋力推动生态环境高质量。

2016 年，位于如皋市如城街道的新敦煌印染厂、江苏神马电力如皋分公司分别因污水直排、危险固废违规处置等问题，被中央环保督察交办整改。如皋市高度重视，督促企业认真落实整改要求，并进行跟踪检查，确保稳定达标排放、解决存在问题。现已经完成相关整改工作。

在新敦煌印染厂，陆志鹏检查了企业改造后的燃气炉、污水处理池和排水等设施，详细了解企业环保投入、生产经营等情况。该企业占地约 15 亩，职工 70 多人，年销售 2000 余万元。现阶段国家环保要求越来越严，企业也在加大环保设备投入，改进生产工艺流程，积极加快转型。陆志鹏指出，类似这样的企业，规模不大，但污染排放量却不小，环境成本比较高，一方面可以在原有基础上加大投入、通过环保设备提档升级实现排放达标；另一方面，企业要获得长远发展，根本出路还是要坚持科技创新、向更好的产业转型。地方党委、政府要以推进问题整改为契机，引导帮助企业新上好项目、发展新产业，加快实现转型发展。

按照中央环保督察整改要求，神马电力如皋分公司积存的固废已依法依规进行了处置，废气、污水排放相关问题也得到了有效解决。陆志鹏察看了企业废气收集等设施，与企业负责人深入交流，了解整改情况。他叮嘱企业负责人一定要高度重视环保工作，按照相关环保标准和规范常抓不懈，特别是对固废处置，要加强全过程监管，确保管理到位、措施到位，切实肩负起保护环境的社会责任，坚持绿色发展，加快成长壮大。

调研中，陆志鹏对中央环保督察交办问题和相关环保问题整改工作提出要求。他强调，各级党委、政府要切实担负起保护生态环境的政治责任，进一步提高政治站位，深化思想认识，坚持问题导向，对突出生态环境问题整改情况进行全面梳理，不折不扣地落实好中央环保督察“回头看”后续整改工作要求，建立并严格执行销号制度，实事求是、扎实稳步推进整改，确保问题得到彻底有效解决，切实改善生态环境质量。

省人大常委会副主任魏国强调研如皋乡村振兴战略实施情况

7 月 4 日，省人大常委会副主任魏国强一行到如皋调研乡村振兴战略实施情况。南通市人大常委会副主任孙建华及如皋市领导陈晓东、吴道健、刘向阳、邵晓泉、张百璘等陪同调研。

魏国强一行先后察看了长江镇（如皋港区）中心沙社区、江苏永友食品科技有限公司、花木大世界（如皋）国际园艺城、经济技术开发区平园池村、汽车文化馆等处，并听取相关情况汇报。在长江镇（如皋港区）中心沙社区，魏国强先后参观了明事餐厅、明德志愿服务站以及文体中心等处，并与社区负责人、党员、居民亲切交谈，肯定了社区党总支全面实施党建标准化建设，夯实新时代

魏国强（前排中）一行在花木大世界（如皋）国际园艺城调研　　邱　宇摄

农村党建基础的做法。在江苏永友食品科技有限公司，魏国强勉励公司以“品牌化、专业化、国家化”为发展目标，力争成为国内具有较强影响力的高端粮油制品的生产基地。在花木大世界（如皋）国际园艺城，魏国强一行分别参观了园艺城中心展馆，欣赏了精品艺术盆景。他说，如皋作为“中国花木之乡”在国际国内已经产生了较大的影响力，下一步要狠抓转型发展，真正把这一富民产业转化吸收到老百姓的钱袋子里。经济技术开发区平园池村千亩藕池文化园内的荷花目前已进入盛开期，荷花竞相绽放，荷香四溢，美不胜收，吸引了众多游人。魏国强与村负责人亲切交谈，询问了平园池村近年来的发展情况。他指出，在发展荷花产业的同时，可以同步发展多种生态产业，比如立体养殖，争取像荷花一样别样红，促进村民增收。在汽车文化馆，魏国强边察看汽车文化馆各种产品展示，边听取如皋新能源汽车产业集群发展情况介绍，对如皋市新能源汽车产业呈现出的良好发展态势给予肯定。

调研中，魏国强对如皋大力实施乡村振兴战略取得的成绩给予充分肯定。他指出，实施乡村振兴战略，是党中央作出的重大战略决策，意义十分重大。要按照“产业兴旺、生态宜居、乡风文明、治理有效、生活富裕”的总要求，把实施乡村振兴战略作为农业农村工作的主抓手，坚持问题导向，加快突破制约农村发展的重点难点，努力打造一批特色亮点，推动农业全面升级、农村全面进步、农民全面发展，奋力开创农业农村工作新局面。

大事如皋

全国政协副主席万钢考察指导如皋市氢能产业

10 月 23 日，全国政协副主席、中国科学技术协会主席万钢出席第三届国际氢能与燃料电池汽车大会，并实地考察如皋慧家汇汽车超市和部分氢能企业。省政协副主席周健民，南通市政协主席黄巍东，南通市副市长陆卫东，如皋市领导陈晓东、何益军、张元健、马金华等陪同考察。

如皋慧家汇汽车超市是此次大会展馆的主阵地，吸引了 7 个国家的 52 家展览企业参展，多项氢能产业新产品、新技术首次发布。万钢走进展馆，了解氢能企业的市场情况及最新研发成果。赛麟汽车是一家拥有包括轻量化、先进动力总成等高端核心技术的汽车品牌。在江苏赛麟汽车科技有限公司的展位前，董事长王晓麟向万钢介绍了公司发展现状和最新研发技术。万钢听后十分高兴，充分肯定了这家落户如皋的企业所采取的“高端化、差异化”的发展思路，鼓励企业加快核心技术研发，在如皋建设先进的汽车智能制造基地。

汽车文化体验馆夜景　　　　丁松山　摄

在一汽红旗 H5 展位前，万钢认真察看了车身，对采用燃料电池发动机这一新技术高度称赞，他高兴地说：“这让我看到了氢能燃料电池国产化的希望，要继续加快电动汽车技术的开发，在全社会能源结构调整的进程中，助力汽车产业向新能源方向转型升级取得更大的成绩。”万钢还参观了如皋氢能企业组团参展展位、“联合国氢经济示范城市”项目展位和氢能小镇展位。他鼓励氢能企业要在电动汽车轻量化、智能化技术方面有更大的作为。

南通百应能源有限公司是如皋经济技术开发区引进的首家氢能企业。经过 7 年的发展，公司从最初的膜电极研发，到目前除拥有自主知识产权的膜电极研发、生产外，不断发展成具有电堆、备用电源系统、车用动力系统乃至整车调试运维技术的多元化的生产规模企业。在南通百应能源有限公司的展厅，万钢详细询问该公司车用燃料电池动力系统的相关情况，了解企业引进国外核心技术和自主研发取得的成效。“无人机用传统的锂电池续航时间是半小时，用我们的氢能燃料电池，续航时间可以达到三个半小时。”听了企业负责人陈融的介绍，万钢称赞道：“这就是你们的核心技术，也是企业做大做强的优势所在。”

考察中，万钢强调，如皋要抓住机遇加快氢能产业和新能源汽车产业发展，着力通过提高技术水平来赢得市场竞争优势，不断壮大产业规模，逐步形成特色和优势。同时，政府也要加大政策扶持力度，为企业发展营造更好的创新环境。

副省长马秋林调研如皋氢能产业和新能源汽车产业发展情况

12月6日，副省长马秋林率队调研如皋氢能产业和新能源汽车产业发展情况。市领导何益军、马金华陪同调研。

如皋多款新能源汽车亮相2018上海国际新能源汽车产业博览会

马秋林一行参观了百应能源、神华加氢站、安思卓新能源、江苏清能、赛麟汽车等企业研发生产车间和项目现场，进一步了解如皋市氢能产业和新能源汽车产业发展现状。百应能源是如皋经济技术开发区引进的首家氢能企业。在公司展厅，马秋林详细询问了车用燃料电池动力系统的相关情况，了解企业引进国外核心技术和自主研发取得的成效，并亲身体验了氢燃料电池大巴的绿色出行。企业负责人陈融介绍了最新研发的专利技术——与青年汽车集团合作研发的车载水解制氢项目情况，马秋林勉励企业加大研发投入和科技创新力度，加快科研成果的转化应用，提升企业的核心竞争力，加快氢燃料汽车产业化。在安思卓新能源和江苏清能，马秋林深入了解加氢企业的在研项目、技术攻关、科技成果转化、生产经营、市场前景等情况，并勉励企业增强核心技术研发，加快生产设备智能化改造，不断降低生产成本，提高市场竞争力，加快氢能产品推广应用。

马秋林在调研时指出，如皋的氢能产业从无到有、发展迅速，走出了一条国际合作、集成创新和自主研发相结合的产业化道路，难能可贵。他希望地方政府要加强服务，引进更多氢能产业上下游项目，打造完整的氢能产业链，加快氢能产品推广应用，做大做强做优氢能产业。

文化和旅游部副部长李群到如皋调研

李群（前中）一行在李昌钰刑侦科学博物馆调研　　黄友谊　摄

12月16日，文化和旅游部党组成员、副部长李群一行到如皋市调研。省文化和旅游厅党组书记、厅长杨志纯，南通市副市长徐新民，南通市副市长、如皋市委书记陈晓东及何益军、刘向阳、茅红宇、张亚莺等市领导陪同调研。

在江苏电影档案展示馆，李群实地参观了电影发展历程科普展示区、胶片电影存放库房、洗片工作区、修复工作区等处，并现场观看了胶片老电影。丰富的馆藏和胶片修复技术让李群很是震惊。江苏电影档案展示馆专业从事胶片电影收藏展示、抢救修复、文化交流和电影技术科研等工作，收藏并展示胶片电影、胶片洗印设备、修复设备、放映设备、电影剧本、海报及相关的老电影藏品共20余万件。

“在这里，我看到了中国胶片电影的发展史，这项工作真的意义重大，一定要坚持做下去。”李群说。电影胶片收藏和修复工作对于推动中国传统文化事业发展、提升区域知名度、促进区域经济社会发展有着重要意义。他希望如皋市及项目单位进一步采取有力措施，做好电影胶片的整理、收藏和管理工作，努力使其发挥出最大综合效益；要强化展馆建设，积极向国家级迈进。

李昌钰刑侦科学博物馆是全球首家刑侦科学类博物馆，分为李昌钰的成长篇、成就篇，设置刑侦类书籍及资料查阅区、李昌钰刑侦物品及藏品展示、刑侦科学发展史、刑侦类名案展示区、案件分析室、培训室、情景模拟室等功能区域。除传统资料展陈、幻影成像、虚拟现实影像、数字影片等先进的技术展示外，指纹打印机、凶案现场模拟等新颖的展陈形式也吸引了参观者驻足。“这里不只是一个博物馆，将来更应该是一个鉴识科学知识普及教育、刑侦技术设备研究以及人才培养的综合体。”李群对博物馆的建设给予充分肯定，希望如皋市进一步加大对博物馆的保护、挖掘和塑造力度，让李昌钰博士“变不可能为可能”的卓越精神得到传承和弘扬。

调研中，李群强调，要努力打造文旅融合发展项目，把博物馆等文化场所纳入旅游线路，使之成为游客喜爱的文化体验目的地、传播优秀传统文化的有效平台，并希望如皋市进一步统筹好文化产业和旅游资源开发，不断提升服务经济社会发展的能力和水平。

徐惠民勉励如皋在招大引强上下足功夫，努力实现能快则快发展

12月18日，南通市委副书记、代市长徐惠民带队到如皋调研，勉励如皋守住底线、做大总量、做实增量，努力实现能快则快发展，为南通争当“一个龙头、三个先锋”多作贡献。南通副市长、如皋市委书记陈晓东及何益军、马金华、刘向阳、茅红宇等如皋市领导参加调研。

徐惠民（左三）一行在北外附属龙游湖外国语学校调研　　邱宁　摄

徐惠民一行先后考察了江苏电影档案展示馆、东大街历史文化保护街区、北外附属龙游湖外国语学校、神马电力、苏中国际集装箱码头等处。在江苏电影档案展示馆，徐惠民实地参观了电影发展历程科普展示区、胶片电影存放库房、洗片工作区、修复工作区等处，并现场观看了胶片老电影。2018年，如皋市利用江苏电影档案展示馆独有的技术资源，开展了“流金岁月”老电影展播周活动，让更多市民一起享受电影文化大餐。徐惠民对此给予充分肯定，指出胶片博物馆一定要“触网”，借助“互联网+”实现做大做强。在东大街历史文化保护街区，徐惠民称赞如皋在抢救性修复过程中，最大限度地保留老街的“原汁原味”，做到了“修旧如旧”。在北外附属龙游湖外国语学校，徐惠民实地察看了学校软硬件建设情况，对学校的办学理念给予高度评价，同时希望如皋市充分发挥民办教育的积极作用，满足不同群体的多样化需求。在神马电力，徐惠民深入生产车间，实地查看生产状况，并听取企业发展情况介绍。徐惠民对神马电力屡立奇功，用自己独创的科技解决了特高压架空线路绝缘等多个世界级难题给予充分肯定，希望企业在新的一年里不断努力，取得更大的进步。在苏中国际集装箱码头，徐惠民认真听取了介绍，勉励如皋不断提升岸线、土地资源集约化利用水平，优化功能配套，完善集疏运体系，更好发挥一类口岸优势。

座谈中，如皋市委副书记、市长何益军简要汇报了如皋市经济社会发展情况以及明年工作思路。2018年以来，如皋市紧扣“项目建设、污染防治攻坚和‘四个全面’综合考核进入南通前列，高质量发展进入全省前20名”的目标定位，深入践行新发展理念，落实高质量发展要求，聚焦打好“三大攻坚战”，突出项目建设、产业转型、民生保障等关键领域，强化措施，积极应对，全市经济社会发展呈现出平开稳走、稳中有升的态势。2019年如皋市将更加注重有效投入，掀起项目招引建设新高潮；更加注重创新驱动，增强经济转型发展新动能；更加注重改革开放，构筑区域发展活力新优势；更加注重生态治理，丰富青年友好城市新内涵；更加注重普惠共享，实现民生幸福指

数新突破。

徐惠民说，通过看现场、听汇报，总体感觉如皋经济社会保持了很好的发展态势，参观的几个项目都比较有特色，前景好、后劲也很足。就做好今后工作，徐惠民要求，首先要在招大引强上下足功夫，推动高质量发展。促进地区经济发展，招商是必由之路，因此要建立招商引资的专职、专业队伍，抽调和选派一批懂专业知识、懂外语、懂法律并能吃苦耐劳、具有奉献精神的精兵强将，充实招商引资队伍。其次要精准有效地抓好经济工作。实体经济是稳定增长的重要支撑，也是改善民生的重要保障。做好当前经济工作，必须紧紧扭住实体经济不放松，稳住经济发展基本面，培育新的经济增长点。要以“等不起”的紧迫感和“慢不得”的责任感，聚焦项目，聚力攻坚，以更大的力度推进项目建设。此外还要防范化解地方政府隐性债务风险。要正确处理稳投资与防风险的关系，严防新增隐性债务；要牢牢守住不发生区域性系统性风险的底线，压实主体责任，充分凝聚防范化解政府隐性债务风险的合力，为推动高质量发展走在前列营造良好环境。

热点聚焦

Redian　Jujiao

如皋百岁老人突破 400 位

1 月 4 日，如皋市老龄办传出信息，全市百岁老人突破 400 位。经过对全市各镇（区）老年人核查统计发现，截至 2017 年 12 月 31 日，全市百岁老人数再创历史新高，达 403 位，其中男性 89 位，女性 314 位。105 岁以上的达 24 位，110 岁以上的有 4 位。最年长的是一位家住搬经镇梅甸村 10 组的佘文福男寿星，114 岁高龄。最年长的女寿星为磨头镇邓高居 113 岁的陈玉美。白蒲镇文峰居 29 组有一对夫妇均逾百岁，徐良泉系老教师，102 岁，其妻邵秀英 103 岁。

神马电力获 2017 年度国家科技进步奖特等奖

新华报业网 WWW.XHBY.NET
首页 原创 新闻 天气 娱乐 图片 国内 国际 社会 经济 政要 评论 专栏 金融
江苏 南京 苏州 无锡 常州 镇江 南通 泰州 扬州 盐城 宿迁 淮安 连云港 徐州
您当前的位置 ： 江苏 > 本网原创 >正文

“神马”不是浮云 南通神马两获国家科技进步特等奖

来源： 交汇点 作者：徐超 陈明 2018-01-09 15:52:22

交汇点讯 1月8日，备受关注的2017年度国家科技进步奖揭晓，“特高压±800kV直流输电工程”项目荣获特等奖，南通企业江苏神马电力股份有限公司作为项目主要完成单位、董事长马斌作为项目主要完成人，出现在获奖名单上。这是江苏神马电力作为主要完成单位获得2012年度国家科技进步奖特等奖后，第二次捧回国家科技进步特等奖。

1 月 8 日，2017 年度国家科技进步奖揭晓，“特高压±800 千伏直流输电工程”项目获特等奖。企业江苏神马电力股份有限公司是该项目主要完成单位，董事长马斌是项目主要完成人。这是神马电力作为项目主要完成单位获 2012 年度国家科技进步奖特等奖后，再次获此殊荣。

“特高压±800 千伏直流输电工程”，是世界上电压等级最高、输送容量最大、送电距离最远、技术水平最高的输电技术。特高压±800 千伏直流输电技术，使我国能源资源和负荷需求由曾经“让煤跑路”，变成了“让电跑路”。2017 年 12 月，特高压直流输电技术为巴西美丽山水电站高压直流送出成功架起桥梁，成为自“一带一路”国际合作高峰论坛以来，我国在国外取得成功的、最有影响力的工程之一。特高压直流输电技术是国际上公认的我国领先世界的技术，是能源电力领域的重大创新，是世界电力工业发展史上的重要里程碑，实现了中国创造和中国引领。

在“特高压±800 千伏直流输电工程”中，神马电力承担了系统复合外绝缘的研制任务，通过技术创新，研发出国际首创的特高压直流支柱复合绝缘子，有力支撑了项目的实施。神马电力一直坚持“创造价值，才有价值”的企业价值观，通过技术创新，为行业提供解决方案，推动行业进步。国家科技进步特等奖“梅开二度”，正是神马电力致力于技术创新和行业进步的真实写照。江苏神马电力股份有限公司先后研发出填补国际空白的变电站复合绝缘子、输电塔复合横担等产品，有力推动全球行业进步，赢得了国际行业的认可。

2014 年，国家能源局批准神马电力成立“国家能源电力绝缘复合材料重点实验室”。2015 年，神马电力研发出具有专有技术油浸纸电容式复合套管和高压开关绝缘拉杆，从而为全球电网提供更为可靠、更为经济的电力部件。2016 年，神马电力再度研发出性能优异的配电线路复合横担，大幅度提升了配电线路防雷水平，可有效防止配电线路的雷击跳闸事故。

市委十二届六次全体(扩大)会议召开

市委十二届六次全体(扩大)会议现场　黄友谊 摄

1 月 5 日，市委十二届六次全体(扩大)会议在市行政中心礼堂胜利召开。会议高举习近平新时代中国特色社会主义思想伟大旗帜，深入学习贯彻党的十九大精神，全面贯彻落实中央经济工作会议、农村工作会议和省委、南通市委全会精神，回顾总结党的十八大以来及 2017 年全面建成小康社会的实践成就，系统谋划决胜高水平全面建成小康社会的总体思路，研究部署 2018 年经济社会发展和党的建设工作，动员全市各级党组织和广大干部群众，不忘初心，牢记使命，扎实推进“两聚一高”新实践，奋力开创新时代“强富美高”魅力如皋建设新局面，谱写高水平全面建成小康社会如皋新篇章。

市领导陈晓东、何益军、吴道健、张元健、丁兴华、马金华、缪小华、刘向阳、丁锋、史有根、缪爱诚、茅红宇、祝国庆、桂万先在主席台就座。

市委书记陈晓东主持会议，并代表市委常委会向大会作题为《深入学习贯彻党的十九大精神，谱写高水平全面建成小康社会如皋新篇章》的工作报告。与会人员分组讨论并审议了工作报告。

经过认真酝酿、讨论，出席这次全会的市委委员以举手表决的方式，一致通过了《中国共产党如皋市第十二届委员会第六次全体(扩大)会议决议(草案)》。

市委副书记、市长何益军强调，要忠诚坚定，凝心聚力抓落实。市委提出，今后三年的发展取向、工作导向、奋斗指向就是“推动高质量发展，提升百姓获得感”，并从工作理念、工作方法、工作推进上作了具体部署，确立了清晰的奋斗路径，顺应了未来的发展趋势。要深化认识、凝聚共识、增强信心，切实把思想统一到市委的分析判断上来，统一到会议的决策部署上来，统一到高水平全面建成小康社会的目标定位上来。要积聚力量、齐心协力，发扬一条心、一盘棋、一股劲的精神，在工作中多配合少争论、多支持少埋怨、多参与少推诿，努力形成强大的攻坚合力。

市委明确提出，要充分发挥“六大指挥部”主抓手作用，大力实施先进制造业与现代服务业“双轮驱动”战略，坚持把提高发展质量作为引领全面小康的“核心工程”；坚持把深化改革开放作为推动全面小康的“动力工程”；坚持把统筹城乡发展作为支撑全面小康的“基础工程”；坚持把优化生态环境作为实现全面小康的“底线工程”；坚持把改善民生事业作为提升全面小康的“幸福工程”；坚持党要管党、全面从严治党，切实将加强党的建设作为夯实全面小康的“强基工程”。各板块、各部门要抓要领、解难题、谋新招，着力提高新常态下组织工作的能力水平，拿出切实可行的落实路径。

明晰的目标需要务实推进才能实现，良好的决策需要落地执行才能见效。各板块要紧密结合自身实际，找准立足点和突破口，切实做到每项任务都有具体措施，每个目标都有项目支撑，每项工作都有机制保障。各部门要按照总量指标只增不减、优势指标只进不退、提速指标只超不降的要求，迅速细化分解任务，把指标落实到具体工程、具体项目、具体活动。要抓铁有痕、踏石留印，建立健全常态化、实效化的督查推进机制，已经落实的问效果，正在落实的看进度，未能落实的查原因，落实不力的追责任，做到事事有交代、件件有回应，确保全会各项工作任务不折不扣落实。

何益军强调，要坚持从早从紧，奋力夺取首季“开门红”；要坚持聚焦聚力，全力打响污染防治攻坚战；要坚持快上快干，大力推动城建工程建设；要坚持过细过实，致力保障群众节日生活；要坚持抓严抓稳，着力维护社会大局稳定；要坚持统抓统管，努力做好其他各项工作。

会议扩大到市四套班子全体党员领导；市人民法院院长、市人民检察院检察长；市纪委委员；各镇（区、街道）全体现职领导班子成员；市级机关各部门、文广传媒集团、江苏有线如皋分公司、如皋港集团主要负责人；市人大常委会、市政协各委室主要负责同志；各完中党组织负责人；党委建制的市属企事业单位党组织负责人；各村（社区）党组织书记；企业家代表；市级同业商会会长；非领导干部的党代表。会议邀请在城的地市级老领导、市四套班子党员老领导、在职的四套班子非党员领导出席。

政协第十四届委员会第二次会议召开

市政协十四届二次会议会场　　邱　宇摄

1月12—15日，中国人民政治协商会议如皋市第十四届委员会第二次会议在市行政中心礼堂召开。来自全市各行各业的市政协委员将履行政治协商、民主监督、参政议政职能，为高水平全面建成小康社会、建设“强富美高”魅力如皋议政建言、献计出力。

市委书记陈晓东代表市委向大会的召

开表示热烈的祝贺并作重要讲话。受市政协十四届委员会常务委员会委托，市政协主席张元健作政协第十四届委员会常务委员会工作报告，并致闭幕词。市政协副主席严世斌向大会报告市政协十四届一次会议以来提案工作情况。

2018 年，共收到提案 427 件，经审查立案 411 件，立案率 96.3%，77 个承办单位在规定的时间内全部办复，承办件在 5 件以上的部门和单位集中见面汇报率达 95%，办理答复率 100%。试行提案办前协商 72 件，占 17.5%。从办理情况看，383 件提案形成了一定成效，占 93.2%，列入计划予以解决 16 件，占 3.9%，所提问题留作研究参考 8 件，占 1.9%，所提问题因客观条件限制暂不能解决 4 件占 1%。从办理的过程和结果看，对办理结果满意的 383 件，占 93.2%，基本满意的 28 件，占 6.8%。总体来说，提案工作较好地助推了全市经济社会持续稳定发展。

会议一致通过了《中国人民政治协商会议江苏省第十四届委员会第二次会议决议》，选举市政协第十四届委员会常务委员两名，张小凤、曹阳两人当选为市政协十四届委员会常委。

如皋市十七届人大二次会议召开

1 月 13—16 日，市第十七届人民代表大会第二次会议在市行政中心礼堂召开。来自全市各条战线的人大代表，肩负着全市人民的重托，齐聚一堂，发扬人民当家做主的精神，庄严履行宪法和法律赋予的权利和职责，以高度的政治责任感和饱满的参政热情出席会议。

市十七届人大二次会议会场　　黄友谊 摄

此次会议开、闭幕式应到代表为 417 名，实到代表分别为 392 名、386 名，符合法定人数。市人大常委会主任、大会主席团常务主席吴道健主持开幕式，大会主席团常务主席、市人大常委会副主任钱志刚主持闭幕式。

市委副书记、市长何益军代表市人民政府向大会作工作报告。何益军在报告中总结回顾 2017 年各项工作。过去的一年，市政府在市委的正确领导下，在市人大、市政协的监督支持下，始终坚持稳中求进总基调，自觉践行新发展理念，扎实推进改革发展稳定各项工作，实现了本届政府良好开局：综合实力持续增强，产业结构更加优化，发展活力不断迸发，城乡面貌明显改善，环境质量日趋好转，幸福指数逐步攀升，文明程度显著提升。回顾一年的工作，取得的成绩令人欣喜，积累的经验值得铭记。只有牢记使命、一心为民，紧紧依靠群众，才能爬坡过坎、共建共享；只有咬定目标、久久为功，凝聚众智众力，才能不负众望、奋斗以成；只有勇立潮头、敢为人先，致力革新求变，才能突破制约、开创局面；只有落实有方、执行有力，大兴实干之风，才能把美好愿景变为生动现实。

2018年是贯彻党的十九大精神的开局之年，是改革开放40周年，是决胜高水平全面建成小康社会、实施“十三五”规划承上启下的关键一年。站在建设新时代“强富美高”魅力如皋的起点上，我们无比欣喜地感到，如皋活力迸发、前景美好，发展的又一个春天已经来到。新的一年，将准确把握如皋发展的“形”与“势”。新的一年，将科学谋划如皋发展的“计”与“策”。新的一年，将全面提升如皋发展的“量”与“质”。

2018年政府工作的指导思想是：全面贯彻党的十九大精神，以习近平新时代中国特色社会主义思想为指导，认真落实总书记视察江苏重要讲话要求和中央经济工作会议、农村工作会议精神，按照省、南通和市委全会工作部署，紧扣社会主要矛盾变化，统筹推进“五位一体”总体布局、协调推进“四个全面”战略布局，做好稳增长、促改革、调结构、惠民生、优生态、防风险各项工作，以“六大指挥部”为抓手，大力实施先进制造业与现代服务业“双轮驱动”战略，重点推动产业、城市、交通转型升级，打造创新、改革、开放动力引擎，致力生态质量、公共治理、民生福祉改善提升，打好“三大攻坚战”，推进“两聚一高”新实践，推动高水平全面建成小康社会各项工作取得更大进展。

会议通过了《关于人民政府工作报告的决议》《关于2017年国民经济、社会发展计划执行情况和2018年国民经济、社会发展计划的决议》《关于2017年财政预算执行情况和2018年财政预算的决议》《关于人大常委会工作报告的决议》《关于人民法院工作报告的决议》《关于人民检察院工作报告的决议》。

南通首家知识产权保护联盟成立

4月26日，世界知识产权日当天，如皋市知识产权保护联盟成立，这是南通成立的首家知识产权保护联盟。市领导桂万先、高峰出席成立仪式。

当前，知识产权工作越来越受到各级政府的重视。习近平总书记在博鳌亚洲论坛开幕式上发表主旨演讲，提出中国扩大开放的重大举措中，有一项就是加强知识产权保护。如皋市是知识产权发展的大市，去年被国家知识产权局确定为国家知识产权强县工程示范市，但是，目前如皋市还存在知识产权保护的力度不够、知识产权运用的平台和手段不够完备等问题。在这样的背景下，如皋市积极响应国家发出的倡议，成立知识产权保护联盟，履行打击、保护、预防、服务等职能，提升如皋市知识产权的核心竞争力。

据了解，该联盟发起单位有23家，其中司法机关2家、行政机关9家、企业10家、法律服务机构2家，是在自愿、平等、合作的基础上的政企联动、跨行业性、开放性、非营利性的知识产权保护组织。该联盟以服务创新创造创业、加强知识产权保护为主线，致力于建立知识产权交流协作平台，增强自主创新能力和知识产权运用、管理能力；建立知识产权保护自律机制，预防知识产权侵权行为；建立知识产权纠纷协调机制，高效快捷解决权益纠纷；建立执法司法联动机制，惩处侵权违法犯罪行为，共同维护知识产权主体合法权益。

如皋市第七届旅游文化节开幕

如皋市第七届旅游文化节开幕现场　　邱　宇　摄

5月8日，市第七届旅游文化节在中国·如皋国际园艺城开幕。市领导陈晓东、何益军、吴道健、张元健、刘向阳、程瑞琴、吕兰、冒平出席开幕式。

市委书记陈晓东致辞并宣布第七届旅游文化节开幕。如皋，一派江南景象，一座如意之城。全国文明城市、中国人居环境奖城市、中国优秀旅游城市、中国最佳休闲小城等一批"国字头"荣誉为旅游强市建设增添了生机，综合实力跃居全国百强县市第26位。坚持全域旅游战略和"旅游+"融合发展理念，以"寿"为传承基因，讲好如皋故事，发展大旅游，培育新动能，成为全国第二批、南通唯一的"国家全域旅游示范区"创建单位，现有AAAA级景区2家，AAA级景区8家，省四星级乡村旅游点5家、三星级乡村旅游点9家，全面打响了"如皋如歌、长来长寿"的旅游品牌。他强调，当前，正以"全域旅游·享寿如皋"为主题，以创建"国家全域旅游示范区"为抓手，围绕"世界长寿养生福地、中国花木盆景之都、华东红色革命摇篮、江苏历史文化名城"四大特色旅游板块，进一步深化旅游供给侧结构性改革，大力推动"旅游+"和"+旅游"同频共振，加快从景点旅游转向全域旅游新模式，从高速旅游增长转向优质旅游发展新阶段，奋力打造中国最佳长寿旅游目的地。他希望，广大游客在旅游文化节期间，领略自然古朴，感受生态文明，品鉴长寿美食，进一步认识如皋、宣传如皋、恋上如皋，携手共创美好新时代。

副市长程瑞琴发布了2018年全年旅游节庆活动安排。活动为获得江苏省乡村振兴旅游富民先进村，新晋三星级、四星级乡村旅游区单位进行授牌；发布如皋旅游主题标志和吉祥物；播放了各行业"我为如皋旅游代言"的短片；旅游行业代表进行了文明旅游承诺和倡议。活动还进行了现场连线，直播了如皋旅游商品展销、首届长寿旅游嘉年华开幕式(白蒲镇)、微博达人采风、江安镇蓝莓艺术节等相关子活动现场。

据了解，本届旅游文化节活动亮点纷呈，主活动将开展旅游商品展销、全域旅游摄影展、微信达人采风、特色文化演出等子活动；同时镇(区、街道)也将结合自身实际，开展相关特色活动，借助活动载体推动全域旅游加快发展。

大事如皋

刘延淮向红十四军纪念馆捐赠革命遗物

5月11日,老一辈无产阶级革命家刘瑞龙的长女、北京东方灵盾科技有限公司总裁刘延淮到红十四军纪念馆,将一份珍贵礼物——3块银圆,捐赠给了红十四军纪念馆。市领导陈晓东、丁兴华参加捐赠活动。

"3块银圆"饱含难以忘怀的军民鱼水深情。据了解,这3块银圆来自通州老人季锡兰,是季锡兰从自己的父亲季国富手中继承所得。当年大革命失败后,1928年冬,时任中共南通县委委员的刘瑞龙到东五区(即:余东、余中、余西、三余和三益),以小学为据点,在贫农、雇农、手工业工人和贫苦知识分子中间进行我党的恢复和开展工作。1930年,在遇到敌人袭击的时候,季国富主动引开敌人,为刘瑞龙转移争取了时间。搜寻无果的敌人愤怒地将季家五间草房烧了个精光。躲过劫难的刘瑞龙赠予季国富家人3块银元,帮助季家渡过难关。而在以后的日子里,季国富一家面对艰苦生活,宁可讨饭也都没舍得花掉这3块银圆。季锡兰之子曹鑫在捐赠现场告诉记者,这3块银圆有着特殊的意义,他们一家人把银圆当作传家宝,一直小心翼翼地珍藏着。

此后,随着工作地点的变化,刘瑞龙与季家的联系也时断时续。2014年10月,刘延淮代表父辈延续了3块银圆的绵绵深情。季锡兰老人也先后将珍藏80多年的3块银圆全数赠送给了刘家。"让这3块银圆作为永久革命文物保存下来,让那段军民生动故事永远被人民铭记。"刘延淮在捐赠现场介绍说,将这3块银圆放置在红十四军诞生地如皋,不仅是完成季锡兰的心愿,同时也是为了在如皋"红色革命摇篮",用鲜活的红色文化资源开展爱国主义教育,让红色基因代代相传。

市委书记陈晓东在捐赠现场指出, 这3块银圆见证了刘瑞龙革命家在革命战争期间与老百姓结下的深厚情谊,是如皋人民的宝贵精神财富。将这3块银圆放到红十四军纪念馆,丰富了纪念馆的藏品,对于发扬光大老一辈无产阶级革命家光荣传统有着重要意义。他要求,将革命故事介绍好、讲解好,号召社会各界继承和发扬老一辈的革命精神;广大共产党员要根据新时代要求,大力弘扬优良革命传统,坚持以人民为中心,保持与人民的紧密联系,以优良的工作作风,抓好经济社会发展,多为百姓谋福祉,不断满足人民群众需求,提高人民群众幸福指数。

如皋市在全省先行启动"智慧居保"工程

5月15日,为进一步推动城乡居民养老保险管理工作提质增效,加快"智慧人社"体系构建,根据省人社厅"智慧居保"工程要求,举办全市"智慧居保"暨2018居保智能认证工作推进会,在全省先行部署推进居保智能认证工作。

如皋市居保(失地)工作保持了良好的发展态势,连续7年在全省率先完成全年的征收任务,2018年参保缴费人数32.5万人,征收保费2.23亿元,高效高质地完成了省和南通下达的任务指标,完成了城乡居保基金养老金标准的提高,每人每月达到135元,如皋市作为唯一县级市被列入省人社厅社会基金安全评估试点单位,2017年通过南通市人社局内控管理评估验收。

为适应参保群众获得更高水平、更加便捷的服务需求,如皋市对居保业务信息系统进行了研发,并取得了积极的进展成效。2017年,市居保中心牵头开发智能认证系统,2018年3月份在高新区建设社区试点成功，此举为推进"智能认证"打下了坚实的基础；"智能缴费"软件在2018年的居保扩面征缴中逐步使用，持卡缴费人数超过2000人。该软件充分整合和利用了现有资源：1.经过对新农合的整合，社保卡的普及率已达90%以上；2.标准化的村级平台，实现了"一村一员"的协管员服务；3.全市365台到镇到村的一体机，村级协管员人手一套的移动设备；4.系统中认证人员信息量满足实现智能认证的目标条件。

"智慧居保"工程目标任务主要有三：一是利用3年时间(2018年至2020年)全面实现居保待遇享受人员利用人社综合认证平台进行智能化资格认证，通过使用人脸识别系统来实现。3年内所有对象能在村居人社自助服务一体机上认证，鼓励引导逐步实现资格认证掌上办理，通过综合认证平台手机APP进行资格认证，做到外出人员不用返乡，实现"不出村"向"不出户"的延伸。通过综合认证平台非人工自主自动方式智能，即智能资格认证率2018年达30%，2019年达60%，2020年达100%。

二是利用3年时间(2019年至2021年)大力改进居保缴费方式，实现居保缴费方式由现在的到村"坐收"的收取现金方式逐步向社保卡预存代扣、银行网点缴费、终端机自助缴费方式转变，今后还将拓展多种缴费方式和渠道，开发包括手机银行缴费、网上银行缴费、手机APP等非现金缴费方式。到2020年，居保缴费现金结算率力争控制在50%以内。

三是加快推进社保卡的持有和使用，完善参保人员基本信息的核对确认工作，确保在2018年将所有新农保制度实施后的参保人员基本信息完善到位，为接轨省居保信息系统打下基础。

逐步改变城乡居民养老保险保费现金缴费模式：市居保中心已完成居保非现金缴费系统的开发并上线。参保缴费人员可以选择社保卡预存代扣、农商行网点缴费、自助终端机自助缴费3种方式。

预存代扣：选择社保卡预存代扣人员，持有建行社保卡的缴费对象，需由本人到建行网点签订社保卡预存代扣协议，确定缴费档次，并保证社保卡内有足够的资金，在每年的一季度由建行发起居保保费扣款；持有农商行社保卡的对象，由居保中心统一与农商行签订预存代扣总协议，再由参保缴费人员至各镇(区、街道)人力资源和社会保障服务机构签订预存代扣协议，确定缴费档次，并保证社保卡内有足够资金，每年一季度由农商行发起居保保费扣款。

银行网点缴费：选择农商行营业网点缴费的参保人，可以持身份证、社保卡或缴费证明至农商行各营业网点自行选择缴费档次缴费，农商行与居保信息系统已实时联网，现场缴费后居保信息系统后台自动确认。

自助终端缴费：选择自助终端缴费的参保人，持社保卡至村(居)服务网点，在社保卡内有足额资金情况下，按自助服务终端设备上提示操作即可，实现自助缴费。

认证资格集中认证的时间部署为：2018年的全市各镇集中认证的时间为：5月18日至7月18日；认证对象：①居保待遇享受对象；②失保发放状态人员；③土地保养工。

集中认证期间，居保待遇享受人员持社保卡到村居服务网点，可通过自助服务终端进行资格认证，对行动不便的人员，各镇(区、街道)人力资源和社会保障服务机构将组织工作人员持移动终端上门开展服务，指导居住外地的需认证对象通过下载手机APP自助进行认证。

对居保信息系统中有认证要求的对象，如暂不具备综合认证平台智能认证条件的，由各镇(区、街道)人力资源和社会保障服务机构工作人员配合村居进行调查，确认符合领取条件的先进行人工认证，认证期结束后，未进行认证的，居保中心将作暂停发放处理，待参加资格认证后再补发。

“白蒲黄芽菜”地理标志证明商标获批注册

今日头条 首页 / 三农 / 正文

5

转发

微博

Qzone

微信

240年以上历史！“白蒲黄芽菜”地理标志证明商标获批注册！

如皋发布 2018-06-23 04:49:18

22日，小编获悉

“白蒲黄芽菜”地理标志证明商标

被国家知识产权局正式核准注册

这标志着

白蒲黄芽菜从此得到国家法律**正式保护**，商标品牌价值**大步提升**，为如皋蔬菜产业助推精准扶贫带动地方社会经济发展再添**重要砝码**。

如皋发布

如皋种植黄芽菜至少已有240年以上的历史，其主要产地在白蒲镇周围，白蒲黄芽菜著名品种有“六十日”、“菊花心”、“瓦盖头”、“大包头”、“小包头”等。具有“富硒、生态、有机”的优良品质，以及白皮包心，顶叶对抱，包心坚实，黄化程度高的特征，煮则汤若奶汁，炒则嫩脆鲜美，且耐贮藏，为冬令常备蔬菜。建国以来，白蒲黄芽菜的生产得到迅速发展。

6 月 22 日，“白蒲黄芽菜”地理标志证明商标被国家知识产权局正式核准注册，这标志着白蒲黄芽菜从此得到国家法律正式保护，商标品牌价值大步提升，为如皋蔬菜产业助推精准扶贫带动地方社会经济发展再添重要砝码。

如皋种植黄芽菜至少已有 240 年的历史，其主要产地在白蒲镇周围，具有“富硒、生态、有机”的优良品质，为冬令常备蔬菜。新中国成立以来，白蒲黄芽菜的生产得到迅速发展。白蒲地区已建成黄芽菜生产基地，每年提供商品菜上万吨。

多年来，如皋深入实施商标品牌战略，以地理标志证明商标为重要抓手，依托绿色生态富硒资源优势，大力发展特色产业，打造产业公用品牌，促进特色优势产业做大做强。2016 年 8 月，如皋白蒲镇农业服务中心向国家工商总局商标局申请注册“白蒲黄芽菜”地理标志证明商标，经过两年的不懈努力，终于注册成功。

据了解，如皋地理标志证明商标总量已达 6 件，其他 5 件分别是“如皋黑塌菜”“如皋白萝卜”（生、熟两类）、“如皋盆景”“如皋香堂芋”“如皋黄酒”。

如皋市成立全省首家生态环境保护执法司法联动中心

6 月 4 日，全省首家生态环境保护执法司法联动中心在如皋市长江镇（如皋港区）挂牌成立，旨在贯彻落实全国生态环境保护大会、全省长江经济带发展工作推进会精神，通过体制创新破解生态环境治理难题，打好污染防治攻坚战，推动生态文明建设迈上新台阶。江苏省人民检察院副检察长汪莉，南通市委常委、政法委书记姜永华，南通市中级人民法院党组书记、院长曹忠明，南通市人民检察院党组书记、检察长俞昕水，如皋市领导陈晓东、何益军、缪小华、茅红宇、桂万先、陈晓彬、黄文斌出席活动。

长江镇（如皋港区）拥有 48 千米长江岸线及两条国家级长江主航线。不过，畜禽养殖粪污、化工印染电镀企业废水废渣等违规排放污染已不同程度地损害到如皋市的水、气和土壤质量，而这类污染事故，却总因法律及体制所限、执法手段严重不足、执法资源缺乏等问题无法有效地应对解决。为此，

2017年7月,如皋市启动了生态环境司法保护集成化改革,并大胆地提出了构建共同监管、司法保护、执法监督三项机制,经过前期的调研、论证及上级部门的支持,挂牌成立了如皋市生态环境保护执法司法联动中心。

联动中心整合公安局食药环侦大队、检察院生态环境检察部和法院环资审判庭的力量,集成案件办理、司法协调、专家咨询、宣传教育、业务培训五大平台,通过联动中心牵头正确行使生态环境保护侦查、检察、审判职权,使环境资源纠纷司法救济渠道更加畅通,环境资源源头保护、损害赔偿、责任追究等制度得到及时落实,环境资源刑事、民事、行政等司法保护体系更加健全,生态环境保护执法司法队伍专业化水平显著提高。

在生态环境保护执法司法联动中心揭牌仪式上,市委书记陈晓东说,建立生态环境保护执法司法联动中心,目的就是建立完整配套、运转高效的生态环境司法保护体系,与共同监管责任体系、网格化公共治理服务体系构成"三位一体"制度支撑,打造县域生态环境保护的"如皋样本"。将生态环境保护执法司法联动中心设在长江镇,是为了在全市上下进一步强化"保护母亲河"的使命担当,将修复长江生态环境摆在压倒性位置,共抓大保护,不搞大开发。就下一步工作如何开展,陈晓东希望联动中心切实发挥力量整合、职能集成、协调顺畅的综合优势,真抓实干、动真碰硬,在制裁打击污染环境、破坏生态等违法行为上迅速形成压倒性态势,不断回应老百姓对优美生态环境的向往。

当天,如皋市还举行了法院环境资源审判法庭巡回法庭、检察院生态环境检察部暨华东政法大学公益诉讼研究中心揭牌仪式,并聘请了南京大学法学院教授秦宗文、南京师范大学法学院教授陈爱武等专家为如皋市生态环境保护执法司法联动中心专家。

盐通高铁如皋段正式开工建设

6月6日凌晨5时28分,盐通高铁如皋段跨355省道特大桥打下第一桩,标志着盐通高铁如皋段正式开工。据悉,盐通高铁全长156.6千米,如皋段38.46千米,约占全线四分之一,全线高架。施工现场负责人介绍,高架承台基础桩采用反循环施工法,桩深50米、桩径1米。

盐通铁路作为列入2016年国家《中长期铁路网规划》和2017年国家《铁路"十三五"发展规划》的项目,是国家沿海铁路大通道的重要组成部分,也是支撑江苏省"1+3"功能区布局战略的重点工程。盐通高铁是沿海高铁通道的收官之作,是我国八纵八横高速铁路网的重要组成部分。盐通铁路自徐宿淮盐铁路盐城站引出,向南经大丰区、东台市、海安县、如皋市,终点为在建的沪通铁路南通西站,其中大丰和如皋南为新建站,东台和海安县为改扩建站。新建正线全长156.6千米,盐通铁路采用双线高速铁路的技术标准,设计速度目标值350千米/小时。另外,盐通铁路沿线水网密布,河渠纵横。考虑到地质条件等因素,全线多以高架桥为主。其中,盐城至南通段设特大桥6座,桥梁长146.329千米,占线路总长的94.6%。而南通西至张家港段均为桥梁。项目建设工期4年,建设总投资275.6亿元(含正线、联络线及动车运用所)。建成后,苏中、苏北地区将融入全国高铁网。盐城至北京运行时间约4小时,至西安运行时间约5小时,至徐州运行时间约1小时20分钟,至南京运行时间约1小时20分钟,至上海运行时间约1小时,至杭州运行时间约1小时30分钟,至青岛运行时间约2小时10分钟,至泰州运行时间约25分钟,至无锡运行时间约50分钟。

如皋市正式启动国家基层标准化改革创新先行区创建

6月23日，如皋市创建“国家基层标准化改革创新先行区”正式启动。国家标准化管理委员会副主任崔钢、国家标准化管理委员会农业食品部地方处处长宋国建、江苏省质量技术监督局副巡视员郄凌武、南通市政府副市长吴永宏，如皋市领导陈晓东、何益军、高峰、陈杰出席活动。

启动仪式上，市委书记陈晓东介绍了如皋市标准化改革创新先行区创建工作情况。随着长江经济带发展和长三角一体化的深入推进，江苏加快建设“一带一路”交汇点，南通持续打造上海“北大门”，加之沪通铁路长江大桥、盐通高铁等重大工程带来的外部交通格局的巨变，今天的如皋已经真正成为中国东部沿海大通道和长江黄金水道的交汇节点，成为长三角更高质量一体化的战略节点，正迎来一个大有可为的黄金机遇期。“在这个千载难逢的机遇期，如皋经济发展如何更高质量、公共服务如何更加高效、社会治理如何更加和谐、基层党建如何更高水平？我们通过实践和思考发现，标准化是开启上述大门的最好‘钥匙’。”陈晓东说。近年来，如皋市聚焦高端装备等如皋特色优势产业，推进骨干企业和相关部门实施标准化战略，涌现出一批标准应用典范。2008年以来，如皋企业主导、参与制定国际标准4项，主导制定国家标准38项、行业标准91项，获评中国标准创新贡献奖2项，建成国家级标准化试点示范项目4项、省级12项，在建国家级标准化试点示范项目5项、省级4项，创建标准化良好行为企业69家，网上声明公开企业产品标准1124项。如皋黄酒获批国家地理标志保护产品。南通第一个获批的分技术委员会花落力星钢球，新增全国标准化工作组7个，获批全国唯一基层村（社区）党建标准化试点。标准化理念已经在如皋大地深深扎根，标准化改革创新实践也开始展现出初步成果。他表示，将以此次活动为契机，进一步把标准化工作向纵深推进，融入工作、生活的方方面面。

崔钢指出，如皋在标准化改革创新上敢闯敢试，在经济转型升级、社会治理规范中率先以标准化为战略引领进行设计部署，改革创新工作站位高、做法实、效果好。他希望，如皋能够持续攻坚克难，抓住国家基层标准化改革创新先行区的关键机遇，在推动支撑引领地方经济转型发展上发力、在推动支撑引领百姓共享改革成果上发力、在推动支撑引领社会公共治理现代化上发力，让标准化为县域经济与社会治理提供更多有效工具，通过标准化的改革与创新建立长效机制，为新时代背景下标准化全面支撑经济社会可持续、高质量发展探索出一条更加广阔的现实路径。

据了解，获批创建先行区后，如皋市将力争通过三年的努力，全面完成标准化改革创新各项任务，在全市基本形成政府引导、市场主体、社会参与、协同推进的标准化工作格局，以政务管理、社会治理、公共服务、产业发展、品牌塑造等领域为重点，全力推进标准化与经济建设和社会发展各重点领域深度融合，着力在标准化管理体制、推进机制、体系建设、实施监督和如皋标准水平等方面取得突破，努力探索形成全 国县域标准化改革创新的“如皋模式”，全面提升区域竞争力。

吴永宏宣布，如皋市国家基层标准化改革创新先行区创建工作正式启动。

如皋8所高中高考成绩公布

6月25日，如皋全市8所高中成绩出炉。

如皋中学2018年高考获得大丰收。777人参加考试，本一上线760人，上线率97.8%，创历史最高水平；400分以上16人，最高分413分，有7人录取北大、清华大学；390分以上65人，占全省总人数的1/38，在全省领先。高考的录取成绩斐然，施程录取利物浦大学，王俪静、赵琦程录取阿尔伯塔大学，尹迭歌录取巴黎五大，沈玉雯录取加州大学圣地亚哥分校，葛项婕录取梅斯国立工程师学院，缪祎录取香港中文大学，陆颖然录取香港城市大学，环妍、章辰、朱笛、仲殷、吴昱川录取北京大学，黄冠、张韩旭录取清华大学。

如皋市第一中学2018年高考再创佳绩：本一上线率74.6%，超出市局下达指标9个百分点；本二上线率99.8%，超出市局下达指标3个百分点。理科类390分以上4人，文科类380以上3人。艺术类全部本一上线，最高分559，全省排第236名。

白蒲中学2018年高考本一上线86.85%，如皋理科最高分405分花落白蒲中学。

江安高级中学2018年高考610人参考，本一上线402人，本一率达66%；本二上线607人，本二率达99.5%，文理科均有同学进入全省前1000名。其中理科何乐取得了397分的好成绩，文科孙运以390的好成绩位列全省353名。

石庄高级中学2018年高考再创佳绩：文科最高分395分，全省180名；本一上线率57%；本二上线率99%；艺术类最高分两位550，全省排名440名。

如皋市搬经中学2018年高考，文化科452人参考，一本上线209人，上线率46.24%；二本上线448人，上线率99.12%；美术班41人参考，40人通过本科线。六门选修四门过B率超过90%。

如皋市第二中学2018年高考，文化类本一上线率36.5%，本二上线率98.4%，文化类370分以上2人。美术类本科上线率98%，其中翁洵573分列全省第96名，陆竞570分列全省123名。

长江高中2018年高考再创佳绩，本一上线人数165人（含艺术），上线率57.89%；本二上线人数280人（含艺术），上线率98.24%；文科全省前3000名1人，前10000名6人，理科全省前15000名8人；艺术最高分553分（2人），列全省第378名，36人列全省前1000名；体育最高分410分，列全省166名，编导最高分537分，列全省125名。文化类本一完成指标率468.65%，本二类完成指标率110.51%。

如皋列 2018 县域经济 100 强(2018 年)榜单第 24 名

表 2 2018 年中国县域经济 100 强榜单

排序	县（市、旗）	排序	县（市、旗）
1	昆山市	51	东台市
2	江阴市	52	荥阳市
3	张家港市	53	平湖市
4	常熟市	54	肥城市
5	晋江市	55	肥西县
6	慈溪市	56	扬中市
7	长沙县	57	三河市
8	宜兴市	58	伊金霍洛旗
9	义乌市	59	巩义市
10	太仓市	60	兴化市
11	龙口市	61	神木市
12	荣成市	62	新密市
13	诸暨市	63	乳山市
14	浏阳市	64	仪征市
15	胶州市	65	嘉善县
16	宁乡市	66	永康市
17	余姚市	67	东阳市
18	海门市	68	长兴县
19	福清市	69	玉环市
20	丹阳市	70	嵊州市
21	乐清市	71	沛县
22	海宁市	72	临海市
23	温岭市	73	青州市
24	如皋市	74	句容市
25	启东市	75	宁海县
26	准格尔旗	76	闽侯县

6 月 28 日，“2018 中国县域经济创新发展论坛”在北京召开。论坛上，赛迪县域经济研究中心发布了《2018 年中国县域经济百强研究》及“县域经济 100 强 (2018 年)榜单”。南通 5 县市均上榜，排名分别为：海门排名 18、如皋排名 24、启东排名 25、海安排名 43、如东排名 50。

2018 中国县域经济百强评估坚持五大发展理念，遵循科学、系统、客观、可操作、可对比的基本原则，赛迪县域经济研究中心建立了县域经济高质量发展的评价指标体系，包括一级指标 4 个，二级指标 8 个，三级指标 20 个。评价体系坚持稳中求进总基调，聚焦高质量发展，坚持以人民为中心的发展思想，体现新发展理念，从经济实力、增长潜力、富裕程度、绿色发展四个方面对全国县域经济发展进行评价。

据了解，赛迪顾问是中国首家在香港创业板上市，并在业内率先通过国际、国家质量管理与体系标准认证的现代咨询企业，直属于中华人民共和国工业和信息化部中国电子信息产业发展研究院。

如皋市举行庆祝中国共产党成立 97 周年大会暨第五期“村(社区)书记大讲坛”

7 月 2 日，如皋市举行庆祝中国共产党成立 97 周年大会暨第五期“村（社区）书记大讲坛”。市领导陈晓东、何益军、吴道健、张元健、丁兴华、马金华、缪小华、刘向阳、丁锋、史有根、缪爱诚、茅红宇、桂万先在主席台前排就座。

市委书记陈晓东为广大党员干部上了一堂题为《不忘初心、牢记使命，在高质量发展新征程中彰显担当作为》的“七一”专题党课。他代表市委向受到表彰的单位和个人表示热烈祝贺，向全市各级党组织，向奋战在各条战线的全体共产党员，向广大离退休老同志，致以亲切的问候和崇高的敬意。

陈晓东指出，不忘初心、牢记使命，必须在对标坚守中把握接力奋斗的宏伟目标。要从历史中寻求前进的精神动力，时常回头看看走过的路，任何时候都不要忘记走过的过去，不要忘记为什么出发。他从解答“共产党人的初心和使命是什么？共产党人为什么要坚守初心和使命？新时代共产党人怎样践行初心和使命？”三个问题入手，要求坚持和加强党的全面领导，坚持以人民为中心的根本立场，坚持创新实践。他指出，不忘初心、牢记使命，必须在传承弘扬中领会治沙精神的丰富内涵。治沙精神的孕育形成、传承弘扬，凝结着共产党人一以贯之的初心和使命，必将在新时代继续践行初心和使命提供强大精神动力；治沙精神根植于党领导如皋人民治沙改土的伟大实践，体现了如皋人民勠力同心的团结精神、同甘共苦的奋斗精神、坚韧不拔的进取精神、善作善成的创业精神，必将引领如皋人民豪情满怀地迈进高质量发展新时代。全市上下要牢记治沙改土的初心，以更加奋发有为的精神状态，投身到高质量发展新征程中，书写新担当，展示新作为。

陈晓东指出，不忘初心、牢记使命，必须在担当作为中谱写改革发展的崭新篇章。实现“人民幸福、民族复兴”的宏伟蓝图，必须不驰于空想、不骛于虚声，一步一个脚印，踏踏实实干好工作。全市各级党组织和广大党员干部，要从治沙精神中汲取信念的力量、奋进的力量，进一步提振“遇到矛盾就兴奋、碰到困难就迎上”的精气神，以担当诠释初心，以作为践行使命，向老百姓交出一份高质量发展的满意答卷。要在高质量发展新征程上奋力追赶，狠抓重大项目建设，协同打好污染防治攻坚战、精准脱贫攻坚战、防范化解重大风险攻坚战，打造城乡融合发展的“如皋样板”；要全力化解矛盾信访，从被动维稳向主动化解转变，从突破一个问题向解决一类问题转变，从分割式管理向网格化治理转变；要坚定不移全面从严治党，不折不扣抓好巡视反馈意见整改落实工作，把基层党组织建成坚强战斗堡垒，全面落实党风廉政建设责任制。陈晓东最后强调，全市广大党员干部要大力弘扬治沙精神，初心不改、矢志不渝，以新状态踏上新征程，以新作为彰显新担当，争做信念坚定、党性纯粹、干事创业、遵章守纪的共产党人。

市委副书记、市长何益军主持会议。就贯彻落实会议精神，他要求，首先要统一思想快落实。要迅速抓好会议精神的贯彻传达，深入推进“两学一做”学习教育常态化制度化，以改革创新精神全面加强党的建设，把各级党组织建好建强，把党的执政骨干队伍建强建优，切实把全体党员干部的思想统一到会议要求上来，凝聚到实现“两聚一高”的发展主题上来，为奋力谱写新时代如皋高质量发展新篇章提供坚强保障。其次要聚焦重点抓推进。对市委、市政府确定的重点工作、重要决策、重大项目，要对照工作要求，及时分析差距、认真总结经验、调高目标定位，以只争朝夕的紧迫感、时不我待的危机感、勇于担当的使命感，推动各项工作实现新的突破，为完成全年目标任务奠定坚实基础。最后要勇于担当善作为。各级党组织要组织全体党员干部认真学习先进典型，大力弘扬他们身上所体现出的敢于负责、勇于担当、善于作为、甘于奉献的优良作风，以“踏石留印、抓铁有痕”的力度，“敢闯敢干、一抓到底”的干劲，对标高质量发展要求，全面发力、久久为功，以实际行动诠释“不忘初心、牢记使命”的实质内涵，努力开创“百花齐放满园春”的“强富美高”魅力如皋建设新局面。

会上，市委副书记丁兴华宣读了《中共如皋市委关于表彰先进基层党组织、优秀共产党员、优秀党务工作者、十佳党员企业家和“双强”型村（社区）党组织书记标兵的决定》。大会对相关先进集体和先进个人进行了表彰。7 名村（社区）书记分别围绕“六无”村居创建主题进行了交流发言。

如皋治沙精神图片展在全市巡回展出

市委常委、市委宣传部部长茅红宇一行参观治沙展

为了庆祝中国共产党成立97周年和改革开放40周年，进一步传承和弘扬如皋治沙精神，7月16日起，《勠力同心、同甘共苦、坚韧不拔、善作善成——如皋治沙精神是怎样炼成的》图片展，在全市14个镇（区、街道）巡回展览，9月25日圆满落下帷幕，巡展时达3个月，累计参观人数4.3万余人次。

《勠力同心、同甘共苦、坚韧不拔、善作善成——如皋治沙精神是怎样炼成的》图片展得到了如皋市委、市政府的高度重视。在如皋档案局拿出了展览的初步方案后，市委办、市委宣传部、机关工委等相关部门及部分市分管领导领导对展览的框架和内容进行了深入细致的推敲和把关，对展览文字撰写、内容编排、照片审定、组织实施、经费划拨等方面，都给予了极大的关怀和帮助。市委办专门下发通知，要求做好全市巡展工作。市委书记陈晓东专题听取了档案局关于展览筹备情况的汇报，在2018年“七一”大党课上专题讲述治沙精神，对展览表示肯定并同时提出要求：“前期，档案局经过3个多月的精心策划、细致筹备，推出了‘如皋治沙精神是怎样炼成的’专题图片展，比较客观还原了如皋人民五十余载的治沙斗争史，接下来将到各镇（区、街道）进行巡展。希望大家结合开展大讨论活动，兴起新一轮学习治沙精神的热潮，学出信念、学出担当、学出干劲、学出使命。”市委常委、宣传部部长茅红宇、副市长张亚鸾等领导对展览也非常重视，从展览方案的制定、内容的编排到巡展的组织等均予以了极大关注，实地参观后给予较高评价。市委组织部、市级机关工委将展览列为今年市级机关工委机关党建重点创新项目，作为全市党员“不忘初心 牢记使命”主题教育内容，从项目落实、经费保障等方面给予了很大帮助。市委宣传部高度重视巡展工作，在“如皋发布”将展览重要内容进行专文推送，拟将与展览同内容的宣传册作为全市党员冬训教材，同时要求新闻媒体加大如皋治沙精神图片展巡展情况宣传报道力度，对扩大展出影响，提升展出效果起到了很好的作用。

展览凝聚了近百名参与筹备者的劳动和心血，是如皋上下对那段可歌可泣历史的集体记忆的完美呈现。为使展览在“七一”前顺利展出，从3月份起，如皋市档案局制订方案、明确分工，倒推时点、环环紧扣。组织近10名精干人员，对馆藏档案、资料进行全面摸底，查找档案、书籍资料、报刊万余卷（册）。赴南京、南通等地采访了20多位老领导、老同志，形成口述档案800余分钟，征集照片、实物等档案资料400余件。先后多次召开座谈会，征求了近百人次的意见和建议，集思广益、数易其稿，形成展览框架。为提升品质、打造精品，由市政府办牵头，组织相关人员赴红旗渠纪念馆、焦裕禄纪念馆等地学习考察，为治沙精神展览寻找灵感、丰富内涵。经过3个多月的努力，以“昔日旧貌”等七大部分44个展板400余幅珍贵图片组成的展览如期完成，从档案的角度系统还原了如皋治沙改土的历程和治沙精神凝练升华的过程，系统回顾了如皋历届党委、政府带领如皋人民治理高沙土的辉煌历史，充分诠释了“旗帜鲜明讲政治 勠力同心抓发展”的主题，深刻阐述了如皋治沙精神的丰富内涵和精髓。陈晓东书记观后欣然批示：“档案局积极主动作为，客观还原了如皋人民五十余年的治沙斗争史，内容丰富，意义深远，可将此成果在‘七一’期间进行巡展。”

为确保展览得以在全市顺利组织巡展，市委办发出《关于做好如皋治沙精神展巡展工作的通知》，要求各镇（区、街道）、各部门、各单位高度重视，充分认识治沙精神展的重要意义，把此次巡展作为贯彻落实十九大精神的一项重要内容，与“解放思想、追赶超越，推动高质量发展”大讨论活动结合起来，广泛组织党员干部、社区群众、企业职工、中小学生等社会各界人士参观，最大限度发挥巡展的教育激励作用。同时要求各镇（区、街道）明确专人负责，做好辖区内展览的场地落实、组织参观和日常管理、安全保卫等工作。市各机关、部门均组织全体党员干部进行参观并进行深入讨论，各镇（区、街道）对巡展工作十分重视，指定专人负责布展和参观的组织工作。市发改委党组高度重视，精心组织，作为机关第一家组织了参观，宣传册人手一册，将治沙精神 16 字镌刻在会议室醒目位置。党组书记顾季青强调：历史的使命感、发展的紧迫感，需要我们坚韧不拔、善作善成，“成”是关键，要围绕项目建设，抓住主要矛盾，迎难而上。市国土局在参观展览后，党组书记、局长石剑亲自上了一次以治沙精神为专题的党课，开设了一期由全系统人员参加的以治沙精神为主题的道德讲堂，邀请治沙参与者讲述等，大力弘扬治沙精神。高新区（城南街道）广泛动员各单位、部门、村（居）、学校、企业，由老干部、老战士、老专家、老教师、老模范的“五老”率队参观。同时，考虑到辖区村（居）、企业分散，街道宣传部门合理规划，将展点安排在便民服务中心和文化广场两处，方便群众观展。如皋工业园区（如城街道）是巡回展览的首站，市委常委、如皋工业园区党工委书记、如皋市长寿旅游度假区党工委书记刘向阳与工作人员一同观看了图片展。如皋经济技术开发区（城北街道）利用安全生产培训会等各类会议，组织企业、老干部、人大代表等参观展览，同时主动对接学校，将展板搬至学校，组织师生参观。丁堰镇将 8 月份的党员活动主题定为“丁堰镇弘扬治沙精神主题党日”，组织 47 个基层党支部党员干部参观学习并撰写学习心得体会、总结材料。白蒲镇将治沙精神巡展与党支部主题党日活动相结合，并安排当年参与治沙的老同志结合自身经历进行讲解。如皋工业园区、吴窑、长江镇（如皋港区）、江安、白蒲等镇（区、街道）都分别在微信平台上对展览内容及参观情况进行了推送。各镇（区、街道）都将参观展出的盛况写成新闻报道，在《南通日报》《如皋日报》市委新闻网等新闻媒体进行宣传报道。展览组织实施单位市档案局，从局长到工作人员全程跟进，每个展点的场地选择、展板搬运、展览现场都到现场实地查看，发放宣传册、交流展览经验，放弃节假日，不叫苦叫累，表现出档案人特别能吃苦、特别能奉献的良好的精神面貌。

在纪念中国共产党成立 97 周年之际，全市上下兴起了新一轮学习治沙精神的热潮，参观展览成了全市机关部门和镇（区、街道）党员干部教育必修课。此展在行政中心展出后，四套班子领导纷纷驻足，机关部门全员参观。7 月 16 日在各镇（区、街道）巡展，参观者络绎不绝、好评如潮，万余册宣传册被抢一空，参观展览引发的学习讨论如火如荼，治沙精神正成为人们津津乐道的主要话题。从耄耋老人、党员干部到青少年学生，无不表现出浓厚的兴趣，他们热议展出内容，或联系亲身经历重温历史，或结合现实畅谈新时代应该如何弘扬治沙精神，引起强烈反响。大家普遍认为这样的展览内容翔实、形式生动，契合实际、影响深远，是广大干部群众最需要的，非常值得一看。市委常委、宣传部部长茅红宇参观时说：“如皋人民敢想敢为，勠力同心，历经半个世纪的努力，成功打赢了那场治沙改土攻坚战，在雉水大地上创造了一部荡气回肠的治理高沙土的传奇。面对新时代新要求，大家要拿出当年治沙的那种不畏艰难、万众一心的勇气，在工作中传承和弘扬治沙精神，密切联系群众，尽心尽力、履职尽责，敢想敢为、锐意改革，推动新常态下如皋经济社会高质量发展。”市委常委、如皋工业园区党工委书记刘向阳感慨：“回顾历史，如皋人民敢想敢为，万众同心，历经半个世纪的努力，终于打赢了高沙土削平治理这场战役，治理高沙土所凝结的‘勠力同心、同甘共苦、坚韧不拔、善作善成’的精神，正是我们凝聚共识、推动发展不可或缺的动力源泉。”市旅游局党组书记、局长谢裕斌要求全局人员要传承和弘扬“治沙精神”，提振“遇到矛盾就兴奋、碰到问题就迎上”的精气神，全力投身“国家全域旅游示范区”创建，为建设“强富美高”魅力如皋作出应有贡献。市政协文史委副主任邱贵平则在“党校选学”时专题给全市的领导干部专题讲了一课《改天换地战高沙治沙精神永弘扬》。当年奋战在治沙一线的时任县委书记唐如浴，虽未实地参观展板，但在收到宣传册后很是开心，认为展览资料翔实、系统全面。市人大常委会原副主任张秀良在展板布展时即参观了展览，他感言：“这场前所未有的治沙斗争，动员之广泛、发动之深入、组织之全面、投入之巨大、场面之壮观，至今令人唏嘘！治沙精神理应成为宝贵的精神财富。”如城工业园区刚参加工作的公务员说“我们这一代虽然无法亲身经历20世纪60年代那场荡气回肠的治沙传奇，但却从400余幅珍贵史料中重温当时如皋人民战天斗地的豪情壮举。这次展览够生动，图片鲜活了历史，有深度，历史感染了今天。站在新的时代，我们应当传承和发扬治沙精神，为推动如皋经济社会高速发展贡献自己的力量。”在吴窑镇，当年参加治沙改土运动的老同志们纷纷赶来，老党员沈世如驻足展板前，激动不已，忍不住为大家讲述吴窑公社在平整高沙土中总结出的“一红、二绿、三黑、四配套、五还田”的治沙改土经验。石庄小学六（5）班的学生通过参观图片展，了解到石庄曾是“战高沙”最为轰轰烈烈的核心阵地，老一辈们从“治穷壤、拔穷根、革穷命”的艰苦斗争中一路走来，取得来之不易的成绩。该班班长沙怡岑说：“虽然我们没有目睹过当年治沙的过程，但是看到前辈们曾为了我们如今的幸福生活付出了那么多，我们一定要倍加珍惜现在，努力学习、勤奋刻苦，传递好那种坚韧不拔的治沙精神，争做对社会有贡献的人。”

“如皋发布”和相关镇（区、街道）微信公众号还对展览进行了推介，网友总阅读量超3万人次，精彩评论数量众多。网友刘振如说：“是前辈的忘我劳动，为我们如皋今天的快速发展打下了良好的物质基础。我们为如皋人民的治沙精神点赞，向当年的治沙英雄们学习致敬！”在杭州办企业的磨头人王莉，小时候感受到治沙改土运动，在网上看到图片展后表示，一定要带全家特别是两个小孩回来参观，近距离感受治沙精神，以此激励后辈，同时也激励自己将企业越办越红火，为家乡增光添彩！巡展期间，有不少因故不能到现场参观的单位或个人，纷纷求赠宣传册，以便仔细研读。图片展实体展览结束后，有网友纷纷在“如皋发布”新闻发言人平台留言，认为展览影响很大、意义深远，要求设常设展览，以便广大市民随时参观。市委宣传部与市档案局沟通后，在平台作正式答复，顺应网友要求，已将展览内容在如皋市委新闻网、“如皋档案”信息网网上展厅中进行长期展示，进一步激励全市上下要牢记治沙改土的初心，以更加奋发有为的精神状态，投身到高质量发展新征程中，书写新担当，展示新作为。

《勠力同心、同甘共苦、坚韧不拔、善作善成——如皋治沙精神是怎样炼成的》图片展，用翔实的史料、生动的图片、精心的编排和喜闻乐见的形式，为广大党员干部群众架起了一座历史、现在和未来的桥梁，让千锤百炼的如皋治沙精神昂首阔步地“走”出了档案，并赋予了它鲜活的生命，成了在推动高质量发展的新时代背景下如皋人民新一轮跨越发展的精神动力，成了建设“强富美高”魅力如皋不竭的力量源泉。

国家税务总局如皋市税务局挂牌成立

7 月 20 日，国家税务总局如皋市税务局挂牌成立，原江苏省如皋市国家税务局、南通市如皋地方税务局正式合并，标志着如皋市国税地税征管体制改革迈出阶段性关键一步。市委常委、常务副市长丁锋，国家税务总局南通市税务局联合党委委员、副局长周宏建参加活动。

在庄严的升国旗、奏国歌仪式后，丁锋和周宏建共同为国家税务总局如皋市税务局揭牌。

丁锋指出，国税地税征管体制改革，将为高质量推进新时代税收现代化提供有力的制度保证。希望如皋税务部门以此为契机，全力推动业务创新、流程创新、服务创新，争当改革标兵、服务模范、发展先锋，以改革激发活力，共同谱写如皋税收事业新篇章。

周宏建对国家税务总局如皋市税务局顺利挂牌表示热烈祝贺，希望如皋税务部门以此为新的起点，坚决贯彻落实好党中央、国务院重大决策部署，同心同德、齐心聚力，扎实平稳做好各项改革工作，更好地服务纳税人和缴费人，更好地服务如皋经济社会发展，充分展现新税务机构的新作为、新形象、新风采。

国家税务总局如皋市税务局组建后，原国税、地税机构职责和工作由继续行使其职权的新税务机构承继。税务部门将全力以赴、扎扎实实地做好组织收入、落实优惠政策、优化纳税服务等各项工作，用新机构新作为新形象展现税收改革成效，促进纳税人获得感和社会满意度的提升，助力高质量建设“强富美高”魅力如皋。

南京如皋商会成立

8 月 28 日，南京市鼓楼区如皋商会（南京如皋商会）第一次会员大会暨成立大会在南京举行。省人大常委会外事旅游委员会副主任司锦泉，南京市工商联党组成员、副主席郑德巍，鼓楼区委副书记董伟，鼓楼区委常委、统战部部长丁建生，鼓楼区人大副主任、区工商联主席李艳，如皋市委副书记、市长何益军，如皋市人大副主任张勇等出席。

大会由如皋市政协副主席杜永红主持。会上通过商会章程，选举产生商会会长及理事成员，南京鼓楼区委副书记董伟和如皋市委副书记何益军为商会揭牌。

江苏如皋濒江临海，素有世界长寿养生福地、中国花木盆景之都、江苏历史文化名城美誉。南京鼓楼区拥有金盛集团、江苏润天、江苏和谐科技、江苏华厦等具有相当规模的如皋籍民营企业近 20 家。

南京如皋商会主要由在南京的如皋籍企业界人士自愿组成，首批入会企业有 130 余家。新当选会长钟雪峰表示，商会的成立为在南京的如皋民营企业抱团发展带来新机遇，商会将把如皋籍企业家凝聚起来、团结起来，带领大家在创业的道路上走得更加自信、更加坚定、更加有力。做好商会服务工作，引导广大在宁如商回馈社会、反哺乡梓，吸纳更多优质资本、高端项目落户家乡，为两地经济发展作出积极贡献。

如皋市入围2018中国县域营商环境百强榜第32位

排名	县（市、旗）	所属省（自治区）	排名	县（市、旗）	所属省（自治区）
1	昆山市	江苏	51	昌邑市	山东
2	晋江市	福建	52	启东市	江苏
3	常熟市	江苏	53	肥城市	山东
4	江阴市	江苏	54	微山县	山东
5	义乌市	浙江	55	象山县	浙江
6	张家港市	江苏	56	迁西县	河北
7	慈溪市	浙江	57	乌审旗	内蒙古
8	太仓市	江苏	58	高密市	山东
9	余姚市	浙江	59	靖江市	江苏
10	宜兴市	江苏	60	樟树市	江西
11	龙口市	山东	61	偃师市	河南
12	乐清市	浙江	62	惠东县	广东
13	永康市	浙江	63	新泰市	山东
14	南安市	福建	64	滕州市	山东
15	福清市	福建	65	宁国市	安徽
16	海宁市	浙江	66	盘山县	辽宁
17	石狮市	福建	67	灵宝市	河南
18	长沙县	湖南	68	博罗县	广东
19	荣成市	山东	69	乳山市	山东
20	醴陵市	湖南	70	射阳县	江苏
21	诸暨市	浙江	71	江山市	浙江
22	丹阳市	江苏	72	兴义市	贵州
23	溧阳市	江苏	73	东台市	江苏
24	温岭市	浙江	74	桐庐县	浙江
25	泰兴市	江苏	75	海城市	辽宁
26	瑞安市	浙江	76	天长市	安徽
27	宁乡市	湖南	77	梅河口市	吉林
28	桐乡市	浙江	78	瓦房店市	辽宁
29	长乐市	福建	79	龙海市	福建
30	浏阳市	湖南	80	庄河市	辽宁
31	胶州市	山东	81	遵化市	河北
32	如皋市	江苏	82	大冶市	湖北
33	莱州市	山东	83	资兴市	湖南
34	诸城市	山东	84	普宁市	广东
35	海门市	江苏	85	仙桃市	湖北
36	寿光市	山东	86	宜都市	湖北
37	邳州市	江苏	87	林州市	河南
38	莱西市	山东	88	潜江市	湖北
39	丰城市	江西	89	石河子	新疆
40	曲阜市	山东	90	怀远县	安徽

9月18日，赛迪顾问发布2018年中国县域营商环境百强研究成果，江苏昆山排全国第一名，如皋、海门和启东入选，分别排全国第32名、35名和52名。

据了解，县域营商环境评价指标体系构建坚持“结果导向”，包括公开透明、企业活力、要素吸引、设施领先、生态友好五个方面13个具体指标。同时，评价指标体系构建遵循“一个核心，五个突出”的思路，即以营商主体选择结果作为衡量县域营商环境的核心标准，突出县域营商主体的活跃程度：企业、人口、金融、消费，突出地方绿色发展水平，突出网络时代县域政府服务公开透明程度，突出高铁时代营商新支撑，突出引入大数据监测指标。

赛迪顾问股份有限公司（简称赛迪顾问）是中国首家在香港创业板上市，并在业内率先通过国际、国家质量管理与体系（ISO9001）标准认证的现代咨询企业，直属于工业和信息化部中国电子信息产业发展研究院。

江苏省如皋高新技术产业开发区正式获批

9月21日,江苏省人民政府发布关于设立26家省级开发区的批复,南通共5家开发区名列其中,江苏省如皋高新技术产业开发区正式获批,如皋高新区迎来了发展新机遇,开启了新时代。

如皋高新区(城南街道)现辖行政村(社区)17个,总人口约6.4万人,总面积约77万平方千米。包括软件外包产业园、电子信息产业园、龙游湖商务区、高效农业示范区等"四园三区"开发架构,基础设施及功能配套齐全。现在,园区汇聚了上海晟峰、厦门巨龙、北京讯鸟、北京网尚文化等176家软件和信息服务企业,从业人员达4000多人,拥有先进装备制造、电子信息、新能源及现代农业企业100多家,初步形成了以软件外包和总部经济为主导,以电子信息、新能源、先进装备制造为支撑,以高效设施农业为基础的较为完备的现代高新技术产业体系。

江苏省如皋高新技术产业开发区成立于2009年12月,2012年6月正式获江苏省政府批准,先后被省科技厅命名为"省级软件园",省经信委命名为"江苏省软件和信息服务产业园",省政府确定为"江苏省十大文化创意产业园",国家发改委评定为全国首家"中国呼叫中心产业标准化建设基地",中国软件行业协会评定为"中国最佳投资环境软件园",科技部评定为"国家级科技企业孵化器"。

十年来,在如皋主城区东南部77平方千米的热土上,演绎了从无到有、从疏到密、从兴到壮的奋进征程。软件信息产业横空出世,服务外包产业风生水起,多家国字号平台抢滩登陆,高新技术企业开花结果……如皋高新区,正以"创"为核,迎合着高铁时代的强劲节奏,紧抓获批省级开发区的机遇,领跑如皋高新技术产业的高质量发展。

简 | 繁 | English | 无障碍

政府 要闻动态 政务公开 办事服务 政民互动 数据开放 走进江苏

江苏省人民政府
www.jiangsu.gov.cn

首页 > 信息公开 > 政府文件

索引号	014000319/2018-00313	分类	政府文件 商贸、海关、旅游 批复
发布机构	江苏省人民政府	发文日期	2018-09-21
标题	省政府关于设立江苏南通通州湾经济开发区等26家省级开发区的批复		
文号	苏政复〔2018〕82号	主题词	
内容概述	省政府关于设立江苏南通通州湾经济开发区等26家省级开发区的批复		
时效			

省政府关于设立江苏南通通州湾
经济开发区等26家省级开发区的批复

(苏政复〔2018〕82号)

各市、县(市、区)人民政府,省各委办厅局、省各直属单位:

《省商务厅省科技厅关于提请省政府批复设立南通通州湾等6家省级经开区(筹)和太仓等19家省级高新区(筹)为省级开发区的请示》(苏商开发〔2018〕379号)、《连云港市人民政府关于恳请批准灌南经济开发区为省级开发区的请示》(连政发〔2018〕103号)收悉。根据国家发展改革委等六部委公告的《中国开发区审核公告目录(2018年版)》相关内容,经研究,批复如下:

一、同意设立江苏南通通州湾经济开发区等26家省级开发区。

二、上述省级开发区的核准面积和四至范围由省国土资源厅、省住房城乡建设厅等部门另行公布。

三、省级开发区要严格实施土地利用总体规划和城市总体规划,按照规定程序履行具体用地报批手续。坚持以产业用地为主,严格依法供地,合理、集约、高效利用土地资源。

四、省级开发区的机构、编制要严格按照有关规定和程序管理。

五、省级开发区要紧扣高质量发展目标,进一步优化营商环境,深化对外开放,提高创新能力,着力打造特色创新集群,着力提升土地产出率、资源循环利用率、智能制造普及率,推动产业迈向中高端,努力建设高质量发展的引领区和示范区。

附件:26家省级开发区名单

江苏省人民政府
2018年9月21日

(此件公开发布)

附件

26家省级开发区名单

一、省级经济开发区(7家)

1. 江苏南通通州湾经济开发区
2. 江苏如东洋口港经济开发区
3. 江苏泰兴黄桥经济开发区
4. 江苏徐州空港经济开发区
5. 江苏铜山经济开发区
6. 江苏淮安清河经济开发区
7. 江苏灌南经济开发区

二、省级高新技术产业开发区(19家)

1. 江苏省太仓高新技术产业开发区
2. 江苏省如皋高新技术产业开发区
3. 江苏省海安高新技术产业开发区
4. 江苏省南通市北高新技术产业开发区
5. 江苏省盐南高新技术产业开发区
6. 江苏省张家港高新技术产业开发区
7. 江苏省建湖高新技术产业开发区
8. 江苏省扬中高新技术产业开发区
9. 江苏省东海高新技术产业开发区
10. 江苏省锡沂高新技术产业开发区
11. 江苏省邳州高新技术产业开发区
12. 江苏省高淳高新技术产业开发区
13. 江苏省相城高新技术产业开发区
14. 江苏省盐城环保高新技术产业开发区
15. 江苏省丹阳高新技术产业开发区
16. 江苏省杭集高新技术产业开发区
17. 江苏省中关村高新技术产业开发区
18. 江苏省南京白马高新技术产业开发区
19. 江苏省南京徐庄高新技术产业开发区

热点聚焦

千年古城里的一支劲旅——市综合商会

四川大凉山16名四川彝族学子重返“第二故乡”——如皋。市综合商会在第一时间进行了接洽安排,积极投入其中,为孩子们置办了新鞋,精心准备了晚宴,他们希望通过自己的微薄之力,让公益之花遍地开放。其实,这只是市综合商会打造实力商会、活力商会、魅力商会的一个缩影。

如皋市综合商会是如皋成立的第28家市级商会，至今，商会在“服务会员企业、服务招商引资、服务经济建设”中充分体现了自身价值。

兴招商 力促项目提质增效

在市综合商会会员企业的牵头下，盐城客商与搬经镇政府就一个集养生、养老、旅游、生态农业于一体的乡村旅游项目达成初步合作意向。商会作为工商界精英荟萃的群团组织，在招商引资工作中发挥直接投资合作和牵线搭桥的重要作用。市综合商会经常举行专题会议，传达市委、市政府有关招商引资工作的文件精神，鼓励会员企业发挥桥梁纽带作用，以商引商。坚持“走出去、请进来”，除积极参加市里组织的招商活动外，还积极发挥商会独特优势，做到积极走出去，广泛联系主动招商；对发展意向明确的客商“请进来”，进行实地考察。

兴服务 助推会员企业壮大

“现在，我们服务会员企业实现‘三个转变’，由粗放型服务向精准型服务转变，由线下服务向线下线上有机结合转变，由服务有速度向高质量发展转变。”市综合商会会长戴骅告诉记者，市综合商会自成立以来，围绕会员关注和严重制约企业发展的问题，实施一企一策，重点突破，注重从“银企联盟，服务企业”上求发展；从内联外引，提升档次上铸品牌；从“特色服务，做大做强”上下功夫，有力地助推了会员企业发展壮大。

江苏江中酿酒有限公司刚开始起步时遭遇资金短缺问题，戴骅了解这一情况后，把邮储银行的行长请到公司现场办公，当天现场邮储银行就给企业批发贷款10万元，解决了企业的燃眉之急。在解决企业发展困境上，市综合商会加强与邮储银行、农业银行、江苏银行等银行的联系，举行银企对接会，帮助企业解决融资难题；在扩大交流合作、拓宽发展渠道方面，商会发挥自身优势、创新工作思路，采取请进来讲、走出去访、坐下来议、沉下去帮等多种形式，引导会员企业相互走动、共同发展。

兴产业 放大长寿之乡优势

为策应打造“健康中国”和“健康如皋”，放大如皋世界长寿乡的品牌优势，日前，市综合商会在搬经镇加力医院宣告成立了市综合商会大健康产业联盟、市综合商会医养结合分会、市综合商会基因检测服务中心、市综合商会爱救助服务平台。实施这些项目，旨在助力“健康如皋”建设，为如皋市人民提供医疗、养老、保健、爱救等一条龙的绿色通道。

此外，市综合商会还积极联系市长寿研究会，鼓励南通白蒲黄酒有限公司、三香斋食品有限公司等如皋本土的长寿食品企业开发新产品、提高产品质量，并积极帮忙牵线搭桥，促产品“走出去”，扩大如皋长寿食品的影响力，将世界长寿乡的品牌擦得更靓。

第三届国际氢能与燃料电池汽车大会在如皋举行

10月23日，由国际氢能燃料电池协会（筹）、中国汽车工程学会主办，南通及如皋市政府承办的第三届国际氢能与燃料电池汽车大会在经济技术开发区拉开序幕。

万钢在第三届国际氢能与燃料电池汽车大会作主旨演讲　邱 宇 摄

全国政协副主席、中国科学技术协会主席万钢，江苏省政协副主席周健民，江苏省科协党组书记、副主席孙春雷，南通市政协主席黄巍东、副市长陆卫东，如皋市领导陈晓东、何益军、张元健、马金华、陈晓彬等，以及来自20多个国家和地区的2000名机构企业、行业组织和地方政府的有关人员出席会议。

万钢以《创新引领 开放合作 推动燃料电池汽车健康发展》为题在会上作主旨演讲。他说，氢能正在成为全球能源技术革命的重要方向和构成未来能源战略的组成部分，可实现可再生能源的大规模储存、运输以及利用，将广泛应用到交通运输、工业生产、家庭生活等领域。随着政策加码，我国氢能产业发展加快，但仍面临不少短板。他建议，推动燃料电池汽车产业健康迅速发展，要在创新研发组织模式上，聚焦于突破关键技术；着力推广氢能及燃料电池汽车商业化；科学规划布局加氢站，探索多形式的储运氢气的模式；保持政策连续性，有序建立起氢气的价格体系；开展高层次、高水平的国际合作，对接全球资源等。

周健民指出，江苏作为新能源利用大省和新能源产业大省，积极把握时代机遇、顺势而为，将绿色低碳作为调整能源生产和消费结构的主攻方向，推动能源创新发展，高效利用南通如皋作为中国氢能产业的发轫之地，积极探索转换发展动能，取得了可喜成绩。他表示，江苏愿与各国各地深挖合作潜力，共同应对挑战，促进氢能贸易、投资和产能合作，打造氢能合作命运共同体。陆卫东指出，经过10年的探索发展，南通以如皋为基地，初步打造形成了制氢、运氢、加氢、氢燃料电池，氢燃料电池汽车制造，产品示范应用，“五位一体”的氢能全产业链，成为全国唯一的氢经济示范城市，产业核心竞争力和国际影响力不断提升。他表示，将加大对以氢能为特色的新能源及新能源汽车产业支持力度，努力将其打造成为南通新的地标产业。

开幕式由中国工程院院士、中国汽车工程学会理事长李骏主持。联合国开发计划署驻华代表处国别主任文霭洁、中国国际经济技术交流中心副主任肖凤怀也分别致辞。长城汽车股份有限公司副总裁 Tobias BRUNNER 和英美资源集团贵金属市场拓展执行总经理 Benny OEYEN 分别作了题为

《引领氢能交通走向成功——长城汽车之路》《开拓铂族金属市场》的演讲。如皋市委副书记、市长何益军以《打造长三角绿色“氢谷”和氢能国际合作的重要产业高地》为题作了演讲。

信息发布环节中，中化能源国际氢能与燃料电池科技创新中心揭牌成立，发布了《长三角氢能走廊建设发展规划推进工作》，回顾了2018年长三角氢能燃料电池科普巡游，并启动了2019年全国氢能燃料电池科普巡游。

2018如皋“一会两节”成果丰硕

“一会两节”活动现场　　黄友谊 摄

10月28日，2018如皋经济洽谈会·中国长寿文化节暨中国(如皋)花木盆景艺术节在市行政中心礼堂开幕。

原外经贸部副部长、第十届全国政协外事委员会副主任周可仁，南通市委副书记张兆江，江苏省农业农村厅副巡视员唐明珍，江苏省花木协会会长张坚勇，中国花卉协会办公室主任宿友民，乌克兰国家科学院院士、单晶材料研究所所长伊格尔普利特拉等中外嘉宾齐聚如皋，感受这座微笑之城的独特魅力和发展脉动。

陈晓东、何益军、吴道健、张元健、丁兴华等如皋市四套班子领导出席活动。

市委副书记、市长何益军主持开幕式。与会人员首先观看了如皋市城市形象宣传片《如皋的微笑》。

市委书记陈晓东发表“微笑之城　圆梦之地”主旨演讲。他说，如皋这座微笑之城是长寿养生之福地。根据最新统计，如皋市的百岁老寿星共有403位，比例达到联合国长寿地区认定标准的3.77倍。长寿密码主要在于独特的水土滋养着城市的命脉，丰厚的文化浸润着城市的血液，繁茂的花木守护着城市的绿肺。如皋这座微笑之城也是文明风尚之高地。如皋推动城市发展与百姓福祉深度融合，以“十年磨一剑”的定力和韧劲，在苏中苏北县级城市中率先创成全国文明城市。如皋的微笑传递着爱心，洋溢着幸福，凝聚着和谐。如皋这座微笑之城还是财富汇聚之洼地。2017年，如皋的地区生产总值、工业应税销售、服务业应税销售和建筑业施工总产值全面突破一千亿元大关，综合实力跃居全国百强县市第24位，闯出了一条县域经济创新发展之路。如皋这座微笑之城更是兴业圆梦之宝地。全市致力打造长三角地区“小深圳”式的发展新土壤，推动创新创业迈向“微笑曲线”的最高境界。在服务发展全心全意，在打造环境上不遗余力，在寻觅人才上求贤若渴。

张兆江在讲话中对如皋市“一会两节”活动的成功举办表示祝贺。并热忱欢迎海内外企业家和各界朋友到南通和如皋参观考察、投资兴业，期望更多的大项目、好项目在南通和如皋落地生根。

周可仁宣布活动开幕，张兆江、陈晓东、赵福全、何益军共同参加了启动仪式。

中国经济体制改革研究会副会长、福卡智库首席经济学家王德培，围绕如皋的区位条件、产业特色、资源优势、营商环境等进行第三方推介。世界汽车工程师学会联合会主席、清华大学汽车产业与技术战略研究院院长赵福全展望新能源汽车产业发展趋势，对如皋汽车产业规划进行推介。普洛斯企业管理服务(上海)有限公司代表游宗翰分享了对如皋现代物流产业发展的看法。

身在海外的刑事鉴识专家、世界杰出华人奖获得者李昌钰博士通过视频，发布“如皋长寿特色美食”评选结果。

此次经济洽谈会期间共签订投资意向、投资协议 75 个。其中内资项目 62 个、总投资 769.1 亿元，外资项目 8 个、投资 8.99 亿美元。30 个重点项目在开幕式上进行了集中签约。

“一会两节”活动中，还举行“流金岁月”老电影展映周、如皋乡村旅游发展推介会暨长三角民宿精英论坛、小微盆景产业发展论坛、江苏盆景博物馆开馆仪式等一系列活动。

2018 全国盆景交易大会暨首届中国如皋小微盆景实景展在如皋开幕

10 月 28 日，2018 全国盆景交易大会暨首届中国如皋小微盆景实景展在如皋开幕。南通市委副书记张兆江，江苏省花木协会会长张坚勇，如皋市领导陈晓东、何益军、丁兴华、刘向阳、邵晓泉、张百璘、杜永红出席开幕式。

市委书记陈晓东在开幕式上致辞。他指出，如皋素有“中国花木盆景之都”的美誉，“栽花种草，一生不老”是如皋百姓的真实生活写照。回望过去，如皋盆景艺术历史悠久、源远流长，形成了独具魅力的“如派”盆景风格，以其“云头雨足美人腰，左顾右盼两弯半”的别致造型在中国盆景七大流派中独树一帜，在国内外各类比赛中屡获殊荣，是全国首个盆景类地理标志证明商标，成为中南海、钓鱼台、毛主席纪念堂等国家重要场所的珍贵陈设品，并被选为国礼赠送外国贵宾。如今，如皋盆景又顺时应势，致力小微盆景产业的发展，推动盆景及盆景文化艺术走进千家万户，花木盆景产业已突破百亿大关，成为全市的特色产业、富民产业和健康产业。一年一度的全国盆景交易大会成为花木盆景产销双方促进合作、共谋发展的重要平台。

如皋小微盆景实景展开幕式现场　丁松山摄

开幕式上，与会嘉宾现场宣布了“2019 世园会”国际盆景竞赛江苏选拔结果，为参赛选手代表颁发了初选入围资格证书，并共同开启流金启动仪式。

此次展会以小微盆景及山野草为主，并加以盆景艺术生活及园林景观之点缀，在体现盆景艺术魅力的同时也展示盆景生活之场景，体现盆景的生活美。展出小微盆景 200 多组，并融入山野草、茶道、书画等元素，立体的艺术布展方式，将人与景融为一体。展会中，来自德国、意大利、波多黎各、印度尼西亚等9个国家的10位国际盆景艺术家前来进行现场盆景示范表演；与此同时，展会还加入了“艺术家指导会员现场盆景创作”环节，20多位盆景艺术家手把手现场指导创作。来自全国各地的展商还带来不同风格、各具特色的盆景及资材进行展销，现场共有约200个标准展位，展销商品各式各样，现场盆景爱好者交流不断，争相购买。

华东首家南美世贸中心落地如皋

南美世贸中心奠基仪式现场　　　　邱　宇　摄

11月3日，备受市民瞩目的巴西中国贸易促进会中国华东总部基地——南美世贸中心在如皋市举行奠基仪式，这是“一带一路”在长三角地区落地的又一重要合作项目。

巴西国家旅游部招商引资总协调伊莎贝尔·盖莉，巴西圣保罗州容迪亚伊市副市长安东尼奥·巴谢各，巴西圣保罗州坎皮纳斯市副市长恩里克·德谢拉等国外嘉宾与如皋市领导陈晓东、何益军、吴道健、刘向阳、丁锋、史有根、陈万圣、程瑞琴共同挥锹培土，为南美世贸中心奠基。

南美世贸中心项目占地90亩，总投资25亿元，其中高达260米的双子楼主楼建筑将成为如皋市新的地标性建筑。据巴西中国经济贸易促进会会长王奠兴介绍，南美世贸中心由2栋260米高的主楼和5栋多层附属商住办公楼组成，以企业总部办公为主，集聚投资采购、展览、国际贸易、资金结算等多种功能，将充分满足巴中经济贸易促进会会员企业商务需求，并带动长三角地区企业开拓巴西及南美洲市场。“项目建成后将带动超200名海外会员优先采购中国企业产品、销售巴西及南美洲产品，预计项目落成后10年内实现进出口贸易额300亿元。”

如皋是中国东部沿海综合大通道和长江黄金水道交汇的战略节点城市。是古代“海上丝绸之路”的重要节点城市。近年来，随着国家“一带一路”倡议的提出，如皋积极响应，主动融入，与世界的合作交流日趋频繁。市委书记陈晓东表示，260米高的南美世贸中心，不但刷新了如皋楼宇的物理高度，更是成就了如皋城市建设的品质高度。如皋将主动靠前，热情服务，努力把南美世贸中心建设成为如皋参与“一带一路”建设通向南美、面向全球的“如意之门”，成为如皋拥抱世界、展望未来的“凯旋之门”。巴西圣保罗州容迪亚伊市副市长安东尼奥·巴谢各表示，巴西希望从中国学到促进经济发展的所有因素，期待与如皋携手共建的南美世贸中心成为巴西经济重新崛起的象征。

三年梦终圆，南通支云足球队昂首挺进中甲

11月4日晚17时，2018中乙决赛阶段总决赛在如皋奥体中心体育场进行，南通支云主场迎战四川安纳普尔那，两支球队分别在半决赛中淘汰了陕西大秦之水和盐城大丰会师总决赛，同时也获得了2019中甲联赛准入资格。经过90分钟的比赛，最终南通支云以0比1憾负对手，获得2018年中乙联赛亚军。

中国足协副主席李毓毅，中乙联赛部部长唐峰，江苏省政府办公厅主任、省足协主席谢润盛，南通市领导刘浩、吴永宏，如皋市领导陈晓东、何益军、茅红宇、张亚鸾等出席颁奖典礼。

2016年，作为南通地区首个职业足球俱乐部，南通支云足球俱乐部承载着南通人的“足球梦想”，从主场如皋奥体中心足球场起帆远航。3年来，南通支云一步一个台阶，一年一个跨越，2016赛季位列第16名；2017赛季打进了中乙联赛8强，最终获得第8名；2018年以南区第二成绩杀入复赛，先后淘汰沈阳城市建设以及陕西大秦之水。特别是2018年4月25日晚，南通支云坐镇主场迎战足协杯上届冠军上海绿地申花，在上半场0:2落后的局面下，下半场连进3球战胜对手，在全场近一万四千多名观众面前完成了史诗级逆转。

3年来，如皋市球迷不用出远门，在家门口就可以观看到高水平的足球联赛；众多南通市区以及海安、如东等周边县(市、区)的球迷在球迷协会的组织下每逢比赛日也到如皋奥体主场呐喊助威，南通支云主场上座率在中乙联赛南区持续稳居榜首，如皋奥体中心成了令对手胆寒的魔鬼主场。

“如皋一流的场馆以及政府的大力支持，还有不离不弃的球迷，是球队成功冲甲的重要因素。”南通支云俱乐部董事长范兵告诉记者。3年来，如皋市不断深化加强与上级部门及支云俱乐部的交流协作，进一步完善中乙联赛常态化组织保障工作，提高主场办赛水平，服务南通支云足球俱乐部，为其冲甲提供了良好的环境，全力打响了“足球如皋”品牌。2016年，如皋市被中国足协授予“赛区组织工作优秀奖”。2016年、2017年，如皋赛区连续两年获预赛阶段优秀赛区奖以及2017最佳人气赛区奖。

颁奖典礼现场　　　　邱　宇摄

如皋再获“中国百强公益慈善城市”称号

11月5日，由中国慈善联合会、广州市民政局主办，首都公益慈善联合会等24家单位联合主办的中国善城大会在广州召开，会上发布了第五届中国城市公益慈善指数，如皋榜上有名。至此，如皋已连续四届荣获“中国百强公益慈善城市”称号。

“中国城市公益慈善指数”是对我国区域慈善事业发展水平进行综合监测和科学评价的指标体系，其统计、分析结果受到社会各界的广泛认可和高度重视，被业界形象地称为“城市爱心GDP”，此前已发布四届。据悉，第五届“中国城市公益慈善指数”从社会捐赠、志愿服务、社会组织、政府支持等四个方面对45个指标进行了统计、计算，对我国221个样本城市在2016年至2017年间的慈善发展水平进行了分析，样本城市遍及26个省份，覆盖了43%的地级市、23%的县级市，覆盖人口达6.35亿，占全国总人口的46%，具有较强的代表性。如皋市在45项指标、共计100分的指数总得分中得分68.58分，排名第87位。

数据显示，2016年至2017年间，我国城市社会捐赠稳步增长，社会组织数量持续增加，政府支持力度不断加大，全国城市慈善事业呈现出健康、快速发展的态势。同时，根据指数分析结果，我国各地区慈善事业发展水平还存在较大差异，东部城市慈善事业的发展水平明显高于中西部地区。

如皋是一个充满爱心的城市，截至2017年，市慈善基金会已累计募集善款2.55亿元，接受捐赠物资价值150多万元，先后策划实施了20多个救助项目，累计发放救助基金1.96亿元，8.16多万人次贫困者受到了救助。全市形成了以“爱心邮路”为发端、“爱心基金”为基础、“爱心超市”为窗口、“爱心大使”为示范的“爱心城市”体系，此前已连续三届荣获“中国百强公益慈善城市”称号。

南通市庆祝第十九个中国记者节活动在如皋举行

刘浩、陈晓东为如皋市融媒体生产指挥中心揭牌　　邱　宇　摄

11月6日，南通市庆祝第十九个中国记者节活动在如皋市文广传媒集团演播中心举行。南通市委常委、宣传部部长刘浩，南通市副市长吴永宏，南通市委副秘书长李欣彤，如皋市委书记陈晓东，如皋市委常委、宣传部部长茅红宇及南通各县(市、区)委常委、宣传部长等参加活动。

南通市委宣传部常务副部长、南通市新闻工作者协会主席陈慧宇主持活动。

刘浩在讲话中从坚定把牢舆论导向、全面推进媒体融合、全力打造过硬队伍等方面，对做好今后一段时期南通市新闻舆论工作提出了明确要求。

吴永宏宣读了南通市委书记陆志鹏的有关批示。李欣彤宣读了《2017 年度南通市新闻奖获奖作品的通知》和《2018 年度全市新闻界“岗位大练兵、技能大比武”获奖名单的通知》，对相关获奖人员进行了表彰。刘浩、陈晓东为如皋市融媒体生产指挥中心揭牌，同时新版“如皋发布”APP 正式上线。

陈晓东在活动上致辞。他说，近年来，如皋市以思想大解放为引领，坚定落实“四个全面”战略布局，深入推进“六大指挥部”建设，不断提振“遇到矛盾就兴奋，碰到困难就迎上”的精气神，努力为南通争当“一个龙头、三个先锋”多作贡献。2017 年，如皋市地区生产总值、工业应税销售、服务业应税销售、建筑业施工总产值全面突破千亿元大关，跃居全国百强县市第 24 位，在苏中苏北县级城市中率先建成全国文明城市。同时，高度重视新闻舆论工作，积极顺应时代发展大潮，构建了“八位一体”媒体融合新格局，全面从相“加”迈向相“融”。2018 年 9 月，如皋市被中宣部确定为全国 57 家重点支持推动的县级融媒体中心之一。南通市委、市政府将第十九个记者节庆祝大会放在如皋召开，这既是对如皋的关心和厚爱，也是鞭策和激励。如皋市将以这次会议精神为指导，始终把新闻舆论工作放在突出位置，以媒体深度融合为抓手，旗帜鲜明地高扬主旋律、唱响主基调、守好主阵地，为把改革发展各项事业不断推向前进提供坚强有力的舆论保障。

如皋市委宣传部、南通报业传媒集团、南通广电传媒集团有关负责人作交流发言。活动中，来自南通报业传媒集团、南通广电传媒集团、如皋市文广传媒集团的好记者分享了发生在身边的好故事。参加活动的人员一同观看了南通市媒体融合宣传短片《媒体深化融合：我们砥砺前行》，参观了如皋市文广传媒集团融媒体生产指挥中心，并与直播记者进行了现场连线。

如皋市第十一届运动会暨第二届全民健身运动会开幕

11 月 10 日，市第十一届运动会暨第二届全民健身运动会在奥体中心篮球馆开幕。市领导何益军、张元健、茅红宇、钱志刚、张亚鸾、刘晓洁出席开幕式。

举办市第十一届运动会暨第二届全民健身运动会是市委、市政府坚持以人民为中心，深入开展全民健身活动，加快体育强市建设，积极争创全国全民运动健身模范县(市)的重要举措。此次运动会以“激情十一运，悦动健康城”为主题，积极引导广大市民参与体育运动，以健康的体魄参与小康社会建设。

副市长张亚鸾主持开幕式。市委副书记、市长何益军宣布市第十一届运动会暨第二届全民健身运动会开幕。他在致辞中说，全民健身是长寿如皋的重要支撑，是人民群众向往美好生活的必然要求。近年来，市委、市政府坚持群众体育、竞技体育、体育产业三轮驱动、协调发展。这几年，如皋市兴建体育运动设施，兴办全民健身事业，群众体育蓬勃开展，休闲运动蔚然成风，体育后备人才培养卓有成效。这几年，如皋市承办国内联赛、主办国际大赛、参加国内外比赛，竞技体育书写历史，亚老会成功举办、南通支云成功冲甲、如皋市健儿各大赛场佳绩频传。这几年，如皋市科学引导，创新发力，体育产业不断壮大，打造了体育健康特色小镇，培育了多个业界名牌，体育正成为如皋重要的文化符号和城市印记。他指出，此届运动会将是全市群众体育运动的一次集中亮相，也是全市竞技体育水平的一次集中检阅，更是全市体育事业发展成果的一次集中展示。他希望全市上下以本届运动会为契机，进一步丰富体育产品和服务供给，加快建设高水平体育强市；进一步把全民健身理念和方式传递给广大市民，让体育走进千家万户、融入日常生活；进一步发挥体育运动的感染力、号召力，传承拼搏精神，点燃城市激情，广泛凝聚起推动建设“强富美高”魅力如皋的强大合力。

2018 如皋国际铁人三项赛圆满举办

11 月 11 日，“龙游湖壹号”杯 2018 如皋国际铁人三项赛在风光秀丽的龙游湖畔圆满举办，这是如皋市首次举办铁人三项赛。国家体育总局登山运动管理中心副秘书长邢立明、南通市体育局副局长张云飞以及如皋市领导何益军、茅红宇、钱志刚、陈晓彬、张亚鸾、程瑞琴、刘晓洁等出席活动。

此次比赛技术指导单位为中国铁人三项运动协会，如皋市人民政府主办，高新区（城南街道）管委会、如皋市体育局、北京三夫户外运动管理有限公司承办，吸引了来自国内外的 300 多名参赛选手。本次比赛地龙游湖风景区位于如皋新城核心区，湖面 1250 亩，环境优美、生态宜人，水质长期保持在国家二类标准，是如皋市重要的“生态绿肺”。

市委副书记、市长何益军在致辞时说，铁人三项赛以顽强拼搏的表现和永不言弃的作风，鼓励挑战自我极限，生动地诠释了“铁人精神”，与“把不可能变成可能”的如皋精神深度契合。本次比赛以“悦动雉水间 享寿龙游湖”为主题，旨在进一步推广和发展铁人三项运动，有力促进全民健身运动的开展，让更多的群众热爱运动、让更多的市民走近自然。他表示，本次比赛的成功举办，既是如皋赛事旅游产业发展的一次有效实践，也是推进全域旅游建设的一次加速领跑，必将积极推动如皋市体育事业发展，助力产业转型升级；必将助推“全域旅游”创建，不断提升如皋市知名度和美誉度。

上午 8 时 55 分，比赛出发汽笛准时鸣响，选手们依次跃入水中，于龙游湖美景中开始了一场紧张而又惬意的铁三征程。铁人三项运动是一种非常注重节奏感的运动，游泳、骑车、跑步三项比赛行云流水、一气呵成，现代运动的力与美碰撞出别样动人的江湖快意。经过激烈的角逐，来自澳大利亚的 Mitchell robins 以总成绩 1 小时 51 分 38 秒获得男子全程 30~34 岁组第一名；来自中国台湾的张家豪以总成绩 1 小时 54 分 33 秒获得男子全程 18~29 岁组第一名；来自中国台湾的张婷婷以总成绩 2 小时 10 分 54 秒获得女子全程 18~34 岁组第一名。

如皋市档案馆通过省 AAAAA 级数字档案馆评估

12 月 3 日，省档案局科技处处长、研究馆员姚军率评估组到如皋，对如皋市创建江苏省 AAAAA 级数字档案馆等级进行评估，并认定如皋市数字档案馆符合《江苏省数字档案馆等级评估办法》规定的省 AAAAA 级标准，评估予以通过。如皋市档案馆成为南通县（市）级国家综合档案馆中首家通过 AAAAA 级数字档案馆验收单位。副市长张亚鸾出席活动。

如皋市高度重视数字档案馆建设工作，稳步推进全市档案数字化工作，并率先完成馆藏档案数字化。截至 2017 年年底，所有镇(区、街道)档案中心重要档案已全部数字化；大力推进档案应用平台建设，

2018年4月“如皋市民生档案资源共享平台”正式上线，与民政局婚姻登记处对接使用，率先实现区域内民生档案婚姻登记数据共享；为保障数字档案馆应用平台正常运行，先后共投入近260万元用于档案馆信息化基础设施建设，全面加强数字档案馆基础设施建设。通过审阅材料、实地查看、提问质询等环节，评估组一致认为，如皋市创建省AAAAA级数字档案馆申报程序符合要求、材料齐全，数字档案馆建设成效显著，各项指标均符合《江苏省数字档案馆等级评估办法》规定的省AAAAA级标准，评估予以通过。评估组希望市档案馆再接再厉，进一步提升数字档案馆建设水平，继续完善系统功能，加强安全体系建设，规范档案信息资源建设，拓展档案信息共享利用，为全市经济与社会发展作出新的贡献。

副市长张亚莺(中)在AAAAA级数字档案馆验收现场

如皋市位列全国县域经济综合竞争力百强排名第25名

12月4日，《中国县域经济发展报告(2018)》发布，在全国县域经济综合竞争力100强排名榜单中，如皋市位列第25名。

据了解，“中国社会科学院财经战略研究院成果发布会:《中国县域经济发展报告(2018)》暨全国百强县案例报告”在北京举行，会议发布了由中国社会科学院财经战略研究院县域经济课题组完成的《中国县域经济发展报告(2018)》。《报告》中包括两个榜单，即全国县域经济综合竞争力100强排名和全国县域经济投资潜力100强排名。如皋在全国县域经济综合竞争力100强排名中位列第25名。报告在全国近2000个县域经济单元中遴选出400强样本县(市)，原则上根据地区生产总值、地方公共财政收入和规模以上工业企业三项标准进行分析研究比较。其中GDP规模方面，如皋市和神木市、迁安市、余姚市等4市首入围GDP千亿元俱乐部，全国超千亿县(市)数量达到24个。

排名	县(市)	省份	排名	县(市)	省份
1	昆山市	江苏	51	南昌县	江西
2	江阴市	江苏	52	平湖市	浙江
3	张家港市	江苏	53	长兴县	浙江
4	常熟市	江苏	54	滕州市	山东
5	太仓市	江苏	55	新密市	河南
6	义乌市	浙江	56	盘州市	贵州
7	长沙县	湖南	57	寿光市	山东
8	慈溪市	浙江	58	嘉善县	浙江
9	宜兴市	江苏	59	永康市	浙江
10	龙口市	山东	60	瓦房店市	辽宁
11	晋江市	福建	61	仪征市	江苏
12	胶州市	山东	62	兴义市	贵州
13	荣成市	山东	63	安宁市	云南
14	余姚市	浙江	64	嵊州市	浙江
15	浏阳市	湖南	65	登封市	河南
16	诸暨市	浙江	66	巩义市	河南
17	海门市	江苏	67	扬中市	江苏
18	宁乡市	湖南	68	沛县	江苏
19	乐清市	浙江	69	闽侯县	福建
20	伊金霍洛旗	内蒙古	70	桓台县	山东
21	启东市	江苏	71	平度市	山东
22	温岭市	浙江	72	惠安县	福建
23	准格尔旗	内蒙古	73	莱州市	山东
24	神木市	陕西	74	兴化市	江苏
25	如皋市	江苏	75	新泰市	山东
26	丹阳市	江苏	76	肥城市	山东
27	福清市	福建	77	青州市	山东
28	海宁市	浙江	78	德清县	浙江
29	海安市	江苏	79	莱西市	山东
30	瑞安市	浙江	80	新沂市	江苏
31	溧阳市	江苏	81	新昌县	浙江
32	泰兴市	江苏	82	沭阳县	江苏
33	靖江市	江苏	83	武安市	河北
34	新郑市	河南	84	中牟县	河南

如皋市位列“中国大陆最佳县级城市30强”第9名

县级市排名	总排名	城市	级别	省/直辖市/自治区	综合得分
1	31	昆山	县级市	江苏	0.3525
2	41	江阴	县级市	江苏	0.3372
3	43	太仓	县级市	江苏	0.3307
4	48	南安	县级市	福建	0.3178
5	50	义乌	县级市	浙江	0.3125
6	54	海宁	县级市	浙江	0.3025
7	57	慈溪	县级市	浙江	0.2993
8	61	诸暨	县级市	浙江	0.2889
9	66	如皋	县级市	江苏	0.2846
10	67	瑞安	县级市	浙江	0.2829
11	68	宜兴	县级市	江苏	0.2822
12	73	余姚	县级市	浙江	0.2770
13	75	晋江	县级市	福建	0.2754
14	81	常熟	县级市	江苏	0.2688
15	84	靖江	县级市	江苏	0.2633
16	86	乐清	县级市	浙江	0.2613
17	89	荣成	县级市	山东	0.2585
18	91	浏阳	县级市	湖南	0.2574
19	95	丹阳	县级市	江苏	0.2546
20	98	胶州	县级市	山东	0.2524

12月6日,福布斯中国发布“中国大陆最佳县级城市30强”,作为“2018中国大陆最佳商业城市”的子榜单之一,县级市榜单罗列了榜单的县级市前30名。如皋位列“中国大陆最佳县级城市30强”第9名。

在“2018中国大陆最佳商业城市榜”榜单中,江苏省上榜的城市数量最多,共计19个城市上榜,其中南通位列第37位。尤其令人关注的是,在这份重量级榜单上,如皋继续赫然在列,总排名位于第66,是南通唯一上榜的县级市,居江苏省内县(市)中第4位。

如皋市以敢于争先的顽强斗志,厚植解放思想、追赶超越、创新驱动的发展基因,2017年地区生产总值、工业应税销售、服务业应税销售和建筑业施工总产值全面跨过千亿大关,在苏中苏北县级城市中率先建成全国文明城市,高质量发展正在全面起势。

据了解,福布斯中国自2004年开始推出相关系列榜单,旨在通过人才指数、城市规模指数、消费力指数、客运指数、货运指数、私营经济活力指数、经营成本指数、创新指数这八项指标,从各个不同维度进行全方位考量,寻找适合商业发展与人们高品质生活的城市。

苏州市如皋商会成立

12月7日,苏州市如皋商会一届一次会员大会暨成立大会在苏州白金汉爵大酒店举行。市政协副主席杜永红出席会议。

苏州市如皋商会是由在苏州投资经营的如皋籍工商企业者依法组成的社会组织,商会名称从成立之初的苏州市平江区如皋商会更名为苏州市姑苏区如皋商会,12月,商会再次更名为苏州市如皋商会。会议通过了《苏州市如皋商会章程》,选举产生了苏州市如皋商会领导班子,苏州市福运物流有限公司总经理纪福兵当选为商会会长。

杜永红对商会的成立表示祝贺,向在苏州创业发展的如皋籍企业家表示问候,向一直以来关心、支持如皋籍企业家在苏州创新创业的各级领导、各界朋友表示感谢。他说,商会的领导班子要“舍得”,要有“舍”的理念与奉献,帮助会员增强自主创新能力,为会员企业的高质量、高效益发展助力。他希望商会成为苏州市如皋籍企业家凝心聚力的重要载体、创新发展的核心力量,做好苏如两地深度合作的使者,不断提升商会的向心力与凝聚力,努力把商会建成有浓厚如皋情怀的大家庭;希望广大在外的如皋籍人士多多关心、支持、参加家乡的建设和发展,对家乡的心更近一点,情更深一点,意更浓一点。

第二届中国工业物联创新发展高峰论坛在如皋市举行

12 月 8 日，第二届中国工业物联创新发展高峰论坛暨中国物联网产业百人会年度活动行在如皋市召开。中国工程院院士沈昌祥、国家制造强国建设战略咨询委员会委员蔡惟慈、中国电子信息产业发展研究院副院长曲大伟、工业和信息化部科技司调研员姚佳，如皋市领导何益军、茅红宇、钱志刚、刘晓洁出席会议。

市委副书记、市长何益军在会上致辞。他说，如皋地处长三角经济圈核心区，是上海大都市北翼门户城市和江苏扬子江城市群重要节点城市，拥有国家级经济技术开发区、国家级农业科技园区、省高新区、国家一类开放口岸和保税物流中心，是全国文明城市，也是中国人居环境奖城市，在新的长三角一体化国家战略的大背景下，如皋正围绕以新能源及新能源汽车为主导的产业化绿色制造基地、以软件及信息产业为特色的创意创业青年友好城市，以现代文明和历史文化交相辉映的长寿养生福地的定位，坚持走创新发展、集聚发展、特色发展之路。近年来，如皋抢抓工业物联网新一轮发展风口，围绕打造智能制造示范区这一核心，积极布局工业物联网的发展，先后集聚了国家级科技孵化器、国家火炬特色产业基地，开源空间等高端创新载体，先后建成了国家级制造业与互联网融合发展的示范项目 1 个、省级智能示范车间 4 家。

何益军表示，物联网是区域发展抢滩布局的新蓝海，此届高峰论坛围绕“赋能万物 智慧创新”为主题，深入探讨工业物联网领域的前沿趋势，分享行业发展的最新成果，将倍加珍惜难得的学习机会，积极吸收各位专家学者的智慧，立足如皋发展实际，进一步优化产业政策，实化经济举措，努力提升发展水平，相信此次论坛的成功举办将是市工业物联网业务发展的“及时雨”，也是智能制造示范区加快建设的推进器。他期盼，各位专家学者及企业家在论坛上提出更多的宝贵意见，带来工业物联网最前沿的理念和智慧，我市运用工业物联网打造制造强市把脉指导、传经送宝。如皋市也将不断深化政府自身改革，努力提高服务监管水平，促进要素的自由流通，为工业物联网事业在如皋的裂变式发展提供肥沃土壤。他希望，各位领导、各界朋友一如既往地关心支持如皋的发展，并通过他们向业内领军企业和高端资本发出邀请，到如皋创新创业，投资发展，携手开创万物物联感知世界的新起点。

会议发布了《中国智能传感器产业发展白皮书》；沈昌祥围绕“以科学的网络安全观筑牢物联网安全防线”作主旨发言。

在如皋期间，与会人员还参观了一下科技、开源空间等处。

全市领导干部会议召开 宣布市委主要领导调整决定

12 月 27 日，如皋市召开领导干部会议，南通市委副书记张兆江出席会议并讲话。会议由南通市委组织部副部长吴陈钢主持。

会上，吴陈钢宣读了省委和南通市委关于如皋市委主要领导同志职务调整的决定：张建华任中共如皋市委书记，陈晓东不再担任中共如皋市委书记职务。陈晓东、张建华、何益军三位同志分别发言。张兆江在讲话中说，前不久陈晓东当选为南通市人民政府副市长，根据工作需要，组织决定，他不再兼任如皋市委书记职务。陈晓东在如皋工作了 6 年时间，政治上成熟，党性观念强，思路清晰，思维敏捷，

12 月 27 日，全市领导干部会议会议召开　　黄友谊　摄

善于学习，知识面宽，视野开阔，看问题有见解、有深度，工作阅历和领导经验都比较丰富，熟悉经济工作和党政管理，有较强的创新意识，谋划和推进工作重点突出，有很强的事业心和责任感，为人谦和，作风正派，在如皋各项工作都取得了明显成效，为如皋经济社会发展倾注了大量心血，作出了重要贡献。

会上，张兆江就做好今后工作提出了要求，首先要坚定不移加强政治建设。要坚决做到两个维护，始终自觉在思想上政治上行动上同以习近平为核心的党中央保持高度一致；要严格贯彻上级决策部署，坚持有令必行，有禁即止，不折不扣落实中央大政方针和决策部署；要坚决维护团结稳定局面，营造互相尊重、包容协作、和谐相处的工作氛围，形成干事创业的整体活力。其次要坚定不移推动高质量发展。要狠抓项目建设，扭住项目建设这个“牛鼻子”，高度聚焦重特大项目；要不断深化改革开放，认真学习贯彻习近平总书记关于深化改革开放的重要讲话精神，进一步推动创新，在深化改革开放中增添新活力、增创新优势；要扎实推进乡村振兴，加快推动“农业全面转型、农村全面进步、农民全面发展”；要全力打好“三大攻坚战”，进一步压实责任、持续发力。第三要坚定不移推进全面从严治党。全面从严治党是各项事业发展的根本政治保证。以张建华为班长的如皋市委，要认真贯彻新时代党的建设总要求，推动全面从严治党向纵深发展，提升干部队伍精气神。

南通市副市长陈晓东回顾了在如皋 6 年的工作历程。6 年的朝夕相处，这里的一草一木变得如此熟悉，这里的干部群众彼此这般亲切，可以说，如皋已成其为第二故乡。如皋是一座有着悠久历史和深厚底蕴的城市，这里的人们温厚、善良、勤勉、朴实，有着很好的亲和力和执行力，6 年的工作经历，他由衷地感到，如皋真是一片干事创业的好土壤。今后无论身处何方，在他的心中永远都会牵挂着如皋，在新的工作岗位上为如皋的发展加油喝彩。

张建华说，南通市委决定由他担任如皋市委书记，这既是肯定和信任，更是鞭策和期望。他深感使命光荣、责任重大，一定倍加珍惜与如皋人民共事创业的机会，守土尽责、只争朝夕、全力以赴，以实际行动向市委、市政府和如皋人民交上一份满意的答卷。在今后工作中，一是讲政治聚合力。聚焦中央和省市委决策部署，结合实际细化落实，确保上级要求在如皋落地生根、开花结果，确保如皋各项事业沿着正确方向乘风破浪、行稳致远。二是抓发展争先锋。始终把发展作为第一要务，将心思和精力集中到谋大事、抓发展上来。三是惠民生办实事。坚持以人民为中心的思想，顺应人民群众对美好生活的向往，把群众所想所盼作为工作的出发点和落脚点，用脚步丈量民情，用实干赢得民心，千方百计保障和改善民生。四是守纪律作表率。保持清醒头脑，常修为政之德，常怀律己之心，带头执行中央“八项规定”精神、省市委“十项规定”以及廉洁自律各项规定，清清白白做人，干干净净做事，任何时候都不踩红线、不碰高压线。

市委副书记、市长何益军在讲话中表示，这次对如皋领导班子的调整，充分表明了省委、南通市委对如皋的关心和重视，将支持和配合好张建华书记的工作，一如既往、踏石留印地抓好政府各项工作，坚决做到市委有决策、有部署、有要求，政府系统就有行动、有落实、有成效，确保各项工作有序衔接、有效推进。

市四套班子全体领导、老领导，各镇(区、街道)、各部门主要负责人，在如条管部门负责人参加会议。

新闻人物

Xinwen Renwu

党政领导

张建华担任中共如皋市委书记

12月27日下午，如皋市召开领导干部会议，南通市委副书记张兆江出席会议并讲话。会议由南通市委组织部副部长吴陈钢主持，并宣读了省委和南通市委关于如皋市委主要领导同志职务调整的决定：张建华任中共如皋市委书记，陈晓东不再担任中共如皋市委书记职务。

张建华，男，汉族，1968年9月出生，江苏海门人，1986年8月参加工作，1988年11月加入中国共产党。

其主要简历如下：

1983年7月至1986年8月，在南通师范学校学习；

1986年8月至1992年9月，担任海门县余东中心小学教师、教导副主任(其间，1988年6月，由南京师范大学汉语言文学专业自考大专毕业)；

1992年9月至1993年1月，任海门县余东中心小学副校长；

1993年1月至1994年7月，在海门县政府办工作；

1994年7月至1996年1月，任海门市政府办秘书；

1996年1月至1998年7月，任海门市政府办综合科科长；

1998年7月至1999年12月，任海门市政府办副主任；

1999年12月至2000年9月，任海门市正余镇镇长、党委副书记；

2000年9月至2006年6月，任海门市正余镇党委书记(其间：2002年6月，由南京师范大学汉语言文学自考本科毕业；2001年8月至2003年12月，由中央党校法律专业本科学习毕业；2003年2月至2004年7月，由省委党校政治经济学专业研究生学习毕业)；

2006年6月至2007年5月，任海门市委常委、市委办主任；

2007年5月至2007年11月，任海门市委常委、市委秘书长、市委办主任；

2007年11月至2008年8月，任海门市委常委、市委秘书长、市委办主任，滨海工业新区党工委书记；

2008年8月至2009年9月，任海门市委常委、市委秘书长、市委办主任，滨海新区党工委书记；

2009年9月至2010年2月，任海门市委常委、副市长，市委秘书长、市委办主任，滨海新区党工委书记；

2010年2月至2010年9月，任海门市委常委、副市长，滨海新区党工委书记；

2010年9月至2011年1月，任海门市委常委、常务副市长，滨海新区党工委书记；

2011年1月至2013年12月，任海门市委常委、常务副市长；

2013年12月至2017年1月，任南通市人民政府副秘书长(正处级)；

2017年1月至2017年2月，任南通市委副秘书长(正处级)；

2017年2月至2018年12月，任南通市委副秘书长、市委办公室主任；

2018年12月起，任如皋市委书记。

石慧宏任如皋市委常委(挂职)

石慧宏,男,汉族,江苏如皋人,中央党校大学学历,1964 年 5 月出生,1982 年 9 月参加工作,1993 年 10 月加入中国共产党。

1980 年 9 月至 1982 年 7 月,在江苏省如皋中学学习;

1982 年 9 月至 1985 年 5 月,任江苏省如皋市税务局城西税所税务员;

1985 年 6 月至 1994 年 9 月,任江苏省如皋市税务局税政二科办事员;

1994 年 9 月至 1995 年 2 月,在江苏省如皋市国家税务局涉外税务管理处主持工作;

1995 年 2 月至 1996 年 9 月,任江苏省如皋市国家税务局涉外税务管理处副分局长;

1996 年 9 月至 1997 年 4 月,任江苏省如皋市国家税务局薛窑中心所所长;

1997 年 4 月至 1997 年 11 月,任江苏省如皋市国家税务局薛窑分局分局长;

1997 年 11 月至 2007 年 4 月,任江苏省如皋市国家税务局党组成员、副局长;

2007 年 4 月至 2009 年 12 月,任江苏省南通市国家税务局机关服务中心主任;

2009 年 12 月至 2011 年 10 月,任江苏省海门市国家税务局党组书记、局长;

2011 年 10 月至 2018 年 6 月,任江苏省南通市国家税务局党组成员、总经济师;

2018 年 6 月至 2018 年 10 月,任南通市国家税务局、地方税务局联合党委委员;

2018 年 10 月至 2018 年 12 月,任国家税务总局南通市税务局党委委员、总经济师;

2018 年 12 月至今,任如皋市委常委(挂职),国家税务总局南通市税务局党委委员、总经济师。

英模典范

以企业创新创造社会价值——通商优秀代表江苏神马电力董事长马斌

在1月8日召开的国家科学奖励大会上，江苏神马电力股份有限公司参与完成的“特高压±800千伏直流输电工程”项目荣获2017年度国家科技进步奖特等奖，这是神马电力继荣获2012年度国家科技进步特等奖后，再次跻身我国科技最高奖光荣榜。而取得这一切的荣誉，都与神马电力董事长马斌分不开。

马斌，1971年出生，高级经济师，江苏神马电力股份有限公司董事长兼总经理，曾任中华全国青年联合会第十一届委员会委员、全国绝缘子标准化技术委员会（SAC/TC80）委员、全国高压直流输电工程标准化技术委员会（SAC/TC324）委员、电力行业绝缘子标准技术委员会第六届委员会单位委员，两次获得获国家科学技术进步奖特等奖，先后当选省十大杰出青年、省劳动模范、全国“讲理想、比贡献”活动科技标兵、国家电网公司重要贡献专家等荣誉，荣获第19届“中国十大杰出青年”提名奖。两次斩获国家科技进步特等奖，九大类创新型产品为全球行业创造巨大价值，江苏神马电力股份有限公司董事长马斌埋头推进科技创新，使我国在电力外绝缘领域由落后的追赶者变成全球的领跑者。

神马电力成立于1996年，近年来公司通过技术创新，先后成功研发出填补国际空白的空心复合绝缘子、支柱复合绝缘子、复合电气套管，杜绝了传统产品存在的安全隐患，彻底打破了国际垄断，并使特高压输变电电力装备核心部件迅速占据了全球市场。

发现问题等于发现机遇。马斌说，其实神马公司的成立来源于他当年在跑市场时发现的一个问题。20世纪90年代，在无锡市第四橡胶厂工作的他，因为跑销售的关系，接触了很多电力行业的企业。当时的电站设备普遍存在渗漏油现象，加了密封件，也只能减缓，并不能彻底解决问题。

秉着“发现问题就等于发现了机遇；只有解决问题，才是抓住机遇”的理念，1996年，马斌毅然辞职，回到家乡如皋创业。经过两年时间、1000多次试验，在马斌的带领下，他的研究团队，终于出了成果——“输变电橡胶密封件”研发成功。该产品不但能完美解决电站设备渗漏油问题，而且实现与电站设备同寿命，保证满足30年使用需求，顺利通过国家鉴定。产品投放市场后，在很短的时间内风靡大江南北，被全国近千家变压器、互感器、断路器制造厂家采用，年销售额近亿元。

“要做就要做别人没做过的。”在密封件产品取得成功后，马斌并没有停下脚步，带领团队继续创新研发新产品。他发现，我国330千伏及以上电压等级的瓷质绝缘子全部依赖进口，但无论是国内的还是国外的复合绝缘子均无法满足长期可靠运行的要求。全国每年因为瓷绝缘子造成的事故损失及后期清扫、维护费用近百亿元。

再次看到机遇的马斌决定一定要自力更生，研发出更好的绝缘子产品。投入5000多万元，经过数百次试验，一种新的产品——高温硫化硅橡胶整体注射成型的复合空心绝缘子产品研发成功。这一技术填补了国际空白，彻底打破了国际上对我国超高压、特高压外绝缘领域长达半个多世纪的垄断。

马斌说："在国内上马特高压交流工程时，本来 GIS 套管进口一支外国公司开价 1000 万元，后来听说我们有新的产品研发成功后，把报价骤降至约 300 万元。但我们的产品售价仅为 68 万元，而且在机械性能、电气性能和密封性能方面还远远优于进口产品。"

神马自主研发的产品，有力地支撑了国家重点工程——特高压输电工程的建设，并起草了三项国家标准。神马迅速获得全球行业认可，以 ABB、西门子、GE 为代表的全球输变电设备制造商，几乎都与神马达成了合作。

一直以来，特高压±800 千伏直流技术面临特高压、大电流下的绝缘物理特性、电磁环境、设备研制、系统控制四大挑战和难题。在外绝缘技术方面，特高压直流工程面临重污秽、高海拔、重覆冰和地震高发等复杂环境，常规的绝缘材料无法满足特高压直流的安全运行要求。

作为全球最大的变电站绝缘子供应商，神马电力在马斌的带领下围绕特高压直流工程需求，充分参与工程外绝缘技术论证和设计，通过设计创新、材料创新和工艺创新，研发出国际首创的特高压直流支柱复合绝缘子，有力支撑了项目实施和工程建设。这也让企业在今年，继荣获 2012 年度国家科技进步特等奖后，再度捧回该奖项。

究竟是什么原因，让神马电力能够两度获奖？马斌表示，这与企业的创新文化分不开。创新是企业的灵魂，对一个企业而言不仅仅是技术方面的创新，还有管理创新、经营创新。同时，企业的创新离不开人才，神马电力通过外引和内培相结合模式，目前高学历、专家级的人才大概占公司 40%左右。神马电力面向全球有针对性的引进制造、管理、运营方面的人才，已经连续三年在全国 985、211 大学招聘接近 100 人，引进来后直接对应他们的职业发展规划，给每一个人打造他们的发展路径，融入企业事业模块当中来。

同时，能否通过创新为社会创造价值，是神马人 22 年来每天工作聚焦的目标。马斌表示，企业也是社会的一分子，科技进步特等奖的获得说明了对这个行业、这个社会的价值。获得这些奖项更多的是激励了企业，在过去的基础上持续的取得创新成果。只有为社会做出贡献，企业发展才不会跑偏方向。

对于下一步如何发展，马斌表示，具体来说分成三大板块，一是制造业板块，二是电力工程服务业板块，三是电网投资产业板块，在电力行业中形成一横一纵的产业链条，让这三大板块相互促进，相互发展。马斌说："神马未来的目标是打造最具创新精神的新材料能源装备集成服务商，力争在 2025 年销售过百亿、2035 年跨千亿。"

杨德英、李建云家庭分别入选全国"最美家庭"、全国"五好家庭"

5 月 14-15 日，全国妇联在北京举办全国"最美家庭"揭晓专题节目、全国"五好家庭"表彰大会，对 1000 户全国"最美家庭"、1000 户"五好家庭"进行表彰。如皋杨德英家庭、李建云家庭分别入选全国"最美家庭"、全国"五好家庭"。

如皋杨德英家庭在如皋市下原镇桃园居，109 岁的杨德英老太太在儿女的悉心照顾下，每天都乐得合不拢嘴，耳不聋，眼不花，神志清晰，生活基本能够自理，五代同堂同处一室，共享天伦之乐。这个几十口人的大家庭，被邻里称为"最美家庭"的典范，老太太的长寿经也被中央电视台等多个栏目跟踪采访报道。

如皋李建云家庭入选全国“五好家庭”。2003年，李建云年仅44岁的丈夫突发脑溢血变成了植物人，李建云用自己柔弱的身躯挑起了生活的重担。李建云每日定时为丈夫翻身、推拿，虽长卧16年，但丈夫身上没有一块褥创和斑疹；一日八餐，荤素搭配，营养齐全，5000多天护理生活的点点滴滴，记满10多本记录本。另外，李建云还接手丈夫的事业，成立企业女职工委员会和企业妇代会。

“无臂硬汉”石晓华当选助人为乐“中国好人”

6月29日，由中央文明办主办、中国文明网承办的“我推荐、我评议身边好人”活动公布6月份“中国好人”榜单，来自如皋市长江镇永平闸社区的“无臂硬汉”石晓华光荣上榜，当选助人为乐“中国好人”。

没有双臂的石晓华身残志坚，他以口衔笔，用足挥毫，刻苦练习书画，终于有所成就；他排演节目、捐赠助人，个人冠名成立爱心助残公益基金，投身公益事业，用感恩的心面对生活，用感恩的心回报生活，自强助人快乐前行。

6岁时，石晓华在一次触电事故中失去双臂。为了能够生活自理，他以顽强的毅力学会用脚吃饭穿衣、刷牙洗脸；学会打电脑、用手机；学会以口握笔，练就“一口”好书法……这些在常人眼里难以完成的事，石晓华不仅做到了，而且在书法领域取得成就，书法作品屡屡获奖。随着知名度的提升，1997年，石晓华自强不息的故事引起了一位编剧的关注，编写了以他的故事为蓝本的小品剧本《求》，石晓华也被邀请本色出演小品中的自己，该小品获得全国残疾人文艺表演金奖。2009年，他参演的小品《飞翔的维纳斯》获全国戏曲大赛金奖；2012年，参演的小品《地铁里的太阳》获得江苏省第八届残疾人文艺汇演一等奖；2015年，受邀参加全国残疾人运动会开幕式表演；2016年，口书作品入选江苏省书法家协会“新人作品展”，并受邀参加日本国际残疾人书法展。

石晓华认为他现在的一切都是社会给予的，因此，他要感恩社会，回报社会。从1996年跟着父亲为公益事业捐出第一笔资金300元开始，他就一直奔走在公益路上，留下一串闪光的足迹。

2008年汶川地震后，石晓华第一时间捐赠800元后，牵头组织唐山大地震幸存者、残疾人演员，到贵州等地巡回义演，募集善款、物资近50万元，不顾余震危险，去汶川慰问灾后困难群众，为他们表演节目、捐赠爱心款，鼓励灾区群众重建家园。2011年，为帮助更多的残疾人自强自立，石晓华牵头组建成立如皋市星光残疾人艺术团。他们排演节目在全国各地演出，收入盈余用于赞助山区希望小学、贫困儿童以及残疾人学生。2014年，石晓华与来自云南、安徽、重庆、江苏、浙江等地失去双臂的6位残疾书画家成立“无臂七子公益书画联盟”，当年义卖20多万元书画善款，均捐赠给绍兴残疾公益事业。

2015 年，“无臂七子”义卖作品筹款 100 万元，捐赠给云南省丽江市玉龙县石头乡，建立了“无臂七子希望小学”。同年年底，得知山区遭遇严寒，石晓华个人又捐献了 300 件羽绒服。2016 年 12 月，石晓华的自传《无臂汉子》新书首发。在首发仪式上，以他个人冠名的公益基金“石晓华爱心助残基金”成立。爱心基金成立以来，石晓华通过捐赠售书款等方式，先后为残疾人和困难学生捐助现金、物资 20 余万元。

石晓华还他在长江镇创办了“梅华馆”，传授书画技艺，他用嘴示范，用脚指导，诲人不倦，毫无保留，不仅让农村的孩子能与城里孩子一样享受书画的乐趣，更让孩子们在学习中濡染自强不息的精神。多年来，他还不知疲倦地到各地和大专院校进行公益讲座、励志演讲和表演，累计达 300 余场，他不向命运低头的人生态度深深感染了一批又一批人。

如皋医生程锋万米高空成功急救病人

7 月 18 日，南京的王先生坐飞机去欧洲旅游，不料飞行途中突然感到心慌、胸闷。危急时刻，来自如皋博爱医院的程锋医生挺身而出，对王先生进行了抢救，让他转危为安。他说：“It´s my duty.”

当天飞机从南京禄口国际机场起飞，飞行了大约三四个小时后，乘客们大都已经入睡。突然，飞机上播出一则紧急广播，打破了原本的安静。程医生赶紧和乘务人员将病人抬到飞机后部比较宽敞的地方。由于飞机上的医疗设备有限，程医生给病人做了一些紧急抢救。经过诊断，程医生判断病人应该是低血压引起的血容量不够。之后，程医生给病人戴上氧气面罩，随后他的症状有所缓解，此时程医生发现病人随身携带了“速效救心丸”。就在准备给他服用之时，周围人提出了质疑。面对紧急情况，程医生沉着应对。也正是他的果断和勇敢，将王先生从危急关头救了出来，也让这趟航班的行程没有受到影响。

程医生和王先生参加的是同一个旅游团。就这样，两人从素不相识成了好朋友。回国后，王先生特意寄来一封感谢信，赞扬程医生的大爱无疆。

人民警察谢翠东因公殉职

9 月 2 日，因公殉职的人民警察谢翠东遗体送别仪式在市殡仪馆举行。市领导陈晓东、何益军、缪小华、缪爱诚、茅红宇、陈晓彬参加活动。

8 月 22 日，袁桥派出所民警谢翠东在单位值班期间感到身体不适，仍然带病坚持工作；8 月 23 日上午 8 时 20 分，他被发现倒在工作岗位上，不幸因公牺牲，年仅 53 岁。

谢翠东从警30年来，一直扎根社区、耕耘一线，把自己的一生交给了公安事业。从警以来，谢翠东始终把社区的治安安全作为每日必担的使命，真心为群众化解矛盾纠纷，经常为企业送去防范提醒，及时为社区消除安全隐患，常年奋战在维护稳定、保民平安的一线，用走村入户三十年、守护平安一辈子的承诺，撑起了保民安居的蓝天。谢翠东先后被市公安局评为“优秀社区民警”、荣记个人嘉奖。

谢翠东用入党23年的坚守，诠释了一位党员民警的责任与担当；用从警30年的行动，践行了“对党忠诚、服务人民、执法公正、纪律严明”的总要求；用人生53年的平凡历程，谱写了一曲动人的奉献之歌，展示了共产党员崇高的思想境界和精神追求，是值得学习的好警察、党员干部的好榜样。

谢翠东因公牺牲后，市委书记陈晓东批示：谢翠东同志带病坚守岗位，不幸因公殉职，令人痛惜。他用生命诠释了人民警察的使命和担当，展示了如皋人民警察的英雄风采，是我们学习的好警察、党员干部的好榜样。市委副书记、市长何益军批示：要认真总结好先进事迹，并做好家属安抚工作，市公安局做好追悼等仪式安排。

如皋市总工会党组书记、主席周太荣获评“全国优秀工会工作者”称号

9月13日，中华全国总工会公布全国模范职工之家、全国模范职工小家、全国优秀工会工作者名单，如皋市总工会党组书记、主席周太荣获评“全国优秀工会工作者”称号。据悉，这是如皋工会工作者首次获得全国工会系统最高个人荣誉。

据了解，周太荣带领市总工会领导班子，积极顺应时代要求，在开展新服务上解放思想。面对职工群众对美好生活的新期待新需求，始终坚持以人民为中心的发展思想，牢牢把握好新时代工会“党的助手、行政的帮手、职工的娘家”的基本职能定位，坚持党政所需、职工所盼、工会所能，充分发挥党联系职工的桥梁纽带作用、充分发挥国家政权的重要社会支柱作用、充分发挥职工合法权益的代表者维护者作用，努力成为职工需求的第一发现人、困难的第一援助人、矛盾的第一协调人。

如皋市总工会主动将劳动关系矛盾调解工作融入如皋市委、市政府社会矛盾大调解体系。通过完善职代会制度建设，指导基层提升规范化工作水平，凝聚基层活力。深入开展“组织建设强支撑”活动，主动实施工会工作“互联网+”战略，依托工会组织建设系统平台，探索工会会员普惠

制。以实施精准帮扶为目标，持续放大结对帮扶、金秋助学、大病救助、励志教育、促进就业等品牌效应。强化对接跟踪，组织帮扶单位以镇（区）集中开展走访慰问，组织座谈交流，整合市镇企力量，强化企业主体责任，动态了解特困职工家庭实情、帮扶结果，及时协调解决问题。先后开展“5000 会员回娘家”“心系职工百企行培训”等活动，并积极做好在如皋召开的江苏省职工劳动安全卫生知识普及教育现场推进会的服务工作，“如皋经验”在全省推广。两年来共有 182 家企业单位进馆参观，受教育 17600 多人次。

如皋木作大师薛爱民根据郎世宁系列名画《十骏图》所雕作品亮相北京文博会

10 月 25 日，第十三届中国北京国际文化创意产业博览会(简称“北京文博会”)开幕。此届北京文博会主题定为“引领文化产业高质量发展　助推全国文化中心建设”，主展场设在中国国际展览中心(老馆)，总面积 4.5 万平方米，共设 20 个主题展区，包括全国文化中心建设前沿展区、北京市文化创意产业示范引领展区、京津冀文化协同创新展区、第三届“一带一路”沿线国家特色文化展区、西山永定河文化展区、新闻出版与广播电影电视展区、语言产业展区、北京国际科普资源展区等。如皋木作大师薛爱民根据郎世宁系列名画《十骏图》也亮相北京文博会。

薛爱民，1972 年出生于如皋原郭园镇。2010 年上海世博会，作品《海青博鹄图》荣获“第三届明韵清风中式家居精品设计大赛”工艺品类创意金奖。2015 年 1 月，作品《十俊犬》系列挂屏，在北京甲午首届中华传统木雕技艺精品展会荣获“非遗传承贡献奖”，其中《雪爪狗》图赠送恭王府作永久性珍藏。2016 年，被中华文化促进会木作文化工作委员会评为“中华木作大师”。

青褂衫、黑布鞋、山羊胡，44 岁的薛爱民，已然是艺术大师的模样。工作室、加工厂、大师父，在名不见经传的郭园镇竟然藏着一位远近闻名的紫檀木雕大师。2~6 毫米的名贵木材硬质模板上，他以刀代笔勾画艺术珍品。中央电视台《发现之旅》栏目慕名探访、国内外收藏家趋之若骛，究竟他身上藏了多少秘密等待世人挖掘？

无声世界的灵动内心

6 岁那年，一次意外的输液事故让他双耳失聪，上帝为他开启了静音模式。从此，他的世界安静下来……

父亲靠打鸟为生，母亲在家务农。两个儿子，大儿子乖巧懂事，小儿子听不到外界的任何声音，一家人的生活多靠亲戚接济。小儿子到底要不要送去上学？父亲做了艰难的决定，上！即便家里都快揭不开锅，父亲依然咬咬牙在薛爱民 8 岁那年将其送至如皋市聋哑学校念书。雕刻、服装是如皋人的祖传手艺，也是聋哑学校的特色专业。从 14 岁开始研习木雕工艺，薛爱民不辜负家人的期望，不断探索、研究、创新，至今已经 30 年。

“从学习木雕开始，他就爱上了这个！那时候经常听他‘说’在学校雕刻的事情，还带些写生的画回来给我们看！”手语翻译、薛爱民姨夫薛宏回忆起当年的画面依然历历在目，每日的木雕研习奠定了他日后的“工笔精雕”的发展道路，长期的野外写生练就了其扎实的绘画基础。

6年的如皋市聋哑学校木雕课程研习，3年南通聋哑中专学校苦练，20岁走出校门的薛爱民已经熟练掌握了木雕技术。从如皋到苏州，从苏州到南通，他在雕刻工作的过程中拜访名师，提升技艺，积淀了细腻扎实的雕刻技巧。

薛爱民表示，在木雕的道路上，他“一条道儿走到黑”，从没想过要回头。一路坎坷、兜兜转转，谨小慎微三十载，熟稔雕刻技术的他将中国画工笔白描技法与木雕的精工细作相联系，创造性提出木雕行业新型技法——工笔浮雕。

师承顾永琦，创新“工笔精雕”

在通派红木界，乃至全中国的红木圈，顾永琦都是一个大家级的传奇人物。出生木工世家，2008年为中国珠算博物馆制作“世界上最大的紫檀算盘”。他是中国最厉害的红木材料商，慷慨向故宫博物院捐赠一千千克紫檀原材；他是最离奇的设计大师，爱马仕集团(Hermes)高端品牌合作，专注紫檀家具的设计和制作。这样一个传奇人物，偏偏看上了薛爱民！

2000年的一天，一个偶然机会，薛爱民得以到顾永琦的工厂参观。或许是流淌在血液中对于木雕的热爱细胞起了作用，薛爱民竟然毛遂自荐“这个工艺我也可以做！”得到了顾永琦的首肯，得以在顾永琦的工厂工作、学习。从工人到学生，从模仿到创作，整整8年的时间，薛爱民与顾永琦整日泡在一起。无论是花鸟虫鱼，还是飞禽走兽，顾永琦都要求薛爱民细心观察天然活物而非常规意义上的模仿平面画作。在师父的敦促与指点下，薛爱民也不负众望刻苦学习。多年来从不间断学习工笔画，反反复复的野外写生，让薛爱民掌握了动植物的生长原理和生理结构，为日后的创作积累了大量素材。

传统木雕门户中，潮州木雕、黄杨木雕、东阳木雕等虽各有特色，但在一幅雕版中，如工笔白描那样以力图形似、注重细节为特色，将动物毛发翎羽雕镂得精密如真的，实为罕有。

认识到传统工艺在生物表现上略显乏力，薛爱民开始在师父顾永琦的指点下于丝翎檀雕的基础上研究开发工笔精雕技术，填补了在浅浮雕领域精工细作的空白。所谓“工笔精雕”，即是以适合雕刻的名贵木材作为主要载体，以雕刀、铁笔等工具在载体上按照工笔画的模子作画，过浅浮雕的形式将工笔画的图案立体地展示在名贵木材表面。与丝翎檀雕不同的是，工笔精雕的范围更为广泛，雕刻的对象也更加丰富，不仅可以进行局部的雕刻，还可以进行整体的工笔雕刻。

雕刻花鸟虫鱼动物的时候，他还将工笔国画“丝毛”的手法运用到雕刻手法中，每件作品都力求手法工细秀丽，刀法严谨。以刀代笔细细刻画，雕工线条纤巧流畅，娴熟绮丽，毛发刻画惟妙惟肖、淋漓尽致。线条一丝一缕仿如真的一般，清晰的毛发丝丝可见，柔中有刚，细而不乱，质感丰富、构思细密，花瓣枝叶转向自然细致入微。

完美工艺 国内收藏家追捧

以刀代笔，他在2–6毫米厚的紫檀木上刻画图案。利用材质特征及规划的起伏，产生不同的肌理效果与光影层次感。特殊的打磨工艺手法，作品不上漆、不上蜡，一幅幅花鸟虫鱼作品栩栩如生、跃然纸上，几年来创作了几百幅具有收藏价值的艺术作品！

凭着自己对天然生物的喜爱，他细心观察犬、鸟、鱼等类宠物，用工笔绘画描摹他们的体态、动作、神志，并在雕镂中注重毛发、眼睛的表现，从而描绘出活灵活现、富有灵性的雕镂图案。鸟的羽毛看似纷乱却有规律的“破毛”才显得自然；用镶嵌工艺表示狗或鹰的眼睛，镶入木材的颜色过艳或过暗，“瞳孔”太大或太小都会“掉真”；大羊和小羊身体上的毛发走向略有不同，形状也不尽相同，需要用不同的方式表现。秉持着“艺术来源于生活”的理念，追求“天艺合一”的境界，薛爱民每出一品，必是佳作！

细腻雕刻三十载，薛爱民深刻领悟了工笔精雕的理念精髓。他深知，再现生物的形影，表现得宛若活物，必须要对现用工具进行改造。他创新研发了几十种独特的刀具，把动物的翎毛刻画得细致入微，让动物眼睛眉目传情，堪称工笔精雕一绝。整幅作品刻画细腻，栩栩如生，构图饱满，线条疏密得当，流畅灵动。一件紫檀创作成品历时数月之久,对工艺的处理达到极致。除了考验雕刻师的耐心,更多也考验创作者的创意。

工笔精雕作品——十二生肖挂屏之《三羊开泰》中的3只羊刻画细腻、栩栩如生，每只羊的毛发形状各异、走向不尽相同。即便是眼睛周边的毛发，也疏密得当、掩映有致、线条流畅灵动，这是整幅作品中最难雕刻的部分。3只羊神态各不相同，母羊目色柔和，乳羊娇俏可爱，小羊在母羊身边乖巧地吃草，构造出一片安静、祥和的和谐之景。《三羊开泰》图仅仅是十二生肖挂屏中的其中一幅。其余作品也幅幅均是上乘之作，系列挂屏荣获2015年上海红木家具展览会金奖。作品《十俊犬》系列挂屏荣获首届中华传统木雕技艺精品展会“非遗传承优秀作品奖”，其中一幅《雪爪狗》图赠送给恭王府作永久性收藏。

2010年至今,大师薛爱民在国内各类比赛中获奖无数,创作的作品将工笔精雕推向了一个新的艺术巅峰。因此,他成了远近闻名的木雕大师,国内外的收藏家纷至沓来,独家定制私人藏品。江苏、浙江、北京等地收藏家慕名而来,甚至来自香港、海外华侨的爱好者也特地辗转关系定制。

“我希望用自己的木雕作品去挖掘更深层次的文化内涵,升华我国传统文化、红木家具文化的内在品质。通过我们手艺人的努力,让‘通派浅浮雕’文化能够享誉世界,让更多人了解如皋的‘工笔精雕’!”通过笔与纸的交流,木作雕刻大师薛爱民讲述自己的梦想,希望更多关注木雕文化,关注如皋的红木雕刻产业。

沈银亮当选12月份“江苏好人”

“江苏好人榜”发布，如皋市公安局白蒲中心派出所辅警沈银亮光荣当选为12月份“江苏好人”。

沈银亮，1986年生，如皋市公安局白蒲中心派出所辅警，白蒲镇专职消防队队长。从2008年进入辅警队伍以来沈银亮学习刻苦、工作尽职，先后协助民警抓获各类违法犯罪嫌疑人300余人，有效制止违法犯罪活动460余起，协助破获“两抢”、赌博、贩毒及其他恶性违法犯罪案件50余起。10年辅警生涯，沈银亮多次被公安机关评为先进个人，被如皋市见义勇为基金会评为见义勇为警辅人员、见义勇为积极分子。2018年10月19日，在协助民警抓捕犯罪嫌疑人过程中遇袭牺牲。沈银亮牺牲后，公安部政治部专门发来唁电，对他的牺牲表示沉痛哀悼，称赞他是公安辅警的杰出代表。江苏省委、省政府要求公安机关全力做好因公牺牲辅警沈银亮的善后工作。10月25日，南通市首届“最美辅警”评选活动结果揭晓，沈银亮获特别奖。10月30日，共青团南通市委作出决定，追授沈银亮“南通青年五四奖章”。

“姚铁嘴”专题报告蜚声盐阜大地

12 月 4 日下午，盐城市“名家齐宣讲·德法润盐阜”百场宪法宣讲专场报告会在江苏省盐城技师学院举办，全国基层理论宣讲先进个人、江苏省宪法宣讲团“百姓名嘴”、江苏省百姓名嘴宣讲团成员、南通市“十佳普法名嘴”、如皋市人大常委会党组成员姚呈明应邀前往作《和你一起学宪法》专题报告。盐城市法宣办、市法学会和盐城技师学院领导、全体师生 13000 余人出席报告会，报告会分设盐城技师学院报告厅主会场和 380 多个电视现场转播分会场。

姚呈明以“宪法是什么？宪法是一部人权保障书”这一马克思的名言，拉开了报告的序幕。在报告中，姚呈明运用多组翔实数据和数个鲜活案例，结合其自身实践，以通俗易懂、幽默风趣的语言，深入浅出地阐述了宪法是个啥、学宪法学啥、维护宪法要做啥等人们普遍关注和需要了解的问题。他提醒与会者，宪法是关乎每个公民工作、学习、生活等人身权利的根本大法，必须要认真学习，深入领会，让宪法意识深入人心。姚呈明的报告引起了与会者的积极反响，大家一致认为，这场报告为盐城市掀起新一轮学习宪法热潮起到了示范、引领和推动作用。大家纷纷表示，要做尊崇宪法、学习宪法、遵守宪法、维护宪法、运用宪法的参与者、践行者、宣传者，为全面推进依法治市、建设“强富美高”新盐城作出积极贡献。

姚呈明，现任如皋市人大常委会党组成员、专职委员。从 1991 年起，他在宣传、党校、文化战线奋斗 27 年，每年都参加宣讲团去基层进行普法宣讲，每年宣讲平均达到 50 多场次，被誉为家喻户晓、百听不厌的“姚铁嘴”“姚理论”。27 年来，他像说书一样说法律，他的宣讲深入浅出，旁征博引，以巨量的信息和实用性见长。严肃的法律话题，他总能独出心裁，讲出人所未曾想见之道理，以宣讲的穿透力体现震撼力，以语言的表现力体现感染力，现场把控能力特别强。他担任如皋市文广新局局长期间，每年组织一次全市法制文艺会演，每年精选十多个文艺节目进行普法文艺巡回演出。他严守普法宣讲纪律，在群众中享有良好口碑，先后获评全国“基层理论宣讲先进个人”，江苏省宪法宣讲团、江苏省“百姓名嘴”宣讲团成员，2018 年 12 月又被评为江苏省宪法宣讲团“百姓名嘴”、南通市“十佳普法名嘴”。

旅外精英

严纯华获颁全国"最美科技工作者"

6 月 10 日，中宣部、科技部、中国科协在北京向全社会公开发布 10 位 "最美科技工作者" 的先进事迹。发布仪式以 "科技中国梦 建功新时代"为主题，现场播放了反映 10 位 "最美科技工作者"先进事迹的视频短片，采访讲述了他们的工作生活感悟，并向他们颁发"最美科技工作者"证书。如皋籍中科院院士，兰州大学校长、教授严纯华获颁全国"最美科技工作者"。

严纯华在颁奖晚会上(左三)

严纯华主要从事稀土分离理论、应用及稀土功能材料研究，发展了"串级萃取理论"，实现了中重稀土串级萃取工艺参数的准确设计及高纯重稀土的大规模工业生产；提出了"联动萃取工艺"的设计和控制方法。建立稀土纳米晶的可控制备方法，系统研究了"镧系收缩"效应对稀土纳米晶的结构影响规律；发现稀土晶发光主要受到表面晶格对称性破损控制，实验上率先证实了 CeO2 对 CO 的催化活性与其外露晶面有关的理论预测；实现了不同结构与组成的稀土氟化物纳米晶的多色上转换发光。他的研究成果曾获得国家自然科学二等奖、国家科技进步二等奖。

严纯华一直关心家乡发展，先后出席了如皋市科技·人才洽谈会以及院士专家"如皋行"暨如皋在外人才"家乡行"恳谈会等活动，积极献计如皋转型发展。严纯华还关心家乡企业的科研工作，利用自己的技术及社会资源，为江苏汤臣汽车零部件公司提升材料质量贡献自己的一份力量。

如皋姑娘陈梦雅登上"雪龙"号，前往北极科学考察

7 月 20 日，中国第九次北极科学考察队乘坐"雪龙"号极地科学考察船，从上海出发前往北极执行科学考察任务。在随船的科考人员中，最年轻的女科考队员来自南通如皋经济技术开发区（原柴湾镇)，现年 24 岁，就读于厦门大学地球学院海洋化学专业的研二学生陈梦雅。

陈梦雅师从我国著名海洋同位素研究专家厦门大学陈敏教授，她的主要研究方向是海洋中钋、铅的同位素分布。第九次北极科学考察的一项重要任务是，掌握包括海洋化学在内的诸多环境要素的分

布特征，为北极地区环境气候等综合评价提供基础资料，这也是陈梦雅能够参与到这次科考行动中的一个重要原因。陈梦雅所做的采样和研究，将为综合评价提供重要的数据支撑。这次将通过对白令海、楚科奇海和北冰洋高纬海区等我国北极考察重点区域进行业务化调查。能够有机会登上"雪龙"号，参与科考任务，她感到非常自豪和荣幸，因为可以用自己亲手在北极获取水样来完成她的毕业论文。

陈梦雅介绍说，这次的考察中，每个采样点，会取5个不同层位的水样，每份样品5升，整个科考行程估计要采样600份左右，其中"雪龙"号会在北极点附近停留较长一段时间，大部分采样也会集中在那里完成。海洋科学考察是一项十分辛苦的事情，从本科到研究生，她每年都有很长一段时间是在海上漂泊，从一开始的登船就吐，到现在如履平地，她早已适应了海洋科考的生活。

如皋籍优秀运动员李彤、石高峰为国争光

8月25日，市委副书记、市长何益军，副市长张亚鸾带领有关部门负责人，前往白蒲镇和石庄镇看望慰问优秀运动员李彤和石高峰的家属，与他们的家人进行亲切交谈，并详细询问他们日常生活和训练情况，观看李彤和石高峰历次比赛获得奖牌，感谢他们长期以来对孩子训练和比赛给予的支持和鼓励。在与李彤和石高峰的视频聊天中，市领导充分肯定了他们在赛场上顽强拼搏、奋勇争先的精神，对他们在亚运会上取得的优异成绩表示祝贺，感谢他们为家乡争得荣誉。两位运动员也表示，将牢记使命，刻苦训练，再接再厉，努力创造好成绩，为家乡争光。

李彤，白蒲镇钱园社区人，1988年出生。7岁开始练习游泳，14岁在教练的推荐下进入江苏省队改练皮划艇。2006年，李彤入选国家皮划艇激流回旋队。2013年，李彤在全运会夺得激流回旋皮艇冠军，这也是她的首枚全运会金牌。2014年韩国仁川亚运会上，李彤以1分9秒59勇夺皮划艇激流回旋女子单人皮艇冠军，填补了南通体育的一个空白。2015年世锦赛，她以第十二名成绩获里约奥运会入场券，被授予"国际级运动健将"称号。2018年8月22日，在亚运会皮划艇女子激流回旋的比赛中，李彤以100秒17的成绩获得银牌，为南通亚运军团夺得了本届亚运会的第一枚奖牌。这也是李彤继仁川亚运会摘得金牌后，又一次为国家和家乡争得荣誉。

石高峰，石庄镇石北社区人，1992年出生。当年在石庄初中上学的石高峰，被前来招生的南通市击剑教练吴娟看中，自此便与击剑结下了不解之缘。随后他进入南京体育学院少体校，2009年入选江苏省击剑队，2014年年底正式进入国家击剑队。石高峰代表江苏省击剑队获得了3次个人全国冠军，团体冠军5次。2015年获得江苏南通站、安徽芜湖站连续两站全国冠军赛个人冠军；2016年获得亚洲击剑锦标赛男子重剑个人赛第三名，全国击剑锦标赛男子重剑个人冠军；2017年获得天津第十三届全国运动会团体第三名，还获得第十七届江苏省运动会常州站个人冠军，第七届全国城市运动会团体冠军等多项荣誉。2017年6月，亚洲击剑锦标赛在中国香港举行，由石高峰、兰明豪、李振、宋洪杰组成的男

子重剑队获得团体银牌;2018 年 6 月 21 日,2018 亚洲击剑锦标赛在泰国曼谷进行,由董超、兰明豪、石高峰、薛洋东组成的男子重剑队摘得团体金牌。2018 年 8 月 22 日晚,在雅加达亚运会击剑男子重剑团体决赛中,石高峰与队友董超、兰明豪、薛洋东组成的中国队获得亚军。

马瑾院士追思会在中国地震局地质研究所举行

9 月 8 日上午,中国地震局地质研究所举行"马瑾院士追思会",缅怀马瑾院士追求真理的科学人生,弘扬先生求实创新的治学精神。应急管理部副部长、中国地震局局长郑国光,许志琴院士、钟大赉院士、张培震院士等先生的生前好友、老同学、老同事、合作者、学生、地质所职工和研究生以及家属代表共 200 多人参加追思会。南通市科协常委、如皋市科协主席张勇受如皋市委、市政府和南通市科协的委托参加了追思会。全体参会人员默哀之后,一起观看了记录马瑾院士生前影像和主要贡献的短片。

马瑾,江苏如皋人,我国著名构造物理与构造地质学家、中国共产党优秀党员、中国科学院院士、第九届全国政协委员、地震动力学国家重点实验室名誉主任、中国地震学会荣誉理事、构造物理专业委员会创始人、国际岩石力学学会中国小组成员,中国岩石力学与工程学会荣誉理事、高温高压岩石力学专业委员会创始人之一、中国地震局地质研究所研究员马瑾因病医治无效,于 2018 年 8 月 12 日 7 时 50 分在北京逝世,享年 83 岁。

马瑾院士,女,1934 年 11 月出生于江苏如皋,1952 年考入北京地质学院,1954 年 3 月加入中国共产党。1956 年 8 月毕业后在中国科学院地质研究所从事构造地质研究。1958 年,前往苏联科学院大地物理研究所开展构造物理学研究。1962 年获副博士学位,同年回国先后筹建相似材料和光弹实验室,将构造物理研究引入到传统构造地质学。1966 年邢台地震后,马先生积极响应国家号召,将工作重点转移到地震领域,开展地震构造与应力场的实验研究。1978 年,在国家地震局地质研究所领导建立了构造物理与高温高压岩石力学实验室,全面开展地震构造物理学研究。1997 年当选为中国科学院院士。2003 年领导组建了"地震动力学国家重点实验室"。

马瑾院士关于褶皱和断层成因机制及应力场的实验研究,在构造地质研究中具有开创意义。她提出的"岩性组合决定构造变形"新认识,在油气勘探研究中起到了指导作用。对"断裂–地块系统变形特征、物理场演化及其与地震活动关系"等科学问题的实验与理论研究,对中国地震构造物理学的发展具有里程碑意义。她是最早在国内开展断层力学性质与微观变形机制方面的实验研究,为中国构造物理学和高温高压岩石力学的学科建设做出了卓越贡献。她所领导的"构造变形与地震成因机制及地震前兆"实验研究方向和她提出的"亚失稳理论"为地震的物理预测研究开拓了新思路。

马瑾院士治学严谨,开拓创新,成果丰硕,在国内外学术刊物上发表学术论文 200 多篇,著有《构造物理学概论》等著作,曾获国家和部级科技奖励 10 项。积极组织国内与国际构造物理学术会议,学术造诣享誉海内外,培养了一大批高质量的研究生。1988 年被人事部授予"中青年有突出贡献专家"称号;1991 年 7 月起享受国家政府特殊津贴;1994 年被授予"中央国家机关巾帼建功标兵"称号;1996 年被国家地震局和人事部授予"中国地震系统先进工作者"称号。

马瑾院士毕生追求真理、乐观豁达、淡泊名利。六十余载孜孜以求，始终活跃在科研一线，直至生命的最后一刻。马瑾院士对党和国家的深厚感情，对地球科学的热爱和执着，以及她的科学精神、学者风范，永远值得我们学习和景仰。

缅怀闵乃本院士

9月16日，我国著名物理学家、材料学家，科技界和教育界的杰出代表，中国共产党的亲密朋友，第九届、十届、十一届全国政协常委，第八届、九届江苏省政协副主席，九三学社第十届、十一届中央委员会副主席，九三学社江苏省第四届、五届委员会主委，中国科学院院士、第三世界科学院院士、南京大学物理学院教授闵乃本，因病医治无效，于当日17时36分在南京去世，享年83岁。

闵乃本，1935年8月出生于江苏如皋，1955年9月进入南京大学物理系学习，1959年9月留校任教，历任南京大学物理系(物理学院)助教、讲师、副教授、教授。1982~1984在美国犹他大学物理系任访问副教授，1987年获日本东北大学理学博士学位，1991年当选中国科学院院士，2001年当选第三世界科学院院士。

闵乃本院士曾任教育部科技委副主任，教育部材料科学与工程教学指导委员会主任，南京大学固体微结构物理国家重点实验室学术委员会主任，中国晶体学会理事长，国家人工晶体研究与发展中心主任，江苏省自然科学基金委员会主任，国家"973计划"顾问专家。他曾参与国家中长期科学和技术发展规划纲要的制定，对促进我国科技发展做出了重要贡献，推动了量子调控等重大研究计划的设立和实施。

闵乃本院士于20世纪60年代初开始从事晶体生长、晶体缺陷与晶体物性研究。有关"电子束浮区区熔仪"的成果于1964年获国家计委、国家经委与国家科委颁发的工业新产品奖二等奖。1982年关于晶体缺陷的研究，作为合作者获国家自然科学奖二等奖。

闵乃本院士1998年获何梁何利科学技术进步奖，1999年获第三世界科学院基础科学奖——物理奖，2000年获美国科学信息研究所(ISI)经典引文奖，2005年关于铁电薄膜及氧化物电极研究获国家自然科学二等奖，2006年关于介电体超晶格研究获国家自然科学一等奖（排名第一），2007年关于晶体生长研究获国家自然科学二等奖(排名第二)。

闵乃本编著的教材《晶体生长的物理基础》1983年获全国优秀科技图书一等奖，1995年获"全国优秀教师"称号及奖章，2001年获"全国模范教师"称号及奖章，2007年被评为全国优秀教师代表。

2013年，经国际小行星中心和国际小行星命名委员会批准，命名国际编号为(199953)号小行星为"闵乃本星"。

闵乃本院士提出"介电体超晶格"的概念，和他的团队将准晶结构引入介电体超晶格，建立了"多重准位相匹配理论”，预言了准周期介电体超晶格可以同时实现多种波长的激光倍频和直接实现激光三倍频，随后用实验证实。闵乃本院士和他的合作者还深入研究发现了介电体超晶格中准相位匹配弹性散射和非弹性散射的增强效应；发现了微波与超晶格振动强烈耦合所引起的极化激元新机制；揭示了超声波在介电体超晶格中的传播规律，研制成若干超声原型器件，填补了超声工程中体波器件从几百至几千兆周的空白频段。闵乃本院士还在经典晶体生长动力学方面，将 Frank 螺位错机制与理论推广为更为普遍的缺陷机制与理论，成为经典晶体生长理论近几十年来最重要的发展之一。闵乃本院士的科学贡献，极大地推动了微结构功能晶体的发展及其应用，丰富了凝聚态物理学、非线性光学等学科的内涵，引领了我国科学事业发展方向，产生了重要的国际影响。

闵乃本院士几十年如一日教书育人、甘当人梯，以身作则、率先垂范，以人格魅力引导学生心灵，以学术造诣开启学生智慧，探索了“大师+团队”的科研组织和人才培养模式，为国家培养了一大批杰出人才和科技工作者，实践了教育工作者的崇高使命与责任担当。

闵乃本院士一生热爱祖国、忠于党的教育事业，崇尚科学、追求真理、立德树人，在病重住院期间还在关心我国科教事业发展和学校“双一流”建设，关心政协和九三学社事业的发展。他的高尚品德和献身精神永远值得我们学习。闵乃本院士的逝世是我国科学界、教育界、九三学社和南京大学的重大损失。让我们化悲痛为力量，学习闵乃本院士为人民、为科学事业而献身的崇高精神，为中国科技进步和高等教育发展贡献力量。

如皋籍医学专家洪专当选中国老年学和老年医学学会精准医疗分会主任委员

9 月 16 日，由中国老年学和老年医学学会精准医疗分会主办的“中国老年学和老年医学学会精准医疗分会成立大会暨第一届精准医疗大会”在北京国家会议中心召开。中国工程院院士、肿瘤学泰斗孙燕教授及 300 余位行业精英人士参加了此次大会。如皋籍肿瘤内科专家、基因分析专家、中国基因联盟主席洪专教授当选为中国老年学和老年医学学会精准医疗分会主任委员。

洪专在就任演讲上首先感谢了恩师孙燕院士对自己的教导，对孙燕院士在肿瘤领域做出的突出贡献表示崇高的敬意。他表示，本届精准医疗大会是国家级的精准医疗盛会，必将成为中国精准医疗的里程碑事件，希望通过此次大会能够碰撞出创新的火花，构建高端的学术科研平台，带领和培养中青年专家，团结协作，带动中西部地区的医疗科技发展，推动精准医疗在中国的落地，探索有中国特色的精准医疗的规范化标准，制定中国精准医疗学科指南，为健康中国事业而奋斗。

洪专教授，祖籍江苏南通如皋，美国耶鲁大学肿瘤学博士后，南京大学医学博士、理学博士，肺癌学科带头人，中国精准医学专业委员会主任委员，中国基因联盟主席。是南京大学巴傲得生物研发中心首席医学科学家、美国百特生物医药集团首席科学家、江苏省肿瘤医院内科主任医师。

目前是基因生命高科技的全球前沿引路人。其主攻方向为肿瘤精准诊断与治疗、全基因临床分析、CAR-T 技术、细胞弹头、PD-1/PD-L1 研究、液态实时 ctDNA 全景基因临床研判的转化工作。

在中国医学科学院肿瘤医院学习期间，师从孙燕院士。先后赴德国海德堡肿瘤中心访问学习，香港尤德夫人那打素医院，瑞士苏黎世大学肿瘤分子实验室访问学习。2012 年至 2015 年赴耶鲁大学研修博士后。2013 年在巴儆得生物研发中心设立实验室，与殷志敏教授团队合作开展肿瘤精准诊断与治疗、CAR-T 技术等基础与临床研究。液态实时 ctDNA 全景基因临床研判的转化工作。

在江苏省肿瘤医院从事肿瘤内科化疗临床工作近 30 年，对肿瘤临床治疗研究有着很深的造诣，尤其擅长肺癌、乳腺癌、消化道肿瘤的化疗和多药耐药治疗，是江苏省肺癌、乳腺癌、消化道肿瘤等实体肿瘤内科治疗专家。曾开展江苏省第一例自体骨髓移植研究，独创套管针闭式引流胸腔积液治疗术，开展多个临床创新型研究，包括肺癌、乳腺癌等多药耐药逆转研究、长春瑞滨持续点滴治疗乳腺癌研究、双介入治疗肿瘤药代动力学研究等。

先后获得中国临床肿瘤学大会一等奖，美国百时美施贵宝杯奖，中国中西医结合大会奖。多次受邀在国内外肿瘤大会发言，在国内外发表论文 40 多篇，主编出版《乳腺癌这样征服》《肺癌导读》等 4 部专著。2014 年在英国 BJP、ROP 等杂志上发表肺癌双突变耐药逆转治疗研究论文，主持国内、国际多项多中心临床研究。连续多年被评为南京市区先进个人，劳动模范。医院先进、十佳医生。国内多家肿瘤专业杂志特约编委。

丁佐宏荣膺“改革开放 40 年百名杰出民营企业家”

10 月 24 日，全国工商联举行的新闻发布会发布了由中央统战部、全国工商联共同推荐宣传的“改革开放 40 年百名杰出民营企业家”名单，如皋籍著名企业家丁佐宏榜上有名。

在改革开放 40 周年之际，中央统战部、全国工商联决定推荐宣传改革开放 40 年百名杰出民营企业家。推荐宣传活动于 6 月中旬启动。推荐对象是我国各级工商行政管理部门依法注册登记的私营企业出资人中，在改革开放早期创业、知识分子下海、留学人员归国创业、大众创业和万众创新等不同阶段中涌现出的优秀代表。经过层层筛选、严格审定，最终确定了百名杰出民营企业家名单。入选的百名杰出民营企业家，在我国民营经济发展过程中具有标志性意义，社会影响广泛，示范作用突出。此次丁佐宏获此殊荣无疑将对广大如皋企业家起到积极的引领作用。

月星集团掌舵人丁佐宏是如皋籍商人中的杰出代表，在外打拼这么多年，丁佐宏一直认为不管是敢为人先也好，还是勤奋努力也罢，首先离不开的是不忘初心、心系家乡的赤诚情怀。丁佐宏中学毕业后从师学习木工手艺，1981 年 20 岁的他带着半套木工工具怀揣着梦想到常州闯荡市场，1988 年以 3000 元创办月星木器厂，1996 年涉足家居商贸，2003 年涉足大型商业地产项目开发。从七年打工攒下的 3000 元起步，成长为囊括商业、家居、置业、工业四大产业的月星集团，连续 18 年跻身中国民营企业 500 强。

海外赤子

如皋市旅比华人收藏家吴培获评首届欧洲华人影响力年度人物

3月7日，中国观网策划推出的“网民首选2017欧洲华人影响力年度人物”榜单出炉，市著名旅比爱国侨领，明清外销瓷收藏、鉴赏家吴培，在29位候选人中，以897126票雄居第一名，荣获“首届欧洲华人影响力年度人物”称号。

吴培，1957年出生于如皋，1993年留学比利时，旅居比利时20多年。一次偶然的机会，吴培接触到精美璀璨的中国外销瓷，从此与外销瓷结下不解之缘，经过20多年的不懈努力，成果卓著，目前收藏有外销瓷3000多件，其中1000多件在其家乡如皋博物馆有专题展览。缘于深厚的中华文化情怀和身居欧洲的便利条件，他重点收藏了大量“康乾盛世”时期所产外销瓷，涵盖康熙青花、康雍珐琅彩瓷、粉彩瓷、纹章瓷、乾隆广彩、高温色釉瓷、瓷塑等品类，同时兼收了部分欧洲生产的瓷器。近20年来，吴培一直致力于外销瓷的收藏与研究，并找到了很多老祖宗遗落在海外的瑰宝。

欧洲华人一直以弘扬中华文化、加强中欧各领域交流为己任，他们在各自领域有着举足轻重的影响力，特别是为“一带一路”在欧洲的持续发展打出了一张华丽的“侨牌”，让中国在世界舞台上呈现出繁花似锦的崭新格局。此次上榜的29位华人在发扬艰苦奋斗、创新精神的过程中有着不可比拟的地位，彰显了中国华人应有的才华气质和大国风范。其中的吴培是唯一一位外销瓷收藏、鉴赏家，他的当选更进一步提高了如皋的知名度和美誉度。

如皋旅美作家卢新华小说《伤痕》手稿捐赠复旦大学图书馆

10月10日，《伤痕》作者、当代作家卢新华向复旦大学图书馆捐赠了该书的手稿、读者来信等珍贵资料。“新时期文学第一潮——《伤痕》手稿、图片、绘画、资料展”在复旦大学图书馆开幕。这是复旦大学图书馆百年馆庆系列活动之一。卢新华《森林之梦》《紫禁女》《细节》等小说的手稿亦首度亮相。

在卢新华捐赠的这批资料中，有读者从全国各地写给他的1000多封信件，信件作者包括知青、工人、士兵、医生、大学生、中学生等。记者看到，有的读者向卢新华倾诉了与小说主人公王晓华相似的命运经历，感谢卢新华写出了他们的心声；有的写信与卢新华探讨《伤痕》在艺术上的长处和不足，有的文学爱好者把自己的习作寄给卢新华。从这些饱含真情，甚至称卢新华为“姐姐”的信件中，不难感受到《伤痕》发表后产生的巨大社会影响力。

这批捐赠资料还包括《伤痕》最初写在笔记本上的初稿，以及发表在学生宿舍墙时的誊抄稿。誊抄稿用蓝色圆珠笔写在16开的蓝色稿纸上，共16页。当年，《伤痕》通过墙报稿面世，首先在复旦大学校园内引起关注，继而迅速扩展到校外，最终在《文汇报》发表。也正因为如此，这份墙报誊抄稿对于卢新华来说同样珍贵。

除了小说《伤痕》外，卢新华还在20世纪80年代出版了《伤痕》的姊妹篇《魔》，之后又出版了《森林之梦》《细节》《财富如水》《紫禁女》《伤魂》《三本书主义》等著作。在这次捐赠的资料中，卢新华首次展示并捐赠了除《伤痕》之外的其他著作手稿，如《森林之梦》《紫禁女》《细节》等手稿。复旦大学方面表示，这些资料将由该校图书馆特藏部精心整理、保存，并尽快电子化，以便研究者使用。

卢新华，江苏如皋人，硕士研究生，教授。美籍华裔著名作家，中国文坛领军人物，中国作家协会会员。1978年8月11日，《伤痕》在上海《文汇报》发表并引起轰动。一篇《伤痕》开创了一个“伤痕文学”流派，也将还在复旦大学读书的卢新华送上了中国文坛。大学毕业后，他赴美经商，内心却从未对文学忘怀，依然笔耕不辍。代表作品有《伤痕》《紫禁女》《财富如水》等。其“三本书”哲思被引入2017年浙江高考作文题目。新近出版《三本书主义》，受到很多读者的关注。

如皋姑娘、哈佛大学庄小威博士摘得“生命科学突破奖”桂冠

10月17日，有“科学界奥斯卡”之称的“科学突破奖”揭晓了2019年获奖名单，如皋姑娘、哈佛大学庄小威博士摘得“生命科学突破奖”的桂冠。

科学突破奖是一项全球性的科学奖项，在诸多企业家的资助下，科学突破奖的单项奖金高达300万美元，为科学奖项之最。科学突破奖的创始人希望能通过这一大奖，表彰全世界最顶尖的科学家，让他们享有奥斯卡风格的授奖殊荣和声望。此次庄小威因开发超分辨成像技术、突破光学显微镜空间分辨率极限、揭示细胞内隐藏的精细结构而获奖。

庄小威是个名副其实的奇女子：中科大首届少年班高材生，34岁成为哈佛大学双聘教授，40岁刷新美国国家科学院最年轻华人院士纪录，此后两年又陆续成为美国人文与科学院院士和中科院最年轻的外籍院士。在哈佛的每一天，庄小威都是从早上10点工作到晚上12点，全年无休，从来没有周末。她说：“除了吃饭和睡觉，剩下的时间都在工作。”

在哈佛大学实验室里，庄小威发明了一种超分辨率分子成像技术——随机光学重构显微术(STORM)，利用状态可切换的荧光分子突破传统显微镜衍射限制。在实验中可获得分子和细胞结构的超高分辨率图像，这些细胞大小仅为人类头发直径的万分之一。传统光学显微镜由于光学作用的限制只能达到几百纳米的水平，STORM成像技术则可以得到小于10纳米的画面。通过STORM技术，她发

现了未知的细胞结构,例如:大脑神经元内部周期性膜骨架。

她这次获奖的研究成果被誉为“荧光下的舞蹈”。这项突破光学衍射极限的STORM荧光成像技术,使得光学显微镜分辨能力提高20倍,接近纳米尺度,能够表现组织或细胞更加细微的结构,极大地推动了亚细胞微观结构的研究,可以跟踪单个病毒的行为,也可以跟踪诸如蛋白质和核糖核酸片断这样的单个分子行为。庄小威也成为世界上第一个记录病毒感染细胞全过程的人。STORM荧光成像技术在转让给尼康公司后,基于该技术生产的荧光显微镜已经上市。

据Nature消息,庄小威接到获奖电话时非常兴奋。对她来说,获得这个大奖意义非凡。荷兰乌得勒支大学光学物理学家、显微镜专家Allard Mosk评论道:“这是一项了不起的研究。庄小威的成果真正让生物显微镜的超分辨率革命开始了。”

如皋籍“华人神探”李昌钰获评“江苏省荣誉居民”称号

11月23日下午,江苏省第十三届人大常委会第六次会议审议通过了省政府关于授予14位国际友好人士“江苏省荣誉居民”称号的议案,这是江苏省授予外国友人的最高荣誉。此前于5月23日荣获“南通市荣誉市民”并被聘为南通大学终身教授的如皋籍“华人神探”李昌钰获评“江苏省荣誉居民”称号。

李昌钰,1938年出生于如皋,是世界著名刑事鉴识专家、美国纽黑文大学法医学终身教授。1999年获得中华人民共和国国务院外专局颁发的“友谊奖”,受到国家领导人的亲切接见;2013年出任中国最高人民检察院检察技术信息研究中心顾问。李昌钰非常关心家乡的发展建设,为家乡建设献计出力。2016年,全球首家刑侦科学类博物馆——李昌钰刑侦科学博物馆在如皋市开馆。在李昌钰的推动下,依托博物馆,已经有两次刑侦科学方面的国际性学术会议在如皋市举行,每次都有三四十个国家、上百位世界各地有名的刑侦人员、大法官等参会。

组织机构及负责人名录(2018年度)

中国共产党如皋市委员会

书　记　陈晓东(12月27日免)
　　　　张建华(12月27日任)
副书记　何益军　丁兴华
常　委　马金华　缪小华　刘向阳　丁　锋　史有根
　　　　缪爱诚　茅红宇(女)　祝国庆　石慧宏(挂职,12月27日任)

如皋市人大常委会

主任、党组书记　吴道健
党组副书记　陈万圣
副主任　邵晓泉(党外)　张　勇　钱志刚
党组成员　张　勇　钱志刚

如皋市人民政府

市长、党组书记　何益军
党组副书记　丁　锋
副市长　丁　锋　陈晓彬　黄文斌　张亚鸾(女)　高　峰
　　　　张百璘　程瑞琴(女)　陈　杰(科技镇长团团长挂职,9月14日止)
　　　　吕　兰(女,挂职)
党组成员　万维庆(10月24日退休)

中国人民政治协商会议如皋市委员会

主席、党组书记　张元健
副主任　杜永红(党外)　郑振明(党外)　冒　平
　　　　严世斌　刘晓洁(女)
秘书长　许映亮

中共如皋市纪律检查委员会

书　记　史有根
副书记　马铁军　郭　建
常　委　刘培林　倪新建　吴敬民　符　行

如皋市监察委员会

(党的十九大对国家监察体制改革试点工作作出重要部署,要求组建国家、省、市、县监察委员会,同党的纪律检查机关合署办公,实现对所有行使公权力的公职人员监察全覆盖。1月17日,如皋市监察委员会正式挂牌成立,市纪委派驻纪检组更名为市纪委监委派驻纪检监察组。)

主　　任　史有根
副 主 任　马铁军　郭　建
委　　员　倪新建　符　行　江其林　孙　健

市纪委监委派驻第一纪检监察组组长　殷亚平
市纪委监委派驻第二纪检监察组组长　陈　建
市纪委监委派驻第三纪检监察组组长　程继红
市纪委监委派驻第四纪检监察组组长　陈建宏
市纪委监委派驻第五纪检监察组组长　李益民
市纪委监委派驻第六纪检监察组组长　施建石
市纪委监委派驻第七纪检监察组组长　章　兵
市纪委监委派驻第八纪检监察组组长　徐春建
市纪委监委派驻第九纪检监察组组长　周　标
市纪委监委派驻第十纪检监察组组长　万久平
市纪委监委派驻第十一纪检监察组组长　吴　琼
市纪委监委派驻第十二纪检监察组组长　韩国强
市纪委监委派驻第十三纪检监察组组长　徐　剑
市纪委监委派驻第十四纪检监察组组长　刘国林
市纪委监委派驻第十五纪检监察组组长　殷桂平
市纪委监委派驻第十六纪检监察组组长　肖连生
市纪委监委派驻第十七纪检监察组组长　郭继锋
市纪委监委派驻第十八纪检监察组组长　柳昌祥

市委工作机构、部门管理机构、合署挂牌机构和直属事业机构

市委办公室

主　　任　崔建村
副 主 任　刘志伟　宗爱君　贲如江　张　兵　黄晓勤(挂职)

市委组织部

部　　长　缪爱诚
副 部 长　郝晓东　纪成如(兼)　陈　实(8月10日任)
部务委员　姜洪峰

市委宣传部

部　　长　茅红宇(女)
副 部 长　陈建军　陈　实(8月1日免)　薛建兵

市委统战部

部　　长　缪爱诚
副 部 长　顾卫国　姚大平　朱益红(女)

市委政法委

书　　记　缪小华

副 书 记　马小平　钱志强　高生健

市委农村工作办公室

主　　任　朱为民

副 主 任　夏茂宏　姜石泉　张玉峰　王志斌

市机构编制委员会办公室

主　　任　郝晓东(兼)

副 主 任　张世闻　姚建军

市委台湾工作办公室

主　　任　居小刚

副 主 任　吴国章　潘文胜(女)　田晶晶(女)

市委老干部局

局　　长　纪成如

副 局 长　严金宏　薛爱平　张海兵

市级机关工作委员会

副 书 记　丁　群

市委非公有制企业和社会组织工作委员会

副 书 记　彭之俊

市人才工作办公室

副 主 任　陈　波

市委研究室

主　　任　丁山燕(兼)

副 主 任　沈晶晶(女)　许映华

市委机要局

局　　长　孙　鑫

副 主 任　冒玉书

市委改革办公室

专职副主任　范小华

市委巡察工作领导小组办公室

副 主 任　冯　锋

市委第一巡察组

组　　长　倪　兵

副 组 长　黄成智　张来建　明小海(11 月 8 日任)

市委第二巡察组

组　　长　吴金林

副 组 长　冯文明　秦　宗

市委第三巡察组

组　　长　倪新建(兼)

副 组 长　刘正林　陶益军　许　鹏

市委第四巡察组

组　　长　陈　建

副 组 长　许海霞　丁小建

市依法治市领导小组办公室

主　　任　缪小华(兼)

副 主 任　马小平(兼)　陈非非(女,兼)

市国家安全办公室

主　　任　钱志强(兼)

市委党校、市行政学校

市委党校校长　丁兴华(兼)

市行政学校校长　丁　锋(兼)

常务副校长　万锡元

副　校　长　纪成如(兼)　施国华　环立忠

市委新闻中心

主　　任　陈建军(兼)

副 主 任　邵亚丽(女)　纪树华　徐鑫焱(女)

市委党史工作办公室

主　　任　徐亚军

副 主 任　侯　晖(女)

市档案局(馆)

局(馆)长　许益飞(1 月 11 日免)　谢晓明(1 月 26 日任)

副局(馆)长　徐爱军(女)　陈　红(女)

市政府投资项目工程建设中心

主　　任　张加琴

副 主 任　薛小青　缪世兴　张锦贵

市人大常委会办公室、各工作委员会

办公室

主　　任　张　健

副 主 任　景雪玲(女,8月1日免)吉小燕(女)

研究室

主　　任　朱华杰

信访督办室

副 主 任　景雪玲(女,8月1日任)

财政经济工委

主　　任　彭深海

副 主 任　钱建宏(女)

人事代表联络工委

副 主 任　冒　燕(女)

内务司法工委

主　　任　谢晖来

副 主 任　张　轶

教科文卫工委

主　　任　林　凯

副 主 任　洪　军(女)

外事民宗侨台工委

主　　任　杨国斌

副 主 任　张媛媛(女)

环资城建工委

主　　任　朱留宽

副 主 任　朱兴雨

农业和农村工委

主　　任　朱国镔

副 主 任　胡欣荣

专职委员

周荣明　姚呈明　张爱民　王桂兰　丁建兰　神俊华

市政府工作机构

市政府办公室

主任、党组书记　陈小燕
副　主　任　龚卫东　丁陆一　陈晓华　章剑峰　吴正隆　王贞慧　戴铁楠
党 组 成 员　张小星　韩　欣　詹文天

市信访局

局长、党组书记　黄晓勤
副　局　长　明小虎　施俊杰　居怀军　黄国建

市发展和改革委员会

主任、党组书记　卢志敏(1月26日免)
顾季青(1月26日任)
党组副书记　邱德华　倪新福
副　主　任　邱德华　倪新福　曹　霞(女)
吕　庆(9月9日免) 冒　军
党 组 成 员　丁正海　徐春建

市教育局

局长、党委书记　张　俊
党委副书记　王　红(女)
副　局　长　王　红(女)　郭其龙　田小飞　丁　非(党外)　冯志刚

市科学技术局

局长、党组书记　马军华
党组副书记　陈广建(1月26日任)
副　局　长　李伟华(1月26日任) 陈久平
金义明(党外)　冒　峰　蔡建兰(女)

市公安局

局长、党委书记　陈晓彬
政　委　邢新华
党委副书记　邢新华　张　勇　周绍亮
副　局　长　张　勇　陆书俊　邱　俊　孙　锋(1月26日免) 张　新　张　斌
副　政　委　郑云娟(女)
政治处主任　李　祝
党 委 委 员　章春建

市民政局

局长、党组书记　狄邦建
副局长　施　才　曹　俊　刘　荣　程学军(女)　张叶庆
党组成员　夏　勇(1月26日任)

市司法局

局长、党组书记　卢延林
副局长　陶建军　缪霄峰　丛　越　沈孝峰(1月26日任)
党组成员　许秀军

市财政局

局长、党组书记　冒海清
党组副书记　杨　玉　李晓红(女,1月26日免)
副局长　杨　玉　李晓红(女,1月26日免)
张建明　蔡志斌　丁正付　张小俊(8月1日任)

市人力资源和社会保障局

局长、党委书记　纪成如
党委副书记　朱从高(1月26日免)
副局长　朱从高(1月26日免)　瞿　进　薛宜发　薛正刚
周昌峰(1月26日任)　程　蓉(女)

市国土资源局

局长、党组书记　石　剑
副局长　周长海　陶文建　平四勇
纪检组组长　范　彦
如皋经济技术开发区分局局长　周长海(兼)

市住房和城乡建设局

局长、党委书记　苏　强
副局长、党委副书记　王贵华(1月26日免)
缪永辉(1月26日任)　卢晓剑
副局长　王建华　张建军　陈子富　赵仁奇
党委委员　陈建华(1月26日免)　顾新建
刘建华　薛小青(1月26日免)
缪世兴(1月26日免)

市规划局

局长、党组书记　朱贵宏
副局长、党组副书记　冒国华
副局长　袁权民　徐　猛

市城市管理局

局长、党组书记　何福平

副局长　秦永忠　陈爱明　朱志兵　翟建兵　孙夏兵(1月26日任)

市交通运输局

局长、党委书记　张书强(1月11日免)

吴小平(1月26日任)

副局长　卢玉兰(女)　刘佩骏　郝如良(1月26日免)

洪　勇　葛　军　刘志俭(1月26日任)

市水务局

局长、党组书记　徐　海

副局长　张兆民(党外,1月26日免)　沈亚林　张昌明(1月26日任)

黄　俊(6月9日免)　章祥裕(1月26日免)

陈大平(1月26日任)

市农业委员会

主任、党委书记　王舜慧

党委副书记　曹　阳(1月26日免)　谢裕斌(1月26日免)

花爱梅(1月26日任)

副主任　花爱梅(1月26日任)　郝昌军

耿　超　张建明　戴春祥(1月26日任)

陈玉峰　季浩民(1月26日任)　陈　慎(挂职)

市商务局

局长、党组书记　曹金林(1月11日免)

王建云(1月26日任)

党组副书记　倪　建

副局长　郭成凤(女)　刘加峰　范亚林(1月11日免)　吴志强(1月26日任)

市文化广电新闻出版局

局长、党组书记　孙天骄

副局长　张国平　冒　逊　夏建国(党外,1月26日免)　张小波(1月26日任)

市卫生和计划生育委员会

主任、党委书记　郭夕俊

党委副书记　张智娟(女)

副主任　张智娟(女)　周咏梅(女)　秦龙银　陈　华(1月26日免)

陶　亮　谢宇晨　康　岚(女)

吴海燕(女)　谢仁圣(挂职)　夏建国(1月26日任)

党委委员　章献芳(兼)

市审计局

局长、党组书记　张文斌
副局长、党组副书记　康建芳(女)
副局长　朱宏彬(党外)　龚志鸿

市环境保护局

局长、党组书记　陈晓仲
副局长　陈文扣　耿银文　徐宣安　苏　燕(女,党外)　许　疆

市统计局

局长、党组书记　宗爱君
党组副书记　宗　晓(1月26日任)
副局长　宗　晓　季　康(党外)　黄爱军(4月12日任)
党组成员　谢晓飞
党组成员、总统计师　吴志强(1月26日免)

市物价局

局长、党组书记　石留权
副局长　吴亚军(1月26日免)　沈寿高(1月26日任)　徐　强(党外)
邹济明　谢　娟(1月26日任)

市港口管理局

局长、党组书记　冯　昕
副局长　高学明　田　骏　范迪平

市市场监督管理局

局长、党组书记　吴　鹏(1月26日免)
贾宏斌(1月26日任)
副局长　贾宏斌(1月26日止)　戴　斌(1月26日免)　沙　群　章新祥
钱　兵　王志刚　纪　勇　石昭峰
周进友　徐爱宁(女)　李晓东　张　晔

市安全生产监督管理局

局长、党组书记　陆海峰
副局长　刘建华　杨　建　张善良
杨海燕(党外)　张昌明(1月26日免)

市体育局

局长、党组书记　陈仁高
副局长、党组副书记　沙　进
副局长　范建兵　夏　勇(1月26日免)　陈　皞(1月26日任)

市旅游局

局长、党组书记　孙福才(1月26日免)
　　　　　　　　谢裕斌(1月26日任)
党组副书记　周巧良(1月26日免)
副局长　周巧良(1月26日免)　阮强舟　杨　阳　吴爱兵(1月26日任)
　　　　刘　晖(1月26日任)　胡建峰(11月8日任)

市民族宗教事务局

局长、党组书记　陆爱斌
副局长　陈洪波　丁卫兵　倪东波(1月26日任)

市行政审批局

局长、党组书记　范晓强
党委副书记　杨晓峰　范荣华
副局长　杨晓峰　范荣华　谢　健(1月26日任)　徐　猛(兼)
首席审批员　范亦男(8月1日任)卢宗志(8月1日任)

合署办公、挂牌机构、部门管理机构和市政府直属事业机构

市政府法制办公室

主　任　詹文天(兼)

市政府金融工作办公室

主　任　张小星
副主任　戴轶楠(1月26日免)
　　　　孙　锴(1月26日任)

市政府应急管理办公室

主　任　居小刚(1月26日免)
副主任　周小荣

市机关事务管理局

局　长　陈晓华(1月26日免)
副局长　胡银飞　陈　宜(女)

市公共治理服务中心(原市政府信息网络管理中心更名)

主　任　龚卫东
副主任　王　岳　卢　建　徐邵鑫(挂职,6月9日任)　费建(挂职,6月9日任)

市政府研究室

主　任　沙亚峰

市政府督查室
主　任　江　宇(女)

市粮食局
局　长　吕　庆(1月26日免)
副局长　丁正海

市建筑工程管理局
局　长　杨大勇(1月11日免)
副局长　陈建华(1月26日免)　顾新建　刘建华

市公共资源交易管理办公室
主任、党组书记　姜跃进
副　主　任　朱生全(1月26日免)　陈　岗　张亚军　周巧良(1月26日任)　田向阳

市社会矛盾纠纷调处中心
主　　任　缪小华(兼)
常务副主任　卢延林(兼)
副　主　任　许秀军　陈　皞(党外,1月26日免)　申爱学　黄　成(1月26日免)
吴亚军(1月26日任)　明曙光(1月26日任)

市政府教育督导室
主　任　张　俊(1月26日任)
副主任　郭富慧(挂职,8月1日免)

市政协办公室、各工作委员会

办公室
主　任　张小凤(女)
副主任　顾艳枫(女)

社会法制与城乡建设(人口资源环境)委员会
主　任　詹文天
副主任　朱生全(1月26日任)

学习文史、民宗侨台委员会
主　任　周　星
副主任　邱贵平

提案委员会
主　任　万有富
副主任　吴小蓉(女)

经济科技委员会

主　任　孙德祥

副主任　朱志伟(1月26日免)　沈德君

文教卫体委员会

主　任　严佩兰

副主任　刘亚丽(女)　刘　霞(女,1月26日任)

如皋市人民法院

院长、党组书记　章智敏(女)

副院长、党组副书记　陈　祥

副院长　周海刚(1月26日免)　郝　玮(女,1月26日免)　吴剑平(女,党外)　黄卫东　顾雪红(女)

政治处主任　朱玉林

执行局局长　周　云(女)

专职委员　任　锋

党组成员　周海刚　郝　玮　李斯武

如皋市人民检察院

检察长、党组书记　孙　亚

副检察长、党组副书记　夏琪斌(1月26日免)

副检察长　王　珺(女)　冒鹏举　高　丽(女)　李国平(6月9日任)

专职委员　李国平(6月9日免)　倪伯斌(6月9日任)　卢海琴(6月9日任)

党组成员　李文祥

如皋市人民武装部

部　长　祝国庆

政　委　夏　森

副部长　徐宏明

中国人民武装警察部队如皋市武警中队

中队长　周　杰

指导员　刘　瑜

中国人民武装警察部队如皋市消防大队

大队长　张春强

教导员　唐铁军

如皋海关

关　长　石根庆

副关长　陈爱华　黄　海

如皋出入境检验检疫局

(2018 年 4 月 20 日起,如皋出入境检验检疫局与如皋海关合署办公,职务未免)

局　长　肖国平

副局长　刘振宇(1 月 28 日免)　何学明　马晓军(3 月 1 日任)

如皋边检站

站　　长　王建华

政　　委　忽伟军

副 站 长　王爱军　崔恒宽

办公室主任　胡　健

中华人民共和国南通如皋海事处

副 处 长　顾立刚(主持工作)　蒋楠隽

市人民团体

工商联

主　　　　席　杜永红

党 组 书 记　顾卫国

副　主　席　顾卫国

副主席、党组副书记　缪爱国

副　主　席　余国平　倪东波(1 月 26 日免)　常伟华(11 月 8 日任)

总工会

主席、党组书记　周太荣

党组副书记　曹　蓉(女,1 月 26 日免)

副　主　席　曹　蓉(女,1 月 26 日免)　周维宽　沙旭宇　章　军

苏小燕(女,1 月 26 日任)　陈光荣(11 月 8 日任)

团市委

书记、党组书记　崔　金

副　主　记　顾　潍(女)　刘　晖(挂职,1 月 26 日免)　陈新煜(挂职,8 月 1 日任)

妇联

主席、党组书记　王桂兰(女,1 月 26 日免)

李晓红(女,1 月 26 日任)

副　主　席　张　峰(女)　缪剑云(女)

侨联

主　席　朱一飞(党外)

副主席　王晓云(女)　金海建(党外,不驻会)

郝　玮(女,不驻会)　张　锋(不驻会)

张亚明(不驻会)　曹建国(不驻会)

科协

主席、党组书记　张　勇

副　主　席　季永冬　段月祥　黄存华

文联

主　席　纪树华(兼)

副主席　丁　群(女)

残联

理事长、党组书记　神俊华(1月26日免)

戴　斌(1月26日任)

副　理　事　长　沈亚峰(1月26日免)　陈永圣　郭锦泉　卢昆军(1月26日免)

红十字会

会　长　丁　锋(兼)

常务副会长　张智娟(女)

副　会　长　章献方

市社科联

主　席　陈建军(兼)

副主席　吴　华

镇(区、街道)

如皋经济技术开发区(国家级)

党工委副书记　马金华(负责党工委日常工作)

管委会副主任　石　兵　郝晓东　赵宏祥　曹汉清　杨　飞

纪工委书记　吴　鹏

城北街道(与如皋经济技术开发区合署)

党工委

书　记　赵宏祥

副书记　周丽萍(女,1月26日免)

办事处

主　任　赵宏祥

副主任　周丽萍(女,1月26日免)

张伟伟(1月26日任) 贾根建(1月26日任)

人大工委

主　任　黄亚周

副主任　陆建高(1月26日免)

长江镇

党委

书　记　吴志华(1月5日免)

顾留忠(1月5日任)

副书记　卢志敏　薛建兵(1月26日免)　严金宏(1月26日免)

刘金城(1月26日任)　杨海鹏(1月26日任)　黄山虎(工资行政关系在公安)

人大主席团

主　席　张建军

副主席　钱福良　陈志祥(1月26日免)

政府

镇　长　顾留忠(1月4日免)

卢志敏(1月4日任)

副镇长　高源兵(1月26日任)　陈红军　陈凤芸　陈佳佳　张小建(1月26日免)

赵银山(1月26日免)　严　峰(1月26日免)　朱　永(挂职)　石卫明(第一书记挂职)

如皋港物流园区

主　任　杨海鹏(1月26日任)

副主任　夏　刚(1月26日任)　汪　东　周向阳　陈伟文(1月11日免)

如皋高新技术产业开发区

党工委

书　记　石　兵

副书记　孙得利　章爱平(1月26日免)　何李川(1月26日任)　李小军

丛明昌(1月26日免)　刘志斌(工资行政关系在公安)　丁山燕(挂职,1月26日免)

管委会

主　任　孙得利

副主任　章爱平(1月26日免)　韦　华(女,1月11日免)　丛明昌(1月26日免)　沈剑梅(女)

丁　飞　田学平　季海卿(1月26日免)　洪秀美(1月26日免)　谢书平(6月9日任)

纪工委

书　记　季美华(女)

城南街道

党工委

书　记　石　兵(兼)

副书记　章爱平　何李川(1月26日免)

阮爱银(女,6月29日任)

人大工委

主　任　丛明昌(1月26日任)

办事处

主　任　章爱平
副主任　潘文胜(女,1月26日免)　阮爱银(女,6月29日免)　沈　燕(女)
　　　　季陈中　叶　雯(女)

如皋工业园区
党工委
书　记　刘向阳(兼)
副书记　刘亚东　张长健　魏志兵　陈爱明(挂职)　杨　明(工资行政关系在公安)
管委会
主　任　刘亚东
副主任　沙海军(1月26日免)　彭理英(女,1月26日免)　黄海泉(1月26日免)
　　　　刘　超(1月26日免)　杨明华　周小芳(女)　陈　晖
　　　　郭震寰(党外)　程　澄(1月26日任)
如城街道
党工委
书　记　刘亚东
副书记　沙海军
人大工委
主　任　仲纪元
副主任　殷小红(女)　缪祥才(1月26日免)　彭理英(1月26日任)
办事处
主　任　沙海军
副主任　薛建明(1月11日免)　陈　群(女,1月11日免)
　　　　张开玉(1月26日免)　范存莲(女)　郝　强(1月26日任)
如皋市长寿旅游度假区
党工委
书　记　刘向阳(兼)
副书记　唐建如　吴亚兵(4月12日任)　钱钰璐(女,4月12日任)
管委会
主　任　唐建如
副主任　何亚琴(女,1月26日免)　张开玉(1月26日任)　徐　浩
　　　　张小俊(8月1日免)　张　婧(女)

丁堰镇
党委
书　记　储开平
副书记　刘小冬　杨　海　申　进(工资行政关系在公安)
人大主席团
主　席　薛献忠
副主席　郭继平　杨晓静(1月26日止)
政府
镇　长　刘小冬

副镇长　周　峰(1月11日免)　张金森　吴　畏　林璐璐(女)　谢锦宇(1月26日任)
方烁淼(第一书记挂职)
程　飞(第一书记挂职)
姜　哲(第一书记挂职)

白蒲镇

党委
书　记　佘德华(1月26日免)
杜晓峰(1月26日任)
副书记　张　成　王亚明　管　峰　朱敏建(工资行政关系在公安)
人大主席团
主　席　陈慧华
副主席　曹　玲(女)　侯茂华
政府
镇　长　张　成
副镇长　宗炳生　徐拥军　吴爱兵(1月26日免)　戴海峰　朱金建
马　俊(1月26日免)　陈彬彬(第一书记挂职)　黄金慧(女,第一书记挂职)

下原镇

党委
书　记　杜晓峰(1月26日免)
柳杰军(1月26日任)
副书记　张亚东　赵红飞　薛松祥(工资行政关系在公安)
人大主席团
主　席　孙世军
副主席　张　建
政府
镇　长　柳杰军(1月26日免)
张亚东(1月26日任)
副镇长　陈大平(1月26日免)　曹武元
邓陈胜　严循国(1月26日任)
祝　亮(第一书记挂职,6月9日免)
张学军(第一书记挂职)
陈伟嘉(第一书记挂职)

九华镇

党委
书　记　顾晓春(1月26日免)
丁山燕(1月26日任)
副书记　孙　康　张小兵(1月26日任)
马小锋(工资行政关系在公安)
人大主席团

主 席 薛美银(女)
副主席 肖茂华
政府
镇 长 孙 康
副镇长 郭 庆 胡素华(女) 刘 东
吴 为 苏伯全(第一书记挂职)
史进华(第一书记挂职)
高新星(第一书记挂职)

石庄镇

党委
书 记 薛 煜
副书记 陈 飞 丁 毅(1月26日免)
徐 建 阚书宏(工资行政关系在公安)
人大主席团
主 席 丁 毅(1月26日任)
副主席 刘 华(1月26日免)
林炳文(1月26日任)
政府
镇 长 薛 煜(1月26日免)
陈 飞(1月26日任)
副镇长 杨 飞(1月26日免) 黄宏佰(1月26日免) 郭爱民(1月26日免)
赵 建(第一书记挂职,6月9日免) 刘 华(1月26日任)
王正华(1月26日任) 唐铜香(1月26日任) 葛桢松(1月26日任)
吴 伟(第一书记挂职) 吴锋成(第一书记挂职)

江安镇

党委
书 记 朱建军
副书记 章 彬 申 燃 石晓鹏 陈 飞(工资行政关系在公安)
人大主席团
主 席 王 鹏
副主席 马 彬
政府
镇 长 章 彬
副镇长 唐晓星 吴红云 陈志坤 朱伟锋 林炳文(1月26日免)
李小标(第一书记挂职,6月9日免) 余鲲鹏(1月26日任)
张 进(第一书记挂职)

搬经镇

党委
书 记 胡晓勇

副书记　刘　莉(女)　梅志祥　张兴龙　喻晓春(工资行政关系在公安)　周　培(1月11日免)
人大主席团
主　席　杨建华
副主席　张　斌
政府
镇　长　刘　莉(女)
副镇长　朱建兵(1月26日免)　张兴龙(1月26日免)　石明良　许　鹏
陈小强　袁　健　葛志昊(挂职,6月9日免)　王钰崧(6月9日任)
冯细华(第一书记挂职)　杨　鹏(第一书记挂职)

东陈镇

党委
书　记　吴冰冰
副书记　焦晓斌　谢小丽(女)　陈云龙(工资行政关系在公安)
人大主席团
主　席　张　勇
副主席　吉爱明
政府
镇　长　焦晓斌
副镇长　冒　华　高张生(1月26日免)　王　洁　朱亚光　佘　飞(1月26日任)
包杨滨(高层次人才挂职)　潘海燕(女,大学生村干部挂职)
谢仁龙(第一书记挂职,6月9日免)　沈　伟(第一书记挂职)　吴　杰(第一书记挂职)

吴窑镇

党委
书　记　顾晓春(1月26日任)
副书记　袁天明　周　勇　娄劲松(工资行政关系在公安)
人大主席团
主　席　周永刚
副主席　薛宜全
政府
镇　长　袁天明
副镇长　田　祥　蔡爱忠　严海兵　钱锦锋
孙海波(第一书记挂职,6月9日免)
阮铁均(第一书记挂职)　丁邦民(第一书记挂职)

磨头镇

党委
书　记　许　薇(女)
副书记　戴　峰　李丽萍(女)　黄　震(工资行政关系在公安)　杨　阳(第一书记挂职)
人大主席团
主　席　贾根建(1月26日止)　薛　涛(1月26日任)

副主席　单芝龙

政府

镇　长　戴　峰

副镇长　赵小成　刘剑锋　蔡　娟(女)　陈　飞

　　　　谢继东(挂职,6 月 9 日免)　殷小宏(第一书记挂职)

国有资产公司(集团)

市文广传媒集团

党委书记　王建云(女,1 月 26 日免)　薛建兵(1 月 26 日任)

董事长、总经理　王建云(女,1 月 26 日免)　薛建兵(1 月 26 日任)

副总经理　姚寓韶(党外)　陈亦骏　严保林　张　强　何　军

如皋港集团

党委书记　马玉东

董事长　马玉东(6 月 9 日任)

总经理　马玉东

副总经理　黄　俊(6 月 9 日任)　陈　然(6 月 9 日任)

纪委书记　陈　然

富皋万泰投资发展有限公司

党委书记　张书强(8 月 1 日任)

董事长、总经理　张书强(1 月 11 日任)

副总经理　许　强(1 月 11 日任)

纪委书记　赵天海(8 月 1 日任)

其他机构

市接待办公室

主任、党组书记　孙海凤(女,1 月 26 日免)　赉如江(1 月 26 日任)

市供销合作总社

理事会主任、党委书记　张益群

理事会副主任　何玉堂　孙克千　王红德

监事会主任　章琪运

市招商局

局长、党委书记　秦　天

副局长、党委副书记　吉俊国

副局长　倪新福(1 月 26 日免)　葛　波(1 月 26 日任)

　　　　陈　飞(挂职)　纪国杰(挂职,1 月 26 日任)

　　　　环向荣(挂职,1 月 26 日任)　林　波(挂职,1 月 26 日任)

国家税务总局如皋市税务局

(7月20日上午,国家税务总局如皋市税务局挂牌成立,原江苏省如皋市国家税务局、南通市如皋地方税务局正式合并。)

局长、党组书记　沙　兵

副　局　长　严建军　周　昇　周宏兵　范晓军　倪锦祝

原南通市如皋地方税务局

局长、党组书记　沙　兵

副局长、党组副书记　黄建兵(7月20日免)

副　局　长　周宏兵　范晓军

原如皋市国家税务局

局长、党组书记　高建秋(7月20日免)

副　局　长　严建军　周　昇　倪锦祝

纪检组组长　顾宝丰

如皋市气象局

局　长　陈新育

党支部书记、副局长　肖　霁

市管企事业单位

市党员干部现代远程教育中心

主　任　吴晓晖

副主任　章志刚

白蒲中学

校长、书记　缪德军

副校长、副书记　刘国银(8月1日免)

副　校　长　陆志新　柳永红　邹晨光(8月1日免)

石春梅(女,8月1日任)　丁文桂(8月1日任)

石庄中学

校长、书记　陈强燕

副校长　严　勇　石春梅(女,8月1日免)　马　华

邹晨光(8月1日任)　朱建华(挂职,8月1日任)

江安中学

校长、书记　陈　锋

副校长、副书记　卢海兵(8月1日免)

副　校　长　黄建锋　纪友根　章小建(8月1日任)

市一中

校长、副书记　鞠九州

书记、副校长　陈　军

副　校　长　殷济亮(8月1日免)　陈　培(8月1日免)　许金松　薛　钧

搬经中学

校长、书记　陈宽林

副校长、副书记　徐　斌(8月1日免)　卢海兵(8月1日任)

副　校　长　许金波　章小建(8月1日免)　王　华(8月1日任)　宋　勇(8月1日任)

市二中

校长、书记　蔡成兵

副校长、副书记　陈　亮

副　校　长　吴建军　曹正国　潘建国(3月26日任)

长江中学

校长、书记　杨　勇

副校长　蔡　建　王　华(8月1日免)　洪海军

张志成(8月1日任)　丁锁勤(8月1日任)

如皋中专

校　长　缪世春(8月1日免)　冯志刚(8月1日任)

书　记　王　军

副书记　冯志刚(8月1日任)

副校长　臧德明(8月1日免)　姜先锋　郭夕国　徐年华　徐　峰　陆克平(8月1日任)

第一中专

校　长　冯志刚(8月1日免)　贾建军(8月1日任)

书记、副校长　曹江泉(8月1日任)

副书记　贾建军(8月1日任)

副校长　韩克山　陆克平(8月1日免)　费建国

刘　剑(8月1日任)　陈玉华(8月1日任)

市通用技术教育实验学校(市青少年素质教育实践基地)

校长、书记　朱新华

副校长(副主任)、副书记　吴国建

副校长(副主任)　邱永忠

副　校　长　曹树泉　周　栋

如皋初中

校　长　郭富慧

市人民医院

院　长、副书记　朱银圣

书　记、副院长　朱小平

副　院　长　卢弘栩　石国平　石高寒

纪委书记　张文怡(女)

市中医院

院长、副书记　贾　运

书　记　薛瑞华

副　院　长　沈安明(党外)　吕　军　刘　俊　韶建生　谢铁群(女)

纪委书记　吴宏匀(女)

市疾病预防控制中心

主任、书记　沙留强

副　主　任　张晓莉(女)　吴　坚　周祥国(党外)

市卫生监督所

所长、书记　范旻昊

副　所　长　何云祥　周　宇(女)

市海事处

主　任、书　记　钱俊林

副主任、副书记　周小兵

副　主　任　孔咏梅(女)

如港公路磨头收费站

站长、书记　顾卫东

副　站　长　谭俊清　徐相君

市交通运输综合执法大队

大　队　长　陈建华

教　导　员　唐幸炜

副大队长　范晓兵　石　峰　汤建平　张小燕　赵玉军

副教导员　黄　健

市社会保险基金管理中心

主任、书记　丁玉林

副　主　任　谢仁杰　周晴晖(女)　季苏岷(女)

副　书　记　陆江华

技工学校

校　长　张永飚(党外)

副校长　田岱越　韶庆生

市人才服务中心

主任、书记　张建华

副　主　任　赵晓建

市城市建设管理综合执法大队

大 队 长　孙夏兵(1月26日免)　杨小卫(6月9日任)

教 导 员　杨小卫(6月9日免)　姚松来(8月1日任)

副大队长　包龙庚(6月9日免)　李建军　张　敏(女)　赵四军

副教导员　吴　昊

市农技推广中心

主 任 、书 记　丁　峰

副主任、副书记　严　军

副　　主　　任　袁小华

市事业单位登记管理局

局　长　郁　梅(女)

市财政结算管理中心

主　任　谢晓红(1月26日任)

副主任　石　璐(女,12月27日免)　贾　云(女,12月27日免)

　　　　张　伟(女,12月27日任)　陆建英(女,12月27日任)

市预算管理审核中心

副主任　倪春华(12月27日免)　丁洁琴(女,12月27日免)

　　　　秦　军(12月27日任)　陈　宏(女,12月27日任)

市机关后勤服务中心

主　任　谢向阳

市环境监察执法大队

大 队 长　张林红

副大队长　钱　进　蒋宏东　马小兵

市文体旅游综合执法大队

大 队 长　陈建波

教 导 员　孙　伟(8月1日任)

副大队长　李小标(6月9日免)

市农林水利综合执法大队

大 队 长　陈　慎

副大队长　魏国才　马　宏　倪玉堂

教 导 员　陈小明

市公共资源交易中心

主　任　陈　萍(女)

副主任　胡　静(女)　丁树华

市房屋征收管理办公室主任

主　任　孟志远

条管企事业单位

中国邮政集团公司江苏省如皋市分公司

总经理、党委书记　施鎏鑫

副　总　经　理　许卫权　沈　荣　冯国华(10月18日任)

纪委书记、工会主席　许卫权

中国电信有限公司如皋市分公司

总经理、党委书记　吴　清(2月9日免)　徐东建(2月9日任)

副总经理、纪委书记　季雅丽(女,12月13日免)

副总经理、工会主席　仇春彬

副　总　经　理　仇春彬　汤毓謇　戴云卿(12月13日任)

国家电网江苏省电力公司如皋市供电公司

总经理、党委副书记　张红娟(1月11日免)　蔡立华(1月11日任)

党委书记、副总经理　蔡立华(1月11日免)　管建明(1月11日任)

副　总　经　理　丁雪峰(3月29日任)　纪斌斌(3月29日任)

纪委书记、工会主席　徐　华(3月29日任)

江苏省如皋市烟草专卖局(南通市烟草公司如皋分公司)

局长、经理、党组书记　张　健(1月18日免)　吴　彬(1月18日任)

副　局　长　王鸿俊

副　经　理　张跃进(7月5日免)　单友兰(7月5日任)

如皋市盐务管理局(江苏省盐业公司如皋支公司)

局长、经理、书记　郑小军

副局长、副经理　鲁　骏

中国人民银行如皋市支行

党组书记、副行长(主持工作)　曹建平

党组成员、副行长兼纪检组长　陆红伟(8月6日免)　徐晓东(8月6日任)
党组成员、副行长　吴小红(女)

中国工商银行股份有限公司如皋市支行

行长、书记　张　璇(8月31日免)　王　曙(8月31日任)
副行长　江晓明　陈龙骏(12月5日免)　钱欣俊　许瑞静(女)
纪委书记　朱　建

中国农业银行股份有限公司如皋市支行

行长、党委书记　石　慧(女)
副行长　卢小青(女)　季劲松(8月1日免)　缪世杰　周书学　倪存波(8月1日任)
纪委书记　卢小青(女)

中国建设银行股份有限公司如皋市支行

行长、书记　章世维
副行长　朱鹏祥　周宝华
纪委书记　曹广勇

中国银行股份有限公司如皋支行

行长、书记　顾鹏飞
副书记　陆卫东
副行长　戴亚琴(女,12月21日免)　邱　晔(12月21日任)
缪　杰(3月6日免)　丁保兵(3月6日任)　朱　彤(12月29日免)
杨燕红(8月20日任)
见习副行长　陆　凯(6月13日任)

江苏银行股份有限公司如皋支行

行长、书记　曹　毅(12月24日免)　石　瑀(12月24日任)
副行长　季百新(5月16任免)　杨建明(5月16日任)
行长助理　杨建明(5月16日免)　龚　婷(5月16日任)

中国农业发展银行股份如皋市支行

行长、书记　季　颖(女,2月10日免)　丁　炜(2月10日任)
副行长兼信贷部主管　王广才
副行长兼会计部主管　郭玲玲(女,2月10日免)　黄　成(2月10日任)

江苏如皋农村商业银行股份有限公司

党委书记、董事长　钱海标
行长、党委副书记　徐晓兵
监事长、纪委书记　张士锋
副行长　展爱云(女)　张　俊　殷开峰　吴慧阳(女)

交通银行股份有限公司南通如皋支行

行长、书记　曹　霞(女)

副 行 长　张阆峰　宗位滨

行长助理　宗　祥　朱　敏

中国邮政储蓄银行如皋市支行

行长、书记　项志宙

副 行 长　王海燕

中国人民财产保险股份有限公司如皋支公司

经理、书记　冒建勋

副 经 理　陈伏虎　高志伟　周宏建

中国人寿保险股份有限公司如皋支公司

经理、书记　杨　陈

副 经 理　戴海娟(女)　孙建东　陈　杰

中信证券如皋营业部

总经理　曹培荣

中国联通有限公司如皋分公司

总 经 理　张　雨

副总经理　蔡　琴(女)

总经理助理　邱　易(12 月 3 日任)

中国移动通信公司如皋分公司

经　理　宗迅怀

副经理　吴光燕　吕娟娟(女)

如皋中学

校长、书记　左伯华

副 校 长　钱国祥　段建平　李　兰(女)　刘　建

蒋　晶(女,7 月 23 日任)　季小军(7 月 23 日任)

大事纪要

Dashi Jiyao

2018年1月

1日

△ 市委副书记、市长何益军向全市人民发表新年贺词。

△ 本月起，如皋市建立统一覆盖范围、统一筹资政策、统一保障待遇、统一医保待遇、统一定点管理、统一基金管理的“六统一”城乡居民医保制度，城乡居民公平享有基本医保待遇。

△ 即日起，如皋市为积极应对人口老龄化，促进医养融合养老模式发展，在南通首家启动职工基本照护保险，解决长期失能人员的护理和日常照料难题。

2日

△ 省水利厅公布2017年度省级“水美乡村”建设名单，共评选出17个“水美乡镇”、198个“水美村庄”，如皋市白蒲镇钱园社区、城南街道桃北村、搬经镇湖刘社区、东陈镇南东陈社区榜上有名，获得江苏省“水美乡村”称号。

3日

△ 香港新华集团大湾区建设投资有限公司副总裁张学青一行到如皋，就全市经济社会发展情况和投资环境进行考察。市领导何益军、刘向阳、程瑞琴、吕兰陪同考察。

△ 2017年度协调推进“四个全面”战略布局综合考核动员暨领导干部年度考核民主测评会议召开。检查考核组组长、南通市委副书记张兆江出席会议，听取如皋市委书记陈晓东汇报如皋协调推进“四个全面”战略布局、抓基层党建工作、干部选拔任用工作、落实党风廉政建设责任制情况，代表市委班子和个人进行述职，如皋市委副书记、市长何益军代表市政府班子和个人进行述职，市委常委、纪委书记史有根代表纪委班子汇报落实监督责任情况，并进行有关工作的民主测评。

4日

△ 中国玩具和婴童用品协会儿童地垫团体标准讨论会在如皋召开，讨论拉力、扭力测设方法以及化学要求、易燃性能、团体标准等内容。会议由中国玩具和婴童用品协会主办，如皋市市场监督管理局协办，江苏明德玩具股份有限公司承办，相关认证、检测机构和儿童地垫产品生产、销售企业参加会议。副市长高峰出席会议。

△ 市委书记陈晓东主持召开市委常委会，通报全市2017年安全生产工作情况，传达学习中央、省委贯彻落实中央“八项规定”实施细则，讨论市委十二届六次全体(扩大)会议方案及报告、《中共如皋市委法律顾问工作规则(试行)》《2018年部门预算》《2018年市委中心组学习计划》等议题。

△ 市委副书记、市长何益军主持召开第十七届市政府第十二次常务会议，领学中央“八项规定”实施细则，并对中央“八项规定”贯彻落实、《关于市级国有企业转型发展的方案》《关于推进全市公共治理服务行政管理体制改革的实施方案》等议题进行研究讨论。

△ 如皋市第十七届人民代表大会代表、政协如皋市第十四届委员会委员集中参观苏中国际集装箱码头、如皋国际园艺城和龙游湖文化产业园、赛麟汽车项目建设现场等全市经济社会发展亮点。市四套班子领导陈晓东、何益军、吴道健、张元健、丁兴华等参加活动。

5日

△ 通扬运河整治工作推进会在如皋召开，总结前一段整治成绩，分析存在不足，部署下一阶段工作。南通市委常委、纪委书记韩方出席会议，巡视通扬运河白蒲段、丁堰段的卫生保洁、违章拆除、企业搬迁等情况，听取相应县(市、区)河长汇报整治工作推进情

况及下一步思路。如皋市领导陈晓东、史有根、张百璘参加会议。

△ 市委十二届六次全体(扩大)会议在市行政中心礼堂召开,市委书记陈晓东主持会议,代表市委常委会向大会作题为《深入学习贯彻党的十九大精神,谱写高水平全面建成小康社会如皋新篇章》的工作报告。会议回顾总结中共十八大以来及2017年全面建成小康社会的实践成就,研究部署2018年经济社会发展和党的建设工作,与会市委委员以举手表决的方式,一致通过《中国共产党如皋市第十二届委员会第六次全体(扩大)会议决议(草案)》。

5~6日

△ 上海市嘉定区委常委、副区长沈华棣率队到如皋考察,就行政审批制度改革工作及新能源和新能源汽车产业合作等方面进行深入交流,实地考察市行政审批局服务大厅和经济技术开发区的赛麟项目、百应能源、汽车文化馆等处。市领导陈晓东、何益军、马金华、丁锋陪同考察。

6日

△ 市委副书记、市长何益军主持召开征求意见座谈会,就《在如皋市第十七届人民代表大会第二次会议上的工作报告(征求意见稿)》以及2018年民生实事项目,征求镇(区、街道)、部门,政协委员、人大代表以及老领导的意见和建议。市领导丁锋、桂万先、陈晓彬、黄文斌、张亚莺、高峰、张百璘、程瑞琴出席会议。

△ 市政协主席张元健主持召开市政协第十四届常务委员会第五次会议,听取市政协十四届一次会议委员提案办理情况通报,审议通过《市政协十四届常委会工作报告》《市政协十四届常委会提案工作报告》《市第十四届委员会第二次会议议程和日程(草案)》《2018年政协如皋市委员会工作要点(讨论稿)》和大会秘书长、副秘书长、提案审查委员会建议名单,调整增补部分政协委员。

7日

△ 市委副书记、市长何益军主持召开第十七届市政府第十三次常务会议,学习《中华人民共和国水污染防治法》《省委、省政府关于推进安全生产领域改革发展的实施意见》,通报2017年全市安全生产工作情况,并就《政府工作报告》、2018年政府为民办实事项目、《如皋市推进生态环境司法保护集成化改革工作实施方案》《如皋市生态环境保护共同监管责任实施意见》《如皋市环境保护工作问责办法(试行)》《如皋市行政执法停限电办法(试行)》《关于今冬明春非居民用天然气价格调整的请示》等议题进行讨论。

8日

△ 如皋市花木盆景产业专题推介会在浙江省杭州市萧山区举行。会议解读花木盆景转型升级相关政策、推介花木盆景产业项目,22个项目在会上签约。市领导丁兴华、邵晓泉、张百璘、杜永红出席会议。

△ 2017年度国家科技进步奖揭晓,"特高压±800千伏直流输电工程"项目获特等奖,如皋企业江苏神马电力股份有限公司名列项目主要完成单位,董事长马斌为项目主要完成人。神马电力在该工程项目中承担系统复合外绝缘研制任务,通过技术创新,研发出国际首创的特高压直流支柱复合绝缘子,有力支撑了项目的实施。

11日

△ 市委书记陈晓东主持召开市委常委会,讨论市第十七届人民代表大会第二次会议《政府工作报告(讨论稿)》、2018年市政府为民办实事项目安排及2017年完成情况报告等议题。

△ 农业部公布2017年全国休闲农业与乡村旅游星级示范企业(园区)名单,白蒲镇蒲新生态园成为如皋市唯一上榜的四星级示范企业。

11~12日

△ 南通市卫生计生委组织班子全体成员、机关处室负责人、直属医疗卫生计生单位主要负责人、

各县(市、区)卫生计生行政部门主要负责人到如皋参观调研,先后参观如皋市120急救指挥中心、城东村卫生室和如皋博爱康复医院。南通市卫计委主任、党组书记陈冬梅,南通市政协副主席、卫计委副主任陈宋义,如皋市人民政府副市长张亚鸾参加调研。

12日

△ 如皋市2017年度抓基层党建、落实党风廉政建设和意识形态工作责任制述职评议会议召开。会议听取各镇(区、街道)党委、市级机关党工委负责人进行相关工作口头述职,并对各镇(区、街道)、市级机关党工委抓基层党建、党风廉政建设、意识形态工作进行点评,对有关工作进行评议。市领导陈晓东、何益军、丁兴华、马金华、缪小华、刘向阳、丁锋、史有根、缪爱诚、祝国庆、桂万先出席会议。

12~15日

△ 中国人民政治协商会议如皋市第十四届委员会第二次会议在市行政中心礼堂举行,市委书记陈晓东出席大会并讲话,市政协主席张元健、副主席严世斌受市政协十四届委员会常务委员会委托,分别向大会作政协如皋市第十四届委员会常务委员会工作报告、市政协十四届一次会议以来提案工作情况报告。会议对2017年度10个政协工作先进委员组、52名优秀政协委员、15件优秀提案、5个提案工作先进委员组、5名提案办理工作先进委员以及“政协委员慈善爱心基金”捐赠先进集体、个人进行了表彰,并选举政协如皋市第十四届委员会常务委员两名,张小凤、曹阳当选为市政协十四届委员会常委。会议一致通过《中国人民政治协商会议江苏省如皋市第十四届委员会第二次会议决议》。

13日

13~16日

△ 如皋市第十七届人民代表大会第二次会议在市行政中心礼堂举行。市委副书记、市长何益军,市人大常委会主任吴道健分别代表市人民政府、市人大常委会向大会作工作报告,市人民法院院长章智敏、市人民检察院检察长孙亚分别作《如皋市人民法院工作报告》《如皋市人民检察院工作报告》《如皋市2017年国民经济、社会发展计划执行情况和2018年国民经济、社会发展计划(草案)的报告》《如皋市2017年财政预算执行情况和2018年财政预算(草案)的报告》向大会作书面报告。会议通过《关于如皋市人民政府工作报告的决议》《关于如皋市2017年国民经济、社会发展计划执行情况和2018年国民经济、社会发展计划的决议》《关于如皋市2017年财政预算执行情况和2018年财政预算的决议》《关于如皋市人大常委会工作报告的决议》《关于如皋市人民法院工作报告的决议》《关于如皋市人民检察院工作报告的决议》,并选举市监察委员会主任、市十七届人大常委会委员。新当选的市监察委员会主任、市十七届人大常委会委员进行了宪法宣誓。

15日

△ 新组建的市国有企业领导班子成员接受任职集体谈话。市委常委、组织部部长、统战部部长缪爱诚宣布任免决定,市委书记陈晓东,市委副书记、市长何益军,市委常委、常务副市长丁锋先后讲话。市委常委、纪委书记史有根作廉政提醒谈话。

16日

△ 山东省青岛市人民政府教育督导室副主任邱若东率领专家组到如皋,实地核查如皋市创建全国中小学校责任督学挂牌督导创新县(市、区)工作,先后查阅台账资料,查看部分中小学校,听取有关情况汇报,并就创建工作提出意见和建议。副市长张亚鸾参加相关活动。

△ 市第十七届人大常委会第八次会议召开,听取和审议市监察委员会主任史有根关于提请任命市监察委员会副主任、委员的报告,根据《全国人民代表大会常务委员会关于在全国各地推开国家监察体制改革试点工作的决定》等有关规定,任命马铁军、郭建为市监察委员会副主任,倪新建、符行、江其林、孙健为市监察委员会委员,并为新任命人员举行了宪法宣誓。

17日

△ 如皋市监察委员会举行挂牌仪式。市委书记陈晓东，市委常委、纪委书记史有根共同为市监察委员会揭牌。市领导何益军、吴道健、张元健、丁兴华参加活动。

△ 如皋经济技术开发区晋升国家级开发区五周年暨2017年度总结表彰大会召开。市委书记陈晓东出席会议并讲话。

△ 如皋市举行文明委全体委员会议，总结2017年精神文明建设工作，讨论审议2017年相关表彰项目，研究部署2018年工作任务。市领导茅红宇、陈万圣、严世斌出席会议。

△ 南京中医药大学2017年度成人高等教育教学点工作会议在如皋召开，市江海技工学校教学点成功续约。副市长张亚鸾出席会议。

18日

△ 腾讯云副总裁、总经理王景田一行到如皋考察，实地查看市城市规划展示馆、软件园及项目选址等处，商谈腾讯数据中心建设及智慧城市建设合作事宜。市领导陈晓东、茅红宇参加活动。

△ 江苏省统计局局长徐莹率队到如皋，就全市经济发展和统计工作开展情况进行调研，听取市委书记陈晓东相关情况汇报，并看望慰问丁堰镇统计站工作人员。市领导陈晓东、桂万先陪同调研。

△《如皋日报》报道，如皋市召开省派第一书记对接座谈会，为4名省派第一书记到基层实践锻炼做好落实安排。市委常委、组织部部长、统战部部长缪爱诚出席会议并讲话。

△ 从如皋出入境检验检疫局获悉，如皋市又有一家肠衣出口企业顺利通过欧盟注册，成为全市第10家获得欧盟注册的肠衣企业。

△ 江苏省草莓协会、江苏省农业技术推广总站在连云港举办第五届江苏东海·黄川草莓文化节暨第三节江苏“紫金杯”优质草莓评比活动，如皋市佳泽家庭农场选送的“红颜”草莓获得金奖，成为如皋第三家获得省级以上奖项的草莓种植家庭农场。

19日

△ 市人大常委会主任吴道健率领督查组一行督查焦港河整治工作，深入搬经镇，实地查看污水管网建设、泵站提升工程、河道整治等现场，详细了解搬经镇沿线焦港河整治情况。

20日

△ 中国科学院科技促进发展局副局长赵千钧一行到如皋，对中国科学院生态环境研究中心示范工程团队在东陈镇开展的“污水和垃圾资源化技术”项目进行专题调研，实地参观东陈镇杭桥村乡村环境综合治理示范工程，并召开座谈会，听取相关部门意见和建议。市领导何益军、黄文斌、万维庆参加调研。

△ 2018年市房地产业协会会员大会召开。市领导史有根、黄文斌、万维庆出席会议。2017年，全年新开工面积200万平方米；商品房销售18969套、234.6万平方米，销售额142.3亿元，位居南通县市第二；供给侧结构性改革持续推进，商品房去库存周期降至4个月，房产交易税收名列南通前茅。

21日

△ 2018年台商台企代表座谈会在市行政中心举行，全国台企联常务副会长、南通市台协会会长刘璟芳，如皋市副市长程瑞琴出席座谈会。

22日

△ 江苏省住房和城乡建设厅巡视员王翔率领考核组到如皋，就全市省级海绵试点城市建设进行中期考核。市领导黄文斌、万维庆参加相关活动。

23日

△ 工业和信息化部中小企业发展促进中心、中国中小企业国际合作协会副主任、全国中小企业服务联盟秘书长周平军一行到如皋考察，听取市委书记陈晓东介绍全市经济

社会发展情况，并考察经济技术开发区科创中心等处。市领导高峰参加活动。

△ 市委副书记、市长何益军率领市政府办、规划局、国土局、财政局等部门相关负责人，实地踏勘大数据指挥服务中心改造升级、幸福河整治工程、何庄幼儿园、邵庄大桥、国税局北侧停车场等2018年政府投资城建项目现场，听取城建计划编制、项目规划设计及前期工作推进情况汇报，推动项目顺利实施。市领导陈万圣、陈晓彬、黄文斌、张亚鸾、冒平、万维庆参加活动。

△ 全市保障农民工工资支付暨部门联席会议召开，通报保障农民工工资支付工作的有关情况。市委常委、副市长桂万先出席会议。

△ 如皋市少数民族就业技能培训班优秀学员表彰暨少数民族学生助学金发放仪式在如皋中等专业学校举行。副市长张亚鸾出席仪式并讲话。

24日

△ 中铁建华东投资有限公司执行董事、总经理黄锋昌，亚洲勒芒发展有限公司CEO曹建伟等一行到如皋考察，就如皋勒芒运动健康小镇项目进行洽谈。市领导陈晓东、吕兰参加活动。

△ 如皋港至惠州港内贸集装箱直达班轮航线正式开通，标志如皋港开发开放迈上更高发展台阶，枢纽港地位进一步得到提升。市委副书记丁兴华、副市长程瑞琴，安徽凯通航运有限公司、南通皋晟物流有限公司等公司负责人参加活动。

△ 如皋市召开2017~2018年度党员冬训工作动员会。市委书记陈晓东出席动员会并讲话，市委副书记丁兴华宣读冬训相关表彰决定，全国基层理论宣讲先进个人、南通市委宣讲团成员、南通市委宣传部副部长、南通市党的创新理论宣讲团团长黄正平应邀作首场宣讲报告。

△ 省科技发展战略研究院、省科技情报研究所于发布“2017江苏省创新型企业100强”名单，江苏力星通用钢球股份有限公司上榜。

26日

△ 市委书记陈晓东主持召开市委常委会，传达全省宣传部长会议精神，讨论《2018年如皋市委巡察工作计划》《如皋市党委（党组）理论学习中心组学习实施细则》等议题。

△ 市政协副主席严世斌、秘书长许映亮率领市政协民宗侨台专委会委员一行开展调研，实地视察台资吉的堡双语幼儿园，了解幼儿园布局、办学条件、教师队伍建设等情况，并召开座谈会，听取市教育局负责人介绍市城区教育资源配置及民办幼儿园建设管理的基本情况，拉开市政协2018年调研城区教育资源配置以及民办幼儿园建设工作序幕。

△ 如皋市召开见义勇为总结表彰大会，117名见义勇为人员、3个见义勇为工作先进集体、20名见义勇为工作先进个人受到表彰。市领导缪小华、陈万圣、陈晓彬、郑振明出席会议。

△ 如皋市在市总工会举行2018年送温暖工作会议暨春节集中慰问仪式，2018年新一轮结对帮扶单位递交责任书，并向结对特困职工送上慰问金。市领导缪爱诚、张勇、严世斌参加活动。

27日

△ 全市领导干部会议召开，宣布有关人事调整结果，开展集体谈心谈话活动。会议由市委副书记丁兴华主持，市委书记陈晓东出席活动并讲话，市委常委、组织部部长、统战部部长缪爱诚宣布干部任免决定，新调整的镇（区、街道）党政主要负责人、市级机关部门主要负责人递交了履职承诺书。

29日

△ 如皋港集团银港航合作推介会举行，搭建全市港口物流业与航运界、金融界之间的沟通桥梁，推进港口物流相关企业与各银行金融机构和船公司之间深度合作。市委常委、常务副市长丁锋出席活动并讲话。市领导程瑞琴、吕兰参加会议。

△ 如皋第三代半导体研究院举行系列研讨会第三次专题讲座，为相关人员集体“充电”，更好地

服务全市第三代半导体技术发展和产业升级。市委常委、宣传部部长茅红宇参加活动。

30日 △ 市委书记陈晓东率队调研长江镇(如皋港区)经济社会发展情况,实地查看长江镇(如皋港区)沿江非法码头整治情况、华电热电联产项目建设现场和阳鸿石化、百川化工、东升国际石材产业城等企业,协调化解镇域发展面临的各类困难,并看望慰问长江镇(如皋港区)中心沙13组孤困儿童。市领导丁兴华、程瑞琴、杜永红参加调研。

△ 全市2017年度科技镇长团总结交流会召开,对2017年科技镇长团挂职半年来工作进行回顾总结,并具体部署2018年相关重点工作,与会人员参观东陈镇杭桥村乡村环境综合治理示范工程。市委常委、组织部部长、统战部部长缪爱诚,副市长、第十批科技镇长团团长陈杰出席会议。

△ 《中国花卉报》长三角花木产业大数据采集中心在中国·如皋国际园艺城揭牌, 为长三角花木行业打开一扇重要的信息之窗。市领导丁兴华、刘向阳、邵晓泉、张百璘、杜永红、郑振明等参加揭牌活动。

31日 △ 市委书记陈晓东率领市委办、市规划局、市环保局、市行政审批局等部门负责人,调研搬经镇重点工作,要求该镇充分发挥全国特色小镇优势,抓实抓细重点工作,以更加高昂的精神状态推动经济社会实现高质量发展。市领导缪小华、邵晓泉、刘晓洁参加活动。

△ 市委书记陈晓东率队调研高新区(城南街道)经济发展情况,实地考察软件园二期、一下科技未来城、超达大型复杂检具项目等处,听取高新区(城南街道)未来发展规划介绍,协调解决各项困难,勉励高新区进一步昂扬精气神,奋力迈进“全省一流高新区”行列,并看望慰问高新区(城南街道)新庄社区低保户。市领导茅红宇、桂万先参加调研。

2018 年 2 月

1 日

△ 如皋市召开养老机构安全管理工作会议，总结2017年全市养老机构安全管理工作，分析当前安全生产形势，进一步加强全市养老机构安全管理工作，提升养老机构服务质量，提高养老机构供养对象生活水平。副市长张百璘出席会议。

2 日

△ 市委书记陈晓东主持召开市委常委会，听取市委常委、市人武部部长祝国庆传达习近平总书记以及上级军事机关党委扩大会议主要精神，汇报2017年全市武装工作完成情况及2018年主要任务，介绍需要提请市委常委议军会讨论的议题，市委常委、纪委书记史有根传达中央纪委二次全会和省纪委三次全会精神，并讨论相关议题。

△ 市委书记陈晓东主持召开党政联席会，讨论关于印发《2018年如皋市规模农业项目建设综合考评办法（试行）》的通知、2017年度全市总结表彰大会表彰方案、如皋市创建“国家全域旅游示范区”推进暨2018年旅游大会工作方案、2018年全域旅游创建工作考核办法等议题。

△ 市委副书记、市长何益军主持召开第十七届市政府第十四次常务会议，听取全市经济工作会议方案，研究讨论2017年经济稳增长政策兑现和2018年推动经济高质量发展的激励意见、《如皋市污染防治攻坚行动方案》《如皋市污染防治攻坚考核办法（试行）》、全市城市建设大会方案、《关于2018年加快新城建设促进城市转型升级的考核意见》《关于2018年加快新型城镇化建设的考核意见》《2018年镇（区、街道）财政收入考核办法》《2018年现代服务业发展意见及考核办法》《如皋市医疗卫生服务体系规划（2017~2020年）》《2018年全市安全生产工作要点》《2018年开放型经济工作考核办法》《关于印发全市种植业结构性调整指导意见（2018~2020年）的通知》等议题。

△ 市人大常委会副主任陈万圣率队实地督查大明河流域的危桥、企业污水排放、沿线大型养殖场、报废沉船等环境问题整治情况，听取相关镇（区、街道）及部门负责人关于上一阶段大明河整治工作进度、存在问题处理情况、监测数据及下一阶段整治思路的相关汇报。

△ 副市长程瑞琴率领市旅游局、商务局、住建局、公安局、安监局、市场监督管理局、民宗局等部门工作人员深入绿园商务酒店、水绘园景区、定慧寺、中石化如皋南门加油站等处，督查节前安全生产工作。

△ 2018年“情暖如皋”春节慈善济困慰问活动启动，全市共慰问500户，慰问资金仍按照每户1000元标准进行发放。市领导邵晓泉、张百璘、郑振明出席启动仪式。

3 日

△ 全市安全生产工作会议召开，通报2017年全市安全生产工作情况，表彰2017年度安全生产先进集体和先进个人，安排部署2018年安全生产工作任务。市领导何益军、缪小华、张勇、高峰参加会议。

4 日

△ 陕西省汉中市委常委、副市长谢京帅一行到如皋考察经济社会发展情况，实地走访陆地方舟、中国·如皋国际园艺城、李昌钰刑侦科学博物馆、一下科技等处。市委常委、常务副市长丁锋陪同考察。

6日 △ 一下科技如皋分公司——小咖秀(江苏)科技有限公司在如皋正式成立。市领导陈晓东、茅红宇参加活动。公司承担一下科技的内容运营、客服、管控三大公司核心业务,目标打造一下科技北京之外的第二个总部基地,成为一个“以创新为引擎”的千人互联网小镇。

△ 在常州召开的江苏省中华文化海外交流基地授牌暨工作会议上,李昌钰刑侦科学博物馆继获得“中国华侨国际文化交流基地”荣誉之后,被省侨办、省文化厅联合授予“江苏省中华文化海外交流基地”品牌,成为全省8家被授牌优秀单位之一。

6~8日

△ 由如皋市政府、上海静安区商务委、开开集团主办的如皋特色农产品展示展销会在静安区镇宁路菜市场举行,全市15家农业龙头企业及专业合作社参展,推出具有如皋特色的长寿农产品以及白蒲茶干、白蒲黄酒、如皋老酱油等非遗产品,包括粮油类、肉制品加工类、禽蛋类、糕点、蔬菜、酒类等40多个品种。

7日 △ 江苏省委常委、组织部部长郭文奇一行到如皋,深入社区、敬老院和群众家中,走访慰问部分老党员、劳模、残疾人、五保户,并到如皋工业园区(如城街道)顾庄社区调研。南通市委书记陆志鹏、如皋市委书记陈晓东参加慰问调研活动。

△ 市妇联、市侨联、张家港农商行如皋支行联合举行“伴随你 成就你”爱心护蕾捐赠仪式,全市各镇(区、街道)305名贫困儿童获得捐赠物资,现场集中发放爱心物资48份。副市长张亚鸾出席活动。

8日 △ 如皋市召开经济工作会议,市委书记陈晓东出席会议并讲话。会议由市委副书记丁兴华主持,市委副书记、市长何益军作主题报告,市委常委、常务副市长丁锋宣读表彰决定。会议对先进集体和先进个人进行了表彰,部分单位负责人在会上交流发言。市领导吴道健、张元健等出席会议。

△ 如皋市召开2018年企业家新春恳谈会,百余位企业家出席会议,观看宣传片《如皋,走进新时代》,感受2017年全市经济社会发展成果。市四套班子领导陈晓东、何益军、吴道健、张元健、丁兴华等出席会议。梦百合家居、九鼎集团、海迪科、凌志软件、中国银行如皋支行等企业负责人在会上交流发言。

△ 全市党员干部警示教育大会召开,全面加强纪律教育。市委书记陈晓东出席会议并讲话。会议由市委副书记、市长何益军主持,市委常委、纪委书记史有根对2017年度全市党风廉政建设和反腐败工作情况、执纪审查典型案例进行了通报,各镇(区、街道)、市级机关各部门主要负责人递交了《2018年度党风廉政建设责任书》。

△ 全市总结表彰大会召开,总结2017年全市经济社会发展取得的成绩,表彰作出突出贡献的先进集体和个人,推动2018年经济社会各项工作再上新台阶。会议由市委副书记、市长何益军主持。市委书记陈晓东发表讲话,市委副书记丁兴华,市委常委、常务副市长丁锋分别宣读了《市委、市政府关于表彰2017年度先进集体和先进个人的决定》《市委关于表彰2017年度人大、政协工作先进单位的决定》《市委、市政府、市人武部关于表彰2017年度人民 武装先进集体和先进个人的决定》《市政府关于表彰2017年度先进集体和先进个人的决定》。会议对获得2017年度“百面红旗”单位、目标责任制综合考核先进镇(区、街道)、市级机关先进集体代表进行了颁奖。

9日 △ 市委书记陈晓东主持召开市委常委会,研究讨论如皋港集团市场化运作相关事宜和春节慰问活动方案、十二届市纪委第三次全体(扩大)会议的工作报告等议题。

△ 市委常委班子召开2017年度民主生活会,以认真学习领会习近平新时代中国特

色社会主义思想、坚定维护以习近平为核心的党中央权威和集中统一领导、全面贯彻落实党的十九大各项决策部署为主题，紧密结合思想与工作实际，进行自我对照检查，开展批评与自我批评。南通市委副书记张兆江，南通市纪委、市委组织部相关人员到会指导。

△ 全市生态文明建设推进会暨污染防治攻坚动员会召开，部署省环保督察反馈意见整改和污染防治攻坚两项工作，进一步提升全市生态文明建设水平。各镇（区、街道）、村（社区）全体干部在分会场收听收看电视电话会议实况。市四套班子领导陈晓东、何益军、吴道健、张元健、丁兴华等出席会议。

△ 全市城市管理工作会议召开，回顾总结2017年城市管理工作，部署2018年工作，并表彰一批城市管理工作先进集体、先进个人以及第六届“热心城管好市民”等。市领导陈万圣、黄文斌、冒平、万维庆出席会议。

△ 副市长张亚鸾率队到市奥体中心、广慈医院、动感地带网吧等人流密集场所，对消防设施、安全隐患排查治理、值班人员安排等情况进行全面安全检查，确保节日安全。

10日

△ 如皋市举行深化全国文明城市建设主题活动，来自社会各界的15位市民代表共同按下手印，为全国文明城市揭牌。市四套班子领导陈晓东、何益军、吴道健、张元健、丁兴华等出席活动，并为第三届如皋市道德模范、创建全国文明城市优秀个人代表、创建全国文明城市突出贡献单位颁发奖牌。

△ 中共如皋市第十二届纪律检查委员会第三次全体（扩大）会议召开，回顾总结2017年纪检监察工作，研究部署2018年工作任务。市委书记陈晓东出席会议并讲话，市委常委、纪委书记史有根代表中共如皋市第十二届纪律检查委员会常务委员会向第三次全体（扩大）会议作题为《深入贯彻落实党的十九大精神，坚定不移推动如皋全面从严治党向纵深发展》的工作报告。

△ 2018年全市人民武装工作会议召开，传达学习上级有关会议精神，组织党管武装述职，总结全市2017年人民武装工作，宣布任职命令、《2017年度全市武装战线受表彰的先进单位和个人》，部署2018年人民武装工作任务。市委书记、市人武部党委第一书记陈晓东，市委副书记、市长、市国动委主任何益军，市委副书记丁兴华，市委常委、市人武部部长祝国庆，副市长张百璘，市人武部政委夏森出席会议。

11日

△ 市政协主席张元健率队深入白蒲镇，对镇辖区内企业南通茂鑫工艺品有限公司、南通华东油压科技有限公司，进行安全生产实地大检查。

△ 副市长张亚鸾率领市安委办、安监局、机关事务局相关人员一行，对市档案馆消防安全工作进行专项检查，并提出相应整改建议。

△ 副市长黄文斌率领相关部门负责人一行，督查建筑系统安全生产工作，先后到御锦馨河城、中南世纪城等项目建筑工地，检查春节前安全生产工作。

11~12日

△ 市四套班子领导陈晓东、何益军、吴道健、张元健等分别率队开展春节慰问活动，集中走访百岁老人、低保户、困难户、特困职工、孤困儿童、残疾家庭、老党员、离退休老干部、道德典型代表、特殊人才、医务工作者、驻如皋部队官兵等群体，送去新春祝福以及党和政府的温暖。

12日

△ 香港新华集团执行董事蔡隽思一行到如皋考察，实地查看项目选址、顾庄生态园、李昌钰刑侦科学博物馆、凌志软件等处，并就大物流、大健康领域合作达成框架协议。市领导陈晓东、何益军、刘向阳、程瑞琴、吕兰参加活动。

13日

△ 市委书记陈晓东，市委副书记、市长何益军率队开展春节前安全生产专项督查，先后实地查看益有燃气公司CNG汽车加气站、长途客运站、吾悦广场、大润发转盘、供电公司等处。市领导陈晓彬、高峰参加活动。

△ 市委副书记、市长何益军，市委常委、常务副市长丁锋一行到市长公开电话受理中心和信访局，走访慰问信访维稳条线工作人员，向辛勤工作在一线的干部职工送上新春祝福。

19日

19~22日

△ 2018第六届"梦百合"围棋精英公开赛在如皋举行。副市长张亚鸾出席活动。比赛共有来自北京、河北、内蒙古、山西、云南、上海等20个省、自治区、直辖市的262名棋手参加，7个7段、36个6段选手参赛，年龄最大的选手68岁、最小的选手8岁。

20日

△ 正月初五，江中集团召开出征动员大会，总结2017年丰硕成果，谋划2018年集团经营能力和综合实力同步提升。市委常委、纪委书记、市监察委主任史有根，副市长黄文斌出席大会。

22日

△ 市委书记陈晓东，市委副书记、市长何益军深入市民服务中心、公共人力资源市场、"263"办公室、发改委、财政局等单位进行检查指导，勉励干部职工在新的一年里提振精气神，努力推动全市经济社会更好更快发展。市领导丁兴华、丁锋参加活动。

△ 2018年节后第一场"春风行动"招聘会在市公共人力资源市场举行。招聘会共有169家用工企业进驻，提供就业岗位1236个，涵盖市场营销、机械制造、计算机、建筑施工、酒店餐饮等各类用工行业，招聘人数达7412人，当天共2143人进场，现场达成就业意向557人。

△ 据市旅游局统计，2018年春节黄金周期间，全市共接待游客29.25万人次，旅游综合总收入4.2亿元。

23日

△ 如皋市召开作风效能建设大会，动员全市广大党员干切实加强机关作风效能建设，着力营造服务中心、服务发展、服务群众的政务氛围，全力打造"主动、高效、低成本"的最佳政务环境，助推全市经济社会又好又快发展。会议由市委副书记、市长何益军主持，市委书记陈晓东出席大会并讲话，经济技术开发区、公安局、财政局、残联、环保局等镇（区、街道）和部门负责人在会上交流发言，2017年度作风效能建设考评优秀单位、2017年度民主考评百名科长活动中的优秀科长受到表彰。

△ 2018年如皋市在外企业家座谈会召开，40多名如皋籍在外企业家代表参加会议，观看宣传片《新时代新如皋》，听取如皋市上海商会会长、如皋建筑业商会会长等交流发言，汇报过去一年创新成果，交流新一年发展思路，展望未来发展前景，并对全市转型升级等工作提出建议。市领导何益军、缪爱诚、高峰、杜永红出席会议。

24日

△ 如皋市召开"国家全域旅游示范区"创建推进大会，市委副书记、市长何益军作大会报告，市委书记陈晓东出席大会并讲话。会议回顾总结全市"国家全域旅游示范区"创建动员大会召开以来相关工作推进情况，研究部署新一年发展任务，加快推进全市旅游业转型发展，并对2017年度全市旅游工作先进单位和个人进行了表彰，14个镇（区、街道）、26个市级机关重点责任部门主要负责人递交了责任书。

△ 在南通市委、市政府召开的南通市机关作风建设暨深化"走帮服"活动大会上，如皋市荣获南通2017年度"四个全面"综合考核一等奖。

25日

△ 如皋市召开公安工作会议，总结回顾2017年全市公安工作，全面部署2018年工作任务，并对先进集体、先进个人和最美警察、最美警嫂进行表彰。市领导何益军、缪小华、陈晓彬参加会议。

26日

△ 南通市政府党组成员朱晋一行到如皋考察足球改革发展情况，先后实地查看支云足球俱乐部球员休息室、新闻发布厅、运动员健身室、运动员公寓、运动员训练场、中乙联赛主场和如皋市校外足球训练基地，听取全市有关工作情况汇报。市委副书记、市长何益军，副市长张亚鸾陪同考察。

△ 如皋市召开建筑业改革发展大会，回顾总结2017年全市建筑业工作情况，表彰激励先进典型，谋划2018年全市建筑业改革发展工作举措，更好地推动建筑业高质量发展。大会由市委常委、纪委书记、市监察委员会主任史有根主持，市委副书记、市长何益军作工作报告，江中集团、中如建工、标龙集团、蓝星装饰负责人在会上交流发言。

△ 如皋市召开污染防治攻坚指挥部办公室(扩大)会议，市委副书记、市长何益军出席会议并讲话，市委常委、常务副市长丁锋作工作部署，市发改委、环保局、水务局、城管局、住建局、农委等部门负责人分别交流发言，汇报任务清单制定落实情况和下一步工作打算。

△ 国家发展改革委、科技部、国土资源部、住房城乡建设部、商务部、海关总署联合发布2018年第4号公告，公布修订后的《中国开发区审核公告目录(2018年版)》，如皋高新区成功入选。

27日

△ 省汽车工程学会秘书长徐爱民一行应邀到如皋调研新能源汽车及零部件行业，先后参观汽车文化馆、百应能源、康迪电动汽车、汤臣汽配等企业，听取经济技术开发区新能源汽车产业园区的相关情况、磨头镇模具智造产业园区规划情况以及部分企业的发展和技术需求情况。副市长陈杰陪同调研。

△ 如皋市召开市场监督管理工作会议，全面回顾总结2017年市场监管工作，表彰先进集体和个人，动员和激励全系统干部职工全面完成2018年各项目标任务。市领导缪小华、张勇、高峰、郑振明参加会议。

28日

△ 2018年全市招商引资工作暨招商人员出征动员大会召开。市委书记陈晓东出席会议并讲话，市委常委、宣传部部长茅红宇作动员报告，总结2017年全市招商引资工作成绩，分析存在问题，部署2018年全市招商工作，经济技术开发区、磨头镇、市纪委、产业招商协同中心相关负责人先后交流发言。

△ 2018年全市社会事业工作会议召开，总结2017年全市社会事业各项工作取得的成绩，表彰2017年度社会事业条线先进集体、先进个人，统筹部署2018年各项任务。市领导缪爱诚、茅红宇、钱志刚、张亚鸾、严世斌参加会议。

△ 副市长张亚鸾率领市水务局、环保局、农委相关负责人一行，专题调研白蒲镇新姚河整治情况，实地走访部分河道整治现场和新姚医院、新姚小学、南通哈特铁链有限公司。

2018 年 3 月

1 日 △ 美国江苏经贸文化联合会会长蔡成华一行到如皋考察。市政协副主席杜永红陪同考察，并向蔡成华详细了解组建美国如皋商会的相关程序和准备事宜。

△ 江苏省司法厅副厅长张亦军一行到如皋专题调研公共法律服务体系建设情况，实地考察如城街道司法所矛盾调处中心、社工服务中心、法律援助“绿色通道”、诉调对接“法暖晚霞工作室”及城西社区社情民意工作室、网格化智慧小区全覆盖管理中心，市法律援助工作大厅、“12348”法律援助呼叫中心、市公证处、市矛盾纠纷调处中心和社区矫正大队，听取全市相关工作情况介绍。市委常委、副市长桂万先陪同调研。

△ 共青团如皋市委召开十七届二次全体(扩大)会议，深入学习贯彻习近平新时代中国特色社会主义思想和十九大精神，回顾总结 2017 年工作，谋划部署新一轮改革攻坚任务。市领导缪爱诚、张勇、张亚鸾、严世斌参加会议。

△ 如皋市举行市委政法委员会全体会议，听取政法各部门主要负责人交流 2017 年工作完成情况和存在问题、2018 年工作思路举措、2018 年全市政法工作报告(征求意见稿)修改完善意见，专题通报全市扫黑除恶专项斗争工作总体进展情况，并就 2018 年全市政法工作会议、扫黑除恶专项斗争工作会议方案等进行专题研究讨论。市委常委、政法委书记缪小华，副市长陈晓彬出席会议。

△ 市政协主席张元健率领相关部门、镇(区、街道)有关负责人一行，乘船对市境内的如海河全线进行巡查，详细了解河道沿岸治水措施和进展情况，现场指出存在问题，提出整改措施。

2 日 △ 市委副书记、市长何益军主持召开十七届市政府第十五次常务会议，研究讨论《深化落实长江流域(如皋段)生态环境保护工作实施方案》《如皋市城镇排水与污水处理管理办法》《如皋市 2018 年城区政府投资城建项目编排情况报告》《如皋市主功能区上报省厅棚户区改造项目基本情况》《2018 年如皋市金融工作意见》《2018 年国土资源工作意见》《2017 年度全市行政复议与行政诉讼情况通报》《如皋市创建国家基层标准化改革创新先行区 2018 年行动计划》等多项议题。市领导丁锋、桂万先、陈晓彬、黄文斌、张亚鸾、高峰、程瑞琴、吕兰、万维庆出席会议。

△ 如皋市召开住房和城乡建设工作会议，回顾总结 2017 年工作成绩，部署 2018 年有关工作。市领导陈万圣、黄文斌、冒平、万维庆出席会议。

△ 如皋市新的社会阶层人士联谊会(简称“新联会”)正式成立。市政协副主席郑振明出席成立大会暨第一次会员大会。联谊会共有会员 72 名，江苏如一律师事务所主任徐红兵当选首任会长。

6 日 △ 省委农村工作领导小组副组长胥爱贵一行到如皋，围绕产业发展、规划建设、环境治理等多个方面进行乡镇发展专题调研，实地考察白蒲镇老街、九华镇房地产项目现场、长江镇(如皋港区)郭园社区。市领导丁兴华、张百璘陪同调研。

△ 市委书记陈晓东，市委副书记、市长何益军听取《长青沙·岛屿国家公园计划》编制情况汇报。市领导程瑞琴参加座谈会。

△ 市委书记陈晓东率领相关部门负责人一行，深入万达轴承、荣威娱乐、陆地方舟等企业生产车间和赛麟汽车项目等一线建设工地，调研督查企业节后开工复产、安全工作落实、项目建设进展等情况，鼓励企业开足马力抢生产，奋力夺取一季度“开门红”。市领导马金华、刘向阳参加调研。

△ 如皋市召开2018年第一次亿元以上产业项目审批建设会办会议。市领导何益军、丁锋、桂万先、高峰、程瑞琴、吕兰出席会议，听取各镇(区、街道)负责人汇报3月底前“三证”齐全、一季度拟申报的亿元以上产业项目和二季度拟开工的亿元以上产业项目情况以及需要协调解决的困难和存在问题。会上，相关部门负责人对提出的困难和存在问题进行了现场回应，市发改委有关负责人通报了对各镇(区、街道)一季度拟申报亿元以上产业项目的督查情况。

△ 如皋市庆祝第108个“三八”国际劳动妇女节纪念活动在市民服务中心举行。市领导缪爱诚、张勇、张亚莺、严世斌参加活动。会议对爱润春蕾先进集体、如皋市优秀创业女性等先进典型进行了表彰，市人民法院副院长顾雪红、经济技术开发区妇联主席沙晶晶、如皋出入境检验检疫局吴濛、“最美家庭”吴华家庭分别作了精彩演讲。

△ 全市政法工作会议暨扫黑除恶专项斗争会议召开，市委书记陈晓东出席会议并讲话。市委常委、政法委书记缪小华作工作报告。会议就扫黑除恶专项斗争工作进行了部署，对2017年政法工作中涌现出的先进集体和个人进行了表彰。

△ 全市民政工作会议召开，回顾总结2017年民政工作成绩，科学谋划2018年民政工作重点。市领导邵晓泉、张百璘、杜永红出席会议。

7日

△ 甘肃省白银市委组织部副部长刘正祥率队到如皋考察基层党建标准化建设。市委常委、组织部部长、统战部部长缪爱诚陪同考察。

△ 市政协主席张元健率队专题调研全市电信基础设施建设工作，先后实地查看市110指挥中心、经济技术开发区数字城管平台、如皋电信“互联网+”展示厅，市政协副主席杜永红、郑振明、冒平、严世斌、刘晓洁，秘书长许映亮参加调研。

△ 市人大常委会副主任陈万圣率队督查城管局评议意见整改落实情况，实地走访龙游御境小区、宝塔河工地、蒲行老小区改造及便民疏导点等处，了解生活垃圾分类、工地扬尘治理、老小区改造等情况。

△ 省环保厅公布首批江苏省生态文明建设示范乡镇(街道)、村(社区)名单，如皋市磨头镇、城南街道、磨头镇天阳村、丁堰镇刘海村分别入选。

9日

△ 市委书记陈晓东主持召开市委常委会，传达《中央巡视工作规划(2018~2022年)》内容和全国、全省及南通组织部长会议精神、统战部长会议精神，并就《中共如皋市委常委会2018年工作要点(讨论稿)》《如皋市人大常委会2018年工作要点》《政协如皋市委员会2018年工作要点》《如皋市创建国家基层标准化改革创新先行区2018年行动计划(草案)》《关于以巡察、督查反馈问题为鉴 推动落实全面从严治党“两个责任”的监督意见(讨论稿)》《中共如皋市委关于落实党风廉政建设党委主体责任、纪委监督责任的实施意见(修订)(讨论稿)》等相关议题进行研究讨论。

△ 市委书记陈晓东主持召开党政联席会议，研究讨论《关于2018年加快新型城镇化建设的考核意见(讨论稿)》《关于2018年加快新城建设促进城市转型升级的考核意见(讨论稿)》等议题，通报南通市“四个全面”考核情况。

△ 全市科技重点工作推进会议召开，回顾总结2017年科技工作，明确2018年目标任务，动员全市科技系统强化工作措施，为全市经济社会发展提供坚强有力的科技支撑。会议通报了2017年科技系统取得的荣誉、2017年度镇(区、街道)科技工作考核结果，解读了2018年科技创新考核办法、2018年科技创新激励政策，经济技术开发区、丁堰镇等镇(区、街道)相关负责人围绕2018年科技重点工作交流了工作思路和推进举措。副市长高峰、陈杰参加会议。

△ 市残疾人联合会举行第六次代表大会，总结分析过去五年的工作，明确今后五年工作主要目

标和任务。市委副书记丁兴华,副市长张百璘出席会议。

△《如皋日报》报道,如皋2家企业“南通超达装备股份有限公司”和“南通泰慕士服装有限公司”成为工信部管理体系贯标评定企业。至此,全市共有工信部两化融合管理体系贯标评定企业3家、工信部两化融合管理体系贯标试点企业4家,省级两化融合管理体系贯标试点企业5家。

△ 中国观网策划的“网民首选2017欧洲华人影响力年度人物”榜单出炉,如皋籍旅比爱国侨领,明清外销瓷收藏、鉴赏家吴培,在29位候选人中,以897126票位居第一名,荣获“首届欧洲华人影响力年度人物”称号。

10日

△ 市委书记陈晓东主持召开市城乡规划领导小组会议,听取长江镇(如皋港区)拟出让地块、2017年至2018年中心城区拟出让地块、宏坝河整治实施方案等重点规划方案汇报,并对各项规划提出具体要求。市领导何益军、丁锋、史有根、黄文斌、万维庆参加会议。

△ 全市司法行政暨大调解工作会议召开,总结2017年成绩,分析形势,明确目标,部署2018年工作。市领导缪小华、桂万先出席会议。

12日

△ 市第十七届人大常委会第九次会议召开。会议听取和审议通过《如皋市人大常委会2018年工作要点(草案)》,表决通过市人大常委会主任会议和市人民政府提请的人事任免事项,通过市人民法院提请的人事免职事项,为新任命人员颁发任命书,并举行了宪法宣誓。

△ 第40个全民义务植树节到来之际,市四套班子领导陈晓东、何益军、吴道健、张元健、丁兴华等到如皋工业园区(如城街道)新民社区如泰运河河堤旁参加义务植树活动,为雉水大地增添新绿。

△ 团市委、市住建局在市龙游河、宝塔河生态修复工程段联合开展“保护母亲河行动月暨龙游河、宝塔河生态修复”主题植树活动,来自各行各业的青年志愿者代表和自发报名的20组爱心家庭代表共计百余人参与活动。副市长黄文斌出席活动启动仪式。

△ 如皋市召开2018年交通运输工作会议,回顾总结2017年交通运输工作,对先进集体和个人进行表彰,全面部署2018交通运输各项工作。市领导黄文斌、冒平、万维庆出席会议。

△ 如皋市召开2018年城市工作会议,动员全市上下进一步精准城市发展方向,突出城市建设重点,稳步推进城市转型,努力让城市运行更加有序、环境更显生态、发展更具期待、人民更有获得感。市领导陈晓东、何益军、陈万圣、黄文斌、冒平、万维庆出席会议。

13日

△ 根据省委关于巡视工作的统一部署,省委第五巡视组巡视如皋市工作动员会召开。会前,省委第五巡视组组长练如俊主持召开与如皋市委书记陈晓东和市委副书记、市长何益军的见面沟通会。会上,练如俊就巡视工作讲话,省委巡视办副主任祁新就配合做好本轮巡视工作提出要求,南通市委书记、市人大常委会主任陆志鹏就如皋市委接受巡视监督、配合和支持巡视工作提出要求。陈晓东主持会议并作表态发言。此次省委巡视组在如皋市工作2个月(2018年3月13日~5月12日),根据省委要求和巡视工作职责,主要受理反映如皋市领导班子及其成员、下一级党组织领导班子主要负责人和重要岗位领导干部问题的来信来电来访,重点是关于违反政治纪律、组织纪律、廉洁纪律、群众纪律、工作纪律和生活纪律等方面的举报和反映。

14日

△ 新疆维吾尔自治区人大常委会副秘书长、“访惠聚”办指导组组长亢平率领新疆乡村振兴和脱贫攻坚研修班一行到如皋,考察美丽乡村建设和老城镇转型发展情况,先后参观顾庄生态园、中国如皋国际园艺城、东大街历史保护街区等处。市领导张百璘、万维庆陪同考察。

△ 省商务厅副厅长姜昕率队到如皋，就服务外包工作进行调研，实地参观青软实训、凌志软件、顺丰速运、小咖秀科技等处。市委副书记、市长何益军，市委常委、宣传部部长茅红宇，副市长吕兰陪同调研。

△ 省编办副主任钱亚东率队到如皋，就基层治理体系建设工作进行调研，实地参观如皋工业园区（如城街道）新民社区、顾庄生态园、市场监管局等处。市领导刘向阳、丁锋、桂万先陪同调研。

15日

16日

△ 河南省南阳市淅川县委书记卢捍卫率领代表团一行到如皋考察，先后考察市城市规划展示馆、中国·如皋国际园艺城、顾庄生态园、龙游河生态公园等处。市领导吴道健、黄文斌陪同考察。

△ 市政协副主席、市工商联主席杜永红率领市工商联班子成员一行，到苏州市如皋商会考察调研，先后参观福运集团和苏州钱付通支付公司、苏州市苏润机械科技有限公司等企业，并参加苏州如皋商会二届五次会员大会暨2017年总结表彰大会，为2017年商会优秀会员、回馈家乡杰出贡献奖、创新建议杰出贡献奖、支持商会杰出贡献奖获得者颁奖。

19日

△ 南通支云足球俱乐部举办2018赛季出征誓师大会，全力向“三年冲甲”目标迈进。南通市委常委、宣传部部长刘浩，南通市政府党组成员朱晋，如皋市政协副主席刘晓洁出席活动。

20日

△ 全省深化农村精神文明建设工作推进会在如皋召开，与会人员参观长江镇中心沙社区、江安镇周庄社区、搬经镇综合文化服务中心、如城街道顾庄社区、中国·如皋国际园艺城、吴窑镇立新社区等处。会议为如皋市城北街道平园池村等30家当选第四届“江苏最美乡村”单位授牌。省委常委、宣传部部长、省文明委主任王燕文，南通市委书记、市人大常委会主任陆志鹏，省委副秘书长水家跃，省政府副秘书长王思源，省委宣传部副部长、省文明办主任杨志纯，南通市委常委、宣传部部长、市文明委主任刘浩，如皋市领导陈晓东、丁兴华、茅红宇出席会议。

△ 南通市委统战部副部长胡凡率队到如皋，就党外代表人士、党外干部及新的社会阶层人士统战工作进行专题调研，实地考察如皋市新媒体代表人士工作室、律师行业统战工作联系点、同心志愿者服务站等统战工作联系点，并举行座谈会，听取相关工作汇报。市委常委、组织部部长、统战部部长缪爱诚陪同调研。

△ 如皋市召开政务服务工作会议，回顾总结成绩和经验，表彰各类先进典型，动员全市上下认真贯彻落实国家、省、市“放管服”改革各项要求，全力推进相对集中行政许可权改革、“3550”和“不见面审批”改革，努力打造一流政务服务环境。市委常委、常务副市长丁锋出席会议。

△ 全市春季造林绿化现场推进会召开，部署2018年造林绿化工作各项措施，动员全市上下抢抓春季植树造林黄金时机。与会人员实地参观经济技术开发区造林绿化现场。副市长张百璘参加会议。

21日

△ 省档案局局长陈向阳一行到如皋调研档案工作开展情况，实地调研江苏电影档案展示馆和市档案局（馆），并听取近几年来全市经济社会发展情况、档案事业取得的成果及下一阶段全市档案工作努力方向和工作思路汇报。市委常委、宣传部部长茅红宇，副市长张亚鸾陪同调研。

△ 全市一批重点项目集中开工，涉及仓储物流、纺织服装、家具制造、汽车零部件、环保材料等领

域，包括南通荣威娱乐用品有限公司仓储配送中心项目、江苏国泰(集团)如皋服装有限公司年检测300万件服装项目、南通科勉家居有限公司实木复合地板及整木家具加工项目、江苏狄龙紧固件制造有限公司高端紧固件生产项目等。市领导陈晓东、吴道健、张元健、丁锋等参加开工仪式。

△ 如泰运河如皋段综合整治第四次现场推进会在如皋工业园区(如城街道)召开，与会人员实地参观新民大桥如泰运河整治现场、城东社区非法开采地下水及雨污分流整治现场、贺洋社区村级河长办公室设置现场等处。会上，市河长办、如泰运河如皋段综合整治指挥部负责人对整治工作进行点评，并对下一阶段工作进行了部署，如皋工业园区(如城街道)、下原镇派出所相关负责人进行了工作交流。市领导丁兴华、张百璘参加活动。

22日 △ 香港新华集团大湾区建设投资有限公司副总裁张学青、天津天物燃料公司总经理姜金锁一行到如皋考察，并与长江镇(如皋港区)、高新区(城南街道)、如皋工业园区(如城街道)相关负责人座谈，了解各区发展情况和未来发展方向。市领导何益军、刘向阳、茅红宇、程瑞琴参加相关活动。

△ 市委书记陈晓东召集财政、交通、水务、农委等部门，召开通扬运河如皋段整治现场推进会，乘船实地巡查通扬运河白蒲段、丁堰段污染性企业整治、排污口整治、畜禽养殖整治、沉船打捞、僵尸船清理、岸坡修复等情况，要求带着感情做好水环境整治工作，努力再现记忆中芦苇成片、野鸭成群的沿河风光，让河流充满生命力。副市长张百璘参加活动。

△ 市委书记陈晓东在市信访接待中心接待约访群众，就群众反映的养老保险补交等问题与相关部门负责人现场探讨解决办法，并专题听取信访维稳工作开展情况汇报。市领导缪小华、陈晓彬参加活动。

△ 市水务局在旅游风景区水绘园举办2018年“世界水日”“中国水周”宣传咨询活动，以“实施国家节水行动，建设节水型社会”为主题，引导大众培养节水、爱水、科学用水习惯。副市长张百璘出席宣传活动。

23日 △ 雅居乐绿色装配式建筑产业项目举行签约仪式，正式落户长江镇(如皋港区)。雅居乐建设集团总裁陈璐琳，市领导何益军、程瑞琴、吕兰参加活动。

△ 市领导黄文斌、万维庆率领市住建局、河长办等相关部门负责人一行，开展中心城区河道巡查工作，先后巡查中央商务区居住河、大司马河、皋南河、幸福河、宏坝河等河道，查看河道沿线绿化、污染治理情况，了解河道整治工作进度，并对当前存在问题提出整改要求。

24日 △ 九华镇在上海环球港凯悦酒店举办“2018年九华镇(上海)投资环境说明会”，加快与上海企业、科研院所、产业园区等对接步伐。经过与上海地区的互动、考察和洽谈，活动达成部分合作项目，形成签约项目10个，九华镇人民政府与上海海洋国家大学科技园签署共建高端人才九华科创基地协议。副市长程瑞琴出席活动。

26日 △ 市委书记陈晓东召集有关部门负责人，听取全市污染防治攻坚工作推进情况汇报。市领导丁锋、黄文斌参加活动。

△ 市委副书记、市长何益军专题调研信访工作，听取工作情况汇报，并就具体信访问题召集有关部门负责人进行会办。市领导缪小华、刘向阳、桂万先、陈晓彬、张亚鸾参加活动。

△ 森松(江苏)重工有限公司新能源和日化方面的产品与模块项目正式开工。市领导陈晓东、程瑞琴，日本森松株式会社会长松久信夫等出席开工仪式。新开工项目主要致力于生产新能源锂电池领域的电解液模块、电解质制备及制浆模块，日化领域的化妆品、个人护理产品、制药方面的设备和模

块，建成后企业年产值将增加3亿元，年纳税增加2000万元，新增就业岗位300个，为长江镇（如皋港区）经济发展增添强劲动力。

△ 如皋市在全国县级标准化体制改革中勇于创新突破，建立全国唯一实体化运作的标准化委员会办公室，统筹协调推进全市标准化工作，以全面标准化引领和推动高质量发展，全面提升区域竞争力，探索形成全国县域标准化改革创新“如皋模式”。

△ 如皋市举行一季度重大项目推进会，分析当前重大项目推进情况、存在问题，研究部署下一阶段工作。市领导何益军、桂万先、高峰出席会议。

△ 如皋口岸暨国际航行船舶进出口岸监管工作会议召开。市委常委、宣传部部长茅红宇，副市长程瑞琴出席会议。2017年，如皋海事局服务5.65万艘次船舶安全进出港，累计接靠国际航行船舶1000艘次，办理国际航行船舶进出口岸查验509艘次。如皋海关监管进出境货物490.69万吨，货值30.56亿美元；监管进出口集装箱12336标箱，增长29.1%。如皋出入境检验检疫局受理出入境货物报检及原产地证签发共计14014批，同比增长59.8%，货值19.1亿美元，同比增长70.5%。如皋边防检查站共检查入境（港）船舶961艘次，出入境（港）人员18949人次，办理各类证件5021份。

27日

△ 南通市中级人民法院院长曹忠明率队到如皋调研法院工作，实地考察下原镇花园头社区的“无讼社区”工作，并重点就环境资源审判庭相关准备工作举行座谈会听取意见。市领导陈晓东、何益军、桂万先陪同调研。

28日

△ 省农业发展银行行长徐浩率队到如皋开展专题调研，寻找金融支撑与如皋农业开发、乡村振兴的对接点，努力实现共赢发展。市委副书记、市长何益军，市委常委、常务副市长丁锋陪同调研，并分别介绍全市经济社会发展情况和全市农村公路提档升级、棚户区改造、综合水资源整治等13个项目概况。

△ 如皋市召开组织工作会议，回顾总结过去一年组织工作取得的成绩，表彰2017年度组织系统先进集体和个人。市委常委、组织部部长、统战部部长缪爱诚出席会议并讲话。

△ 如皋市召开农经工作会议召开，全面总结2017年农经工作，表彰相关先进集体和个人，部署2018年全市农经工作。副市长张百璘出席会议。

△ 如皋市举行畜禽养殖污染整改提升推进电视电话会议，检阅总结前一阶段工作，梳理分析存在问题，对下一阶段工作进行动员部署。会上，各镇（区、街道）相关负责人递交责任状。市领导何益军、邵晓泉、黄文斌、张百璘出席会议。

△ 白蒲镇在上海举行投资环境说明会，向上海及周边的客商推介白蒲镇投资环境、发展前景，促进交流与合作，会上播放了白蒲城镇形象宣传片《蒲涛涌金》，3个项目集中签约。市政协主席张元健参加活动。

28~29日

△ 如皋市召开村庄污水处理设施建设运营现场推进会，部署2018年相关工作，与会人员集中参观苏州市吴江区叶家港村、群幸村，上海市崇明区花漂村，如皋市东陈镇杭桥村有关村庄污水处理设施。市领导黄文斌、万维庆参加活动。

29日

△ 市委书记陈晓东率队走访慰问结对帮扶的经济技术开发区平园池村困难家庭，送去慰问金，并鼓励他们坚定信心，相信高水平全面小康路上党和政府不会让一户困难家庭掉队。

△ 市政协举行十四届七次常委会，邀请市委常委、宣传部部长茅红宇上专题党课，并协商通过《如皋市政协委员履职积分制管理考评办法》和市政协相关委员会副主任人选，通报相关委员组组长、

副组长调整情况，调整增补部分政协委员。

30日 △ 南通市副市长赵闻斌一行视察如皋市污水处理厂运行情况，实地查看如皋市泰尔特染整有限公司、丁堰镇污水处理厂、同源污水处理厂和恒发污水处理有限公司实施的改造工程等处，现场听取污水处理厂项目相关情况汇报。市领导丁兴华、张百璘陪同视察。

△ 市委书记陈晓东率领相关部门负责人调研如皋工业园区（如城街道）重点工作推进情况，先后走访南通科世达新材料有限公司、江苏海直格家具有限公司、江苏巨业杭萧建筑新材料有限公司、江苏元升太阳能集团有限公司等项目，参观新民社区文体中心、公共服务中心，走访慰问十里社区贫困群众。市委常委、如皋工业园区党工委书记、如皋市长寿旅游度假区党工委书记刘向阳参加活动。

△ 如皋市召开宣传思想文化工作会议，总结2017年工作情况，表彰爱心团队、爱心大使、中心组先进集体、优秀宣传干部，并对2018年工作进行部署。市委常委、宣传部部长茅红宇出席会议。

△ 如皋市举行农村精神文明建设工作推进会，推广先进村（社区）经验做法，以农村精神文明建设的新成效助推乡村全面振兴。与会人员实地参观长江镇（如皋港区）中心沙社区、江安镇周庄社区、如皋工业园区（如城街道）顾庄社区等村（社区）的农村精神文明建设工作亮点。市委常委、宣传部部长茅红宇出席会议。

△ 如皋·下原（昆山）投资环境说明会在昆山市兰博基尼会议中心举办，40多名昆山及周边地区企业家代表和各界人士与会，2个项目签约。市政协副主席郑振明出席会议。

31日 △ 市委书记陈晓东主持召开市委常委会，解读2018年南通市产业项目建设综合考评办法，通报2017年度落实党风廉政建设责任制检查考核情况，讨论信访维稳、矛盾化解、《2018年如皋市落实党风廉政建设责任制任务分解及督查考核办法（讨论稿）》《中共如皋市委关于贯彻落实〈中央八项规定实施细则〉〈省委具体办法〉〈南通市委实施办法〉的实施办法（讨论稿）》等有关议题。

△ 以“智能引领 创新发展”为主题的2018中国·如皋人工智能产业发展研讨会在锦都金鼎大酒店举办。会上，中国信息产业商会服务外包分会如皋分中心（理事单位）正式成立，人工智能人才培训中心、客服机器人、消费类智能产品等9个项目集中签约。研讨会由中国电子信息产业发展研究院、工业和信息化部软件与集成电路促进中心、中国人工智能学会主办，如皋高新技术产业开发区、北京赛普信科技术有限公司、中凯创展科技股份发展有限公司承办，聚焦人工智能价值、发展、创新、变革等话题，探讨人工智能时代的发展新模式。中国工程院院士顾国彪、中国电子信息产业发展研究院党委书记宋显珠、工业与信息化部信息化和软件服务司软件产业处处长商超、中国人工智能学会常务理事长韩力群、上海浦东软件园股份有限公司董事长何在明、中国服务贸易协会会长仲泽宇、上海浦东软件园股份有限公司副总经理杨建生等嘉宾，市领导陈晓东、茅红宇、桂万先、钱志刚、高峰等出席活动。

2018 年 4 月

1 日

△ 截至 4 月 1 日，通扬运河如皋段清除无主沉船工作顺利结束，清除无主沉船 46 艘。据统计，全市 13 条主要通航河道无主沉船调查摸底、登记造册后，首期如泰运河如皋段清除无主沉船 53 艘，其他各河道无主沉船清除工程稍后陆续展开。

2 日

△ 南通市政府在如皋召开如泰运河整治指挥部第六次推进会，听取与会专家阐述如泰运河“一河一策”行动计划。南通市副市长赵闻斌、如皋市委副书记丁兴华出席会议。

△ 2018 年度市级机关党建工作会议召开，总结 2017 年工作成绩，部署安排 2018 年工作，表彰 2017 年度先进基层党组织及市级机关优秀共产党员、优秀党务工作者。市委常委、组织部部长、统战部部长缪爱诚出席会议。

2~3 日

△ 市第十七届人大常委会第十次会议召开，听取和审议市政府关于 2017 年度全市环境保护的专项工作报告，市政府关于市人大常委会对科技创新、医疗卫生服务体系建设、水系畅通工程建设、农林水利综合执法工作报告审议意见落实情况的报告，市政府关于《宗教事务条例》执法检查报告落实情况的报告，市人民法院、城管局、市场监管局、农委、江苏有线如皋分公司关于市人大代表评议意见整改落实情况的报告，审议通过《如皋市人大常委会人大代表履职评价暂行办法(草案)》。

3 日

△ 上海市政协提案组相关领导一行到如皋考察，参观如皋城市建设和旅游、花木盆景园艺、新能源汽车和汽车零部件等经济社会发展特色板块和亮点产业，并就加快如皋旅游业发展和特色产品、有机绿色农产品进入上海市场等合作事宜提出指导性建议。市政协副主席刘晓洁陪同考察。

△ 省依法治省领导小组办公室专职副主任沈国新一行到如皋，调研政法机关服务保障高质量发展工作情况，实地调研市公安局交通事故快速处理中心、市人民检察院检察为民服务中心、市综治中心等处，并听取相关情况汇报。市委常委、政法委书记缪小华陪同调研。

△ 2018 年度全市基层人大工作会议举行，传达南通市人大工作座谈会精神，表彰 2017 年度人大代表小组优秀调研成果。市人大常委会主任吴道健，副主任陈万圣、邵晓泉、张勇、钱志刚出席会议。

△ 市委副书记、市长何益军主持召开十七届市政府第十六次常务会议，专题学习《中华人民共和国文物保护法》，讨论《如皋市海绵城市专项规划》《如皋市省级海绵城市试点区域规划建设管理办法》《2018 年推进依法行政建设法治政府工作要点》《关于组织开展农村土地流转履约保证保险试点工作的意见》等多项议题。

△ 市委副书记、市长何益军率队开展“河长制”调研及巡江工作，实地查看吴窑镇三元村畜禽养殖污染整改现场，并召开座谈会，听取市水务局、环保局、农委、港口局、发改委和石庄镇、长江镇关负责人汇报“河长制”工作、长江(如皋段)河段长履职情况及下一步工作思路。

△ 全市食品安全暨创建食品安全示范城市工作会议召开，各镇(区、街道)递交责任状，白蒲镇、农委等相关镇(区、街道)、部门交流发言。副市长高峰出席会议。

△ 南通中燃船舶燃料有限公司与如皋港保税物流中心签署合作协议，共同打造落户于如皋港保税物流中心的船用润滑油项目，目标建成全国最大的船用润滑油集散中心。市领导何益军、程瑞琴以

及如皋海关、商务局(口岸办)负责人出席签约仪式。

△ 副市长高峰率队赴长江镇对江苏宝众宝达药业有限公司、南通百川新材料有限公司、江苏宏梓新能源科技有限公司3家企业夜间安全生产情况开展突击检查。

4日

△ 2018年全市老干部工作会议召开,市委常委、组织部部长、统战部部长缪爱诚出席会议,并为"中共如皋市委离退休干部工作委员会"揭牌。

5日

△ 清明小长假出行高峰,市汽车客运站共计发送旅客3.2万余人次,其中,小长假最后一天单日发送旅客1.5万人次,为客流最高峰,旅客主要为短途客流,流向集中在上海、苏州、无锡等探亲流。

7日

△ 2018中国·如皋长寿之道健康马拉松在磨头镇举行,世界冠军孙英杰领跑。按照半程马拉松、5公里健康跑两个类别,来自全国各地的近3000名选手从华夏花卉出发,沿"寿"字形赛道行进,最终,选手吴向东、许月娥分别以1小时11分02秒、1小时32分10秒的成绩夺得半程马拉松赛男、女子组冠军。市领导吴道健、茅红宇、钱志刚、陈晓彬、张亚鸾参加相关活动。

9日

△ 南通市如海运河综合整治推进会在如皋召开。南通市副市长徐新民,如皋市政协副主席郑振明参加活动,先后实地巡查吴窑镇、磨头镇境内如海运河整治情况,对如海运河水质、水环境综合整治等情况进行详细了解,并听取南通市农委、环保局、水利局以及如皋、海安等相关单位就如海运河整治工作进行的相关汇报。

△ 全市深化"走帮服"活动部署会暨第四期"村(社区)书记大讲坛"在市行政中心礼堂召开,表彰2017年"走帮服"工作中涌现出的先进集体和先进个人,全面推进"大走访、大调研、大落实",推动"走帮服"活动系统化、制度化、常态化。大会由市委副书记丁兴华主持,市委书记陈晓东讲话,先进单位代表市财政局、东陈镇相关负责人进行了交流发言,7名市"双强"型村(社区)党组织书记代表围绕"污染防治攻坚"主题进行了发言。

10日

△ 市政协召开《如皋市政协志》编纂工作启动会议,对编修人员初步分工进行部署,就编纂工作提出要求,力争全面翔实记载1956年3月份如皋市政协成立以来至2018年10月底62年间的政协工作。市政协主席张元健,副主席严世斌、刘晓洁,秘书长许映亮,历任主席石秀峰、魏国平、刘桂江、浦文海、李中林出席会议。

△ 《如皋日报》报道,如皋市召开统战工作会议,研究新形势,落实新任务,安排部署2018年全市统一战线工作。市委常委、组织部部长、统战部部长缪爱诚出席会议并讲话。

11日

△ 第十七届市政府第三次全体(扩大)会议暨廉政工作会议召开,研究部署当前经济社会发展重点任务和政府系统廉政建设工作。会议由市委副书记、市长何益军主持,市人大常委会副主任张勇、市政协副主席冒平应邀参加会议,市委常委、常务副市长丁锋部署财经、国土等条线工作,发改委、环保局、农委、磨头镇、民政局等部门及镇(区、街道)负责人交流发言。

△ 市委常委、组织部部长、统战部部长缪爱诚率领教育、消防、高新区(城南街道)等单位相关负责人一行,赴北外附属龙游湖外国语学校,就工程建设、学校筹建等工作开展专题调研,确保9月份如期开学,先后实地查看各单体建筑工程推进情况,听取投资方、基建方、装修方、管理方工作汇报,并就

学校筹建工作中的相关问题进行现场研讨。学校位于龙游湖畔，是一所集幼儿园、小学、中学、国际高中等学段的十五年一贯制的寄宿制学校，是北京外国语大学在江苏正式举办的第二所附属外国语学校，作为市委、市政府重点推进项目，经一年多建设，基建已基本结束，幼儿园正式投入使用，小学和中学教学楼、宿舍楼、食堂、体育馆等项目装修进入扫尾阶段。

△ 如皋市举行2018年度民兵应急连点验大会，宣读民兵应急一连干部任职命令、民兵活动制度，并进行民兵人员呼点、民兵宣誓等活动，来自全市各条战线的基层骨干民兵统一着装，以实战姿态接受了点验。市委常委、人武部部长祝国庆，副市长张百璘出席大会。

12日

△ 南通市委书记陆志鹏一行到如皋，深入沿江岸线、社区、园区、企业、田头进行调研，先后实地查看沿江非法码头、船厂、沙石场拆除和岸线生态修复工作情况，走访长江镇中心沙社区，实地调研海泰科特精密材料有限公司、如皋软件园和经济技术开发区平园池村高标准农田建设、龙游河二期和宝塔河整治及生态修复项目、龙游湖商务区建设等处。南通市委常委、秘书长沈雷，如皋市委书记陈晓东，市委副书记丁兴华，市委常委、经济技术开发区党工委副书记马金华参加调研活动。

13日

△ 全省春季蚕豆、蔬菜新技术现场观摩会在如皋召开。来自全省各地农技推广部门负责人、种植大户代表80余人参加活动，参观如皋市磨头镇金旺家庭农场、吴窑镇鑫磊家庭农场，并在沿江地区农科所会议室进行了技术培训与研讨交流。

△ 交通运输部公示靠港船舶使用岸电2016~2018年度奖励资金申请项目(第二批及第三批)，江苏长源钢铁物流投资有限公司南通港如皋港区长源通用码头岸电项目名列其中，补助额202万元。该项目2017年10月25日开工建设，12月3日竣工，共建成2套岸电系统，覆盖2个泊位，适用散货船(灵便型及大灵便型)及集装箱船(2000标箱及以下船型)。

14日

△ 市委书记陈晓东主持召开全域旅游专题讲座暨市委中心组(扩大)学习会，邀请中国旅游智库秘书长，南开大学教授、博士生导师，现代旅游业发展协同创新中心主任石培华作全域旅游专题讲座。

△ 市科协第九次代表大会召开，审议通过市科协第八届委员会工作报告和《如皋市科协实施〈中国科协章程〉细则》，选举产生市科协第九届委员会和新的领导班子。南通市科协党组书记、主席陆军，如皋市领导陈晓东、缪爱诚、钱志刚、高峰、陈杰、郑振明出席会议。

14~15日

△ 十二届全国政协委员、民族和宗教委员会副主任、国务院参事、国家发展和改革委员会原副主任杜鹰率中国经济社会理事会调研组一行，到如皋调研"促进农村一、二、三产业融合发展"情况，实地走访全市最大的花木盆景交易市场——中国·如皋国际园艺城、顾庄生态园，并召开座谈会，听取如皋推进农村一、二、三产业融合发展情况汇报。南通市领导黄巍东、赵闻斌、金元，如皋市领导何益军、张元健、丁兴华、张百璘陪同调研。

△ 农产品沪皋流通销售商会组织上海永昌集团部分退休职工及多位上海市民一行20多人到如皋体验"长寿养生之旅"。

16日

△ 如皋市举行全民阅读领导小组会议，研究部署2018年推进书香城市建设的各项工作。会议公布了2018年书香城市建设要点、百项行动计划，讨论了即将举行的李渔读书节活动相关工作。市委常委、宣传部部长茅红宇出席会议。市机关工委、民政局、教育局等成员单位相关负责人现场交流发言。

19日

△ 省对外科学技术促进会服务如皋产业园区项目签约及揭牌仪式在如皋举行，省对外科学技术促进会先后与如皋经济技术开发区、如皋现代物流园区、百应能源进行签约，两个创新创业服务示范基地揭牌。省对外科学技术促进会会长、东南大学原副校长、能源与环境学院教授沈炯，常务副会长、省科协原党组成员、副主席阮仁良，监事会主席、南京邮电大学原副校长张顺颐，如皋市领导何益军、高峰、陈杰出席相关活动。

△ 一季度市政府为民办实事和重要民生项目督查推进会召开，全面梳理 2018 年以来市政府为民办实事和重要民生项目推进情况，深入查找问题、严格落实责任、细化推进举措，全力以赴推动项目加快实施。市领导何益军、丁锋、桂万先、张勇、陈晓彬、张亚鸾、张百璘、冒平、万维庆出席会议。

△ 如皋市举行城乡规划和房地产管理工作会议，回顾总结 2017 年工作，部署 2018 年工作。会议听取相关单位有关城市综合交通规划、新城规划、城市疏堵规划、镇区规划等方面的汇报，全力规划建设上海大都市北翼宜居宜业门户城市，为建设新时代“强富美高”魅力如皋奠定坚实支撑。市领导何益军、陈晓彬 、黄文斌、冒平出席会议。

△ 市政协举行农村规划建设管理工作座谈会，听取 14 个镇(区、街道)相关负责人汇报农村规划建设管理工作以及相关意见建议。市领导张元健、黄文斌、冒平、万维庆出席会议。

20日

△ 市委副书记、市长何益军主持召开十七届市政府第 十七次常务会议，传达《中共如皋市委关于贯彻落实〈中央八项规定细则〉〈省委具体办法〉和〈南通市委实施办法〉的实施办法》，讨论《如皋市—洋县对口协作 2018 年度工作计划》《关于深入推进村(社区)法律顾问工作的意见》《如皋市新型工业化考核办法》《如皋市科技人才工作考核办法》《关于推进招才引智的实施意见(试行)》等议题。

△ 2018 年省老年人体育节如皋分会场启动仪式暨“养乃世家杯”健身展示活动在安定广场举行。副市长张亚鸾出席启动仪式，千余名老年健身爱好者参加活动。

△ 全市一季度规模农业项目推进会召开，总结前一阶段工作取得的成绩和不足，交流、部署后三季度规模项目农业推进工作与会人员集中参观磨头镇、如皋工业园区(如城街道)等项目现场，4 个镇(区、街道)相关负责人作了交流发言。市领导丁兴华、邵晓泉出席会议。全市一季度共有新建或续建规模农业开工项目 43 个，计划总投资 53.63 亿元，项目发展成效初步显现。

△ 因出入境检验检疫管理职责和队伍划入海关总署，如皋口岸通关迎来新变化，原如皋出入境检验检疫局以如皋海关名义对外开展工作。

21日

△ 市委书记陈晓东主持召开市委常委会，传达中共十九届二中全会、三中全会和全国“两会”精神，讨论《关于授予如皋市人民奖章荣誉称号实施方案的请示》《关于进一步深化城市执法体制改革，改进城市管理工作的实施方案》《“解放思想、追赶超越，推动高质量发展”大讨论活动推进方案》等议题。

△ 市委书记陈晓东主持召开党政联席会议，讨论 2018 年各镇、主功能区“四个全面”综合考核办法及市级机关目标责任制绩效考核意见、《“四个全面”抓落实“追赶超越”争标兵发展指标月度评估办法》《2018 年加快推进现代农业发展的激励办法》《关于开展 2018 年突出环境问题整治工作的通知》等议题。

△ 全市一季度重点工作点评会召开，全面分析总结一季度各项重点工作推进情况和存在问题，通报产业项目建设考核结果、重点单项工作考核结果，并为先进集体颁奖授旗。市四套班子领导陈晓东、何益军、吴道健、丁兴华等出席会议。

22日 △ 市委常委、市纪委书记、监委主任史有根到下原镇、吴窑镇，督查一季度阳光扶贫、廉政风险排查、信访问题化解、遵守纪律教育等党风廉政建设重点工作开展情况，听取相关镇工作情况汇报，深入村(社区)查看阳光扶贫系统、查阅纪律教育资料。

23日 △ 创建“国家全域旅游示范区”第一季度点评会召开，通报各镇(区、街道)一季度考核情况，与会单位负责人分别汇报一季度工作完成情况和下一步工作打算，市国土局、统计局作相关政策解读。市领导刘向阳、程瑞琴出席会议。

△ 以“阅读让生活更美好”为主题的“4·23”全民阅读日暨第五届李渔读书节正式启动。活动集中表彰了近年来全民阅读活动中涌现出的先进集体、先进个人、优秀阅读品牌和书香家庭，公布了2018年促进全民阅读的新举措。市领导茅红宇、钱志刚、张亚鸾、刘晓洁出席活动。

24日 △ 南通市民政局局长王国平一行到如皋调研民政工作，走访丁堰镇红桥村居家养老服务站、如皋市居家智慧养老服务中心、如城孔庙社区居家养老服务站，全面了解居家养老服务站社会化运营情况。

△ 如皋市举行新生代青年企业家座谈会，听取部分杰出(优秀)青年企业家候选人及青年企业家代表结合自身经历讲述创新创业故事，提出有针对性的建议意见，进一步打造优秀企业家后备梯队。副市长高峰出席会议。

△ 市人民医院与上海市第一人民医院举行“上海市第一人民医院医疗集团协作医院暨上海—如皋远程医疗平台”揭牌仪式，双方就医院概况、合作后工作交流及开展情况进行交流，并签订合作协议，来自上海市第一人民医院泌尿外科、骨科、妇产科、儿科等专业领域的13位专家为患者提供了义诊服务。副市长张亚鸾参加活动。

△ 市农委举行“不忘初心 振兴乡村”主题实践活动启动仪式，通过“送政策”“送服务”“送农资”“送技术”“送党课”“送项目”切实践行为农服务宗旨。副市长张百璘出席活动。

25日 △ 中国农业发展银行副行长、党委委员殷久勇率队到如皋调研，观看城市宣传片，详细了解城市建设、产业发展等工作开展情况，实地考察中国·如皋国际园艺城、顾庄生态园等处。市领导陈晓东、丁锋陪同调研。

△ 如皋市举行镇级人大预决算审查监督培训班，进一步规范全市镇级人大预算审查监督工作，加强镇级人大审查监督干部队伍建设，提升审查监督能力和水平，促进依法理财、规范理财。市人大常务会副主任张勇出席活动。

△ 如皋市组织召开专业对接调解工作会议，传达学习全市社会矛盾多元化解工作要点，部署今后一段时期全市专业对接机制建设工作。与会人员参观市劳动争议纠纷调解中心、市公安局交通事故赔偿纠纷调处中心，听取市人民法院、市人民检察院、住建局、城管局、民政局、公安局、环保局等单位有关负责人交流发言。市委常委、副市长桂万先出席会议并讲话。

△ 如皋市蔬菜产业新型农业经营主体联盟正式成立，为全市农业经营主体提供技术与服务保障。副市长张百璘出席活动，并向提名联盟理事长授予“联盟”铜牌。2017年，全市蔬菜总播种面积52.5万亩，总产量118.5万吨，总产值17.1亿元。全市已建成百亩以上规模果蔬园区89个、面积24800多亩，建设省级“菜篮子”工程万亩蔬菜基地2个、省级蔬菜标准园5个。

26日 △ 世界知识产权日之际，如皋市知识产权保护联盟正式成立，成为南通成立的首家知识产权保护联盟。市领导桂万先、高峰出席成立仪式。联盟以自愿、平等、合作为基础，是政企联动、跨行业、开放、非营利性的知识产权保护组织，发起单位23家，其中司法机关2

家、行政机关9家、企业10家、法律服务机构2家。

△ 如皋市召开防范处理邪教工作会议，传达全国、全省和南通市有关会议精神，总结2017年工作经验，分析当前形势并部署2018年全市反邪教工作。市委常委、政法委书记、市委防范和处理邪教问题领导小组组长缪小华出席会议并讲话。

△ 如皋市举行第二期“同心大讲堂”，邀请解放军国防科大国际关系学院教授成汉平作题为“中国崛起的周边环境与我外交政策——解读十九大报告中的对外关系”专题讲座，深入学习贯彻习近平新时代中国特色社会主义思想和党的十九大精神，加强对全市统一战线成员的教育引导。市委常委、组织部部长、统战部部长缪爱诚，市政协副主席郑振明出席活动。

27日

△ 南通市委书记陆志鹏一行赴长青沙调研，走访如皋长江药用植物园、金岛生态园等地，详细了解项目情况，实地查看生态资源保护、旅游设施安全状况，听取长青沙地区旅游规划汇报。南通市领导张兆江、沈雷、朱晋，如皋市领导陈晓东、刘向阳、程瑞琴参加调研活动。

△ 如皋市在上海万豪酒店举办2018年如皋(上海)现代农业发展合作恳谈会，加快实施乡村振兴战略，促进如皋现代农业全面融入上海。会上，市农业委员会负责人介绍如皋现代农业发展情况，并就如皋盆景技艺与传承、花海主题农园等12个项目进行了重点推介，12个项目集中签约，市领导丁兴华、邵晓泉、张百璘出席会议。

28日

△ 如皋市召开庆祝“五一”国际劳动节表彰大会，表彰全市各条战线上的先进集体和先进个人，授予10家单位“五一劳动奖状”、49名同志“五一劳动奖章”、46个车间(班组、科室)“五一先锋号”荣誉。

2018 年 5 月

2 日

△ 如皋市召开项目招引与建设工作推进会议,听取各镇(区、街道)负责人汇报二季度能够签约项目、目标开工项目情况和目前在手在谈项目情况,并由有关部门负责人对项目建设需要协调的相关问题进行现场解答。市领导陈晓东、何益军、丁兴华、马金华、刘向阳、丁锋、茅红宇、高峰、程瑞琴、陈杰出席会议。

3 日

△ 如皋市纪念五四运动 99 周年暨首届"如皋市杰出(优秀)青年企业家"表彰大会召开。市委书记陈晓东出席大会,并为获得表彰的青年企业家颁奖。在随后举行的"创业铸就青商未来,创新展现如皋魅力"企业家事迹分享会上,4 位青年企业家作了事迹介绍。

4 日

△ 南通人大代表第一、二小组视察如皋交通建设工作，实地参观沪通铁路长江大桥、沿江公路快速化改造工程、长泰路西延工程、通皋快速大道、如皋至如皋港快速工程等建设现场。市领导吴道健、张勇参加相关活动。

△ 市政协主席会议专题协商农村规划建设管理工作,听取市委农工办、规划局、国土局、住建局汇报相关工作情况。市政协领导张元健、郑振明、冒平、严世斌、刘晓洁、万维庆出席会议。

△ 市委副书记、市长何益军率领市水务局、环保局等部门负责人一行,对通扬运河、如泰运河水环境治理工作进行督查,实地查看丁堰大桥、勇敢大桥、环西大桥等多处河流断面情况,了解河流沿岸畜禽养殖场关闭和危化企业整治情况,对排查梳理出的问题进行现场交办。

△ 市委常委、组织部部长、统战部部长缪爱诚一行到北外附属龙游湖外国语学校,对该校工程建设、招聘招生等情况进行专题调研,实地查看各单体建筑工程推进情况,听取投资方、基建方、装修方、管理方工作汇报,对部分序时进度脱幅的基建工程和装修项目进行现场督查交办。副市长张亚鸾参加调研。

△ 如皋市举行国家安全工作会议,解读最新有关国家安全工作文件精神,部署推进下一阶段全市国家安全重点工作。市领导缪小华、陈晓彬出席会议。

5 日

△ 全市第二期村(社区)党组织书记轮训班开班。市委常委、组织部部长、统战部部长缪爱诚出席开班仪式,并为学员上专题党课。轮训共有 35 人参加,通过分批培训进一步提升村(社区)党组织书记的政治素质和党性修养,全面提高执行政策、推动发展、服务群众、化解矛盾的能力。

△ 市委人才工作领导小组会议召开,要求坚定不移实施创新驱动和人才强市战略,为建设"强富美高"魅力如皋提供强有力的人才保证和智力支撑。市领导陈晓东、何益军、马金华、丁锋、缪爱诚、茅红宇、高峰出席会议。

7 日

△ 南通市召开党性教育基地建设使用推进会,如皋市委常委、组织部部长、统战部部长缪爱诚就市党性教育基地建设使用的特色做法和成效在会上作经验介绍。

8日 △ 市委副书记、市长何益军主持召开十七届市政府第十八次常务会议，学习《地方党政领导干部安全生产责任制规定》，听取当前全市安全生产情况汇报，研究讨论《如皋市“两癌”贫困妇女救助项目管理办法》《如皋市富民增收2018年工作要点》等多项议题。

△ 南通市人大代表如皋团第三小组视察经济技术开发区泰慕士企业发展情况，并对泰慕士今后的发展提出意见和建议。市委常委、经济技术开发区党工委副书记马金华，市人大常委会副主任张勇参加活动。

△ 如皋市第七届旅游文化节在中国·如皋国际园艺城开幕，市委书记陈晓东出席活动并致辞。活动为获得江苏省乡村振兴旅游富民先进村和新晋三星级、四星级乡村旅游区单位进行授牌，并发布如皋旅游主题标志、吉祥物和2018年旅游节庆活动安排，现场播放了各行业“我为如皋旅游代言”短片，通过连线直播了如皋旅游商品展销、首届长寿旅游嘉年华开幕式（白蒲镇）、微博达人采风、江安镇蓝莓艺术节等相关子活动，相关旅游行业代表进行了文明旅游承诺和倡议。

△ 如皋市召开江苏卫视曝光问题整改工作会议，集中收看江苏卫视《江苏新时空》栏目“263在行动”报道节目录像，迅速部署节目曝光问题整治，加快推进黑臭水体专项治理，补齐污水处理设施建设短板，确保全力推进“263”专项行动，坚决打赢污染防治攻坚战。市领导何益军、丁锋、桂万先、黄文斌出席会议。

9日 △ 南通市委常委、政法委书记姜永华一行到如皋，就政法信访维稳工作进行调研，实地调研白蒲镇黄行村、下原镇花园头村、下原镇综治中心，详细了解全市基层法治建设和综治建设工作。市领导陈晓东、缪小华、陈晓彬陪同调研。

△ 市委书记陈晓东主持召开大讨论系列座谈会，围绕“以‘六大指挥部’建设引领高质量发展”主题，就如皋港转型发展开展大讨论，听取意见和建议。市领导丁兴华、张勇、高峰、程瑞琴、陈杰、杜永红、冒平参加座谈会。

△ 如皋市召开2018年全市公立医院管理工作会议，进一步深化医药卫生体制改革，按照“管办分开”要求推进全市各公立医院综合改革。副市长张亚鸾出席会议。

10日 △ 市委书记陈晓东主持召开大讨论系列座谈会，围绕“以‘六大指挥部’建设引领高质量发展”主题，开展大讨论，就推动城市水系建设与大健康产业发展集思广益。市领寻张元健、刘向阳、邵晓泉、黄文斌、张百璘、吕兰、严世斌参加座谈会。

△ 如皋市召开“授予地方荣誉称号”活动动员会，明确“如皋市人民奖章”的评选程序、评选人数、推荐方法等。市领导吴道健、邵晓泉、张勇、钱志刚出席动员会。

△ 商务部发布国家级经济技术开发区综合发展水平考核评价结果，在全国219家国家级经济技术开发区中，如皋经济技术开发区排名第32位，较上年提升13个名次，在县（市、区）国家级开发区中位列第4。

11日 △ 省科协党组书记孙春雷率队到如皋，就氢能产业发展进行专题调研，实地视察如皋市首家氢能企业南通百应能源有限公司。市领导陈晓东、高峰、陈杰陪同调研。

△ 如皋市组织2018年以来新提拔的干部（非人大任命）进行宪法宣誓仪式暨法律知识考试活动，增强领导干部宪法观念、提高宪法意识、弘扬宪法精神、树立宪法权威。市委常委、副市长桂万先参加活动。

12日 △ 市委书记陈晓东主持召开市委常委会，学习《中国共产党党务公开条例（试行）》，传达南通市城市基层党建工作现场推进会和《国家监察委员会管辖规定（试行）》《公职人员政务处分暂行规定》等有关文件精神，讨论《关于深入推进全市农村集体产权制度改革的实施意见》、有关会议方案以及新型工业化、科技人才工作考核办法，先进基层党组织、优秀共产党员评选等议题。

14日

△ 市委书记陈晓东主持召开座谈会，围绕“以‘六大指挥部’建设引领高质量发展”主题，就推动新城建设进行研究讨论，并听取龙游河北延、香港新华集团2.5产业集聚区等项目规划情况汇报。市领导何益军、刘向阳参加座谈会。

△ 市委书记陈晓东主持召开会议，专题研究部署现代物流产业发展指挥部工作。市领导吴道健、刘向阳、丁锋、张勇参加会议。

14~15日

△ 全国妇联在北京举办全国“最美家庭”揭晓专题节目、全国“五好家庭”表彰大会，揭晓1000户全国“最美家庭”，表彰1000户第11届全国五好家庭。如皋2户家庭榜上有名，杨德英家庭当选为全国“最美家庭”、李建云家庭当选为全国“五好家庭”。

15日

△ 由南通市妇联主办，如皋市妇联承办的南通市第十三届家庭文化节开幕式在如皋举行。市领导何益军、钱志刚、张亚鸾出席活动。

△ 副市长高峰率领斯密特森、赛麟汽车、陆地方舟、百正电子等企业有关负责人赴吉林长春，与中科院长春光机所和吉林大学开展产学研对接活动，实地参观长春光机所发光学及应用国家重点实验室、应用光学国家重点实验室等光学研究场所，吉林大学汽车仿真与控制国家重点实验室、内燃机实验室、热能实验室等汽车研究场所。

△ 如皋市举办全市“智慧居保”暨2018居保智能认证工作推进会，在全省先行部署推进居保“智能认证”工作。

15~16日

△ 青海省政协副主席、海南州委书记张文魁一行到如皋考察，实地参观李昌钰刑侦科学博物馆、中国·如皋国际园艺城等处，全方位了解如皋历史人文及产业发展，并前往长江镇(如皋港区)看望在港城实验学校培训、学习的师生，以及在江苏海通海洋工程装备有限公司工作的工人。南通市政协副主席陈宋义，如皋市领导陈晓东、何益军、吴道健、刘向阳、吴志华陪同考察。

16日

△ 省干部理论教育讲师团团长许益军、《群众》杂志社副总编李程骅率领省基层理论宣讲工作调研组一行到如皋调研，观摩如皋工业园区(如城街道)孔庙社区“三堂融合”理论宣讲现场和姚呈明理论武装工作室，并与社区群众和基层理论宣讲骨干进行沟通交流。市委常委、如皋工业园区党工委书记、如皋市长寿旅游度假区党工委书记刘向阳陪同调研。

△ 市委副书记、市长何益军率队专题调研全市教育事业发展情况，实地调研如皋中学、实验初中、实验小学等校，并就部分学校用房紧张问题进行研究讨论。副市长张亚鸾参加调研。

△ 如皋市创新举办首次重点外贸企业家沙龙。来自全市30家重点进出口外贸企业主要负责人，与各相关部门、相关镇(区、街道)分管负责人一起，围绕当前国际国内经济形式对本市外贸企业的影响、本市外贸企业发展过程中存在的主要困难和问题等进行讨论。副市长程瑞琴参加活动，就企业家提出的问题进行现场交办。

△ 全市妇女干部培训班在市委党校开班，市委常委、组织部部长、统战部部长缪爱诚出席开班仪式并讲话。培训班由市委组织部、市委党校、市妇联联合举办，采取现场教学与课堂教学相结合的形式，组织学员学习习近平新时代中国特色社会主义思想、女干部职场沟通艺术、领导干部影响力、新一轮如皋发展战略等主题课程，并赴徐州、淮安等地开展红色主题教育活动。

△ 第二届长三角"江南丝竹新作品"创作座谈会暨委约签约仪式在江苏新空间集团举行。来自全国各地的20多位著名作曲家、指挥家和江南丝竹联谊会代表参加会议,新空间民族乐团与10多位委约作曲家进行了集中签约。副市长张亚鸾出席会议。

16~17日

△ 省统计局副局长费丽明一行调研如皋统计工作及服务业发展情况,实地走访丁堰镇、丁堰镇皋南社区、长江镇(如皋港区)永福社区、东升石材城、一下科技等处,听取全市统计有关工作及服务业发展情况汇报。市委常委、常务副市长丁锋陪同调研。

17日

△ 南通市委副书记、代市长徐惠民到如皋调研,前往汽车文化馆、康迪电动车、赛麟汽车公司等处,了解新能源汽车产业发展情况,并到国际园艺城、城南花苑公共服务中心调研,希望如皋市在保护中利用沿江资源、发展绿色产业的同时,更加注重农村生态富民、生态振兴。南通市政府秘书长陈俊,如皋市领导陈晓东、何益军、马金华、刘向阳陪同调研。

△ 如皋市企业董事长资本运作专题培训班在上海交通大学开班。副市长高峰出席开班仪式并讲话。活动主要安排资本市场及企业上市、股权投资理论与实战、企业上市财税管理及风险管控等方面课程,以期进一步推动全市企业加快上市的步伐。

18日

△ 市委书记陈晓东主持召开座谈会,围绕"以'六大指挥部'建设引领高质量发展"主题,就推动新能源及新能源汽车产业发展进行讨论研究。市领导马金华、缪小华、陈晓彬参加活动。

△ 市政协主席张元健、副主席刘晓洁、秘书长许映亮前往湖北省襄阳市,调研政协委员明志忠的企业——南通常青建筑安装工程有限公司,并参观其在当地的施工项目。

△ 市委副书记丁兴华率队前往四川省成都市温江区,举行如皋市花木盆景产业招商对接和协作恳谈活动。两地花木企业代表就加快如皋市与成都市温江区、郫都区花木产业对接进行互动交流,如派盆景大师王如生、川派盆景大师胡世勋就两大派系盆景发展进行了交流。市领导邵晓泉、张百璘参加活动。

△ 如皋市召开"四所一庭"共建现场会,在全市推广长江镇"四所一庭"共建工作经验。与会人员实地参观长江镇"四所一庭"共建成果展示,听取张峰律师事务所、江安法律服务所、磨头法庭、如皋港派出所和长江司法所5家单位的经验交流。市委常委、副市长桂万先出席会议并讲话。

19日

△ 江苏如皋、陕西洋县友好政协签约仪式在陕西洋县举行。洋县县委书记胡瑞安,县委副书记、县长杜家才,政协主席陈三荣等当地领导,如皋市领导张元健、刘向阳、冒平、刘晓洁,市政协秘书长许映亮出席活动,共同签订"友好政协"协议。

△ 如皋市选派7名干部人才抵达陕西省汉中市洋县,开始为期一个月的挂职交流。7名专业人才涵盖教育、卫生、科技、农业、宣传等多个领域,包括高级农艺师、主任医师、高级教师等,其中到洋县教育(职教)系统挂职3人,到农委、文广局、科技局、洋县医院挂职各1人。两地开展对口协作以来,洋县共有10名党政干部和专业人才到如皋挂职、22名副校长到如皋各学校跟岗培训,150名业务骨干和驻村书记到如皋参加脱贫攻坚培训班,如皋市有15人在洋县挂职交流。

△ 如皋工业园区(如城街道)与陕西省洋县溢水镇举行结对帮扶活动,向洋县溢水镇人民政府和该镇窑坪村分别捐赠对口帮扶资金20万元、5万元,工业园区(如城街道)企业家代表——中国·如皋国际园艺城董事长王志刚向洋县捐赠资金10万元。市委常委、如皋工业园区党工委书记、如皋市长寿旅游度假区党工委书记刘向阳参加活动。

△ 2018年南通青少年校园足球联赛总决赛(小学组)开幕式在市奥体中心举行。副市长张亚鸾出

席活动。参加本次比赛的均为南通各县(市、区)联赛小学男、女子组(甲、乙)冠军队,共有35支代表队、378名运动员。

21日

△ 如皋洋县对口协作工作会议在洋县鹮岛酒店召开,分别签订现代农业全方位战略合作框架协议及共建长寿健康养老基地框架协议。洋县领导程文杰、张振、石兵、王明、张峰、秦东汉,如皋市领导丁兴华、邵晓泉、张百璘出席会议。会上,如皋市高新区(城南街道)、长江镇(如皋港区)分别向洋县槐树关镇北梁村、金水镇站房村各捐款5万元。

22日

△ 市委书记陈晓东率领相关部门负责人一行,调研全市房地产业发展情况,实地查看御锦馨河城、龙游湖壹号、中南世纪城、颐和樾园、金润玺景苑、御龙湾等在建房地产项目,详细了解楼盘开发销售情况,并在随后召开座谈会,听取全市房地产业发展情况汇报及市民代表对房地产业发展建议。市领导黄文斌、冒平、万维庆参加活动。

23日

△ 市委书记陈晓东专题调研全市污染防治攻坚工作,实地查看位于丁堰镇刘海村的南通华芳香料有限公司、位于磨头镇的鸿昌牧业有限公司,要求相关公司负责人积极转变思想,寻找转型新路径,公安、环保等部门加强联合执法,对存在环保问题的企业坚决予以取缔。市领导丁锋、茅红宇、桂万先、黄文斌、高峰、张百璘参加调研。

△ 如皋市"沿江党建带"联创联建暨长江镇船舶园区"红领党务通工作室"揭牌仪式举行。市委常委、组织部部长、统战部部长缪爱诚出席活动。

△ 如皋市举行2018年德国华人华侨科技工商协会博士团"如皋行"项目路演活动。德国华人华侨科技工商协会主席、ChinaWindow国际智库董事长高鹏率领由10多位各行各业的博士组成的博士团参加活动。市委常委、组织部部长、统战部部长缪爱诚,副市长陈杰出席活动。活动结束后,本市部分企业和镇(区、街道)与博士团专家进行了对接,并就建立中德技术人才中心达成了初步合作意向。

△ 如皋市召开项目招引与建设会办会,协调解决项目建设过程中的突出问题,推动项目招引和在手项目转化。市领导陈晓东、何益军、丁兴华、马金华、丁锋、茅红宇、桂万先、高峰、吕兰出席会议。会上,各镇(区、街道)负责人汇报了二季度拟开工、竣工、转化项目情况,目前在手在谈的项目情况以及需要协调的问题;有关职能部门负责人对需要协调的相关问题现场予以了解答。

△ 1938年出生于如皋的世界著名刑事鉴识专家李昌钰获授"南通市荣誉市民"称号,并于当天被聘为南通大学终身教授。

24日

△ 印度尼西亚金锋集团董事长兼总裁、印中商务理事会总主席林文光率领考察团一行到如皋考察。市领导陈晓东、程瑞琴、吕兰陪同考察。

△ 中软国际(如皋)大学生创新创业实训基地签约落户如皋高新区。中软国际有限公司执行董事、高级副总裁唐振明,中软国际教育集团南京分公司总经理许海峰一行参加签约仪式,并考察了如皋汽车文化馆、高新区、软件园等处。市领导陈晓东、何益军、丁锋、茅红宇出席相关活动。

25日

△ 国家卫生健康委监督局副局长何翔一行到如皋调研卫生计生综合监督执法工作。市领导何益军、张亚莺陪同调研。

△ 如皋市第九届"爱心慈善宣传月"文艺演出暨捐赠动员大会召开。市委书记陈晓东出席大会并致辞,市委副书记、市长何益军宣读表彰决定。江苏九鼎集团有限公司等34家企业被表彰为"慈善明星单位",王加福等41人获"慈善明星"荣誉称号,市委办公室等29家单位被评为"慈善工作先进单位",98人获得"慈善工作先进个人"称号。与会市四套班子领导、市人民法院院长、市人民检

察院检察长和市慈善会负责人以及各镇(区、街道)和市级机关各部门主要负责人、分管负责人等进行了现场捐赠,并集中观看了文艺演出。

△ 市委书记陈晓东主持召开市委中心组学习会,交流“解放思想、追赶超越、争当先锋,推动高质量发展”大讨论活动学习体会。市委常委、常务副市长丁锋,市委常委、宣传部部长茅红宇,市人大常委会副主任陈万圣,市政协副主席冒平围绕大讨论主题,联系各自分工领域,并结合如皋实际交流发言,就如皋如何在新一轮发展中追赶超越、争当先锋,提出思路和举措。

△ 如皋市召开提升公众安全感专场培训会。省委政法委综治三处处长姚恒斌应邀实地考察白蒲镇黄行村,并结合实际,为参加培训会的各镇(区、街道)及相关部门负责人作专题讲座。市委常委、政法委书记缪小华出席会议。

26日

△ 如皋市召开农村工作会议暨脱贫攻坚、乡村振兴动员大会,动员全市上下全面实施乡村振兴战略,全力打好精准脱贫攻坚战,不断开创“三农”工作新局面。会议由市委副书记、市长何益军主持。市委书记陈晓东出席会议并讲话,市委副书记丁兴华通报了2017年全市农业农村重点工作考核结果。会上,磨头镇、丁堰镇、九华镇、经济技术开发区平园池村负责人分别交流发言,各镇(区、街道)党(工)委书记、镇长(主任)分别向市委、市政府递交了打好精准脱贫攻坚战目标责任书、秸秆禁烧禁抛与综合利用责任书。

△ 如皋市举行深入推进“十九大精神进企业”活动动员大会暨首场宣讲报告会(力星专场)。市委常委、组织部部长、统战部部长缪爱诚出席会议。会议宣读了《关于深入推进“十九大精神进企业”活动的通知》。该活动自6月份启动,至9月份结束,共分宣讲报告、座谈讨论、知识竞赛三个阶段进行,市级层面邀请专家深入17家重点企业开展示范性宣讲,各镇(区、街道)工会自行组织宣讲,目标实现规模企业全覆盖。

28日

△ 市委常委、常务副市长丁锋率领市环保局、市农委、市“263”办公室等相关单位负责人一行,实地督查中央环保督察交办环境问题整改情况,先后对春光漂染、真光漂染、冒氏禽业、宝龙养殖、神马电力、新敦煌印染、利民动物处理中心、经济技术开发区陆姚花海固废堆场、巨荣润滑油等环境问题整改情况进行现场检查,对尚未完成彻底整改的企业提出整改要求,确保于5月31日前将所有环境问题彻底整改到位。

△ 如皋福建商会换届暨第二届第一次会员大会举行,顺利完成换届,并选举产生第二届理事会及领导班子。市领导高峰、杜永红出席会议。

29日

△ 南通市安全风险辨识管控工作座谈会在如皋召开,与会人员参观江苏宝众宝达药业有限公司、南通海螺水泥有限责任公司、长江镇应急管理指挥中心等处,听取如皋市安全风险辨识管控工作情况介绍。南通市副市长陆卫东,如皋市领导何益军、高峰出席会议。

30日

△ 市政协主席张元健、副主席杜永红、秘书长许映亮率领部分政协委员视察农产品对接上海工作,先后参观考察上海市金钟广场白领餐厅、普陀区华丰市场、江杨农产品批发市场等单位,并召开座谈会,听取市供销总社、市农委等部门有关负责人工作汇报。副市长张百璘参加活动。

△ “乐业如城·助梦前行”如城创业就业服务暨“三色人大代表之家”小康行系列主题活动启动,市人大常委会副主任陈万圣出席启动仪式。活动由市人社局、如皋工业园区党工委管委会、如城街道人大工委主办,中国·如皋国际园艺城协办,共有特殊人群招聘、“晚霞行动”培训、网络创业培训(残疾人专场)、大学生创业培训、高技能人才培训、青年创业大赛6项子活动。当日首场活动特殊人群招聘

中,神马电力、万达轴承、康比电子、泰尔佳、金鼎大酒店等 31 家爱心企业为服务对象提供 2000 多个就业岗位,吸引 458 人进场,117 人达成就业意向。

△ 2018 年全国科技工作者日暨如皋市第三十届科普宣传周主场活动在高新区(城南街道)举行,市领导钱志刚出席活动,并为获评选命名的 2017 年度 9 所如皋市科学教育综合示范学校、20 名优秀中小学科技辅导员、30 名青少年科技创新之星颁奖。

2018 年 6 月

1日

△ 南通大学附属医院院长高建林率队到如皋考察。市委副书记、市长何益军，市政协主席张元健，副市长张亚鸾以及市级相关部门负责人参加活动。双方围绕“健康、长寿、抗衰老”等主题进行深入交流。

△ 如皋市庆“六 一”国际儿童节暨“拥抱新时代 争做好队员”主题活动在安定小学举行。市委常委、组织部部长、统战部部长缪爱诚出席活动。

1~3 日

△ “瑞升杯”2017~2018 年全国啦啦操联赛(南通站)暨 2018 年江苏省健美操啦啦操锦标赛在南通市体育馆举行，江安小学 16 名学生参加儿童乙组集体花球自选动作、花球规定动作两个项目，均获冠军。此前 5 月，江安小学 14 名学生参加全国啦啦操联赛(武汉站)儿童丙组爵士规定动作、技巧 0 级规定动作项目比赛，均获冠军。

2日

△ 市委副书记、市长何益军主持召开十七届市政府第十九次常务会议，研究讨论《市政府关于确定战略性新兴产业服务与科技研发项目用地基准地价体系及用地管理的意见》《关于在政府投资工程建设领域构建阳光防范体系的实施意见》《关于加强全市政府投资建设项目集中代建工作的通知》《如皋市政府投资项目集中代建管理办法》《如皋市公共资源交易平台管理实施细则(试行)》等议题。

△ 如皋市与上海植物园签订战略合作协议。上海植物园党委书记陆洪丽，如皋市领导丁兴华、邵晓泉、张百璘、杜永红出席签约仪式。

△ 如皋市召开农业工作会议，全面部署目标任务，努力开创“三农”工作新局面。副市长张百璘出席会议。

△ 市招商局召开全体人员会议，动员招商人员努力冲刺全年目标任务。市委常委、宣传部部长茅红宇参加会议。

3日

△ 陕西省洋县政协主席陈三荣一行到如皋考察经济社会发展情况，实地参观考察如皋市城市规划展示馆、文化馆、奥体中心、软件园、龙游湖等处。市政协主席张元健、副主席刘晓洁、秘书长许映亮陪同考察。

4日

△ 如皋市在长江镇(如皋港区)挂牌成立全省首家生态环境保护执法司法联动中心，并举行法院环境资源审判法庭巡回法庭、检察院生态环境检察部暨华东政法大学公益诉讼研究中心揭牌仪式，聘请南京大学法学院教授秦宗文、南京师范大学法学院教授陈爱武等专家为如皋市生态环境保护执法司法联动中心专家。江苏省人民检察院副检察长汪莉，南通市委常委、政法委书记姜永华，南通市中级人民法院党组书记、院长曹忠明，南通市人民检察院党组书记、检察长俞昕水，如皋市领导陈晓东、何益军等出席活动。

5日

△ 南通市农村环境“五位一体”长效管理工作现场推进会在如皋召开，与会人员现场观摩高新区(城南街道)农村环境长效管理全域外包现场、高新区(城南街道)农村垃圾分类减量现场、经济技术开发区农村小型水利设施管护现场等如皋市农村环境长效管理亮

点工程。南通市委副书记张兆江、副市长赵闻斌，如皋市领导陈晓东、丁兴华、马金华、茅红宇、张百璘参加活动。

△ 2018年全市“安全生产月”活动启动暨如皋安全生产警示教育馆揭牌仪式在长江镇(如皋港区)举行。副市长陈杰参加活动。

6日

△ 省政协副主席、党组副书记阎立率领调研组一行到如皋，就深化科技体制机制改革工作进行专题调研，实地参观花木大世界(如皋)国际园艺城、赛麟汽车项目现场和汽车文化馆。南通市委副书记、代市长徐惠民，南通市政协主席、党组书记黄巍东，南通市政协副主席金元，如皋市领导陈晓东、何益军、张元健、马金华、郑振明陪同调研。

△ 光大国际总裁王天义一行到如皋考察交流，介绍光大国际发展战略，并表示将高标准、严要求推进光大生物能源(如皋)有限公司如皋生物质发电项目的实施，努力形成可推广的“如皋技术模式”。市领导陈晓东、何益军、丁锋、黄文斌参加接待活动。

△ 市委书记陈晓东主持召开座谈会，围绕“以‘六大指挥部’建设引领高质量发展”主题，就推动软件园提档升级、加速发展进行讨论研究。市领导茅红宇、桂万先、钱志刚参加活动。

△ 市委副书记、市长何益军，副市长张亚鸾率领市政府办、教育局、公安局、城管局、环保局、交通运输局、卫计委、市场监督管理局、文广传媒集团等相关部门负责人一行，分别深入如皋中学、市一中、白蒲中学、江安中学等高考考点，对高考准备工作进行全面检查，实地查看各考点的考务办公室、视频监控室、广播室、食堂等处，了解考场环境、视频监控、保密管理、交通组织、食宿保障等相关情况。

△ 凌晨5时28分，盐通高铁如皋段跨355省道特大桥打下第一桩，桩深50米、桩径1米，标志盐通高铁如皋段正式开工。盐通高铁全长156.6公里，其中如皋段38.46公里，约占全线1/4，全线高架。

△ 如皋港集团与南通福人市场经营管理有限公司联合举办如皋港国际木材产业园招商会，吸引来自上海、太仓、张家港的100多家企业参加。市委副书记丁兴华、副市长程瑞琴等出席活动，并为如皋港国际木材产业园授牌，为6家注册入驻的木材企业颁发营业执照。南通福人市场经营管理有限公司与多家木材加工企业现场签约。

7日

△ 省新闻出版广电局副局长吴以桥率队到如皋，就南通地区网络视听节目管理和县级广电媒体发展情况进行调研，实地参观如皋市文广传媒集团数字媒体工作室、演播大厅、新媒体部等处，了解集团全媒体融合发展情况。副市长张亚鸾陪同调研。

△ 国家统计局南通调查队队长罗凌俊率队到如皋调研“两个收入”工作开展情况，听取如皋市经济社会发展和统计工作情况介绍、统计调查工作情况汇报。市委常委、常务副市长丁锋出席相关会议。

△ 高考首日，市领导何益军、吴道健、张元健、缪爱诚、钱志刚、陈晓彬、张亚鸾、严世斌一行分多路视察如皋中学、市一中、白蒲中学、江安中学考点，检查考务工作，慰问考务人员。

8日

△ 东台市委书记陈卫红率领党政代表团一行到如皋考察，实地参观赛麟汽车项目现场、汽车博物馆、花木大世界(如皋)国际园艺城、东大街历史文化街区、龙游湖商务区、顾庄生态园。市领导陈晓东、丁兴华、丁锋接待代表团一行。

△ 市委书记陈晓东，市委常委、组织部部长、统战部部长缪爱诚率队前往如皋中学高考考点，视察高考工作，看望慰问一线服务保障人员。

△ 市政协对全市加快环保基础设施建设情况进行专题督查，先后听取市住建局、环保局负责人汇报全市城镇和村庄固废处理及污水处理基础设施建设运行情况。市政协主席张元健、副主席冒平、秘书长许映亮参加活动。

△ 全市大气污染防治联席会议召开，就《如皋市保障上海合作组织 2018 年峰会空气质量工作方案》进行部署，并通报《2018 年度如皋市污染防治攻坚任务清单》中涉及的大气污染防治工作完成情况。市领导黄文斌、万维庆出席会议。

△ 市发改委举行“以企业上市(挂牌)推动高质量发展”大讨论活动。副市长高峰出席活动，听取已上市企业代表经验交流、各镇(区、街道)分管负责人关于推进上市企业工作开展情况的汇报。相关拟上市企业交流了上市推进进度、存在问题和需要解决的事项。

9 日

△ 市委书记陈晓东主持召开市委常委会，研究讨论《如皋市推动乡村振兴三年行动计划(2018~2020 年)》《如皋市打好精准脱贫攻坚战行动方案》《关于进一步加强和创新城乡社区网格化服务管理的实施意见》《如皋市城乡社区网格化服务管理工作实施方案》《全面深化改革领导小组 2018 年工作要点》等多项议题。

△ 如皋市机关驻村第一书记培训班开班。市委常委、组织部部长、统战部部长缪爱诚出席开班典礼。培训为期 6 天，全市 28 名机关驻村第一书记参加活动。

△ 如皋市召开“实现思想大解放，推动生态环境质量提升”座谈会，与会生态文明建设成员单位围绕“生态文明建设如何解放思想、追赶超越、争当先锋，推动高质量发展”主题进行交流，5 家企业代表就“如何不断强化生态环境保护意识，为全市生态环境高质量发展作出贡献”交流发言。副市长黄文斌出席会议。

11 日

△ 由青年汽车集团与南通百应能源有限公司共同研发生产的 3 辆氢燃料电池大巴，成功交付如皋星星公交投入运营，开全国县级城市氢能公交运营先河，为市民带来安全、零污染的全新绿色出行体验。市委常委、经济技术开发区党工委副书记马金华，副市长黄文斌出席大巴交车仪式。

△ 市慈善(基金)会换届选举暨三届一次理事会召开，选举产生新一届理事会成员和领导班子。市领导丁兴华、邵晓泉、张百璘、杜永红出席会议。

11~12 日

△ 市第十七届人大常委会第十一次会议召开，听取和审议市政府关于市公安局参与和指导群防群治工作的报告，市人大常委会执法检查组关于检查《中华人民共和国公共文化服务保障法》实施情况的报告、关于检查《国务院物业管理条例》实施情况的报告、关于检查《中华人民共和国村民委员会组织法》贯彻实施情况的报告，市人民检察院关于《市人大常委会对司法责任制改革情况报告的审议意见》落实情况的报告，通过相关人事任免事项，并为新接受任命人员举行了宪法宣誓仪式。

11~14 日

△ 市委副书记、市长何益军率领对口协作考察团一行，赴陕西洋县开展对口协作活动，先后看望慰问对口协作的镇村贫困户，实地调研脱贫攻坚工作，考察洋县部分企业及汉中市兴汉新区经济社会发展情况。洋县四套班子领导胡瑞安、杜家才、陈三荣、程文杰、席均、卢兴华、蔚文波、石兵、冯长青、张峰等接待考察团一行。活动期间，如洋两地政府举行对口协作联席会，签订了关于建立有机特色农副产品基地的合作协议，两地科技、招商、文广传媒等有关部门分别签订对口协作协议，并进行了对口协作捐赠。市领导缪爱诚、陈晓彬、张亚鸾参加活动。

12 日

△ 中央环境保护督察“回头看”下沉督察中，第四环境保护督察组下沉督察第三组在如皋督察，发现沪江废油净化厂污染问题。该企业因土炼油产生废气污染问题，2016 年 7 月被中央环保督察交办，2017 年厂房、设备、废油罐已拆除，土地基本平整完毕，但原址场地气味较大，存在异常，经现场开挖，发现泥土中混有废油残渣。

△ 市委陈晓东书记连夜召集会议，研究沪江废油净化厂污染问题整改落实工作，从速规范处置，并责成市公安局、环保局介入调查，开展生态司法联动，对企业、施工单位及相关当事人进行侦查，由市纪委对相关镇区监管部门履职情况进行调查，严肃追究相关责任人责任。市政府分管领导赴现场调度指挥。

△ 市委副书记、市长何益军率队在陕西洋县开展对口协作活动，与如皋在洋县挂职干部进行座谈，勉励大家谨记使命树形象，真情融入促发展，努力为如皋增光、为洋县添彩。洋县领导蔚文波、石兵，如皋市领导缪爱诚、陈晓彬、张亚鸾参加座谈。

△ 洋县绅宝利服装公司正式开业，填补洋县服装企业空白。洋县县委副书记、县长杜家才，县委副书记程文杰，县委常委、常务副县长卢兴华，县委常委、副县长石兵，如皋市领导何益军、缪爱诚、陈晓彬、张亚鸾等见证公司开业。作为如皋、洋县两地对口协作不断深化的又一成果，该项目利用闲置厂房，投资3000万元，购置设备100余台(套)，新建成品服饰制造生产线2条，一期招收员工86人，其中建档立卡贫困户23人，可月产服饰6万件，二期工程建成后，可解决200多人就业，在厂务工贫困户全部实现脱贫致富。

△ 市政协主席张元健率领政协督查组一行，实地督查经济技术开发区污染防治攻坚工作现场，检查突出环境问题整改方案，听取相关工作情况汇报，对污染防治攻坚工作提出意见建议。

13日

△ 陕西省汉中市人大常委会主任张雁毅率领考察团一行到如皋，就如皋市经济社会发展情况进行考察，实地参观东大街历史保护街区、顾庄生态园、龙游湖商务区等处，并听取如皋市经济社会发展情况介绍。市人大常委会主任吴道健，副主任陈万圣陪同考察。

△ 全市深化文明城市建设工作推进会召开，通报前一阶段模拟测评中发现的问题，对下一阶段重点工作进行安排部署，切实巩固全国文明城市创建成果，推进更高质量文明城市建设，促进文明创建工作常态长效。市领导丁兴华、茅红宇、严世斌出席会议。

△ 如皋市举行省级海绵城市试点建设推进会，要求确保年底通过试点城市考核验收。市领导万维庆出席会议。如皋市2016年6月被列为“江苏省海绵城市建设试点城市”，将东起万寿路，西至益寿路，北起皋南河，南至中央大道、圃园路的4.13平方公里区域作为省级海绵城市试点区域，总体建设目标“小雨不积水、大雨不内涝、水体不黑臭、热岛有缓解”。

14日

△ 邳州市委书记陈静率领党政代表团一行到如皋考察，实地了解如皋市区域经济发展情况，先后考察梦百合、力星股份、汽车文化馆、赛麟汽车、荣威娱乐、斯密特森等处。市领导陈晓东、张元健、丁兴华、史有根、茅红宇陪同考察。

△ 市委书记陈晓东率队调研东陈镇当前重点工作，实地走访旭日包装项目、石池村、唯路易实业、杨庄社区、雪岸工业园区及高速路口等处，听取东陈镇重点工作情况汇报。

15日

△ 南通中央环保督察“回头看”交办问题整改情况推进会召开。市领导陈晓东、何益军、丁锋、黄文斌以及各部门、各镇(区、街道)负责人在如皋市分会场收听收看会议，并在会议结束后召开相关会议，就做好整改工作作出部署。

16日

△ 如皋市举行“两区”划定工作，深入贯彻落实党中央、国务院建立粮食生产功能区和重要农产品生产保护区决策部署。副市长张百璘出席会议。根据国务院、省政府相关指导实施意见，到2019年，如皋市全面完成粮食生产功能区水稻67万亩、小麦62万亩和重要农产品生产保护区大豆8万亩、油菜9万亩的划定任务，全部建档立卡、上图入库，实现信息化和精准化管理，形成布局合理、数量充足、设施完善、产能提升、管护到位、生产现代化的“两区”。

17日

△ 如皋市综合商会举行二届十八次理事会。市政协副主席杜永红参加活动。

20日

△ 如皋市政府采购网上商城正式上线。按照中央“放管服”要求和财政部、省财政厅统一部署,如皋市积极开展政府采购网上商城建设工作,4月与江苏阳光公采网络技术有限公司签订政府采购网上商城开发合同,6月份商城上线试运行。

21日

△ 根据省委巡视工作领导小组部署,省委第五巡视组向如皋市反馈3月13日~5月12日对如皋市进行巡视情况,省委第五巡视组组长练如俊主持召开向如皋市委书记陈晓东的反馈会议,代表省委巡视组分别向陈晓东和如皋市委领导班子反馈相关巡视情况。省委巡视办副主任祁新、南通市委书记陆志鹏出席会议。

△ 南通市委书记陆志鹏专题调研如皋就中央环保督查交办问题整改情况,实地检查位于如城街道的南通新敦煌染业有限公司、江苏神马电力股份有限公司。南通市副市长徐新民,如皋市领导何益军、刘向阳、高峰陪同调研。

△ 南通市委副书记、代市长徐惠民率队到如皋,就如皋市畜禽养殖污染专项整治工作进行调研,实地走访经济技术开发区的桥港畜禽粪便处置中心,了解中心基本情况。该项目是江苏省财政厅、环保厅投资的非规模化畜禽养殖污染综合整治试点项目,上级财政投资430.6万元,地方财政配套195万元,总占地15.6亩,由如皋市德明家庭农场承包运行。市领导何益军、马金华、茅红宇、张百璘等陪同调研。

△ 陕西省洋县县委常委、常务副县长卢兴华率领考察团一行到如皋,进行如皋-洋县对口协作座谈,实地参观如皋市行政审批大厅,详细了解大厅布局、窗口设置、运行机制等情况,并就市场准入和项目投资建设领域的审批授权、办事流程及服务质量评价等方面内容进行交流。市领导丁锋、陈晓彬出席会议。

22日

△ 如皋市召开紧缺型高学历人才座谈会,听取2017年招录的18名紧缺型高学历人才交流一年来的学习、工作、生活情况和感悟体会,以及推动如皋经济社会发展的意见和建议。市委常委、组织部部长、统战部部长缪爱诚出席会议。

△ 如皋市召开污水处理工作交办推进会,通报南通市突击检查乡镇污水处理设施运行管理情况和上半年镇村污水处理设施建设和运行管理督查情况。副市长黄文斌参加会议。

△ 如皋市举行基层法治系列创建现场推进会,与会人员实地参观搬经镇加力医院、湖刘社区、华冠电器、农贸市场等法治建设亮点。市委常委、政法委书记缪小华出席会议。

△ 国家级如皋经济技术开发区精密模具智造产业论坛在上海举行,如皋市第一家专业化模具智造产业园——国家级如皋经济技术开发区精密模具智造产业园揭牌。活动现场发布产业项目招商信息,签约7个项目,其中:上海凌云汽车模具有限公司、上海秉直精密机械有限公司等模具生产企业的6个精密模具智造项目落户国家级如皋经济技术开发区精密模具智造产业园,总投资7.2亿元;模塑生态联盟与如皋签订战略合作协议,助推如皋精密模具智造产业做大做优做强。

23日

△ 如皋市创建“国家基层标准化改革创新先行区”正式启动,力争通过三年努力,全面完成标准化改革创新各项任务,在全市基本形成政府引导、市场主体、社会参与、协同推进的标准化工作格局。国家标准化管理委员会副主任崔钢、国家标准化管理委员会农业食品部地方处处长宋国建、江苏省质量技术监督局副巡视员郄凌武、南通市政府副市长吴永宏,如皋市领导陈晓东、何益军、高峰、陈杰出席启动仪式。

△ 来自全国多省、市的领导、城市代表、专家教授齐聚如皋,以“标准与城市”为主题,分享城市标准化创新发展经验,共话城市发展。国家标准化管理委员会副主任崔钢,南通市政府副市长吴永宏,如皋市委副书记、市长何益军出席交流会。

△ 如皋市举行农村环境“七位一体”长效管理工作现场推进会,组织参观高新区(城南街道)桃北村“七位一体”长效管理现场,并采取随机抽取的方式,对石庄镇楼房村、如皋工业园区(如城街道)老大明镇区进行督查,就发现的河道倾倒秸秆、乱堆乱放等问题进行现场交办。市领导丁兴华、邵晓泉、张百璘出席会议。

24日

△ 省供销合作总社党组书记、理事会主任诸纪录到如皋调研综合改革暨专项改革试点工作,先后走访丁堰镇夏圩村电商服务站、中萃米业以及供销E家如皋运营中心等处,听取如皋市相关工作汇报。副市长张百璘参加活动。

25日

△ 湖南省衡阳市委副书记、市长邓群策一行到如皋,就如皋市新能源汽车产业发展情况进行考察,实地参观南通百应能源有限公司的产品展示区、加氢站、整车生产楼,听取公司业务介绍,感受氢燃料电池大巴绿色出行体验。市领导何益军、马金华陪同考察。

26日

△ 内蒙古自治区乌兰察布市委常委、副市长张汝江率领考察团一行到如皋,就如皋市行政审批制度改革工作进行考察,实地参观如皋市行政审批大厅,听取如皋市推动行政审批制度改革的创新举措介绍,详细了解市场准入和项目投资建设领域的审批授权、办事流程及服务质量等情况。如皋市委常委、常务副市长丁锋陪同考察。

△ 如皋市在深圳五洲宾馆举办投资环境说明会,推介投资环境、主导产业、发展前景及人才引进政策等。市委书记陈晓东作主旨演讲,并向六大指挥部聘请的产业发展顾问颁发证书。江苏省政协委员、深圳市人大教科文卫委员、通商总会执行会长、深圳市南通商会会长袁亚康,广东宏川集团有限公司董事长、广东宏川智慧物流股份有限公司董事长兼总经理林海川,中国软件行业协会常务副秘书长陈宝国,深圳市新能源产业协会副会长、秘书长刘华先后在会上发言。深圳市委办公厅原副主任胡谋,哈工大深圳研究院党委书记吴德林,江苏省人民政府驻深圳、广州办事处副主任蔡南太,南京大学深圳研究院院长韩东,中国兵器北方工程设计研究院上海分院院长、教授级高级工程师袁东,深圳及周边地区的世界500强、国内100强企业代表,上市企业代表,创新创业领军人才代表等参加说明会。

△ 如皋(深圳)新能源及新能源汽车产业专题推介会在深圳举行,形成签约项目12个,4个项目集中签约。副市长程瑞琴在会上致辞,如皋经济技术开发区党工委委员、管委会副主任杨飞推介了如皋经济技术开发区新能源及新能源汽车产业投资环境。深圳市委办公厅原副主任胡谋,哈工大深圳研究院党委书记吴德林,江苏省人民政府驻深圳、广州办事处副主任蔡南太,南通发改委副主任谈育龙等出席活动。

△ 如皋现代物流产业(深圳)招商推介会在深圳举行,9个重点项目集中签约。市现代物流产业发展指挥部指挥长、市人大常委会主任、党组书记吴道健致辞,介绍如皋发展现代物流产业所具有的独特优势,长江镇党委书记顾留忠,如皋港集团党委书记、董事长马玉东,渤商所长江国际交易中心副总经理申亚东先后作推介说明。平安集团平安商贸有限公司总经理董峰,深圳市华晖怡和国际物流有限公司总经理、深圳市盐田综合保税区企业协会秘书长初冬梅,前海瀚元商业保理(深圳)有限公司董事长陈卫平等来自深圳及周边地区的世界500强、国内100强企业代表,上市企业代表,创新创业领军人才代表参加会议。

△ 如皋(深圳)新一代信息技术(软件及服务外包)产业投资环境说明会在深圳举行,6个项目现场签约。说明会上,市委常委、宣传部部长茅红宇,中国软件行业协会常务副秘书长陈宝国分别致辞,

如皋高新区党工委副书记、管委会主任孙得利作如皋软件园推介。深圳市经贸信息委副主任郑璇、中国产业互联网发展联盟产业金融专委会秘书长王占波、深圳市软件行业协会秘书长郑飞、深圳市计算机行业协会会长杜和平、深圳市智能穿戴行业协会会长郑毅等出席活动。

△ 住房城乡建设部发布行业产品标准公告，批准《城市户外广告设施巡检监管信息系统》为城镇建设行业产品标准，自 2018 年 12 月 1 日起实施。如皋市城管局为该行业标准的制定提供大量数据文本和样品监测报告，作出重大贡献，被住建部认定为国家产品行业标准起草单位，该局何福平、朱志兵被认定为国家产品行业标准起草参与者。

27日

△ 省人大内司委主任委员莫宗通率队到如皋，调研如皋市家庭教育促进工作情况，并听取《江苏省家庭教育促进条例》立法的相关意见和建议。市领导陈万圣、张亚鸾陪同调研。

△ 市委副书记、市长何益军率领市纪委（监委）、政府办、宣传部、环保局、发改委、信访局、安监局、公安局相关部门负责人一行，现场督查中央环保督察“回头看”交办信访问题整改落实工作，先后前往磨头镇、搬经镇、经济技术开发区、江安镇、长江镇（如皋港区），实地督查南通市发尔隶工贸有限公司、振兴精细化工有限公司、恒昌印染有限公司、江苏汤臣汽车零部件有限公司等重点信访问题现场，要求相关部门压实责任，确保问题整改到位。

29日

△ 壹言集团董事长颜毅、中国新城镇发展有限公司副总裁吴海军率领考察团到如皋考察，在旅游康养度假、产业园区建设等领域寻求合作发展机遇，共谋互利共赢，与长江镇（如皋港区）、高新区（城南街道）相关负责人围绕旅游度假文化、产业园建设等方面进行深入交流。市领导陈晓东、程瑞琴参加活动。

△ 市政协举行十四届八次常委会，与会市政协常委会组成人员实地视察五星级曙光宾馆施工现场、通皋大道建设工地、沪通铁路大桥、如皋高铁站规划地点、北外附属龙游湖外国语学校、高新区时尚文化街区、龙游河宝塔河整治工程、软件园二期工程等 10 个项目现场，听取市规划局、交通运输局、住建局、教育局、高新区等单位关于新城规划建设的推进情况汇报，分组对新城规划建设协商报告进行深入讨论，围绕“建设宜居宜业生态城市，打造国际化养生目的地”的发展定位提出意见和建议。

△ 如皋市召开二季度规模农业项目现场推进会，与会人员参观高新区（城南街道）、如皋工业园区（如城街道）、经济技术开发区部分重点农业项目现场。市人大常委会副主任邵晓泉通报二季度规模农业项目考核结果，市农委相关负责人对二季度规模农业项目工作进行点评，市国土局负责人解读了规模农业项目用地政策。市领导丁兴华、邵晓泉、张百璘出席会议。

30日

△ 市委书记陈晓东主持召开市委常委会，布置落实省委第五巡视组巡视如皋市反馈情况整改工作，传达近期上级领导关于生态文明建设讲话精神，通报中央环保督察“回头看”交办信访问题，研究讨论《如皋市高质量发展监测指标任务分解》《地方党政领导干部安全生产责任制规定》、全市上半年安全生产工作、《关于实施预算联网监督工作初步方案的请示》、全市七一表彰方案、《关于开展“六无”村（社区）创建活动的实施意见》《市级国有公司目标责任制考核方案》《2018 年如皋市落实南通建设上海大都市北翼门户城市重点工作考核办法》《关于全面加强城市基层党建工作的意见（试行）》《2018 年如皋市普通高中、职业学校招生计划调整安排》《落实党委（党组）意识形态工作责任制实施细则》、二季度污染防治攻坚工作等多项议题。

△ 市委副书记、市长何益军主持召开十七届市政府第二十次常务会议，传达近期上级领导关于生态文明建设讲话精神，近期中央领导关于安全生产工作指示批示及《江苏省安全生产约谈办法（试行）》精神，听取全市二季度污染防治攻坚工作情况、全市 2018 年上半年安全生产工作情况汇报，通报中央环保督查“回头看”交办信访问题，研究讨论《关于推进“十个必接”截污纳管工作的通知》等议题。

2018 年 7 月

2日 △ 如皋市举行庆祝中国共产党成立97周年大会暨第五期“村(社区)书记大讲坛”。会议由市委副书记、市长何益军主持,市委书记陈晓东为广大党员干部上题为《不忘初心、牢记使命,在高质量发展新征程中彰显担当作为》的“七一”专题党课,市委副书记丁兴华宣读了《中共如皋市委关于表彰先进基层党组织、优秀共产党员、优秀党务工作者、十佳党员企业家和“双强”型村(社区)党组织书记标兵的决定》。大会对相关先进集体和先进个人进行了表彰,7名村(社区)书记分别围绕“六无”村居创建主题进行了交流发言。

3日 △ 省人大财经委主任委员江建平一行到如皋,就全市新能源汽车产业发展情况进行调研,实地参观汽车文化馆、百应能源、陆地方舟等处。市人大常委会主任吴道健、副主任陈万圣陪同调研。

4日 △ 省人大常委会副主任魏国强一行到如皋调研乡村振兴战略实施情况,先后查看长江镇(如皋港区)中心沙社区、江苏永友食品科技有限公司、花木大世界(如皋)国际园艺城、经济技术开发区平园池村、汽车文化馆等处,并听取相关情况汇报。南通市人大常委会副主任孙建华,如皋市领导陈晓东、吴道健、刘向阳、邵晓泉、张百璘等陪同调研。

△ 国网南通供电公司党委书记沈华率队到如皋,与如皋市政府就电网建设、服务地方经济发展等方面进行工作对接,先后了解如皋市在迎峰度夏期间电力保障、供电服务等方面的诉求和建议,与如皋市相关部门沟通“用户‘获得电力’优质服务示范城市”试点建设、电网规划建设与运行、电力设施保护、优化电力营商环境等方面工作。双方就如何进一步加强政企互动合作,推进重大项目建设等方面达成共识。市委副书记、市长何益军,副市长高峰参加活动。

△ 南通慈善总会会长王德忠到如皋,就全市慈善工作开展情况进行专项调研。市委副书记丁兴华参加活动。市慈善会坚持“社会各界经常性捐赠”“爱心月劝募捐赠”和“冠名基金捐赠”三大渠道,依托各镇(区、街道)和机关各部门搞好“一日捐”活动,把培育、新增“冠名基金”和“村(社区)工作站互助基金”募集作为年度工作重点,上半年募集基金1172万元。

△ 龙兴生物联合创始人廖子兵率队到如皋考察,与如皋市就相关项目举行座谈,并深入高新区(城南街道)考察有关项目地块。市领导何益军、丁锋、吕兰陪同考察。

△ 如皋市召开项目招引与建设会办会,听取各镇(区、街道)相关负责人汇报三季度拟开工、竣工、转化项目情况,目前在手在谈的项目情况以及需要协调的问题,市发改委、商务局等相关部门负责人对项目推进过程中遇到的问题进行了交流会商,探讨有关解决方法。市领导何益军、丁锋、高峰、程瑞琴、陈杰、吕兰出席会议,并进行了点评分析,为各相关板块进一步理思路、明重点、解难题。

△ 市政协举办座谈会,专题调研全市商会建设情况。市政协主席张元健,副主席杜永红、郑振明、冒平、严世斌、刘晓洁,秘书长许映亮出席会议。

△ 团市委举行团十八大精神分享会暨如皋市青年马克思主义者“进一步解放思想、激励新时代、新担当、新作为”走基层活动启动仪式。南通团市委书记王鸣昊,如皋市委常委、组织部部长、统战部部长缪爱诚参加活动。

5日

△ 江苏省数字文化馆云平台试点运营总结交流会在如皋召开,作为4家优秀试点单位之一的如皋市文广新局分享平台运营推广的经验做法。省文化厅公共文化处处长杨树发,市委常委、宣传部部长茅红宇出席会议。据统计,于2018年4月正式入驻“江苏公共文化云”的“如皋公共文化云”,使用以来关注人数已达4万多人。

△ 市委书记陈晓东主持召开市委常委会,就《关于省委第五巡视组巡视反馈意见整改工作方案》进行研究讨论,并于会后主持召开市委常委班子巡视整改专题民主生活会,代表市委常委班子进行对照检查,其他常委逐一进行个人对照检查发言,开展批评与自我批评。

6日

△ 南通市副市长徐新民一行实地查看经济技术开发区河堤防护林、纪港村小桥,重点巡查水资源管理保护、水环境综合治理、沿岸环境整治提升等情况,并在如皋召开南通市如海运河综合整治推进会,听取南通市农委、环保局、水利局和如皋、海安等相关单位就如海运河整治工作进行汇报。如皋市政协主席张元健参加活动。

△ 市委书记陈晓东检查全市夏季安全生产工作,实地检查御锦·馨河城二期项目施工现场、南通力威机械有限公司和开业不久的文峰城市广场,强调针对夏季高温天气生产作业特点,不断排查消除安全隐患,确保不发生各类安全生产事故。市领导缪小华、刘向阳、高峰参加活动。

△ 如皋市召开“河长制”工作推进会议,回顾总结“河长制”和生态环境治理工作,客观分析存在问题和不足,部署推进下一阶段“河长制”和生态环境治理工作。会议由市委副书记丁兴华主持,市委书记陈晓东出席会议并讲话,市委副书记、市长何益军作动员报告。市环保局、经济技术开发区、丁堰镇、搬经镇有关负责人交流发言,各镇(区、街道)负责人递交了“河长制”及断面水质改善责任书。

△ 市人大常委会调研组一行对全市不动产登记工作情况展开调研,实地走访长江镇(如皋港区)便民服务中心、白蒲镇便民服务中心、市不动产登记大厅,了解做好不动产登记工作方面的基本情况、工作成效、存在问题以及下一步的工作措施。市领导桂万先、陈万圣参加调研。

8日

△ 市委书记陈晓东率队赴香港、柬埔寨开展经贸活动,先后走访位于香港的雅居乐集团、新华集团、宏威制药、强泰环保,考察南通六建和江苏汇名天然气集团在柬投资项目,促成如皋市相关企业与南通在柬企业的一系列深度合作,进一步拓宽如皋市“走出去”企业的市场空间。市委常委、宣传部部长茅红宇以及相关部门和镇(区、街道)负责人参加活动。

9日

△ 如皋港转型发展推介会在上海举行。市领导丁兴华、高峰、杜永红参加会议。推介会上,市委副书记丁兴华致辞,如皋港集团负责人介绍了如皋港港口物流发展情况,重点推介了如皋港的投资环境、主导产业、发展前景、竞争优势等,与会嘉宾作了交流发言,进一步增进了解,加深友谊,促进交流与合作。

△ 市委副书记、市长何益军主持召开2018年首次城市建设指挥部例会,研究宏坝河城市特色空间前期规划方案,讨论涉及盐通铁路建设影响的城市快速路网重要节点调整方案、如皋港铁路支线与货场结合规划方案等议题。市领导丁锋、黄文斌、程瑞琴、万维庆出席会议。

△ 市政协召开专题会议,听取相关部门“放管服”工作汇报,市编办、发改委、审批局、国土局、规划局、住建局、环保局、地税局、商务局、消防大队等部门相关负责人重点汇报了“放管服”改革工作的主要做法、亮点及存在问题和下一步工作举措、建议意见。并就“‘深化放管服’改革,建设一流营商环境”开展专题民主监督。市政协主席张元健、副主席严世斌、秘书长许映亮出席会议。

10日

△ 南通市“四好农村路”建设暨公路沿线环境综合整治现场推进会在如皋召开。南通市交通运输局局长周建飞、如皋市副市长黄文斌出席会议。2018年如皋市新(改)建农路

320公里，桥梁改造计划47座已全部完成。

△ 全市妇联基层组织建设改革创新工作推进会在经济技术开发区召开，与会人员集中参观南通泰慕士公司“三八红旗手”标兵杨敏工作室、博爱医院妇联、经济技术开发区城北社区妇女儿童之家及姐妹微家、沪润新城妇联等基层妇联组织建设现场。南通市妇联主席秦艳秋，如皋市领导马金华、缪爱诚参加活动。

11日

△ 如皋市举行部分市管高中学校副校长座谈会，市委常委、组织部部长、统战部部长缪爱诚出席会议。与会人员汇报了近三年各自的工作情况，交流所思所想、所需所困，并对学校管理、班子建设等提出意见建议。缪爱诚对发言逐一进行了点评，对大家在学校教育和管理岗位上干出的实绩给予肯定和鼓励。

12日

△ 如皋市召开食品安全示范城市创建培训会，全面推进“食品安全示范城市”创建各项工作任务的落实。会议邀请了南京工业大学食品与轻工学院党委书记熊晓辉，为如皋市相关部门人员作了“省级食品安全示范城市创建标准”解读。副市长高峰出席会议。

13日

△ 省“263”办“减煤”“减化”工作组组长沈建芬率领检查组一行到如皋，检查减少煤炭总量、减少化工产能工作开展情况，听取如皋市“两减”工作开展情况汇报，实地查看如皋市大业化工厂、如皋市科源环保科技有限公司、南通市福鹤化工有限公司等企业关闭拆除情况。市委常委、常务副市长丁锋参加活动。

△ 市委常委、如皋工业园区党工委书记、如皋市旅游度假区党工委书记刘向阳，副市长程瑞琴率队督查全市全域旅游安全工作。督查组一行先后实地察看了经济技术开发区平园池村藕池文化园、长江镇（如皋港区）水木春秋民宿项目现场和长江药用植物园、美国长老会白蒲教堂旧址、龙游湖风景区等处。

△ 省发改委召开的第四次全省特色小镇创建工作推进会上，第二批省级特色小镇创建名单发布，共有31个小镇入选，如皋市氢能小镇榜上有名。

14日

△ 市委副书记、市长何益军率领市交通运输局、卫计委、消防大队等部门负责人一行，先后深入江苏威格电气有限公司、市人民医院、软件园二期工程建筑工地现场、通皋大道起点站施工现场，督查全市夏季高温期间安全生产工作。

△ 如皋市召开全市涉嫌非法集资风险排查暨“扫雷”攻坚行动会议。市领导丁锋、陈晓彬参加会议。会上，市金融办、处置办主任张小星解读了《市政府办公室关于开展涉嫌非法集资风险专项排查活动的通知》，市公安局副局长张新部署了“扫雷”攻坚行动，市市场监管局、如皋工业园区（如城街道）等部门和单位做了表态发言。

17日

△ 中国侨联党组成员隋军一行到如皋考察李昌钰刑侦科学博物馆，希望如皋市积极利用李昌钰博士资源，在刑侦知识教学上寻求突破，同时进一步强化博物馆建设，在家乡充分展现优秀海外华侨优秀事迹，为教育下一代提供有效平台。市领导何益军、刘向阳参加活动。

△ 南通市委常委、宣传部部长刘浩率队到如皋调研，实地参观经济技术开发区平园池村的藕池文化园和村公共服务中心，以及如皋市一下科技如皋分公司、文化广场、汽车文化馆等处，听取如皋市宣传思想文化工作情况汇报。市领导陈晓东、何益军、马金华、茅红宇参加调研。

18日 △ 如皋兰生智能制造产业园项目开工建设，7个入驻园区的项目进行集中签约。市委常委、副市长桂万先参加项目开工仪式。项目由苏州兰生企业集团旗下——如皋兰生科技有限公司开发，位于高新区（城南街道），占地95.6亩，主打智能制造、模具数控、光电科技领域的项目载体平台，同时并为入驻企业提供专业的“1+6服务孵化平台”，让入驻企业享受到物业、“种子”公司培育、基金创投、企业财税、上下游供应链服务平台等一条龙服务。

△ 经济技术开发区平园池村举行平园池第二届荷花节。市领导丁兴华、马金华参加相关活动。为期三个月的平园池第二届荷花节，以“风从荷方来”为主题，开展古风诗歌朗诵会、荷花仙子选拔赛、地方特产、地方特色文化展示等主题活动。

△ 如皋市举行雉水情暖·苔花盛开——“两癌”贫困妇女救助资金集中发放仪式。活动对“两癌”贫困妇女救助项目进行了解读，为全市首批24名贫困“两癌”妇女发放了人均1万元的救助金。副市长张亚鸾出席活动。

19日 △ 南通市政协副主席马啸平率领调研组一行到如皋，调研环保基础设施建设情况，实地走访南通九洲环保科技有限公司、南通绿能固废处置有限公司、光大生物能源（如皋）有限公司、如皋市同源污水处理有限公司以及龙游御境生活垃圾分类点，听取如皋市环保基础设施建设情况汇报。如皋市委常委、副市长桂万先，市政协副主席冒平，市政协秘书长许映亮参加活动。

△ 市委副书记丁兴华专题调研如泰运河如皋段断面水质治理情况，实地查看环东大桥、环西大桥、新204公路桥等断面，详细了解断面水质变化、沿河治理等情况，进一步落实责任主体，深入推进如泰运河如皋段综合整治。

△ 第三届国际氢能与燃料电池汽车大会和2018长三角氢能燃料电池汽车科普巡游新闻发布会在如皋举行，重点推介第三届国际氢能与燃料电池汽车大会及2018长三角氢能燃料电池汽车科普巡游的总体安排和筹备进展情况，同时各巡游站点城市正式发布巡游邀请函。中国汽车工程学会常务副理事长兼秘书长张进华，如皋市领导陈晓东、马金华、高峰，上海市科委副主任干频、盐城市科技局副局长丁桂林、英美资源公司亚太区贵金属营销及业务拓展总经理孙国江以及国内外知名机构及企业近100名代表、超过30家媒体出席发布会。

△ 江苏赛麟汽车科技有限公司、中国石油江苏销售分公司、中国石油南京润滑油销售分公司在上海外滩罗斯福公馆举行战略合作签约仪式。市委书记陈晓东，市委常委、经济技术开发区党工委副书记马金华，中国石油润滑油公司副总经理孙树好，中国石油江苏非油品销售分公司副总经理童君，江苏赛麟汽车科技有限公司董事长兼首席执行官王晓麟出席仪式。中国石油江苏销售分公司总经理助理刘庆，中国石油南京润滑油销售分公司总经理庞忠民，江苏赛麟汽车科技有限公司执行副总裁毛天华代表合作各方签约。

20日 △ 根据党中央、国务院《深化党和国家机构改革方案》的要求和国家税务总局的统一部署，原江苏省如皋市国家税务局、南通市如皋地方税务局正式合并，挂牌成立国家税务总局如皋市税务局。市委常委、常务副市长丁锋，国家税务总局南通市税务局联合党委委员、副局长周宏建为国家税务总局如皋市税务局揭牌。新机构办公地点位于如皋市如城街道育贤路666号。

△ “文明皋城 你我同行”主题活动暨第八届“小亭志愿服务月”启动仪式在龙游河生态公园举行。活动现场公开发布居家文明公益短片、公共文明公益短片、交通文明公益短片、乡风文明公益短片、经营文明公益短片，并集中表彰一批志愿服务优秀单位及个人。市四套班子领导陈晓东、吴道健、张元健、丁兴华、刘向阳、茅红宇、陈万圣、刘晓洁等出席活动。

21日 △ 如皋籍著名电视导演夏骏携执导的新作——大型电视纪录片《张謇》回到家乡，在如皋大剧院举行展映式。市领导陈晓东、张元健、茅红宇、张亚鸾、刘晓洁出席展映活动。

△ 2018年市政府为民办实事和重要民生项目督查推进会议召开，回顾2018年以来为民办实事和重要民生项目进展情况，确保项目顺利推进、取得实效。市委常委、常务副市长丁锋主持会议。与会人员查看了奥体中心东侧停车场、大司马河整治、通皋大道、江安初级中学、如皋市生态环境保护执法司法联动中心等项目现场。各牵头部门负责人汇报了为民办实事和重要民生项目推进情况，各分管市长对有关工作进行了点评。部分市人大代表、政协委员就做好为民办实事和重要民生项目提出了建议。市领导何益军、丁锋、桂万先、陈万圣、黄文斌、张亚鸾、张百璘、郑振明出席会议。

△ 为期15天的2018年度全市科级干部进修一班开班。市委副书记丁兴华出席开班仪式并讲话，市委常委、宣传部部长茅红宇以"牢牢掌握意识形态工作的领导权管理权话语权"为题，为全体人员上专题党课。

23日 △ 南通市人大常委会副主任黄卫成率队到如皋，调研文化产业发展情况，实地参观如皋电影胶片博物馆、一下科技视频产业园等处，详细了解如皋市文化产业发展现状。市人大常委会副主任钱志刚参加调研。

△ 2018年度全市入党积极分子培训班正式开班，市委常委、组织部部长、统战部部长缪爱诚出席开班典礼并作动员讲话。培训分三期，共有来自各镇（区、街道）、各机关部门和市各直属单位的510多名入党积极分子参训。

24日 △ BIM（建筑信息模型化）技术应用专题讲座在锦都金鼎大酒店举行，邀请BIM行业专家分享经验并针对BIM技术在施工单位的实战应用等相关内容进行交流研讨。副市长黄文斌出席活动并致辞。

△ 如皋市举行上半年开放型经济工作例会，进一步强化时点控制，确保完成全年目标任务。市领导茅红宇、程瑞琴、吕兰出席会议。会上，各镇（区、街道）分管开放型经济的负责人围绕上半年外资、外贸、签约项目进行了汇报交流，市商务局、招商局负责人分别对各镇（区、街道）利用外资、外贸进出口完成情况以及各镇（区、街道）招商引资完成情况进行点评。

△ 市政协主席张元健率队视察指导公安工作，委员们集中视察公安交通管理服务中心和公安局战训基地建设工地，并召开座谈会，听取相关汇报。副市长、市公安局局长陈晓彬，市政协副主席杜永红、郑振明、冒平、严世斌、刘晓洁，市政协秘书长许映亮参加活动。

△ 全市"国家全域旅游示范区"创建推进会议召开，通报各镇（区、街道）、部门上半年全域旅游创建考核结果，对创建工作进行点评，进一步明确创建工作思路、重点和措施，确保创建目标如期实现。市领导何益军、刘向阳、陈万圣、程瑞琴、冒平出席会议。

25日 △ 市委书记陈晓东主持召开市委常委（扩大）会议，听取上半年各条线工作汇报，谋划下半年经济社会发展思路举措。与会市四套班子领导和部门负责人围绕"四个全面"抓落实、"追赶超越"争标兵发展指标月度评估情况和项目建设情况、污染防治攻坚工作情况三方面内容进行了交流。市领导何益军、吴道健、张元健、丁兴华等参加会议。

△ 如皋市召开城镇房屋安全排查整治工作推进大会，进一步强化全市城镇房屋安全排查整治工作，保障居住群众生命财产安全。市领导万维庆出席会议。

△ 市政协专题协商全市卫生计生信息化建设情况，听取市卫计委负责人关于卫生计生信息化建设的工作汇报。市政协副主席严世斌，秘书长许映亮参加活动。

26日 △ 市委副书记、市长何益军率领市发改委、规划局、旅游局等相关部门负责人一行，调研如皋工业园区（如城街道）项目建设情况，先后听取市委常委、如皋工业园区党工委书记、如皋市长寿旅游度假区党工委书记刘向阳围绕园区发展定位、产业转型、园区提升、特色产业培育、重大项目招引等方面阐述发展思路和举措，各相关部门汇报和有关意见建议。市领导黄文斌参加调研。

△ 市人大常委会主任吴道健率队视察指导公安工作，集中视察公安交通管理服务中心和公安局战训基地建设工地，观看公安工作汇报短片。市人大常委会副主任陈万圣、邵晓泉、张勇、钱志刚，副市长、市公安局局长陈晓彬参加活动。

△ 市政协主席会议协商金融支持实体经济工作。市政协主席张元健，副主席郑振明、冒平，秘书长许映亮出席会议。会上，市金融办负责人汇报2018年以来金融业支持实体经济发展情况，提出相关意见建议，各银行机构相关负责人分别就创新金融产品、服务中小企业实体经济发展的情况进行汇报交流，并就银行部门支持实体企业所面临的困难和问题进行了深入探讨。

26~28日

△ 市委书记陈晓东逐一听取全市14个镇（区、街道）就重大项目建设、污染防治攻坚、抓党建工作等进行汇报，提出当前需要协调解决的相关问题，分析存在不足，对下半年经济社会发展思路举措进行认真谋划。市领导何益军、张元健、丁兴华等参加活动。

27日 △ 南通市委常委、常务副市长单晓鸣率队到如皋，调研如皋港集团发展、长江经济带生态环境保护审计发现问题整改情况、氢能产业发展等工作，并就如皋市在工作推进中遇到的重要交通工程、焦港河如皋段环境提升、政府性债务风险化解、新能源汽车及氢能产业发展扶持政策等问题，现场协调南通市相关部门，提出相应解决方案。市领导何益军、丁锋陪同调研。

△ 如皋市政府与国网江苏综合能源服务有限公司、国网如皋市供电公司三方共同签订《综合能源服务战略合作框架协议》，成为江苏省内首个在县级市层面落地的综合能源服务战略合作。市委书记陈晓东、国网南通供电公司总经理许志龙等出席签约仪式，并见证市委副书记、市长何益军，省综合能源服务公司总经理蔡钧，国网如皋市供电公司总经理蔡立华分别代表三方签署协议。

△ 百营钢铁、云飞工贸与高新区（城南街道）合作项目正式签约，由百营钢铁、云飞工贸共同投资，致力于汽车特种钢材和新能源汽车结构件、家电精密零配件的研发、生产和销售，促进高新区装备制造产业发展。市领导陈晓东、茅红宇、杜永红出席签约仪式。

△ 如皋市青年商会第二届会员大会暨“汇聚青商力量 助力如皋发展”活动在如皋农商行举行。大会审议《青商会章程（草案）》，通过《如皋市青年商会关于接纳第二届会员的决定（草案）》等，选举产生第二届如皋市青年商会理事会成员，选举顾柔坚为第二届如皋青年商会会长。市委常委、组织部部长、统战部部长缪爱诚现场为新当选的会长颁发聘书。

△ 全市安全生产暨消防工作推进会召开，总结上半年全市安全生产工作，表彰“安全生产月”先进集体和优秀作品，进一步加强夏季高温汛期安全生产及消防重点工作，确保全市安全生产形势平稳可控。市领导何益军、张勇、陈晓彬、高峰、郑振明出席会议。

△ 市人大常委会副主任陈万圣率队，就全市“七五”普法规划实施情况进行调研，先后实地参观南通市华冠电器有限公司、搬经镇湖刘社区、搬经镇初级中学等处，详细了解依法治企、“民主法治示范社区”建设、德法教育等工作。

27~31日

△ 世界跳绳锦标赛在上海财经大学体育馆举行，来自20多个国家和地区的700多名运动员同场竞技。如皋市白蒲小学小队员在女子4×45秒交互绳、女子四人同步、男子两人同步三个项目上发挥

出色，夺得三枚金牌，并获得女子团体银牌，以及女子两人同步和女子 4×30 秒单摇接力季军。

28日

△ 科技部专家组一行到如皋考核验收南通国家农业科技园区建设，先后到如皋绿园、花木大世界（如皋）国际园艺城、花名堂等地进行实地评估。作为园区的核心区，如皋市积极争取上级科技、农业、财政等部门的农业科技项目，建设各级各类平台，改善园区研发条件，提高园区科技创新和技术服务能力，获得专家组好评。南通市副市长赵闻斌，如皋市领导何益军、刘向阳、高峰、张百璘参加活动。

30日

△ 2018 如皋"市长杯"全国青少年足球邀请赛在市奥体中心"江苏省青少年校外足球训练中心"开幕。副市长张亚鸾宣布比赛开始并为比赛开球。邀请赛为期一周，由如皋市人民政府主办，如皋市体育局、如皋市教育局承办，南通支云足球俱乐部、如皋市校园足球领导小组办公室协办，来自大江南北的 28 支代表队近 500 名运动员、教练员、领队及志愿者参加开幕仪式。

△ 为期 12 天的如皋市 2018 年新录用公务员初任培训班举行开班典礼。市委常委、组织部部长、统战部部长缪爱诚参加活动并上专题党课。

△ 为期 5 天的全市宣传干部培训班在浙江大学开班。市委常委、宣传部部长茅红宇，浙江大学继续教育学院督导组组长郭常平出席开班仪式并讲话。

31日

△ 捷星新能源董事长彭华率考察团一行到如皋，就新能源汽车产业发展情况进行考察，实地参观汽车文化博物馆、百应能源、珈伟龙能、康迪汽车、赛麟汽车等处。市领导陈晓东、何益军、马金华参加活动。

△ 市委书记陈晓东开展"八一"建军节慰问活动，走访慰问南通军分区、空 7 旅、空军雷达营官兵，代表市委、市政府向他们致以节日的问候，共叙鱼水深情，共谋军地新发展。市领导丁兴华、祝国庆、邵晓泉参加活动。

△ 市委副书记、市长何益军率队前往南通市消防支队、如皋边防检查站、如皋消防大队、武警中队和人武部等处，开展"八一"建军节慰问活动。市领导祝国庆、陈晓彬、张百璘参加活动。

△ 市委常委、副市长桂万先到白蒲镇社会管理服务中心，听取中心工作开展情况汇报。调研指导矛盾调处工作。

2018 年 8 月

1日 △ 国家信访局党组副书记、副局长张恩玺一行到如皋调研，实地走访如皋工业园区（如城街道）顾庄社区、市人民来访接待中心、经济技术开发区综治中心，听取市委书记陈晓东介绍全市信访工作开展情况。南通市委常委、政法委书记姜永华，如皋市领导马金华、缪小华、刘向阳陪同调研。

△ 市委书记陈晓东主持召开市委常委会，对照省巡视组反馈问题清单和省委巡视办反馈审核意见，进一步修改完善巡视整改工作方案。会议传达学习全国、全省组织工作会议精神，专题研究上半年全市党风廉政建设情况，谋划部署下半年工作计划，讨论工会、共青团、妇联改革实施方案和市委十二届七次全体(扩大)会议方案和会议报告、《关于鼓励经济薄弱村脱贫攻坚的若干政策意见》等多项议题。

△ 市委副书记、市长何益军主持召开十七届市政府第二十一次常务会议，研究讨论《关于如皋市2018~2020年农村公路建养一体化工程整体招标的请示》《如皋市城市建筑垃圾管理办法（修订）》《如皋市户外广告设施和 店招标牌设置管理办法(修订)》《如皋市标准化中长期发展规划》等多项议题。

△ 市委书记陈晓东主持召开座谈会，通报全市经济社会发展情况，并就《市委十二届七次全体(扩大)会议报告(讨论稿)》，征求老领导意见。市委副书记丁兴华参加会议。

△ 市行政审批局会同人民银行如皋支行，通过如皋市智慧政务综合信息化服务平台，在全省率先创新开通的人民币结算账户不见面核准业务正式运行。该业务自7月23日开始试运行，各商业银行分行、支行、网点通过如皋市智慧政务综合信息化服务平台受理银行账户开户许可证核发业务，审核通过后报人民银行如皋支行审批，相关账户开户资料数据实时传送，无须送递审纸质资料，并对接开通EMS快递服务，实施“不见面审批(服务)”，真正实现“数据多跑路、群众少跑腿”。

△ 即日起，根据海关总署关于关检业务融合的统一部署，海关进出口货物实施整合申报，报关单、报检单合并为一张报关单，全市外贸进出口企业同步使用新版报关单开展通关作业，实现一次申报、一单到底、一号到底。

2日 △ 南通市委常委、政法委书记姜永华率领南通市政法重点工作年中现场推进会与会人员一行到如皋参观，先后参观搬经中学 、搬经小学、如皋市人民检察院派驻长江镇检查室。如皋市委常委、政法委书记缪小华参加活动。

2~3日

△ 市委十二届七次全体(扩大)会议在市行政中心礼堂召开。全会先后深入14个镇(区、街道)，对上半年全市项目建设中涌现出的新典型、新亮点进行了观摩和点评，听取并同意市委书记陈晓东代表市委常委会所作的《解放思想再出发、追赶超越勇争先，奋力推动如皋高质量发展走在前列》的工作报告，通报产业项目建设、重点单项工作考核结果，并为上半年项目建设考核先进单位颁发流动红旗。与会市委委员以举手表决的方式，一致通过《中国共产党如皋市第十二届委员会第七次全体(扩大)会议决议》。

3日 △ 市委书记陈晓东会见上海赛领资本管理有限公司基金管理团队，双方签订赛领全球新能源汽车产业基金战略合作协议，就设立赛领全球新能源汽车产业基金达成共识。基金拟在上海市自贸区注册，募集总规模30亿元，首期募集10亿元，聚焦于境内外汽车产业链、氢能源等领域的相关股权投资。市委常委、经济技术开发区党工委副书记马金华参加活动。

△ 市委副书记、市长何益军率队调研全市征兵工作，前往市人民医院慰问一线工作人员，看望应征青年，了解征兵工作整体情况。副市长张百璘参加活动。

△ 全市殡葬领域突出问题专项整治会议召开，通报本市殡葬改革工作有关情况，部署殡葬专项整治行动及今后一段时期殡葬改革工作，推进全市殡葬事业有序发展。市领导何益军、丁兴华、张百璘出席会议。

△ 白蒲(苏州)投资环境说明会在昆山举行，介绍区位优势，推介投资环境。会议播放白蒲城镇形象宣传片“蒲涛涌金”，并形成签约项目2个。市委常委、副市长桂万先出席活动。

4日

△ 市委副书记、市长何益军率领市农委、住建局、环保局、水务局等部门负责人一行，调研通扬运河如皋境内断面水质情况，实地查看通扬运河上的334省道大桥、林梓大桥、勇敢大桥等断面水质以及林梓污水处理厂、白蒲污水处理厂，听取白蒲、丁堰两镇推进通扬运河断面水质达标有关做法汇报。

6日

△ 副市长张百璘率领市农委、农工办、水务局、民政局、粮食局、残联等部门有关负责人一行，对全市夏季农业农村领域安全生产工作进行督查，先后实地查看欣晨冷冻、市粮食购销公司丁堰粮库、丁堰镇长寿星养老中心等场所，听取有关负责人关于安全生产情况的汇报。

△ 市政协举行座谈会，围绕全市“国家全域旅游示范区创建工作开展情况”进行专题调研，听取相关部门和镇(区、街道)代表汇报各自上半年创建工作成绩、存在问题及下一步打算。副市长程瑞琴介绍全市国家全域旅游示范区创建过程，并对创建成果进行了点评。市领导张元健、严世斌出席会议。

6~7日

△ 市第十七届人大常委会第十二次会议召开，听取审议市政府《关于2018年上半年国民经济和社会发展计划执行情况的报告》《关于检查国务院〈取水许可和水资源费征收管理条例〉贯彻实施情况的报告》《关于2018年上半年财政预算执行情况的报告》《关于如皋市2017年度市级预算执行和其他财政收支情况的审计工作报告》《关于全市往来款专项清理工作情况的报告》，审查批准2017年市级财政决算，表决通过市人民检察院提请的人事任免事项。

7日

△ 市委副书记丁兴华率队赴北京中国原子能科学研究院开展项目洽谈，并参观核工业科技馆和强流质子回旋加速器、质子治疗加速器等科研成果。中核集团首席专家、回旋加速器中心主任张天爵接待考察团一行。副市长高峰，市科技局、长江镇(如皋港区)负责人参加活动。

△ 如皋市召开“千企百亿”银企对接洽谈会，市领导陈晓东、何益军出席会议并讲话。会上，市委常委、常务副市长丁锋通报了2018年全市经济运行情况，19家银行与55家企业签订贷款授信协议，总授信额56.58亿元，其中，现场签约的40家企业授信额度达47.42亿元。

△ 市监委向市人大常委会主任会议就贯彻落实国家监察法情况作专项工作报告。市人大常委会主任吴道健，副主任陈万圣、邵晓泉、张勇、钱志刚参加报告会，听取市委常委、市纪委书记、监委主任史有根介绍监察体制改革进展和市监委各项工作开展情况。

8日

△ 南通市和谐社区建设暨小组(邻里)自治工作推进会在如皋举行，与会人员实地参观江安镇周庄社区“三治融合”、如皋工业园区(如城街道)孔庙社区“六化建设”和新民村小组自理现场，听取如皋市民政局、海安市曲塘镇、港闸区天生港镇街道通燧社区相关

负责人的经验介绍。如皋市副市长张百璘出席会议并致辞。

△ 如泰运河接通工程启动。南通市委副书记张兆江、泰州市副市长陈明冠、泰兴市委书记张育林,如皋市领导陈晓东、何益军、丁兴华、张百璘等参加启动仪式。总长155公里的如泰运河是横贯南通、泰兴的区域性重点骨干河道,具有引、排、航综合效益,接通工程总投资8000万元,目标将泰兴与如皋交界处一直未能接通的400米梗阻连通,施工总工期12个月,计划开挖引河674米,新建控制闸1座。

△ 如皋市庆祝第十个"全民健身日"暨第二届康姿百德健身操大赛在安定广场举行,来自全市20个代表队的600多名选手参加比赛。副市长张亚鸾出席活动。

△ 国家知识产权局商标局认定江苏城中园林股份有限公司的"CHZNGZHONG GARDEN 及图"注册商标为驰名商标。至此,全市驰名商标总数达到6件,位居南通县(市、区)前列。

9日

△ 全市宣传思想文化工作推进会召开,通报各镇(区、街道)二季度意识形态和精神文明建设工作考核情况。与会人员实地参观基层文化阵地设施完善的经济技术开发区北郊花苑、突出诚信邻里建设的如皋工业园区(如城街道)迎新社区、被列为南通市重点文化产业项目的一下科技等一批优秀思想文化宣传阵地,听取各镇(区、街道)相关负责人围绕上半年宣传思想文化工作开展情况作相关汇报。市委常委、宣传部部长茅红宇出席会议。

△ 如皋市组织全市32个省、南通市级经济薄弱村召开脱贫攻坚座谈会,重点围绕通过集中规模经营增加集体经济收入畅谈工作思路、探索脱贫路径。市领导丁兴华、张百璘参加座谈。

10日

△ 如皋市专题召开全市地表水市考以上断面水质达标座谈会,听取相关镇(区、街道)和部门负责人汇报交流断面水质提升工作。市委副书记、市长何益军通报全市市考以上断面水质情况,并以通扬运河三个断面为例,研究分析改善断面水质的方法与措施。市领导陈晓东、吴道健、张元健、丁兴华、陈晓彬、黄文斌、高峰出席会议。

△ 市委书记陈晓东主持召开市委中心组(扩大)学习会,特邀南通市委常委、宣传部部长刘浩作意识形态工作专题讲座。

△ 丁堰镇首届葡萄采摘节暨全域旅游推介活动在AAAA级乡村旅游景区森果农庄开幕。活动由丁堰镇政府主办、市文广传媒集团承办,副市长程瑞琴、吕兰及部分市级机关负责人应邀出席活动。

12日

△ 南通体育日十周年之际,南通市委、市政府在如皋市奥体中心举行庆祝大会,为首届全国青少年足球邀请赛冠亚军、2017年南通市青少年校园足球联赛优胜单位颁奖,向全国校园足球"满天星"训练营南通基地和南通支云足球俱乐部青训基地授牌,并邀请南通籍奥运冠军林莉、陈玘、陈若琳现场为南通足球助威,共同观看南通支云与江西联盛的比赛。中国足球协会副主席李毓毅、省体育局副局长刘彤,南通市领导刘浩、黄卫成、吴永宏、陈宋义,如皋市领导陈晓东、何益军、茅红宇、张亚鸾等出席相关活动。

△ 北外附属龙游湖外国语学校举行国际高中部开班仪式,迎接首批学生。市领导缪爱诚、张亚鸾参加活动并致辞。学校坐落于龙游湖风景区,总投资10亿元,是一座包括幼儿园、小学、初中、国际高中以及北外基础教育国际化研究院在内的K-12民办国际化学校。

13日

△ 如皋市召开三季度规模农业项目现场观摩会,与会人员集中参观14个镇(区、街道)规模农业项目现场,并在观摩中就项目大小、质量高低开展相关竞赛,形成争先创优态势,提振全市推进规模农业项目建设的信心和决心。市领导丁兴华、张百璘参加会议。

15日 △ 如皋市举办第二届青年人才大会暨“新青年 新如皋 新发展”皋籍在外学子家乡行活动，展示全市经济社会发展情况、就业创业环境及相关人才优惠政策，进一步吸引青年才俊、优秀学子到如皋创新创业，鼓励如皋籍青年回乡发展。市领导缪爱诚、茅红宇出席活动。会议为“驻外团工委”“高校导师团”负责人颁发聘书，为“青年就业创业见习基地”授牌，与会人员观看青年人才工作宣传片《懂你的如皋等你来》，参观了开源空间、龙游湖商务风景区等处。

15~16日

△ 省食药局生产处处长冯宜敏率领考核组到如皋，通过听取汇报、深入座谈、资料评查、现场检查等方式，对全市省级食品安全示范城市创建工作进行全方位考评，提出相关意见和建议。市领导陈晓东、何益军、高峰、陈杰参加相关活动。

15~17日

△ 陕西省洋县县委书记胡瑞安率领考察团一行到如皋考察，开展对口协作交流活动，先后参观东升国际石材产业城、如皋港集装箱码头、龙游湖商务区、一下科技、凌志软件、国际园艺城、顾庄生态园、李昌钰刑侦科学博物馆、汽车文化馆、赛麟汽车、荣威娱乐等处，全方位了解城市发展情况，实地感受重大项目建设的热度和速度。两地对口协作联席会议签约4个项目，并就开展产业园区共建、志愿服务帮扶、党校对口协作、国土战略合作、驻点跟岗招商等相关协作达成共识。市领导陈晓东、何益军、吴道健、张元健、丁兴华、刘向阳、丁锋、缪爱诚、桂万先等参加活动。

16日 △ 洋县农村致富带头人赴江苏如皋学习培训班开班暨“洋县党员干部教育如皋培训基地”揭牌仪式在如皋市委党校举行。洋县县委书记胡瑞安、如皋市委书记陈晓东共同为培训基地揭牌。如皋市委常委、组织部部长、统战部部长缪爱诚在开班仪式上致辞，洋县县委常委、组织部部长蔚文波作开班动员讲话。洋县领导卢兴华、张振、石兵，如皋市领导丁兴华、丁锋等参加活动。自2017年以来，如皋选派10多名领导干部、优秀人才到洋县挂职学习，洋县副县长李刚等38名同志先后到如皋挂职，两地合作举办3期脱贫攻坚专题培训班，150名扶贫部门骨干和驻村书记到如皋参训，在教育、卫生、农业、科技、旅游等专业领域开展学习交流，增进了两地友谊、深化了对口协作、促进了发展共赢。

△ 苏陕协作朱鹮有机农产品如皋直营店正式开业。洋县县委书记胡瑞安与如皋市委书记陈晓东共同为“苏陕协作产业合作示范点”揭牌。如皋市委常委、常务副市长丁锋，洋县县委常委、常务副县长卢兴华分别在活动中致辞。蔚文波、张振、石兵等洋县领导，刘向阳、丁锋等如皋市领导出席开业仪式。直营店作为苏陕协作产业合作示范点，是洋县在如皋的第一个农产品展销实体门店，也是如皋和洋县结对帮扶项目之一，位于如城街道新生路农贸市场东侧，4月1日试营业，上架黑米、蜂蜜、黑米酒、白酒、黄酒等12类108种有机农产品，带动贫困户100多户。

△ 如皋“爱心邮路”正式成立20周年之际，市委书记陈晓东专题慰问“爱心邮路”上的乡邮员和被帮扶孤寡老人，先后走访搬经镇搬经居4组、搬经镇湖刘村18组、如皋市邮政分公司搬经支局，慰问相关孤寡老人和以中国好人赵颖东、江苏省劳模吴学军为代表的搬经支局“爱心邮路”先进集体。

△ 全市机关驻村第一书记现场推进会召开，24名机关驻村第一书记及省派、南通市派第一书记参加会议。会议以“现场观摩+集中会议”的形式进行，与会人员集中参观江安镇曹杜村、胜利社区等村两委班子带动发展的示范典型，以及搬经镇卢庄村、万富村第一书记亮点现场，听取丁堰镇赵明村、堰南社区、九华镇营西村的第一书记交流发言。市委常委、组织部部长、统战部部长缪爱诚出席会议。

△ 如皋市举行第一届网格化实战技能比武竞赛，进一步加强网格化服务管理、提高网格队伍业务能力和信息化水平，白蒲镇代表队摘得桂冠。市委常委、政法委书记缪小华出席活动。

17日 △ 如皋市召开教育系统(高中学校)干部集体谈心谈话暨干部队伍建设会议，宣布干部任免决定，部分新提拔干部在会上作任职感想发言。市领导缪爱诚、张亚鸾出席会议。

18日 △ 第二届中国·如皋开源空间黑客松大赛在高新区(城南街道)软件园内开幕。大赛是2016年工信部赛迪研究院软促中心全面运营托管如皋软件园后，每年精心策划的一场重大品牌活动，2018年以“科技改变未来”为主题，分别以智慧城市、人工智能、智能生活三个时代热题为应用开发方向，吸引来自全球各地的100多名顶尖编程高手参赛。工信部中国电子信息产业发展研究院副院长刘文强，市委书记陈晓东，市委副书记、市长何益军，市委常委、宣传部部长茅红宇共同启动大赛。韩国IITP首席研究员LIM、责任研究员YOUN，阿里集团IOT事业部高级资深技术运营官孟凡光，安信融资本投资合伙人步日欣，Linaro高级技术工程师Jimmy，Debian Developer、多个开源项目开发者Paul，威控睿博执行董事、中国开源先锋张海涛参加开幕活动。

20日 △ 市委常委、经济技术开发区党工委副书记马金华率领市环保局、水务局相关负责人和经济技术开发区、如皋工业园区(如城街道)、东陈镇分管“河长制”工作负责人一行，开展南凌河巡河工作，认真询问南凌河目前在水污染防治、水环境治理等方面存在的主要问题，仔细查看有无污水排放口等具体情况，听取三个镇(区、街道)负责人汇报南凌河河道目前整治状况及下一步工作重点。

△ 市政协围绕“全省高质量发展监督评价指标”开展专题调研，通过听取市统计局相关负责人对《江苏高质量发展监测评价指标体系与实施办法》的解读和结合如皋实际进行的分析，以及市环保局、商务局、国土局等相关部门负责人关于全市相关指标达成度的汇报，知情明政，更好地履行参政议政、民主监督职能，推动全市高质量发展。市政协主席张元健，副主席郑振明、冒平，秘书长许映亮参加调研活动。

△ 市委副书记丁兴华率队慰问2018年市慈善“圆梦助学”活动中受助的贫困大学生代表，先后走访慰问8名困难家庭大学生，分别为他们送去3000元助学金。市领导邵晓泉、张百璘、杜永红参加活动。自2008年开始至今，“圆梦助学”活动累计出资368.5万元，资助1610名寒门学子圆梦大学，受到社会广泛好评。

21日 △ 市政协专题调研国土资源管理工作情况，听取市国土资源局负责人就全市国土资源管理工作进行汇报，并就国土资源管理工作提出意见和建议。市政协副主席郑振明、冒平，秘书长许映亮等出席会议。

22日 △ 市委书记陈晓东主持召开市委常委会，传达省委常委、省纪委书记、省监察委员会主任蒋卓庆在十三届省委第五轮巡视工作动员部署会上的讲话，讨论《中共如皋市委关于〈中央第七巡视组关于巡江苏省的反馈意见〉整改落实方案》《十三届省委第四轮巡视18个县(市、区)发现共性问题整改工作方案》《如皋市委关于省委巡视反馈意见整改情况的报告和公开工作相关事宜》《关于省委对如皋市委巡察工作专项检查反馈意见整改情况的报告》《关于落实省委第五巡视组意识形态专项巡视反馈意见整改情况报告》《关于落实巡视整改要求进一步加强考核工作的意见》《关于第七轮巡察工作情况的报告》《关于第八轮巡察工作情况的报告》《中共如皋市委第九轮巡察工作实施方案》《关于深入开展扫黑除恶专项斗争的的实施方案》、2018年“一会两节”筹备工作方案等多项议题。

△ 在印尼雅加达举行的第18届亚洲运动会相关比赛中，1988年出生于如皋白蒲，曾摘得仁川亚运会金牌的李彤以100秒17的成绩，获得皮划艇女子激流回旋项目银牌；当晚，1992年出生于如皋石

庄的石高峰与队友董超、兰明豪、薛洋东组成的中国队获得击剑男子重剑团体决赛亚军。

23日 △ 市委书记陈晓东率领市发改委、水务局、交通运输局、环保局等部门负责人一行，对通扬运河如皋段经济技术开发区、如皋工业园区（如 城街道）、东陈镇境内的河段进行实地巡查，先后乘船巡查两岸污染性企业整治、排污口整治、畜禽养殖整治、沉船 打捞、僵尸船清理、岸坡修复等情况。副市长张百璘参加活动。

△ 市政协主席张元健率队走访白蒲镇企业家委员，开展“助推全面小康彰显委员风采”主题活动，先后走访华东油压、锦鑫工艺品、茂鑫工艺品等公司，与委员企业家深入交流，帮助协调解决发展中的难题。秘书长许映亮参加活动。

△ 市口岸压缩整体通关时间推进会在如皋海关举行。会上，如皋海关通报1至7月份全国、江苏、南通和如皋口岸整体通关时间现状，分析影响如皋口岸整体通关时间的堵点和短板，并结合如皋港实际，科学合理分类设定阶段性压缩目标，提出具体细化节点要求。副市长程瑞琴参加活动。

24日 △ 全市召开经济社会发展情况汇报会，市委副书记、市长何益军向市人大、市政协通报全市上半年经济社会发展情况，并听取市人大、市政协对政府工作的意见和建议。市领导吴道健、张元健、丁锋等参加会议。

△ 市建筑行业协会第六次会员代表大会在南通六建举行。会议审议通过第五届理事会工作报告、财务工作报告，并作《如皋市建筑行业协会章程》修改草案说明，选举产生协会第六届理事会、常务理事会，选举宋小忠为市建筑行业协会第六届理事会会长。市人大常委会副主任陈万圣出席活动。

25日 △ 市委副书记、市长何益军，副市长张亚鸾率领有关部门负责人一行，前往白蒲镇和石庄镇，看望慰问在雅加达亚运会获得优异成绩的优秀运动员李彤和石高峰的家属。

28日 △ 南京市鼓楼区如皋商会第一次会员大会暨成立大会在华东饭店举行，大会通过《南京市鼓楼区如皋商会章程》，选举产生商会领导班子，江苏润天生化医药有限公司董事长、总经理钟雪峰当选商会会长。市领导何益军、吴道健、张元健、张勇、杜永红出席会议。鼓楼区商会代表、如皋行业商会代表和异地如皋商会代表、在宁如皋籍民营企业家及如皋籍各界人士代表260余人参加会议。

△ 如皋市政府采购网上商城建设成效明显。按照中央“放管服”要求，根据政府采购相关法律法规，在财政部、省财政厅统一部署下，如皋市4月与江苏阳光公采网络技术有限公司签订政府采购网上商城开发合同，6月上线试运行，自6月20日上线以来，共成交708笔，成交金额约506万元。截至目前，网上商城共有122家货物类供应商、17类163家定点服务供应商，现有采购人390个，覆盖全市所有行政机关、事业单位和国有公司。

29日 △ 南通市金融支持乡村振兴工作推进会暨南通市乡村小微金融服务如皋示范区启动仪式在如皋举行。与会人员参观如皋市农业农村发展亮点。市委书记陈晓东、中国人民银行南通中心分行行长李丹瑾等共同启动南通市乡村小微金融服务如皋示范区行动，市相关金融机构向首批信用村和农户代表授牌授信。

△ 如皋市召开“全科网格”建设暨年中综治平安建设重点工作现场推进会，进一步提升全市基层网格化服务管理、综治平安建设水平。与会人员参观如皋工业园区（如城街道）孔庙社区、白蒲镇黄行村、高新区（城南街道）网格办，观摩全市网格化服务管理智能应用平台和“全要素网格通”手机端功能现场演示。市委常委、政法委书记缪小华参加活动。

△ 2018“雉水之夜”广场文艺演出在龙游河生态公园举行。市领导钱志刚、张亚鸾、刘晓洁与市民共同观看演出。作为如皋连续20多年来精心打造的群众文化活动品牌，“雉水之夜”广场文艺演出以艺术品位高、区域特色鲜明、社会影响力大等特点深受人民群众喜爱。

30日 △ 南通市副市长赵闻斌率队到如皋，巡查如泰运河及国考、省考断面整治工作，先后乘船实地查看如泰运河沿线环境，对两岸违章建筑、砂石码头、入河排污口整治、干河绿化工作进行重点督查，现场交办存在问题，确保“年内全面消除省考以上劣V类断面”，并现场了解搬经中学污水处理站、如泰运河接通工程建设进度，要求按照序时进度加快建设，为促进区域经济协调发展提供水资源和水生态保障。市委副书记丁兴华参加活动。

△ 市人大常委会召开2018年评议工作动员会，进一步统一思想、明确责任、凝聚共识、增强合力，确保8月至10月对残联、科技局、司法局、人社局、住建局5家单位工作开展评议并取得实效。市人大常委会主任吴道健，市委常委、常务副市长丁锋，市人大常委会副主任陈万圣、邵晓泉、张勇、钱志刚出席会议。

△ 如皋市召开第四次全国经济普查动员会暨单位清查工作会议，对普查工作进行动员和具体部署。市委常委、常务副市长丁锋出席会议。本次经济普查对象是在本市境内从事第二产业和第三产业的全部法人单位、产业活动单位和个体经营户，普查内容包括普查对象的基本情况、组织结构、人员工资、生产能力、财务状况、生产经营和服务活动、能源消费、研发活动、信息化建设、电子商务交易情况等。

△ 2018年南通市特种设备事故应急预案桌面推演观摩会在如皋举行。副市长高峰出席会议。推演以“南通百川新材料有限公司仓储中心在环氧丙烷卸车过程中，V8301a球罐底部进料连接压力管道和阀门处发生泄漏”为事故背景，现场模拟公司故障处置、事故先期处置、事故报告、应急响应、应急处置、善后处置6个环节的10个场景，通过演练检验全市特种设备安全突发事故应急预案的合理性和可操作性，进一步提升特种设备安全突发事故的应急处置能力。

31日 △ 省政府办公厅政务公开办主任张旻率评估验收组一行，到如皋验收基层政务公开标准化规范化试点工作，实地考察市政务服务中心和税务办事大厅，并通过查阅台账、听取汇报等形式，详细评估验收全市基层政务公开标准化规范化试点工作开展情况。市领导丁锋、桂万先参加相关活动。

△ 市委书记陈晓东率领市发改委、交通运输局、国土局等部门负责人一行前往九华镇，调研该镇重点工作，实地走访省级经济薄弱村龙舌村、南通市级经济薄弱村丝渔村、污水处理厂建设现场、在建重点项目现场等地。市政协副主席冒平参加活动。

△ 2018年宗教界关爱如皋少数民族家庭学生捐资助学仪式在定慧寺吉祥殿举行。活动以“善爱雉水，同心同行”为主题，现场举行助学金发放仪式，共资助全市123名少数民族家庭学生，总计资助金额9.66万元。副市长张亚鸾参加活动。

2018 年 9 月

1 日

△ 如皋市农业委员会与上海浦东新区农业委员会达成农业对接支持发展合作协议，在国家现代农业示范区创建、新型经营主体培育、特色农产品展示展销、农业企业合作交流、健康长寿养生基地建设、美丽乡村建设等方面深化合作，共同推动两地农业加快发展。上海浦东新区农业委员会主任苏锦山，如皋市领导丁兴华、邵晓泉、张百璘、杜永红参加活动。苏锦山一行还考察了金岛生态园、长江药用植物园等处。

△ 即日起，海关总署借鉴国际经验，在北京、上海、南京等十个税收大关开展由中银保险、人保财险、太平洋财险 3 家保险公司参与的“关税保证保险”试点工作，如皋海关成为首批试点海关。该项改革以进出口货物收发货人作为投保人，海关作为被保险人，企业向参加试点的保险公司购买关税保证保险后，凭借保险公司出具的《关税保证保险单》向海关办理税款类担保手续，即可实现“先放行后缴税”。

3 日

△ 山西省吕梁市委常委、常务副市长张敬平率领考察组一行到如皋，就行政审批制度改革工作及新能源和新能源汽车产业合作等方面进行深入交流，实地参观江苏赛麟汽车科技有限公司项目建设现场、百应能源、市市场监管局、市行政审批局等处。如皋市委常委、副市长桂万先陪同考察。

△ 市委副书记、市长何益军主持召开第十七届市政府第二十二次常务会议，讨论《关于全市建制镇生活污水处理设施建设运行管理整改方案》《如皋市城镇和村庄生活污水处理设施建设运行以奖代补方案》《创建省级“四好农村路”示范县工作制度》《如皋市重点优抚对象享受公交出行优待政策的实施办法（暂行）》等议题。

△ 市委副书记、市长何益军，副市长张亚鸾率领市政府办、教育局负责人一行检查秋季开学工作，先后检查经济技术开发区第三实验小学、经济技术开发区第三实验幼儿园、北外附属龙游湖外国语学校等学校，详细了解相关工作开展情况。

△ 在市金融办牵头下，市不动产登记局与如皋建设银行、农业银行、中国银行等 8 家银行正式签订《不动产抵押登记业务合作协议书》，8 家银行同时开通不动产抵押登记，至此，全市不动产抵押登记银行一站式服务增至 9 家，群众和企业在上述银行办理贷款和不动产抵押登记真正实现“只需跑一趟”。

6 日

△ 如皋市召开重大产业项目月度现场观摩推进会，与会人员观摩各镇（区、街道）三季度部分项目建设情况。市委书记陈晓东出席会议并讲话，就抓好污染防治攻坚工作提出明确要求，副市长高峰对三季度全市拟申报项目情况进行了通报分析。市四套班子领导何益军、吴道健、张元健、丁兴华等出席会议。

7 日

△ 2019 年北京世界园艺博览会江苏参展暨首届江苏组合盆栽大赛筹备会议在如皋举行。会议对参加 2019 年北京世园会前期准备工作进行回顾，介绍了部署展品遴选、专题活动等工作方案，对组合盆栽大赛方案及比赛规则进行了解读。省农委副巡视员唐明珍，如皋市领导张百璘、杜永红出席会议。

△ 南通市委政法委副书记钱建华率领南通市“七五”普法中期考核验收组一行到如皋进行考核验收，实地检查部分公司、学校、镇村（社区）、机关部门的普法工作，查阅市级有关台账资料，听取全市“七五”普法工作情况汇报。如皋市委常委、政法委书记缪小华参加活动。

△ 九华镇（上海）汽车零部件产业暨高端人才座谈会在上海嘉定区举办。市领导丁锋、冒平，上海汽车零部件生产企业、高校院所的专家学者以及高层次创新创业人才近400人参加推介会。6个项目进行了现场签约。

8日

△ 为期2天的2108“元升·朗园杯”乒乓球邀请赛在市奥体中心开赛，副市长张亚鸾出席活动。比赛由市体育局、市乒乓球协会主办，江苏元升房地产开发有限公司承办，200多位乒乓球爱好者报名参加，创历年之最。

10日

△ 如皋市第34个教师节庆祝表彰大会在行政中心礼堂召开，与会人员参观全市经济社会发展亮点，获评“雉水教坛常青树”“如皋市德业双馨十佳教师”“如皋市师德标兵”荣誉的教师获颁荣誉证书。市委书记陈晓东出席大会发表讲话，回顾如皋崇文尚教传统，介绍如皋交通区位的历史性变革、产业布局的全面起势、城市发展的日新月异，展望了如皋璀璨光华的明天。市领导何益军、吴道健、张元健、缪爱诚、钱志刚、张亚鸾、严世斌参加相关活动。

△ “如皋市人大代表爱心扶贫基金”正式设立，市人大常委会主任吴道健，副主任陈万圣、邵晓泉、张勇、钱志刚出席基金协议签字仪式。基金于2018年6月由市人大办公室向市慈善基金会发起设立，来源为全市人大代表和社会各界人士的爱心捐赠，截至目前，共募得资金126.26万元。

△ 为期5天的2018年全市党外年轻干部培训班在市委党校开班。市委常委、组织部部长、统战部部长缪爱诚出席开班典礼。全市45名党外育苗工程培养对象参加培训。

11日

△ 南通市副市长赵闻斌率队到如皋，实地调研江安镇曹杜村、经济技术开发区平园池村等处，了解全市高标准农田、适度规模经营、社会化服务联盟“三个全覆盖”工作推进情况。市领导丁兴华、张百璘等陪同调研。

△ 市委书记陈晓东在市信访局开展大接访活动，会同有关部门负责人就信访人诉求一起研究解决办法，强调认真倾听群众呼声，及时回应群众诉求，让群众切实感受到党和政府的关怀与温暖。市领导丁锋、陈晓彬参加活动。

△ 如皋市举行殡仪馆一体化项目合作签约仪式，市民政局相关负责人与上海福寿园公司代表就市殡仪馆改造工程进行签约。市委副书记、市长何益军，副市长张百璘参加活动。

12日

△ 市委副书记、市长何益军率领相关部门负责人一行，调研如皋港区域发展情况，实地查看华东煤炭矿业交易服务中心、如皋港保税物流中心、苏中国际码头、如皋港国际木材产业园、中储棉项目现场等处，听取如皋港集团、长江镇（如皋港区）有关情况汇报，并就有关发展问题进行交流。市领导丁兴华、程瑞琴、吕兰参加活动。

△ 如皋市举行“科技镇长团”派驻工作会议。市委常委、组织部部长、统战部部长缪爱诚出席会议，向省第十一批科技镇长团成员介绍市经济社会发展情况，并对做好挂职锻炼工作提出具体要求。省第十一批科技镇长团成员共有10人，均来自省内外高校、科研机构和省级机关，研究方向涉及汽车工程、环境工程、电子信息等，与如皋产业发展具有很高的契合度。

△ 市人大开展专题调研活动，先后深入市中医院、吴窑福康医院、长江镇中心沙居卫生室、薛窑医院等处，通过实地查看、询问交流等方式详细了解全市各级卫生部门中医药事业的发展现

状，并召开座谈会，专题研究中医药事业发展问题。市领导钱志刚、张亚鸾参加活动。

12~13 日

△ 中国档案学会档案信息化技术委员会 2018 年学术年会在如皋举行，与会人员前往如皋电影史料馆参观声像档案播放设备及胶片物理修复工艺、声像档案采集设备及数字化修复，观看了几种特殊格式声像资料演示、修复后的影片效果等。如皋市委常委、宣传部部长茅红宇参加活动。

13 日

△ 省特色田园乡村建设工作联席办专家一行到如皋，现场踏看经济技术开发区平园池村藕池庄、花园桥社区花园桥庄，长江镇田王村王家庄三个自然村的省特色田园乡村建设工作，查看了污水管网建设、村庄河道整治、绿化提升等现场，了解了基础设施建设、景观建设、田园生态打造情况。副市长黄文斌陪同踏看。

△ 如皋市召开国有企业党建工作推进会，市委常委、组织部部长、统战部部长缪爱诚出席会议，听取江苏如皋港集团党委、皋开投资发展集团有限公司党委、富皋万泰投资有限公司党委、国网如皋市供电公司党委交流发言。会议下发《关于加强国有企业党组织标准化建设的实施办法》和《关于选派国有企业党建工作指导员的通知》，并对全市国有企业专职党务工作者进行了业务培训。

△ “中国农民丰收节”组织指导委员会发布“5 个 100”名单，包括 100 个品牌农产品、100 个特色村寨、100 个乡村文化活动、100 个乡村美食、100 个乡村旅游线路。江苏省 6 个村庄入选 100 个特色村庄，如皋市经济技术开发区平园池村名列其中，是南通唯一入选的村庄。

13~16 日

△ 市人大常委会主任吴道健率队赴陕西洋县进行友好交流活动。两地人大缔结“友好人大”关系，举行了友好协议签字仪式暨扶贫捐赠仪式、工作交流座谈会、如皋到洋投资考察企业座谈会，市人大向洋县槐树关镇石门村、蔡河村各捐赠 5 万元，向槐树关镇中心小学捐赠 4 万元，助力脱贫攻坚。市人大常委会副主任陈万圣、张勇参加活动。

14 日

△ 如皋·一下未来科技城项目正式签约。市领导陈晓东、何益军、茅红宇出席活动，见证如皋市人民政府、如皋高新区、一下科技三方共同签订协议，携手打造互联网文化产业生态城。

△ 全市安全生产大检查动员暨安委会（扩大）会议召开，通报南通兴东机场“9·2”事故情况以及 2018 年以来全市事故情况和执法处罚情况，对全市安全生产大检查工作进行部署。副市长高峰参加会议。

△ 全市 9 月份规模农业项目现场观摩会召开，与会人员参观 14 个镇（区、街道）重点农业项目现场，对项目质量进行打分测评，市农委、农办负责人对规模农业项目工作进行点评。市领导丁兴华、张百璘出席会议。

14~15 日

△ 省水污染防治工作督查组一行到如皋，通过听取汇报、查看资料、访谈、实地督查等形式，对全市水污染防治工作进行督查。副市长黄文斌陪同督查。

15 日

△ 市委书记陈晓东主持召开市委常委会，解读新修订的《中国共产党纪律处分条例》，并就《“六大指挥部”重点工作考核办法（试行）（讨论稿）》《关于调整充实如皋市打好污染防治攻坚战组织架构的建议方案》《关于调整充实如皋市打好污染防治攻坚战指挥部成员的通知》《如皋市扶持氢能产业发展实施意见》等相关议题进行讨论研究。

△ 如皋市 2018 年全国科普日活动暨“科普中国 e 站”启动仪式在如皋师范附属小学举行。活动现场对符合建设校园 e 站的学校进行授牌，并向教师代表发放了《科技创新活动指南》。市人大常

委会副主任钱志刚出席活动。

18日 △ 全省统计基层基础建设交流培训会在如皋举行，与会代表现场参观丁堰镇统计办、花木大世界（如皋）国际园艺城、经济技术开发区平园池村、陆地方舟等处。省统计局副局长费丽明，市领导陈晓东、丁锋出席会议。

△ 赛迪顾问发布2018年中国县域营商环境百强研究成果，江苏昆山排全国第一名，如皋市排名第32名、位列南通入选3县市第一位。

19日 △ 南通电视台、电台、《南通日报》等媒体到如皋开展创建国家森林城市工作集中采访活动，从生态篇、产业篇、文化篇、工程篇4个角度深入报道全市近年来创森工作亮点项目。

△ 如皋市“百姓名嘴”理论宣讲决赛举行。比赛以“解放思想、追赶超越、争当先锋，推动高质量发展”为主题，晋级决赛的20位选手既有机关工作人员、学校教师，又有镇区工作人员、思想文化工作者，以百姓视角，用百姓语言，将习近平新时代中国特色社会主义思想和中央、省、南通市、如皋市委的部署传达到基层，最终评出一等奖2名、二等奖4名、三等奖6名、优胜奖8名。市委常委、宣传部部长茅红宇出席活动。

△ 全市2018年度乡村振兴示范村（社区）、乡风文明十佳村（社区）建设辅导培训会召开。市委常委、宣传部部长茅红宇参加会议。

20日 △ 全省实施乡村振兴战略工作推进电视电话会议召开。市委副书记丁兴华在如皋分会场收看收听会议。

△ 南通人大代表如皋团第一二组视察全市国家全域旅游示范区创建工作，与会人员参观金岛生态园、开沙岛等处，听取市旅游局负责人对近年来全市创建国家全域旅游示范区相关情况进行汇报，代表们针对全市全域旅游示范区创建工作提出了建议。市人大常委会副主任张勇参加活动。

△ 如皋市举行第二届重点外贸企业家沙龙，更好地服务全市外贸企业，准确把握当前外贸形势，着力推进外贸稳增长工作。副市长程瑞琴出席活动，对企业家提出的问题进行现场交办。

△ 市供销合作社举行第八次代表大会，听取市供销合作社系统工作报告，回顾总结全市供销合作社的变化与发展，明确当前市供销合作社改革发展面临的机遇与挑战，确立今后五年内市供销合作社系统工作重点，选举产生市供销合作社新一届领导班子。南通市供销合作总社党组书记、理事会主任葛志华，南通市供销合作总社监事会主任赵勇，如皋我市领导丁兴华、邵晓泉、张百璘出席会议。

△ 省政府召开省旅游风情小镇创建工作新闻发布会，公布第一批旅游风情小镇考核结果，以及江苏省第二批旅游风情小镇创建单位名单，如皋盆景风情小镇榜上有名，成为第二批创建单位。小镇规划区与如皋主城（市政府）相距约3公里，北临圃园新路，南至大明河，西临大寿星南路，东靠大司马路，规划面积约4.89平方公里，其中核心区占地面积约1.13平方公里。

21日 △ 2018中国（如皋）胶粘新材料国际研讨会在长江镇召开，与会胶粘行业专家、企业家现场参观全国唯一的胶粘新材料产业园——国骄胶粘新材料产业园，交流共商产业发展方向，共谋合作机遇。研讨会由长江镇与中国胶粘剂和胶粘带工业协会主办，一批项目进行了现场签约。市领导何益军、程瑞琴出席活动。

△ 市委副书记、市长何益军率领安监、消防、建工等部门负责人督查全市部分企业和项目工

地的安全生产工作，实地查看如皋龙游湖欢乐世界、中南熙悦项目工地等处。副市长高峰参加督查活动。

△ 如皋市举办涉台政策宣讲暨台商台胞台属中秋联谊活动。会上，市公安局工作人员对《港澳台居民居住证申领发放办法》进行解读，并对台胞办理居住证相关事宜进行讲解。市委组织部人才办就企业引进人才相关政策进行了解读。副市长程瑞琴代表市委、市政府向在如台商台胞及台属致以节日的问候和良好的祝愿。市领导邵晓泉、程瑞琴、刘晓洁参加活动。

△ 省政府下发批复，同意设立江苏南通通州湾经济开发区等26家省级开发区，江苏省如皋高新技术产业开发区名列其中。

23日

△ 环太湖国际公路自行车俱乐部巡回赛·长江站暨2018如皋市第九届环长青沙岛自行车公开赛在长江镇长青沙生态旅游度假区开赛，来自世界各地的1000多名骑行爱好者参赛。本次比赛是如皋连续9年举办该赛事，共分男子公路个人、男子山地大组、女子山地大组、长青组、体验组五个组别，起终点均设在金岛生态园生态酒店。公开赛前一天是“9·22世界无车日”，比赛当天共有200多名来自如皋各界的群众代表，参加了“益路同行”环保骑行活动，所有车辆全部插上环保出行标语，宣传倡导低碳出行主题。

25日

△ 如皋市举办2018年新录用事业人员培训班开班典礼。市委常委、常务副市长丁锋出席培训活动。新录用的188名事业人员参加培训。

△ 市文广传媒集团媒体深度融合工作协调推进会举行。市委常委、宣传部部长茅红宇，副市长张亚鸾出席会议，实地参观文广传媒集团16楼全媒体指挥中心施工现场，听取市委宣传部副部长，市文广传媒集团党委书记、董事长、总经理，市广播电视台台长薛建兵关于集团媒体融合工作推进情况的介绍。与会人员就做好媒体融合相关工作提出了意见和建议。

26日

△ 市委书记陈晓东率队对“夏堡北大桥断面水质改善工作”进行专题调研，乘船对焦港河北段进行巡查，深入排查沿河污水直排、畜禽养殖、工业污染源等问题。市领导吴道健、张百璘参加调研。

△ 市政协主席会议协商教师人才流动工作。市政协主席张元健，副主席杜永红、郑振明、严世斌、刘晓洁，秘书长许映亮出席会议，听取市教育局负责人汇报全市教师人才流动工作；白蒲中学、如皋实验初中、如皋初中、江安镇教育管理中心、如皋中学、如城实验小学的相关负责人和老师结合各自工作实际，交流对于教师人才流动工作的看法以及意见建议。

△ 2018年如皋市机关公务员在职培训班开班典礼在市委党校举行。市委常委、组织部部长、统战部部长缪爱诚出席开班典礼，并为全体学员上大党课。培训为期5天，全市72名在职公务员参加培训。

27日

△ 司法部社区矫正管理局局长姜爱东一行到如皋调研社区矫正工作，实地走访如皋工业园区（如城街道）顾庄社区苗木种植户、如皋市社区矫正中心等处，召开座谈会，听取全市社区矫正工作情况汇报。市委书记陈晓东，副市长、市公安局局长陈晓彬参加活动。

28日

△ 省住房城乡建设厅房地产市场监管处副处长汪先良率检查组一行到如皋，对市征收办平安征收工作开展调研，实地查看市征收办行业党建阵地建设和宝塔河改造建设搬迁项目行业临时党支部建设情况。市领导万维庆陪同调研。

△ 市委书记陈晓东率领市发改委、科技局、国土局等部门负责人一行，对市重大项目协调推进办公室进行专题调研，重点听取全市三季度项目建设工作汇报。市领导丁锋、高峰参加调研。三季度全市共申报森松重工扩建项目、威格二期、盆景旅游风情小镇、超达汽车模具项目、兰生智能制造产业项目、小咖秀秒拍直播视频项目等6个重特大项目，申报新开工项目37个。

△ 南通市人大代表如皋团第三组成员视察如皋公共文化服务体系建设工作，实地参观搬经镇综合文体服务中心、万富社区公共服务中心、城北街道“东皋书屋”24小时自助图书馆等处并召开座谈会。市领导马金华、张勇、陈晓彬、张亚鸾、刘晓洁参加活动。

△ 市政协召开座谈会，就深化行政审批制度改革，建设一流营商环境进行协商。市政协主席张元健，副主席杜永红、郑振明、冒平、严世斌，秘书长许映亮出席会议。会上，市行政审批局、市编办的相关负责人和企业家们交流发言，对7~8月市政协调研行政审批制度改革的基本情况及存在问题进行梳理，并对今后如何深化行政审批制度改革，建设一流营商环境提出建议。

△ “飞阅古韵雉水·品味长寿如皋”全国晚报无人机摄影联盟大型航拍活动在金岛生态园开镜。市领导茅红宇、吕兰出席开镜仪式。来自全国40多家主流媒体的新闻人和摄影高手参加活动。

△ 2018年“如皋长寿特色菜”烹饪大赛举行。比赛以中式热菜制作（如皋传统烹制方法）为主，共有31家单位的31名选手参赛，绿园商务酒店的张留根等10名选手荣获2018年如皋市十大名厨，佩尔斯大酒店等10家单位荣获优秀组织奖。市领导吴道健、张元健、刘向阳参加活动。

△ 如皋市召开第二次全国污染源普查入户调查和质量核查推进会，确保高质量、高效率推进全市污染源普查，按时全面完成普查各阶段工作任务。副市长黄文斌出席会议。

△ 如皋市举行纪念《中华人民共和国献血法》颁布实施二十周年活动暨吾悦爱心献血屋启用仪式。副市长张亚鸾参加活动。活动中，南通首个县级献血屋——吾悦爱心献血屋正式启动。

29日 △ 市委书记陈晓东主持召开市委中心组（扩大）学习会，邀请中国汽车工程学会常务副理事长兼秘书长张进华，作“氢燃料电池汽车全球发展情况及如皋发展机遇”专题讲座。

△ 郑长才收藏书画作品展在市文化馆开展，80幅近现代中国字画大师的作品集中亮相。市委书记陈晓东和郑长才共同为作品展揭牌。市领导张元健、缪小华、刘向阳、茅红宇、张亚鸾以及部分特邀嘉宾出席开展仪式。

△ 如皋市召开农村宗教工作会议，深入学习习近平总书记关于宗教工作重要论述精神，贯彻落实全省及南通市农村宗教 工作会议精神，研究部署全市农村宗教工作。市委常委、组织部部长、统战部部 长缪爱诚出席会议并讲话。

△ 如皋市召开第三季度城镇和村庄污水处理设施建设运行管理现场推进会，与会人员参观搬经镇高明污水处理厂，经济技术开发区袁桥社区污水处理设施建设运行情况、平园池村生态宜居村的创建情况，总结交流相关工作进展，部署下一阶段工作。副市长黄文斌出席会议。会议还进行了“生态宜居”十佳村（社区）建设业务知识辅导。

△ 市委常委、副市长桂万先牵头组织市安监局、公安局、行政审批局、人社局、机关事务管理局 、市场监管局、消防大队、供电公司等部门负责人，对市行政中心、市民服务中心的安全生产情况进行现场督查，重点督查电力保障、食品卫生、反恐防恐、安全防范管理措施落实及人员密集场所，高层建筑消防安全、电梯设备运行安全、电气火灾综合治理等安全稳定专项预案、突发事件应急预案及人员控制和疏导措施。

△ 副市长黄文斌率队深入御龙湾三期在建工程、通皋大道工程建房项目、如皋汽车站等处，专题督查国庆节前建筑工程、交通工程安全生产工作。市领导万维庆参加督查。

△ 市人民检察院召开“我说、你问、大家评”保障民生检察监督典型案例新闻发布会。会上，

市人民检察院向社会发布了13件保障民生典型案例，检察官们走上新闻发布台，围绕基本案情、案件要旨、指导意义等方面内容向社会通报。市领导桂万先、陈万圣参加活动。

29~30日

△ 市第十七届人大常委会第十三次会议召开，听取和审议市政府关于全市特色田园乡村建设情况的报告、市政府关于全市中医药发展情况的报告、市政府关于市人大常委会对高铁新城建设专项工作报告审议意见落实情况的报告，听取部分南通市人大代表报告履职情况，通过相关人事任免事项，为新任命人员颁发了任命书，并进行了宪法宣誓。

30日

△ 截至9月底，全市组织开展职工基本照护保险失能评定16批次，受理申请340人次，其中319人按规定享受照护保险待遇。

2018年10月

8日

△ 中德青少年音乐交流会在如皋文化馆举行，现任德国基尔恩市立音乐学校声乐系主任的如皋籍旅德青年女高音歌唱家李洁，与学生和同事联袂演出。市领导张亚鸾、杜永红、刘晓洁出席活动。

△ 市委书记陈晓东在市行政中心会见旅德如皋籍青年歌唱家李洁一行。市领导茅红宇、张亚鸾以及相关部门负责人参加活动。

9日

△ 省政府法制办副主任马太建率队到如皋，就重大问题决策与行政措施相关工作进行调研。南通市政府法制办主任殷蓓，如皋市委常委、副市长桂万先陪同调研。

△ 光大资本投资有限公司执行总裁徐文博一行到如皋考察氢能产业和新能源汽车产业发展情况，参观百应能源、安思卓新能源、江苏清能等企业研发生产车间和项目现场，近距离了解如皋氢能产业和新能源汽车产业发展现状。寻求合作契机。市领导何益军、马金华、吕兰陪同考察。

10日

△ 市委书记陈晓东率队调研下原镇重点工作推进情况，实地查看下原镇老坝村公共服务中心、通皋大道项目施工现场，并慰问相关贫困户，要求该镇紧紧抓住通皋大道建设带来的发展机遇，全力激活高质量发展“新引擎”。市领导史有根、郑振明参加调研。

△ 如皋市召开“四个全面”抓落实、“追赶超越”争标兵月度工作点评会，对全市重点工作进行点评和部署。市领导陈晓东、丁兴华、高峰、吕兰参加会议。

10~14日

△ 全国组合盆栽邀请展暨首届江苏组合盆栽大赛在如皋举行。大赛以“创新生活、创新发展”为主题，来自省内各设区市及农林院校的65名选手参赛。活动邀请来自全国的20名组合盆栽专业选手制作展示了60件精美作品。市领导陈晓东、丁兴华等为获得首届江苏组合盆栽大赛金奖、2018年度江苏省盆栽花卉十大品牌产品奖、2018年度江苏省特色盆栽花卉园艺新产品奖的参赛选手颁奖。

11日

△ 中国城市商业网点建设管理联合会会长宣春雷率队到如皋，就新型城镇化商业服务体系建设开展调研，实地调研平园池村、花木大世界(如皋)国际园艺城等处。市领导何益军、吴道健、丁兴华参加活动。

△ 南通市副市长赵闻斌率领考察组一行到如皋考察稻田综合种养情况，实地查看石庄镇、吴窑镇、经济技术开发区的稻田养殖小龙虾基地和白蒲镇稻田养殖青蛙基地，向基地负责人了解水稻种植品种、产品销售渠道及产量、销售价格、收益等情况。

△ 大唐如皋天然气分布式能源站项目签约仪式在市行政中心举行。市领导何益军、高峰以及大唐江苏公司党委委员、副总经理、工会主席万勇等出席活动。项目位于丁堰镇皋南社区19组，由大唐江苏发电有限公司和富皋万泰投资发展有限公司共同投资建设，项目总投资约8亿元人民币，建设规模为新建2×40兆瓦级燃气—蒸汽联合循环冷热电三联供机组，预计2020年6月建成投产。

△ 市委副书记、市长何益军率队前往市信访局，接待信访群众，倾听诉求，督办解决重点信访事项。市领导缪小华、刘向阳、张亚鸾参加活动。

△ 市委副书记、市长何益军率队调研全市公安工作，实地查看执法办案管理中心、战训基地、交

通指挥中心等项目现场,详细了解公安基层基础建设工作。市领导缪小华、陈晓彬参加调研。

△ 市政协主席张元健率队前往市人民法院,就法院相关重点工作进行调研,观摩市人民法院失信被执行人曝光台,听取执行指挥中心功能介绍,观看有关工作纪实片。市政协副主席杜永红、郑振明、冒平、刘晓洁,市政协秘书长许映亮参加活动。

12日

△ 参加2018长三角氢能燃料电池汽车科普巡游活动的13辆世界最新的氢能燃料电池汽车从市文化广场发车,开启实际道路长距离试乘试驾。商务部中国国际经济技术交流中心副主任张翼、中国汽车工程学会常务副理事长兼秘书长张进华、南通市副市长吴永宏、英美资源亚太区贵金属营销及业务拓展总经理孙国江,市领导陈晓东、马金华等出席活动。巡游活动始发如皋,途经南通,收官上海,既是氢燃料电池汽车在国内真实路况下的首次路跑实测,也标志着我国氢燃料电池商业化和氢能经济发展创下又一个里程碑。

△ 如皋市盆栽花卉产业发展论坛在花木大世界(如皋)国际园艺城举办。活动邀请国内知名行业专家围绕促进盆栽花卉产业发展、花卉品种技术创新、推广应用等行业热点话题作专题报告,分析花卉产业发展现状与未来发展趋势,提出花卉植物选择应用建议。

13日

△ 2018年"江苏测绘·国图杯"江苏省定向锦标赛暨江苏省定向邀请赛在如皋开赛,来自全省各行各业的1100多名运动员参加比赛。市领导刘向阳、张亚鸾参加开幕式。

△ 市政府专题召开全市审计发现问题整改推进会,通报前一阶段审计反映的问题及整改情况,分部门列出20份未整改到位问题清单,以交办单形式明确整改时间和整改要求。市领导丁锋、张勇、冒平参加会议。

13–14日

△ 2018年度全国档案科技管理暨科技成果推介会在北京召开,如皋市代表江苏省档案局作科技成果推介。

15日

△ 如皋市召开十月份规模农业项目现场观摩会,与会人员参观全市14个镇(区、街道)规模农业项目建设现场,并对项目质量进行打分测评。会议通报了三季度规模农业项目的考核结果,市农委负责人对规模农业项目工作进行了点评。市领导丁兴华、张百璘参加活动。

16日

△ 省农业委员会、省环境保护厅在如皋联合召开全省废旧农膜回收利用工作推进会,与会人员观摩如皋市废旧农膜回收与再利用示范现场、全生物降解地膜应用示范现场等处。市领导黄文斌、郑振明参加活动。

△ "2018中国(如皋)先进碳材料国际论坛暨如皋港先进碳材料交易平台启动仪式"在锦都金鼎大酒店举办,市委、市政府聘请国家新材料产业发展领导小组专家咨询委员会委员周少雄、2010年诺贝尔奖物理学奖获得者安德烈·盖姆等8人为如皋先进碳材料产业发展顾问并颁发聘书,一批优秀的先进碳材料项目现场对接签约。活动由如皋市政府、中国国际石墨烯资源产业联盟联合主办,长江镇人民政府承办。英国曼彻斯特大学石墨烯研究院院长弗拉迪米尔·法尔克,巴西石墨烯研究院院长图若·德·索萨,欧洲石墨烯大会国际委员会委员、青岛德通纳米技术有限公司董事长萧小月,国际大电网联合会架空线专家组成员黄建中等国内外知名专家学者、业内领军人才、权威机构负责人,市领导陈晓东、何益军、丁兴华、张勇、程瑞琴、郑振明出席活动。

16~17日

△ 市委书记陈晓东,市委副书记、市长何益军分别率队,走访慰问如城街道、经济技术开发区的

部分百岁老人。市委常委、如皋工业园区党工委书记、如皋市长寿旅游度假区党工委书记刘向阳参加活动。

17日

△ 南通市委常委、政法委书记姜永华率领调研组一行到如皋，调研网格化社会治理工作，先后查看长江镇综治中心、华夏花卉警务室、磨头镇新港村。市委常委、政法委书记缪小华陪同调研。

△ 如皋市与阿里巴巴（1688电商产业带）战略合作签约仪式在阿里巴巴集团总部举行。市委副书记丁兴华出席活动。根据协议，如皋市在智慧农业、智慧市场、农产品物联网、区块链农业、农业数字经济等领域，与阿里巴巴集团展开合作，规划建设"阿里巴巴1688如皋电商产业带"项目，落户如皋三农国际城，打造全国领先、区块链技术融合智慧市场的大宗农产品交易平台及全球农产品产销对接平台，构建农产品实时产、供、销信息大数据库。

△ 市政府举行企业知识产权培训会，特邀国家知识产权局专利局汪勇教授、孙琨教授进行授课。全市各镇（区、街道）分管领导、科技助理，高新技术企业科技副总、知识产权主管和科技创业园在孵企业负责人参加培训。

△ 重阳节当日，CCTV大型媒体公益行动走进如皋暨第二届如皋市健康节启动仪式在市人民医院举行。副市长张亚莺参加活动。

△ 如皋市第十二届"携手结伴敬老行、登高致远启新程"敬老联谊会在南通水明楼酒业有限公司举行。活动表彰一批老龄工作先进单位、个人和"尊老敬老"模范家庭，并宣读"夕阳红"征文获奖名单。市领导邵晓泉、张百璘、郑振明出席活动。

△ 有"科学界奥斯卡"之称的"科学突破奖"揭晓2019年获奖名单，哈佛大学教授、如皋籍博士庄小威因开发超分辨成像技术、突破光学显微镜空间分辨率极限、揭示细胞内隐藏的精细结构而获得"生命科学突破奖"。

18日

△ 市委副书记、市长何益军主持召开第十七届市政府第二十三次常务会议，研究讨论《关于建立完善基层"互联网+政务服务"体系的实施意见》《如皋市推进长江经济带发展三年行动方案（2018~2020年）》《深入推动如皋市长江经济带高质量发展走在前列工作方案》等议题，并通报全市安全生产工作情况。

19日

△ 市委副书记丁兴华召集市委办、政府办、宣传部等部门相关负责人，召开"一会两节"冲刺推进会，听取"一办八组"汇报各自工作推进情况，并就存在的问题进行现场协调与交办，全力以赴、精益求精做好各项筹备工作，确保各项活动圆满完成。

△ 市人大常委会主任吴道健率领市人大代表视察组一行，对2018年市政府为民办实事项目及评议部门工作推进情况进行视察，先后到海迪科光电科技有限公司、如皋申丞护理院、宝塔河生态绿廊、国税局北侧停车场、市残疾人康复中心等处，通过实地查看、听取汇报等方式，详细了解交通畅通建设工程、生态环境治理工程、城区功能提升工程、医疗卫生体系工程、教育均衡提升工程等为民办实事项目进展状况，并提出指导意见。市委常委、常务副市长丁锋，市人大常委会副主任陈万圣、张勇参加视察。

19~20日

△ 市委书记陈晓东，市委副书记、市长何益军率队赴杭州蓝城集团，考察洽谈田园综合体、产城融合等项目，先后考察乌镇雅园、杭州桃李春风、龙坞小镇等处，详细了解规划、建设、开发、运营管理模式等情况，并与集团董事长宋卫平、执行总裁王科等，就九华田园综合体建设、城市西南片区振兴等合作达成共识，现场签约九华田园综合体建设项目。市领导刘向阳、程瑞琴参加活动。

20日

△ 上午9时58分,盐通高铁如皋段首孔箱梁正式开工预制。箱梁预制自即日起正式开工,至2019年8月结束;架梁施工计划2018年12月正式开始,2019年结束;其后进入线上铺架,全线力争2020年年底全面建成。

21日

△ 市委书记陈晓东率领相关部门负责人一行,实地检查第三届国际氢能与燃料电池汽车大会筹备工作,先后实地走访君瑞酒店、汽车文化馆、汽车超市、神华加氢站、百应二厂,听取接待筹备、项目进展、相关方案等情况介绍。市委常委、经济技术开发区党工委副书记马金华参加活动。

22日

△ 南通市信访积案化解工作现场推进会在如皋召开,与会人员实地观摩高新区(城南街道)综治中心、高新区(城南街道)新庄社区公共服务中心、如皋市人民来访接待中心,观看如皋市信访工作专题宣传片。南通市委常委、政法委书记姜永华,南通市副市长陈旭,如皋市领导陈晓东、缪小华、茅红宇参加活动。

△ 2018年江苏省新能源汽车专业技术人才高级研修班在如皋举行。研修班由江苏省汽车工程学会、南通市人社局、市人社局主办,如皋市江海技工学校承办,中国汽车工程学会副秘书长张旭明,市委常委、常务副市长丁锋出席开班仪式。

△ 氢能小镇重点项目集中开工典礼在经济技术开发区举行。市领导马金华、丁锋出席开工典礼。开工项目有氢能小镇氢能产业园基础配套等5个重点项目,项目总投资超过100亿元,拉开氢能小镇建设序幕。

△ 市政协召开民主评议民政局、农委工作动员会议,正式拉开2018年度民主评议工作序幕。市领导张元健、张百璘、杜永红、郑振明、冒平、刘晓洁,市政协秘书长许映亮出席会议。

22~23日

△ 市委副书记丁兴华率队深入淮安市、南京市、浙江省湖州市南浔区等地,专题考察学习菊花产业,加快推动全市花木盆景产业转型升级,积极引导、扶持发展包括菊花在内的花木产业发展。市领导邵晓泉、杜永红以及相关部门负责人参加活动。

23日

△ 全国政协副主席、中国科学技术协会主席万钢到如皋出席第三届国际氢能与燃料电池汽车大会,并实地考察如皋慧家汇汽车超市和部分氢能企业。省政协副主席周健民,南通市政协主席黄巍东,南通市副市长陆卫东,如皋市领导陈晓东、何益军、张元健、马金华等陪同考察。

△ 第三届国际氢能与燃料电池汽车大会在经济技术开发区开幕,中化能源国际氢能与燃料电池科技创新中心揭牌成立,2019年全国氢能燃料电池科普巡游启动。大会由国际氢能燃料电池协会(筹)、中国汽车工程学会主办,南通、如皋市政府承办。中国工程院院士、中国汽车工程学会理事长李骏主持开幕式,全国政协副主席、中国科学技术协会主席万钢以“创新引领 开放合作 推动燃料电池汽车健康发展”为题作主旨演讲,联合国开发计划署驻华代表处国别主任文霭洁、中国国际经济技术交流中心副主任肖凤怀分别致辞。长城汽车股份有限公司副总裁 Tobias Brunner、英美资源集团贵金属市场拓展执行总经理 Benny Oeyen 分别作题为“引领氢能交通走向成功——长城汽车之路”“开拓铂族金属市场”的演讲。市委副书记、市长何益军以“打造长三角绿色‘氢谷’和氢能国际合作的重要产业高地”为题发表演讲。江苏省政协副主席周健民,江苏省科协党组书记、副主席孙春雷,南通市政协主席黄巍东、副市长陆卫东,如皋市领导陈晓东、张元健、马金华、陈晓彬,来自20多个国家和地区的2000名机构企业、行业组织和地方政府的有关人员出席会议。

24日

△ 2018第三届国际氢能与燃料电池汽车大会领袖论坛举行。美国能源部燃料电池办公室主任Sunita Satyapal、丰田汽车常务理事深泽和广等一批知名专家进行主旨演讲。

△ 如皋市举行秋收秋种暨秋季秸秆禁烧禁抛与综合利用工作会议，与会人员实地观摩位于高新区(城南街道)的粮食生产基地秋收秋种现场。副市长张百璘出席会议。

25日

△ 江苏省氢能及燃料电池汽车产业创新联盟在如皋成立。

26日

△ 市委书记陈晓东主持召开“一会两节”筹备工作推进会议,要求查漏补缺、完善细节,精益求精做好各项筹备工作,确保“一会两节”取得圆满成功。市委副书记丁兴华通报“一会两节”整体筹备情况,2018年“一会两节”共有21个子活动,比上届增加9个。市四套班子全体领导和“一办八组”负责人参加会议。

27日

△ 如皋市政府与新华大湾区建设投资有限公司在南京新华汇举行会议，成功签约如皋新华健康城项目。全国政协常委、香港中华总商会会长、香港新华集团主席蔡冠深，市领导何益军、刘向阳、吕兰等出席签约仪式。健康城项目计划总投资超过200亿元，涵盖养老（日本体验式养老社区等）、医疗（新加坡汤姆森医疗中心等）、休闲（新华粤港城等）、商业（蔡冠深中法文化交流中心等）、研发（中国香港以色列科技中心等）及商务（新华国金中心等），总体规划“一带两轴三区四点”（一带：滨河生活休闲带；两轴：两条产业发展轴；三区：生态宜居片区、康养智慧片区、商业金融片区；四点：宜居服务节点、综合康养节点、商业金融节点、配套服务节点）。

△ 全国花卉标准化技术委员会盆景工作组在如皋成立。全国花卉标准化技术委员会秘书长张引潮、办公室主任宿友民，市领导张勇、张百璘、郑振明出席成立会议。会议宣读工作组成立批文，并为工作组揭牌，为全国花卉标准化技术委员会盆景工作组委员代表颁发聘书。

△ 2018“一带一路”软件行如皋峰会举行。会上，“一带一路”软件和信息技术服务联盟如皋代表处成立，中国软件行业协会与解放号网络科技有限公司签订战略合作协议，高新区有关负责人推介如皋软件园基本情况。峰会发布2018年度最具投资潜力软件企业，并进行了“丝路讲堂”高峰对话，工业和信息化部信息化和软件服务业司处长傅永宝，中国软件行业协会副理事长兼秘书长、北京航空航天大学计算机学院院长吕卫锋分别讲话，中国工程院院士方家熊作题为“物联网技术新进展”的主旨报告。中国软件行业协会常务副秘书长陈宝国，副秘书长李璐、付晓宇，华侨大学国际关系学院院长助理黄日涵，工信部赛迪研究院北京赛普信科技术有限公司副总经理胡红梅，来自全国35所高校以及181家国内重点软件企业的代表，市领导陈晓东、丁锋、茅红宇、钱志刚、高峰参加相关活动。

△ 中软国际(如皋)创新创业基地开业。中国工程院院士方家熊,工业和信息化部信息化和软件服务业司处长傅永宝,中软国际有限公司执行董事、高级副总裁唐振明等及市领导陈晓东、丁锋、茅红宇、钱志刚、高峰参加活动。基地在如皋软件园落户,利用中软国际教育集团丰富的人才培养经验,与院校良好的合作,通过中软国际这个桥梁,为如皋软件产业输送更多更优秀的实用型、专业性人才,助推如皋软件行业发展。

△ 高新区创新体验中心开馆。市委常委、宣传部部长茅红宇主持开馆仪式,市委常委、常务副市长丁锋在活动上讲话。中国工程院院士方家熊,工业和信息化部信息化和软件服务业司处长傅永宝,中国软件行业协会副理事长兼秘书长、北京航空航天大学计算机学院院长吕卫峰,市领导陈晓东、钱志刚、高峰参加活动。

△ 全国书法名家精品邀请展暨“如皋杯”长寿文化主题全国摄影作品展开展仪式在市文化馆举行，市领导陈晓东、丁兴华、茅红宇、钱志刚、刘晓洁参加活动。

△ 市委副书记、市长何益军，市委副书记丁兴华分别率队检查“一会两节”开幕式会场和后勤综合保障工作，实地查看市行政中心礼堂、锦都金鼎酒店、润宏酒店、大剧院、盆景博物馆、花木大世界(如皋)国际园艺城等处，进一步督查落实活动筹备工作。

28日

△ 2018如皋经济洽谈会·中国长寿文化节暨中国（如皋）花木盆景艺术节在市行政中心礼堂开幕。市委副书记、市长何益军主持开幕式，原外经贸部副部长、第十届全国政协外事委员会副主任周可仁宣布开幕，市委书记陈晓东发表题为“微笑之城 圆梦之地”的主旨演讲。中国经济体制改革研究会副会长、福卡智库首席经济学家王德培，围绕如皋的区位条件、产业特色、资源优势、营商环境等进行第三方推介，世界汽车工程师学会联合会主席、清华大学汽车产业与技术战略研究院院长赵福全展望新能源汽车产业发展趋势，对如皋汽车产业规划进行推介。普洛斯企业管理服务（上海）有限公司代表游宗翰分享了对如皋现代物流产业发展的看法。身在海外的刑事鉴识专家、世界杰出华人奖获得者李昌钰博士通过视频，发布了“如皋长寿特色美食”评选结果。南通市委副书记张兆江，江苏省农业农村厅副巡视员唐明珍，江苏省花木协会会长张坚勇，中国花卉协会办公室主任宿友民，乌克兰国家科学院院士、单晶材料研究所所长伊格尔普利特拉等中外嘉宾出席开幕式，并观看城市形象宣传片《如皋的微笑》。本次经济洽谈会期间共签订投资意向、投资协议75个。其中，内资项目62个、总投资769.1亿元，外资项目8个、投资8.99亿美元。30个重点项目在开幕式上进行了集中签约。

△ 江苏盆景博物馆正式开馆。市委书记陈晓东向如皋绿园颁发捐赠荣誉证书，并和江苏省花木协会会长张坚勇等与会嘉宾一同参观江苏盆景博物馆。市领导陈晓东、何益军、丁兴华、刘向阳、邵晓泉、张百璘、杜永红出席开馆仪式。博物馆位于如皋工业园区（如城街道），占地面积1.42万平方米、展馆面积1.77万平方米，展示江苏各大流派盆景艺术及技艺，集中体现全国及江苏盆景文化底蕴。

△ 2018全国盆景交易大会暨首届中国如皋小微盆景实景展在如皋开幕，吸引千余人参加。南通市委副书记张兆江，江苏省花木协会会长张坚勇，如皋市领导陈晓东、何益军、丁兴华、刘向阳、邵晓泉、张百璘、杜永红出席开幕式。与会嘉宾现场宣布“2019世园会”国际盆景竞赛江苏选拔结果，并为参赛选手代表颁发初选入围资格证书。

△ 如皋市举办小微盆景产业发展论坛，邀请清华大学教授李树华、中国盆景艺术大师赵庆泉、常州《知乐园》董事长张坦坦、中国盆景艺术高级艺术师许松授课，从理论讲解、案例剖析、经验介绍、方法举措等方面围绕“小微盆景产业发展”进行研究探讨，共同研究探讨小微盆景产业发展新思路。市政协副主席、市工商联主席杜永红参加活动。

△ “一会两节”重要子活动之一——如皋市“流金岁月”老电影放映周首映式在如皋大剧院举行。市四套班子领导陈晓东、何益军、丁兴华等出席首映式，老一辈表演艺术家、《青春之歌》中林道静的扮演者谢芳献上《游击队之歌》《九九艳阳天》等经典歌曲，并与现场观众分享当年拍摄电影的幕后故事。展映周期间，城区所有数字影院和各镇(区、街道)放映点依托华夏电影博物馆资源，播放数字高清版的《柳堡的故事》《早春二月》《白毛女》《烈火中永生》《青春之歌》《刘三姐》《渡江侦察记》七部经典影片，市民凭身份证到所在社区领取免费观影券，60周岁以上市民凭身份证或老年证免费入场。

29日

△ 省编办行政审批制度改革处处长李军国率领调研组一行到如皋，就全市事中事后监管工作进行调研，实地调研公共治理服务综合指挥中心，观摩事件交办系统、地理信息系统、数据研判系统、视频监控系统等基本模块，听取公共治理服务综合指挥中心

关于构建“五位一体”治理体系及强化事中事后动态监管工作的情况汇报。市委常委、常务副市长丁锋陪同调研。

△ “一会两节”重大项目集中开工活动举行，36个项目集中开工，涉及氢能、高端装备、长寿旅游、生物医药、大健康、电子电气、精密电子、机械制造、新材料等领域，总投资189.97亿元，其中，10亿元以上重特大项目11个。市四套班子领导陈晓东、何益军、吴道健、张元健、丁兴华等出席开工仪式。

△ 如皋市城市转型与产城融合发展推介会召开。市委书记陈晓东在会上致辞。香港新华集团大湾区建设投资有限公司执行总裁张晓峰，中合置业华东办副主任张顺德，著名旅美艺术家及空间设计师、纽约国际新视野规划设计咨询公司总裁、如皋“南美世贸中心”项目总设计师李全武等9位嘉宾作主旨演讲，8个重点项目集中签约。巴西中国经济贸易促进会会长王奠兴，美国华人联合总会理事长、中国对外贸易理事会理事长、美国江苏总商会会长蔡成华，市领导何益军、张元健、刘向阳、丁锋、史有根、茅红宇、桂万先、陈万圣、黄文斌、程瑞琴、吕兰、冒平出席推介会。

△ 第四届“梦想之星”创业大赛决赛在如皋举办。比赛采用项目路演加评委提问的方式进行，入围决赛的10个优秀项目涉及先进制造、电力科技、新材料、软件开发、生物科技、互联网和移动互联网等多个高科技产业，江苏引拓电力科技有限公司的电网线路智能监测设备的开发项目获得一等奖。副市长高峰出席活动及颁奖仪式。

△ 大明河水域无主沉船、僵尸船清除工程开工，全市新一轮无主沉船、僵尸船清除工程正式启动。在全市13条主要通航河道中，共排查出无主沉船、“僵尸船”574条，2017年年底至2018年上半年，先后清除7条通航河道无主沉船、僵尸船256条，新一轮通过招投标程序确定的施工单位需清除6条通航河道无主沉船、“僵尸船”318条（其中，老通扬河13条、司马港河110条，立新河两段72条，拉马河84条、连申线12条、大明河27条），年内全部完工。

30日

△ 市委书记陈晓东，市委副书记、市长何益军率队前往如皋奥体中心训练基地，看望慰问备战训练的南通支云足球俱乐部球员。27日晚举行的中乙联赛半决赛中，南通支云战胜对手陕西大秦之水，晋级2018赛季中乙决赛的同时，更是取得下赛季中甲联赛的参赛资格，实现建队时定下的“三年冲甲”目标。

△ 如皋港集装箱年吞吐量首次突破20万标箱活动推介会在金驿大厦举行，与会人员观看10月23日如皋港至日本博多港集装箱国际航线开通视频。活动由市委副书记丁兴华主持，市委书记陈晓东现场宣布如皋港集装箱第20万标箱以及长源国际码头正式运营第一吊起吊，市委副书记、市长何益军致辞，市委常委、常务副市长丁锋介绍了如皋港港口物流发展情况。活动为2015~2017年如皋港集装箱运输奖励获奖单位进行了颁奖，5个项目现场进行了签约。中国船舶燃料有限公司党委书记施泽彪、新华集团大湾区建设投资有限公司副总裁张学青、威福陆集团董事长温兴全等来宾出席活动。

△ 中国硅酸盐学会晶体生长与材料协会、如皋市人民政府共同主办的首届第三代半导体晶体及其智能装备制造国际论坛在如皋举行，江苏卓远半导体有限公司外籍院士工作站、中乌科技联盟单位在活动中揭牌。市领导何益军、缪小华、张勇、高峰、郑振明参加会议。会上，高新区（城南街道）相关负责人推介了《如皋高新区第三代半导体科技产业园发展规划》，园区瞄准第三代半导体的高端领域，规划5年内把第三代半导体产业打造成百亿能级产业。

△ 如皋市举行国际进口博览会空气质量保障暨秋冬季大气污染防治攻坚推进会，进一步贯彻落实《2018年中国国际进口博览会如皋市空气质量保障专项方案》，并对全市秋冬季大气污染防治攻坚工作和年度空气质量达标工作的目标任务进行部署。副市长黄文斌参加会议。

31日 △ 市委书记陈晓东前往经济技术开发区，实地走访平园池村低保户、志勇村公共服务中心、威格（江苏）电气设备有限公司，开展富民强企奔小康“走帮服”和“阳光扶贫”活动。市委常委、经济技术开发区党工委副书记马金华参加活动。

△ 如皋市召开城乡居民医疗保险工作会议，回顾总结2018城乡居民医保实施情况，并对2019年城乡居民医保工作进行部署。市委常委、常务副市长丁锋出席活动。

△ 如皋市召开畜禽养殖污染专项整治暨资源化利用工作推进会，回顾前段时间畜禽污染整治各项工作成果及存在问题，部署下一阶段工作任务。市领导丁锋、张百璘出席会议。会议播放了全市畜禽粪污处理中心运行情况视频短片，各镇（区、街道）递交了畜禽养殖废弃物资源化利用工作目标责任书。

△ 如皋市第八届美德少年颁奖仪式在如城实验小学举行。市领导茅红宇、张亚鸾出席活动。全市共评出“美德少年”30名、“美德少年”提名奖20名，活动现场举行了颁奖仪式。

2018年11月

1日 △ 省证监局局长李明一行到如皋调研企业利用资本市场发展等有关情况，实地走访梦百合家居科技股份有限公司、江苏力星通用钢球股份有限公司。市领导陈晓东、高峰陪同调研。

△ 如皋市召开肠衣加工企业突出环境问题整治推进会，实地检查联众肠衣、丰迪肠衣等4家企业，重点查看毛肠车间、污水处理间的相关除臭装置，并听取各肠衣企业整改情况汇报。副市长高峰参加活动。

△ 如皋市召开三峡移民职能移交工作会议，将三峡移民管理职能自市民政局划转至市水务局，移交工作11月10日前完成。副市长张百璘出席会议。

△ 因公牺牲的如皋市公安局白蒲中心派出所辅警沈银亮遗体告别仪式在市殡仪馆举行。市领导陈晓东、何益军、缪小华、陈晓彬参加活动。

△ 在中国人民大学中国经济改革与发展研究院和经济学院联合举办的《中国企业创新能力百千万排行榜2018》发布会上，"2018中国企业创新能力1000强"正式发布，江苏神马电力股份有限公司继2017年后再次荣登1000强排行榜。

2日 △ 2018年江苏省老年人体育节县(市、区)气排球展示交流活动在如皋开幕。省老年人体育协会主席王湛、常务副主席华洪兴，省老年人体育协会副主席、南通市老年人体育协会主席刘井石，如皋市领导陈晓东、张亚鸾出席开幕式。交流活动为期4天，来自全省各县(市、区)39支气排球队的300多名运动员参加。

△ "文旅'皋'地、幸福'如'城"——2018·如皋旅游发展推介会暨长三角民宿精英论坛落幕，来自江浙沪及安徽等地的众多知名民宿投资人、主理人为如皋民宿旅游转型发展建言献策。市领导何益军、刘向阳、陈万圣、程瑞琴、吕兰、冒平出席活动。

△ 如皋市举行村(社区)法律顾问工作现场推进会，推进全市"一村(社区)一法律顾问"工作，与会人员集中参观经济技术开发区袁桥社区司法行政服务站、法制工作室等处，现场听取司法工作有关介绍。市委常委、副市长桂万先参加会议。

3日 △ 如皋市与巴西圣保罗州容迪亚伊市签署友好城市备忘录，未来在经济、贸易、旅游、农业、城市建设等领域开展交流与合作。容迪亚伊市副市长安东尼奥·巴谢各，市领导陈晓东、何益军、吴道健、刘向阳、丁锋、史有根、陈万圣、程瑞琴参加活动。

△ 巴西中国贸易促进会中国华东总部基地——南美世贸中心在如皋奠基，巴西国家旅游部招商引资总协调伊莎贝尔·盖莉、圣保罗州容迪亚伊市副市长安东尼奥·巴谢各、圣保罗州坎皮纳斯市副市长恩里克·德谢拉等嘉宾，市领导陈晓东、何益军等出席奠基仪式。中心总投资25亿元，占地90亩，其中的双子楼主楼建筑高达260米，建成后将成为如皋新地标。项目有望带动众多海外会员优先采购中国企业产品、销售巴西及南美洲产品，预计落成后10年内实现进出口贸易额300亿元。

△ 南通市安委办第四督查组到如皋专项检查"进博会"期间安全生产工作，先后对莱鼎电子材料科技有限公司、海迪科(南通)光电科技有限公司、江苏雅楠木业有限公司、如皋市同泰电力器材有限公司4家企业进行现场检查，并在高新区、磨头镇听取镇(区、街道)"进博会"期间安全生产工作情况、安

全大检查推进情况和2019年安全生产工作思路等有关情况汇报。

△ 如皋市举行机关驻村第一书记现场推进会，与会人员实地参观磨头镇高庄社区集体资产盘活项目、石庄镇草张庄社区南通耕绿家庭农场等处，了解部分第一书记工作成果，集中观看专题片《九华镇的第一书记现象》，听取14名第一书记交流发言。市委常委、组织部部长、统战部部长缪爱诚参加推进会。

4日

△ 17时，2018中乙决赛阶段总决赛在如皋奥体中心体育场进行，南通支云主场迎战四川安纳普尔那，以0比1憾负对手，获得2018年中乙联赛亚军、2019中甲联赛准入资格。中国足协副主席李毓毅，中乙联赛部部长唐峰，江苏省政府办公厅主任、省足协主席谢润盛，南通市领导刘浩、吴永宏，如皋市领导陈晓东、何益军、茅红宇、张亚鸾等出席颁奖典礼。

△ 截至当日，全市水稻收获面积54.1万亩，占总种植面积的90%以上；小麦预计播种面积66.6万亩，已播种53.4万亩，占比80%，其中，旱茬麦已播10.2万亩，稻茬麦已播43.2万亩。收割播种进度比常年明显加快，小麦适期播种比例比上年提高50个百分点。

5日

△ 张家港市政协主席黄雪元一行到如皋，就全市氢能源产业发展情况进行考察，参观百应能源有限公司、康迪新能源汽车有限公司、赛麟汽车项目区等处，并听取情况介绍。市政协主席张元健、副主席郑振明、秘书长许映亮陪同考察。

△ 全市三季度重点工作点评暨深化全国文明城市高质量建设推进会召开，与会人员检阅各板块四季度拟申报新开工的土建类亿元以上重大项目建设现场。市委书记陈晓东对部分优质项目进行点评。市委副书记丁兴华通报三季度产业项目建设、重点单项工作考核以及"四个全面"发展指标评估结果。市委常委、宣传部部长茅红宇通报三季度深化文明城市建设模拟测评情况，并就深化文明城市建设、做好有关工作进行点评部署。会议为项目建设季度先进单位颁发流动红旗。江安镇、下原镇、高新区(城南街道)、如皋工业园区(如城街道)负责人在会上交流发言。

6日

△ 南通市庆祝第十九个中国记者节活动在如皋市文广传媒集团演播中心举行，活动宣布《2017年度南通市新闻奖获奖作品的通知》《2018年度全市新闻界"岗位大练兵、技能大比武"获奖名单的通知》，对相关获奖人员进行表彰，为如皋市融媒体生产指挥中心揭牌，同时新版"如皋发布"APP正式上线。南通市委宣传部常务副部长、南通市新闻工作者协会主席陈慧宇主持活动，南通市委常委、宣传部部长刘浩，副市长吴永宏，市委副秘书长李欣彤，如皋市委书记陈晓东，市委常委、宣传部部长茅红宇及南通各县(市、区)委常委、宣传部部长等参加活动。

△ 第十七届市政府第四次全体(扩大)会议召开，回顾总结2018年以来各项工作，分析研究当前经济形势，部署安排下一阶段重点工作，确保完成和超额完成各项经济社会发展目标任务。会议结束后，市委常委、常务副市长丁锋召开专题会议，对全市深化"走帮服"重点推进污染防治攻坚战工作进行了部署。

△ 为期2天的中国善城大会暨第五届中国城市公益慈善指数发布会在广州落幕，会上发布第五届中国城市公益慈善指数，如皋榜上有名。至此，如皋已连续四届荣获"中国百强公益慈善城市"称号。

7日

△ 首届中国国际进口博览会在上海举行，市委副书记、市长何益军率领专门成立的如皋交易分团赴沪观展，并拜访香港新华集团、普洛斯等与如皋合作紧密的参展企业。市领导茅红宇、程瑞琴、杜永红等参加活动。分团由市商务局具体负责，共组织200多家单位800多名采购商和专业观众参会。

△ 为充分了解民营企业发展现状，有效解决发展中遇到的困难和问题，南通市委办、政府办、经

信办相关部门负责人一行到如皋开展调研，与来自梦百合家居、百应能源、神马电力、泰慕士服装等十余家民营企业的代表，就当前民营企业经营遇到的困难、民营企业如何发展壮大等问题进行交流。副市长高峰陪同调研。

8日

△ 市委书记陈晓东主持召开市委常委会，传达学习省委、省政府和南通市委、市政府主要领导关于扫黑除恶工作的批示精神，听取2018年以来全市扫黑除恶专项斗争工作开展情况及下一步工作计划的汇报，并就《关于发展新型合作农场推进村级集体规模经营的指导意见》《如皋市党政干部鼓励激励实施办法(讨论稿)》等议题进行讨论研究。

△ 如皋市苏通梅源民宿有限公司取得市行政审批局颁发的全市首张民宿营业执照。为进一步全面开放民宿市场，市行政审批局本月正式开始民宿市场准入登记。位于如皋工业园区(如城街道)钱长村苏通生态园内的梅源民宿，总投资约1亿元，占地面积10公顷，新建农家乐客房60间，生态餐厅2000平方米，另有占地10000平方米的稀有树种观光园、盆景园，可供采摘、垂钓、拓展培训、休闲娱乐游、周末度假等。

△ 第19个中国记者节，副市长张亚骞前往市文广传媒集团，先后到电视新闻部、民生节目部、影视发展部、日报要闻部、日报民生部、日报编委会、融媒体生产指挥中心等处，慰问工作在一线的新闻工作者，弘扬正能量，用心、用情做好每篇新闻、每个作品，吸引越来越多的受众。

△ 南通支云做客如皋人民广播电台FM98.3特别节目，如皋市文广集团融媒体平台以滚动直播、现场专访、直播连线、深度报道等形式，通过广播、图文、视频、新媒体等方式进行了全景呈现。

9日

△ 市政协召开第十四届九次常委会，常委会组成人员实地视察高新区双创中心、市全域旅游服务中心、龙游湖文化创意产业园、蒲新生态园等全市创建重点项目，听取有关项目设施的建设情，分组对市“国家全域旅游示范区”创建工作进行讨论，并提出意见和建议。

△ 全市“两新”党组织标准化建设现场推进会召开，组织参观花木大世界党总支、经济技术开发区党群服务中心、中如凌云党总支党建工作现场。市委常委、组织部部长、统战部部长缪爱诚参加活动。江苏江中集团有限公司党委、如皋博爱医院党总支、南通华灿电讯科技有限公司党总支、江苏汤臣汽车零部件有限公司党支部作专题交流。

△ 《江苏名镇志·白蒲镇志》省级评审会在白蒲镇举行，约17万字的《白蒲镇志》顺利通过省级终审。副市长张亚骞出席会议。

△ 如皋海关作为首批关税保证保险改革试点海关，积极推进关税保证保险改革，截至当日，全市已受理2家企业的关税保证保险业务，共涉及保险金额700万元，惠及货值约3912万元。

9~17日

△ 市委书记陈晓东率队赴巴西和澳大利亚开展招商考察，取得丰硕成果。在巴西圣保罗考察期间，举办“一带一路，走进巴西”如皋市投资交流推介会，签署多个合作协议：巴西容迪亚伊市与如皋市签署发展友城关系的协议，并特别命名设立中国公园，与南通尔昕木业有限公司签订合作意向书，并互赠礼物；巴西中国经济贸易促进会与如皋市签订战略合作协议。中国驻圣保罗总领事陈佩洁、总领馆商务参赞何君，巴西旅游部副部长碧雅德利斯、圣地亚哥市市长蒂亚戈、坎皮纳斯市投资发展旅游局局长安德烈，南通市委书记陆志鹏、副市长陆卫东，中巴企业家等近百人出席推介会。在澳大利亚考察期间，通过洽谈、对接、走访等形式，向当地政界、工商企业界人士集中推介如皋发展新成就、新气象、新愿景，并与一批企业达成初步合作意向。市委常委、如皋工业园区党工委书记、如皋市长寿旅游度假区党工委书记刘向阳以及相关部门负责人参加活动。

10日 △ 以“激情十一运，悦动健康城”为主题的市第十一届运动会暨第二届全民健身运动会在市奥体中心篮球馆开幕。市领导何益军、张元健、茅红宇、钱志刚、张亚鸾、刘晓洁出席开幕式。

△ 如皋市开展2018年建议提案办理工作集中督查活动，听取相关承办单位负责人汇报交流督查内容落实情况。市委常委、常务副市长丁锋对办理工作进行点评，部分市人大代表、政协委员对建议提案办理工作提出意见和建议。市领导丁锋、桂万先、张勇、严世斌参加活动。

△ 如皋市召开占补平衡、增减挂钩“双整治”工作会议，全面分析土地存量资源配置现状及耕地保护工作面临的形势，加快推进2018年“双整治”验收，研究部署2019年“双整治”工作。市委常委、常务副市长丁锋出席会议。

11日 △ “龙游湖壹号”杯2018如皋国际铁人三项赛在龙游湖风景区举行，吸引国内外300多名选手参赛。国家体育总局登山运动管理中心副秘书长邢立明、南通市体育局副局长张云飞，如皋市领导何益军、茅红宇等出席活动。本次比赛以“悦动雉水间 享寿龙游湖”为主题，是如皋市首次举办铁人三项赛，由如皋市人民政府主办，高新区(城南街道)管委会、如皋市体育局、北京三夫户外运动管理有限公司承办，中国铁人三项运动协会为技术指导单位，来自中国台湾的张家豪、张婷婷分别获得男、女子全程18~29岁组第一名，来自澳大利亚的Mitchell robins获得男子全程30~34岁组第一名。

12日 △ 吉林大学如皋新能源汽车产业技术研究院揭牌仪式在如皋举行。副市长高峰致辞，市委常委、经济技术开发区党工委副书记马金华与吉林大学工业技术研究总院院长丁世海共同为研究院揭牌。

△ 如皋市召开2019年“双创”工作推进会。市委常委、组织部部长、统战部部长缪爱诚出席会议，听取市发改委、科技局、人社局、农委、商务局、文广新局、卫计委等人才工作职能部门有关负责人、各镇(区、街道)人才工作分管负责人汇报本单位2019年“双创”项目培育情况，市人才办针对双创申报工作进行专项辅导。

△ 如皋市召开宣传思想文化工作推进会，传达学习全国、全省宣传思想工作会议精神，回顾总结2018年以来宣传思想文化工作推进情况，通报各镇(区、街道)三季度考核结果。市委常委、宣传部部长茅红宇出席会议。

13日 △ 市体育局、市文广新局、市老龄办、市老年人文化体育协会在安定广场联合举办全国老年人健步行大联动暨江苏省老年人体育节闭幕式如皋分会场活动，市老年文体协会表演舞蹈、健身操、柔力球、太极拳、军鼓表演等节目，展示全市老年人体育文化事业的丰硕成果。

14日 △ 江苏省见义勇为基金会在南京举行第九届苏宁环球杯“江苏见义勇为新市民”颁奖典礼，表彰35名先进个人、5个先进群体共47人，在海门奋不顾身冲进火场营救被困老人的田道龙、在泰州勇斗歹徒的马腾蛟、在宿迁抢险救灾的程登宝3名如皋人分别受到表彰。

15日 △ 英美资源贸易(中国)有限公司相关负责人一行到如皋调研，实地参观百应能源、安思卓新能源、江苏清能等企业研发生产车间和项目现场，了解全市氢能产业和新能源汽车产业发展现状。市委常委、经济技术开发区党工委副书记马金华陪同调研。

△ 全市废橡胶再生加工企业突出环境问题整治工作推进会召开，与会人员参观废橡胶再生加工行业前期整治现场。副市长高峰出席会议。

16日

△ 省委党史工办主任邢光龙率领调研组一行到如皋，就党史系统开展解放思想大讨论活动、革命遗址保护利用等情况进行调研，实地参观市红十四军纪念馆等革命遗址遗迹及纪念设施，听取市委党史办关于近几年来革命遗址遗迹及纪念设施修缮保护和利用情况的汇报。市委常委、副市长桂万先陪同调研。

△ 如皋市举行11月份规模农业项目现场观摩会，与会人员参观全市14个镇(区、街道)规模农业项目建设现场，并为项目质量进行打分测评，市农委、农办负责人对规模农业项目工作进行点评。市领导丁兴华、张百璘参加活动。

17日

△ 江苏瀚康怡和项目举行启动会。上海向阳公益基金会理事长汪致重，市领导何益军、马金华、程瑞琴出席会议，并就规划设计方案、项目推进时间节点等进行讨论。项目位于经济技术开发区平园池村，包括医养康复中心、邻里中心、文化中心、度假酒店、健康公寓、国际学校、中央公园等部分，致力于打造集康养与农业观光旅游于一体的特色小镇，吸引华东地区特别是上海地区的老龄人群和慢性病人群集聚康复疗养。

18日

△ 刘沈林、李七一全国名老中医药专家传承工作室如皋市中医院工作站在市中医院正式揭牌。揭牌仪式上还举行了全国名老中医药专家中医师承拜师仪式。副市长张亚鸾参加活动。市中医院成功申报刘沈林、李七一全国名老中医药专家传承工作室基层工作站，是南通地区唯一拥有两家全国名老中医药专家传承工作室基层工作站的县级中医院。

△ 如皋市第七期“雉水英才”评审会在市委党校举行，来自各镇(区、街道)的30多位高层次人才参加评审活动。自2012年以来，“雉水英才”引进计划已经开展6期，累计引进创新创业人才66名，截至目前，42人获评江苏省“双创”计划、省“六大人才高峰”等省级人才资助计划。

△ 九华镇举办城镇建设招商推介会，推出涵盖地块开发、基础设施、功能配套三大类总计15个子项目。与会人员集中观看招商宣传片《点睛大江东》和《锦绣九华》，参观九华邻里中心项目开发地块、九华立交工业园区项目建设现场、园区综合服务中心项目开发地块等处。市政协副主席冒平参加活动。

19日

△ 陕西省洋县人大常委会主任牟如虎率队到如皋考察，开展对口协作交流活动。市领导陈晓东、吴道健、陈万圣、邵晓泉、张勇参加活动。

△ 市委书记陈晓东，市委副书记、市长何益军率领相关部门和单位负责人一行，督查深化高质量全国文明城市建设工作，先后对城区部分居民小区、待建地块、市场及周边环境进行实地督查。市领导丁兴华、马金华、刘向阳、茅红宇、陈晓彬、高峰参加活动。

△ 如皋市召开“六无村(社区)”建设现场推进会，与会人员现场参观长江镇社会治理中心、长江镇平南社区、下原镇花园头村，听取相关介绍。市人民法院、市信访局等6家单位交流发言。市委常委、政法委书记缪小华出席会议。

△ 如皋市召开烟花爆竹安全监管联席会议，公安局、交通局、公安消防大队等九部门相关负责人就全市烟花爆竹安全监管工作情况交流发言。副市长高峰参加会议。

△ 全市“不见面”开标系统首个项目——高新区派出所、交警中队业务用房智能化工程项目在市公共资源交易中心开标。开标过程用时25分钟，比常规现场开标提速至少1小时。

19~21日

△ 以“创绿色公交 树节能环保”为主题的2018中国(上海)国际客车展览会在上海新国际博览中心举办,青年汽车携氢燃料电池城市客车、小巴车参展。由青年汽车生产的燃料电池城市客车已在如皋市投入运营。

20日

△ 南通市副市长赵闻斌率南通市水利局(河长办)、环保局、建设局及农委等部门负责人一行,对如泰运河如皋段沿线乡镇水环境整治工作开展现场督查,实地查看经济技术开发区海鹏污水处理厂提标改造和生态修复工程、丁堰镇污水处理厂等处,听取有关南美白对虾养殖污染整治和城镇生活污水收集与处置情况的汇报。市领导丁兴华、张百璘陪同督查。

△ 市委书记陈晓东主持召开市委中心组(扩大)学习会,邀请省科技情报研究所所长、党委书记李敏作“科技改革30条”专题讲座,切实把推动科技体制改革和提升科技创新能力。

△ 全国供销合作社基层工作会议在北京召开,下发《中华全国供销合作总社关于命名2017年度百强县级社、基层社标杆社、农民专业合作社示范社、农村综合服务社星级社的决定》。如皋市供销合作总社榜上有名,列“全国百强县级社”第16位。

△ 江苏省第十三届人大常委会第六次会议审议通过省政府关于授予14位国际友好人士 “江苏省荣誉居民”称号的议案,这是江苏省授予外国友人的最高荣誉。如皋籍“华人神探”李昌钰名列其中。

21日

△ 南通市2019年春节前保障农民工工资支付工作现场会召开,与会人员现场观摩如皋的御锦馨河城项目和双创中心(软件园二期)项目,参观“如皋市工程建设领域农民工工资专用账户管理流程”展板,听取相关介绍。南通市副市长徐新民,如皋市领导何益军、茅红宇、桂万先参加活动。

△ 市委书记陈晓东率领相关部门负责人前往石庄、江安两镇,调研村(社区)建设及发展、民营经济发展等工作,先后实地走访石庄镇的邹蔡、楼房、洪港等村和小樱时装等企业,江安镇的宁通社区等处,慰问部分贫困户,并查看了焦港泵站工程施工现场。市领导缪小华、祝国庆参加调研。

△ 如皋市召开群众安全感提升工作推进会,对全市群众安全感提升工作进行再部署、再推进。市委常委、政法委书记缪小华出席会议。

22日

△ 省委省级机关工委副书记王巨祥一行3人到如皋调研指导党建工作,听取市卫计委党建工作情况汇报,实地查看党员政治生活馆、党员活动室等处,并就机关党建工作与检察院负责人座谈,听取市人民检察院关于“党员智能化标准化学习活动综合管理平台”的介绍,现场观看“手机端智能化党建平台”软件功能演示。市委常委、组织部部长、统战部部长缪爱诚陪同调研。

△ 市委常委、副市长桂万先率领相关部门负责人,调研中小企业法律需求情况,与康迪电动汽车江苏有限公司、南通百应能源有限公司、南通美能得新能源科技股份有限公司、江苏联众肠衣有限公司、南通百正电子新材料股份有限公司、江苏陆地方舟新能源电动汽车有限公司相关负责人座谈,详细了解企业具体法律需求。

23日

△ 主题为“创新驱动 智联未来”的2018中国(江苏)新能源汽车产业发展峰会暨江苏新能源汽车名城接力赛启动仪式在南京举行。省政协副主席王荣平,如皋市委副书记、市长何益军出席峰会。

△ 南通市召开十二届市委第五轮环保专项市县联动巡察情况反馈会,指出各地环保工作中存在的问题和薄弱环节。副市长黄文斌在如皋市分会场收听收看。

△ 如皋市召开机场军用设施周边人民防线网格化建设推进会，与会人员集中观看反间防谍宣传片，市国安办负责人对网格化建设工作进行部署。市委常委、政法委书记缪小华参加会议。

△ 如皋市召开高标准农田建设工作推进会，听取市农委负责人传达南通市对2017~2018年高标准农田建设情况专项督查报告，总结和分析2018年以来全市高标准农田建设工作推进情况。会议对三季度高标准农田建设情况作了点评，对下阶段工作进行了部署。副市长张百璘出席会议。

24日

△ 第六届中国汽车产业海归人才座谈会在如皋举行，与会20多位海归专家来自各个企业，聚焦"改革开放与海归人才"，共话改革开放40周年时间节点上中国汽车产业的发展。市领导陈晓东、马金华、高峰出席活动。

△ 为期一个月的全市2018年中青年干部培训班在市委党校开班。市领导丁兴华、缪爱诚出席开班仪式。

25日

△ 原上海铁路局副局长刘建堂一行到如皋，就如皋港区铁路专用线进行调研，实地查看如皋港区铁路专用线走向路线。市领导何益军、丁锋、黄文斌陪同调研。

26日

△ 如皋市青年联合会第四届委员会第一次全体会议召开，选举产生市青年联合会第四届主席、副主席、常委，审议通过《如皋市青年联合会第四届委员会第一次全体会议关于工作报告的决议》。共青团南通市委书记、南通市青联主席王鸣昊，如皋市委书记陈晓东等参加活动。

△ 如皋市召开焦港断面水质达标工作推进会，听取市环保局负责人通报焦港河夏堡北大桥断面水质监测情况，搬经、江安、石庄和市农委、交通运输局、住建局、水务局等相关镇和部门负责人围绕全面消除断面水质劣V类目标，提出下一步工作计划和举措。市领导陈晓东、吴道健、张百璘出席会议。

27日

△ 南通力威机械有限公司承担的国家重点研发计划"全海深地质绞车系统研制"项目正式启动，来自中国科学院、中国建材科学研究总院、中国铁道科学研究院等单位的11位专家为项目提供意见建议。该项目是如皋获批的科技类首个国家级重点研发计划，代表如皋民营企业在"深海关键技术与装备"领域的最新突破。项目由南通力威机械有限公司作为牵头承担单位，中国船舶工业集团公司第708研究所、大连海事大学、哈尔滨工程大学、中国船舶重工集团公司第710研究所、上海彩虹鱼海洋科技股份有限公司等高校、科研院所和行业龙头企业作为子课题承担单位共同实施，总投资2063万元，其中中央财政经费896万元。

△ 市委书记陈晓东主持召开座谈会，听取高新区（城南街道）、经济技术开发区、搬经镇重点工作推进情况汇报。市领导何益军、丁兴华、马金华、茅红宇、邵晓泉、高峰、刘晓洁参加座谈会。

△ 庆祝检察机关恢复重建40周年暨全国检察机关第九次先进集体、先进个人表彰大会在北京举行，全国38个先进集体获得全国模范检察院表彰，如皋市人民检察院作为江苏检察机关的唯一单位代表获此殊荣。

28日

△ 由人力资源和社会保障部留学人员和专家服务中心、江苏省人力资源和社会保障厅联合主办的"走进如皋——助力经济振兴发展专家服务基层行"活动在如皋锦都金鼎大酒店启动。人社部留学人员和专家服务中心副主任李璟，江苏省人社厅副巡视员张永祎，如皋市委常委、常务副市长丁锋参加启动仪式。

△ 市委书记陈晓东主持召开座谈会，听取长江镇、如皋工业园区（如城街道）、磨头镇、丁堰镇、白蒲镇、九华镇、石庄镇重点工作开展情况。市四套班子领导何益军、吴道健、张元健、丁兴华等参加座谈

会。

△ 如皋市委新闻网报道,南通市公布2018年度南通市特色田园乡村建设试点村名单,如皋市经济技术开发区平园池村、花园桥社区,长江镇田王村、江安镇马堡村榜上有名。

29日

△ 市委书记陈晓东主持召开座谈会,听取江安镇、东陈镇、下原镇、吴窑镇重点工作开展情况。市领导丁兴华、史有根、祝国庆、陈万圣、张勇、陈晓彬、张百璘、郑振明、严世斌参加座谈会。

△ 市行政审批局引入办证自助一体机,将原来的窗口受理、后台核准、打印执照等多个环节整合成一个环节,极大方便办事群众,提升办事效率。通过政务服务中心大厅里设置的营业执照自助一体机,个体工商户新设原本1个工作日才能完成的审批工作,在10分钟内"立等可取",只需等待10分钟即可打印出营业执照。

29~30日

△ 市第十七届人大常委会第十四次会议召开,听取审议市政府关于2018年为民办实事项目实施情况的报告、关于市十七届人大二次会议代表建议办理情况的报告,审议通过如皋市人大常委会《关于召开如皋市第十七届人民代表大会第三次会议的决定(草案)》和《关于确定人民陪审员名额的决定(草案)》,通过相关人事任免事项,并为新任命人员颁发任命书,举行宪法宣誓。

30日

△ 为期3天的第十六届江苏名特优农产品(上海)交易会在上海国际农展中心开幕,如皋市共有中萃米业有限公司、南通玉兔集团有限公司、花名堂农业科技发展有限公司3家企业参展,集中展示富硒大米、特色肉制品和微型盆景等如皋特色农产品。市政协副主席杜永红参加活动。

△ 南通市委、市政府在上海万豪大酒店举行2018南通农产品(上海)产销对接洽谈会。会上,如皋市福欣家庭农场的福欣源大米获"南通好大米"金奖;经过深入沟通洽谈,如皋市供销合作总社与上海市浦东新区供销合作社签订农产品产销战略合作协议;如皋市农产品沪皋流通销售商会、如皋中萃米业有限公司等与沪上相关客商代表集中签约,达成协议金额16.3亿元。南通市委副书记张兆江、副市长赵闻斌,如皋市委副书记丁兴华出席会议。

2018年12月

1日 △ 如皋市举办第六期村(社区)书记大讲坛,8位来自村(社区)基层一线的党组织书记,以"不忘初心、牢记使命,传承老支书精神、推动高质量发展"为主题,分别交流发言。活动还为10名任职20年以上老支书代表颁发了纪念铭座。市四套班子领导陈晓东、何益军、吴道健、张元健、丁兴华等参加活动。

△ 如皋市企业家协会举行第八届会员大会,审议并通过第七届理事会工作报告、章程修改报告、财务收支报告,选举产生第八届理事会、会长、副会长、秘书长、名誉会长等。市领导陈晓东、何益军、吴道健、张元健、缪小华、高峰、郑振明出席会议。

3日 △ 省档案局科技处处长姚军率评估组到如皋,对市档案馆创建江苏省AAAAA级数字档案馆进行评估,并予以通过,如皋市档案馆成为南通县(市)级国家综合档案馆中首家通过验收单位。副市长张亚鸾出席活动。

△ 市委副书记、市长何益军主持召开第十七届市政府第二十四次常务会议,学习《江苏高质量发展监测评价考核实施方案》《江苏省2018年度综合考核实施办法》,通报全市相关情况、2018年市政府为民办实事推进情况及建议提案办理情况,讨论《如皋市鼓励支持个体工商户转型升级为工商企业的实施意见》等议题。

△ 南通市委宣传部、南通市文联、如皋市委宣传部联合主办的"纪念改革开放40周年——南通市各县(市、区)书画轮展·如皋市书画作品展"在南通市中心美术馆开幕,汇集60名如皋书画艺术家的64件作品。市领导茅红宇、刘晓洁参加活动。

4日 △ 《中国县域经济发展报告(2018)》发布,在全国县域经济综合竞争力100强排名榜单中,如皋市位列第25名。

6日 △ 副省长马秋林率队到如皋调研氢能产业和新能源汽车产业发展情况,实地参观百应能源、神华加氢站、安思卓新能源、江苏清能、赛麟汽车等企业研发生产车间和项目现场。市领导何益军、马金华陪同调研。

△ 南通市省级宜居示范住区建设现场推进会在如皋举行,与会人员先后实地参观如皋市智慧生态卫生间和文定苑、武定苑等宜居示范居住区建设现场。市领导万维庆参加活动。

△ 全国首家县级地质资料馆——江苏如皋市地质资料馆开馆,共收录区域地质、矿产地质、水工环地质及物、化、遥地质研究等多方面资料1600余份,且纸质资料全部数字化,可实现工程地质信息快速查询检索和共享共用。

7日 △ 南通市委常委、政法委书记姜永华到如皋,就扫黑除恶专项斗争开展情况及政法业务协同系统运行情况开展调研。市领导何益军、缪小华、陈晓彬参加调研。

△ 如皋市召开"廉洁通皋"主题活动启动仪式暨全市工程建设领域廉政风险防控推进会,与会人员参观通皋大道廉政建设现场。南通市纪委常委、秘书长、市监委委员周斌,如皋市委常委、纪委书记、市监委主任史有根,副市长黄文斌出席活动。

△ 如皋市召开农村人居环境整治暨“河长制”工作推进会，与会人员集中参观如皋工业园区（如城街道）长港村和东陈镇山河社区的环境整治现场，听取搬经镇、江安镇、下原镇有关负责人交流发言。市领导丁兴华、黄文斌、张百璘参加活动。

△ 苏州市如皋商会一届一次会员大会暨成立大会在苏州白金汉爵大酒店举行。市政协副主席杜永红出席会议。商会是由在苏州投资经营的如皋籍工商企业者依法组成的社会组织，初为苏州市平江区如皋商会，后曾更名为苏州市姑苏区如皋商会。会议通过《苏州市如皋商会章程》，选举产生商会领导班子，苏州市福运物流有限公司总经理纪福兵当选为商会会长。

△ 福布斯中国发布“中国大陆最佳县级城市 30 强”，如皋位列第 9 名。在“2018 中国大陆最佳商业城市榜”榜单中，如皋位列第 66 名，是南通唯一上榜县级市，居江苏省内县（市）第 4 位。

8日

△ “2018 年中国汽车企业创新大会暨中国汽车企业创新安亭指数发布会”在上海嘉定举行，江苏赛麟汽车科技有限公司等 15 家企业被授予汽车行业的“隐形独角兽企业”称号。如皋市委副书记、市长何益军，市委常委、经济技术开发区党工委副书记马金华等参加发布会。

△ 全国如皋商会第九次合作交流会议在苏州举行，与会人员实地参观苏州工业园区等处，交流全国如皋商会第八次合作交流（慈溪）会议闭会期间工作。市政协副主席杜永红，各异地如皋商会和如皋异地商会负责人出席会议。

△ 第二届中国工业物联创新发展高峰论坛暨中国物联网产业百人会年度活动行在如皋举行，市委副书记、市长何益军在会上致辞，与会人员参观一下科技、开源空间等处。中国工程院院士沈昌祥、国家制造强国建设战略咨询委员会委员蔡惟慈、中国电子信息产业发展研究院副院长曲大伟、工业和信息化部科技司调研员姚佳等出席活动。

△ 南京农业大学副校长陈发棣一行到如皋，实地考察江苏盆景博物馆、顾庄生态园、花木大世界（如皋）国际园艺城等处，并就开展如皋市菊花项目产学研全面合作，打造如皋市菊花博览园及产业化基地项目花达成合作协议。市领导丁兴华、邵晓泉参加活动。

△ 市妇联举办“传承美德 逐梦前行——雉水百姓故事会”，通过不同层面、不同形式、不同内容的故事分享活动，弘扬社会美德，倡导文明家风，树立各行各业“最美”典型。市领导张勇、张亚鸾、严世斌出席活动。

9日

△ 市红十四军(新四军)研究会在上海音乐之声大酒店举行如皋新四军人物史料征集工作座谈会，倡议上海地区在如皋工作和战斗过的新四军老领导或其后代支持关心征集工作，共同做好如皋新四军历史文化资源的挖掘宣传和铁军精神的传承弘扬工作。

10日

△ 全市 2018 年科级领导班子全面考察动员暨业务培训会议召开，部署全面考察工作。市委常委、组织部部长、统战部部长缪爱诚出席会议并作动员讲话。

11日

△ 南通市委、市政府在更俗剧院召开全市民营经济高质量发展大会，揭晓 40 名改革开放 40 年南通优秀民营企业家表彰名单，如皋市 5 名企业家：江苏神马电力股份有限公司董事长马斌、江苏力星通用钢球股份有限公司董事长施祥贵、江苏九鼎集团有限公司董事长顾清波、梦百合家居科技股份有限公司董事长倪张根、江苏省如高高压电器有限公司董事长董增平名列其中。

△ 市委副书记、市长何益军到南通支云足球俱乐部开展专题调研，了解俱乐部发展情况，协调解决实际困难，先后实地查看中甲联赛主场，听取体育场拆装式看台安装项目、俱乐部各队生活区、训练

区等多个方案,对俱乐部自身建设和主场场地改造等问题给出指导意见。副市长张亚鸾陪同调研。

△ 2018 如皋(北京)大健康产业专题推介会在北京召开,国际养老产业平台项目、艾草产业园项目、中药材开发项目等 4 个大健康产业项目集中签约。市领导张元健、刘向阳、程瑞琴、吕兰出席活动。推介会由市委常委、如皋工业园区党工委书记、如皋市长寿旅游度假区党工委书记刘向阳主持,市政协主席、城市水系建设与大健康产业发展指挥部指挥长张元健在会上致辞,副市长程瑞琴介绍如皋经济社会发展情况,并对大健康产业项目进行推介,香港新华集团大湾区建设投资有限公司副总裁张学青、世界中医药学会联合会艾灸保健推广委员会会长纪凯、中国中医科学院中医药科技合作中心执行主任黄明达作主旨演讲。

△ 如皋市举行金融服务乡村振兴专场对接暨花木盆景产业小额担保基金成立大会,市领导丁兴华、丁锋、张百璘、杜永红出席会议。会上,市花木盆景产业转型发展工作领导小组办公室、市花木盆景产业联合会分别与中皋融资担保有限公司、江苏再保南通信用担保有限公司签订花木盆景产业基金合作协议,花木盆景产业小额担保基金正式成立;如皋农村商业银行股份有限公司进行现场授信,35 家企业和 19 家金融机构成功签约,承诺到位资金达 11 亿元。

12 日

△ 省文化和旅游厅公布 11 个 2018 年度公共文化服务体系建设创新示范项目,如皋市数字文化馆云应用示范项目成功入选,是南通市唯一获奖项目。

△ 中国上市公司国际发展论坛暨 "金狮奖" 港股上市公司评选颁奖典礼在香港举办,荣威国际(Bestway)凭借优异表现获评"2018 最具投资价值新股上市公司"。

12~13 日

△ 南通基层理论宣讲骨干集训在如皋市姚呈明理论武装工作室举行,来自南通各县(市、区)的 40 名基层理论宣讲骨干参加培训。南通市委宣传部副部长、南通市党的创新理论宣讲团团长黄正平围绕庆祝改革开放 40 年宣讲作专题辅导,并就党员冬训期间如何让党的创新理论"飞入寻常百姓家"与学员座谈,听取意见和建议。

13 日

△ 如皋、洋县镇村协作联席会议在如皋召开,两地领导分别介绍近年来经济社会发展情况,对口协作镇、村代表分别交流发言,有关负责人进行现场对接交流。洋县县委副书记、县长杜家才,副县长李刚出席会议,并率洋县考察团一行实地参观了福友服饰、水明楼酒厂、绅宝利工艺服饰、芩美服装等处,推介洋县投资环境,洽谈合作,与水明楼酒厂达成黑米收购合作意向。如皋市领导吴道健、丁锋、桂万先参加相关活动。

14 日

△ 如皋市召开"如皋'四色'文化丛书"和《东皋印学》两套图书首发式座谈会,市委常委、宣传部部长茅红宇出席会议。"四色"文化丛书分别为《世界长寿养生福地——银色如皋》《江苏历史文化名城——古色如皋》《中国花木盆景之都——绿色如皋》和《华东红色革命圣地——红色如皋》。

△ 如皋市举行建筑业 BIM 培训(咨询)基地揭牌仪式,市建工局、市建筑行业协会与南通六建签订共建共享 BIM 培训(咨询)基地协议。副市长黄文斌参加揭牌活动。

15 日

△ 市委、市政府召开全市生态环境保护大会暨污染防治攻坚推进会,强调全面贯彻落实全国、省及南通市生态环境保护大会和南通市深化"走帮服"重点推进污染防治攻坚战部署会精神,直面生态环境保护的突出"短板",坚决打赢污染防治攻坚战。市四套班子领导何益军、张元健等出席会议,如皋工业园区(如城街道)、经济技术开发区邵庄村、公安局、环保局、农委、双钱集团负责人作大会交流发言。

△ 如皋市在位于青岛古镇口的军民融合创新示范区的舰船装备技术中心举办黑塌菜专场推介会。市领导丁兴华、邵晓泉、张百璘出席活动。经过高温杀菌的如皋黑塌菜，在零下40摄氏度处理以后能够保存两年左右，有效地解决了远洋官兵难觅绿色蔬菜的难题。

△ 《李渔大传》新书发行暨研讨会在如皋举行，来自江苏人民出版社、南京师范大学及文学界的学者集体观看纪录片《大隐寄闲情》，并与《李渔大传》作者张奎高开展研讨交流。市委常委、宣传部部长茅红宇参加活动。

16日

△ 文化和旅游部党组成员、副部长李群一行到如皋调研，实地参观江苏华夏电影胶片博物馆、李昌钰刑侦科学博物馆等处。省文化和旅游厅党组书记、厅长杨志纯，南通市副市长徐新民，南通市副市长、如皋市委书记陈晓东及何益军、刘向阳、茅红宇、张亚鸾等市领导陪同调研。

17日

△ 如皋市召开十二月份规模农业项目现场观摩会，组织参观全市14个镇(区、街道)规模农业项目建设现场。市委副书记丁兴华参加活动。与会人员为参观的农业项目质量进行了打分测评，市农委分管负责人对规模农业项目工作进行了点评，并传达了开展“大棚房”问题“再排查、再回看”推进工作的具体要求，各镇(区、街道)分管负责人就落实全市农村人居环境整治暨河长制工作的落实情况进行了交流发言。

18日

△ 南通市委副书记、代市长徐惠民率队到如皋调研，先后视察华夏胶片电影博物馆、东大街历史文化保护街区、北外附属龙游湖外国语学校、神马电力、苏中国际集装箱码头等处。南通副市长、如皋市委书记陈晓东参加调研。

△ 市政协组织视察调研市人民检察院工作，实地视察市人民检察院政治生活区、检察文化区，观看反映检察工作的宣传片。市政协主席张元健，副主席郑振明、冒平、严世斌、刘晓洁，秘书长许映亮参加活动。

19日

△ 省三教办常务副主任周强率队到如皋，就“三项学习教育”活动开展情况及2019年工作计划进行督查调研，市委宣传部、市文广传媒集团等相关部门负责人及新闻单位一线采编人员参加座谈。

△ 市委副书记、市长何益军率队对如皋工业园区(如城街道)、市公安局2018年落实党风廉政建设责任制、意识形态工作责任制进行重点检查考核。市领导刘向阳、陈晓彬参加相关活动。

20日

△ 中国环境科学学会副秘书长刘鸿志一行到如皋考察生态文明建设和厕所革命工作，现场观摩丁堰镇皋南河、东陈镇杭桥村人居环境整治示范工程、无水厕所革命示范区等处，了解如皋市在生态环境治理方面的亮点和举措。市领导何益军、刘向阳、黄文斌参加活动。

△ 市政协主席会议视察调研财政工作。市政协主席张元健，副主席郑振明、冒平、严世斌、刘晓洁，秘书长许映亮参加活动。

△ 全市宣传思想文化工作述职调研会召开，14个镇(区、街道)相关负责人汇报2018年以来工作完成情况和2019年工作思路举措。市委常委、宣传部部长茅红宇出席会议。

△ 如皋市召开意识形态领域情况分析研判会，研究当前全市意识形态工作面临的新情况，听取相关镇(区、街道)、部门有关负责人就意识形态领域工作开展情况交流发言。市委副书记丁兴华出席会议并讲话，市委常委、宣传部部长茅红宇就如何落实意识形态工作责任制作了具体部署。

△ 如皋市红木雕刻职业技能竞赛在市技工学校举行。竞赛由市人力资源和社会保障局、市总工会、市科协共同主办，来自全市的88名选手参赛，顾正福荣获一等奖，并被授予“如皋技能状元”“如皋市五一劳动奖章”荣誉称号，成建忠、孙建南荣获二等奖，并被授予“如皋市技术能手”“如皋市五一创新能手”荣誉称号。

21日 △ 如皋市在长江镇生态环境保护执法司法联动中心召开众昌化工“12·18”安全事故警示教育现场会，与会人员前往众昌化工有限公司事故现场接受集中教育，为逝者默哀，深刻吸取众昌化工发生的3人死亡事故的惨痛教训，督促全市化工生产企业全面落实安全生产主体责任，确保有效防范遏制危险化学品生产安全事故。会上，市安监局通报了众昌化工“12·18”安全事故情况和停产整顿企业名单，市人民检察院通报了安全生产事故典型案例，长江镇及白蒲镇高阳化工进行了表态发言。市领导何益军、陈晓彬、高峰等参加警示教育会。

23日 △ 南京艺术学院党委副书记、副院长谢建明率队到如皋考察，实地考察中合数码影像艺术学院办学项目选址地块、花木大世界(如皋)国际园艺城、一下科技、中软国际等处，并就双方建立友好合作关系进行深入交流。市领导何益军、刘向阳、程瑞琴参加活动。

24日 △ 如皋市召开肠衣加工企业突出环境问题整治推进会，实地检查丰迪肠衣、南通天龙等4家企业，听取各肠衣企业整改情况汇报，确保环境整治工作常态化、长效化，推动肠衣行业可持续发展。副市长高峰参加活动。

25日 △ 市委副书记、市长何益军主持召开第十七届市政府第二十五次常务会议，讨论通过2019年市级部门预算草案，研究讨论《关于加快推动绿色建筑和建筑节能发展工作的实施意见》《市政府关于2019~2020年突出环境问题清单的报告》等议题。

26日 △ 市第十七届人大常委会第十五次会议召开，听取并审议“一府一委两院”相关人员履职报告、市政府《关于2019~2020年突出环境问题清单的报告》《关于补选南通市第十五届人大代表有关事项的说明》《关于2018年市级财政预算调整方案(草案)的报告》《关于2017年度财政预算执行和其他财政收支审计整改情况的报告》《关于许可对相关代表采取强制措施的决定(草案)》，同意补选张建华为南通市第十五届人大代表，审查和批准2018年市级财政预算调整方案，许可对相关代表采取强制措施。会议还表决通过市人民检察院提请的人事任免事项，为新任命人员颁发任命书和举行宪法宣誓。

27日 △ 如皋市领导干部会议召开，南通市委副书记张兆江出席会议并讲话。会议宣布省委和南通市委关于如皋市委主要领导同志职务调整的决定：张建华任中共如皋市委书记，陈晓东不再担任中共如皋市委书记职务。市四套班子全体领导、老领导，各镇(区、街道)、各部门主要负责人，在如皋条管部门负责人参加会议。

△ 市委副书记、市长何益军率市环保局、水务局、农委等相关部门负责人一行，对如海运河进行巡查，详细询问河段水质采样、河道疏浚清障和沿岸环境整治工作的具体情况，指出岸线两侧畜禽养殖、排水口设置等问题，并就河道日常管护工作中存在的河坡垃圾倾倒、畜禽养殖污染等问题与在场的部门负责人探讨解决办法，要求部门整体联动，管养并重，围绕河道整治、生态修复等工作，加大沿河整治力度，切实做到长效管理，扎实推动“河长制”工作有效开展，早日实现“水活水美”目标。市领导张元健、黄文斌参加活动。

△ 南通市金融国民教育推进会暨如皋市小学生金融网络课程项目观摩活动在经济技术开发区第三实验小学举行，与会人员听取相关经验交流，扫码体验了金融网络课程。市委常委、常务副市长丁锋参加活动。

28日

△ 市人民政府主办、上海市工商联房地产商会协办的如皋(上海)城市推介会在上海月星环球港举行，近150家知名企业参加活动。市委常委、常务副市长丁锋在推介会上致辞，副市长黄文斌从长寿养生福地、文明风尚高地、财富汇聚旺地、兴业圆梦宝地四个方面进行城市推介，并对城市总体规划、11个拟出让房地产地块进行推介，全国政协委员、全国工商联常委、全国工商联家具装饰业商会会长、月星集团董事局主席丁佐宏，绿地集团副总裁徐荣璞分别交流发言，两个地块举行签约仪式，总投资18亿元。

△ 市委统一战线工作领导小组会议暨新的社会阶层人士统战工作联席会议举行，通报2018年全市统战工作开展情况，审议通过新的社会阶层人士统战工作联席会议有关制度。市委常委、组织部部长、统战部部长缪爱诚出席会议。

△ “礼赞劳动美 放歌新时代”如皋市首届职工文化艺术节机关专场暨机关文化艺术节闭幕式文艺会演在市行政中心礼堂举行。市委常委、组织部部长、统战部部长缪爱诚出席活动并致辞。本届文化艺术节前后历时8个月，举办各类活动竞赛13场次，64家部门单位、近万人次参与其中。

29日

△ 市委副书记、市长何益军率领市安监局、市场监督管理局、消防大队等相关部门和单位负责人一行，督查节前安全生产工作，先后实地查看江苏九鼎新材料股份有限公司、江苏天南电力器材有限公司等处，深入车间仔细排查企业生产中存在的不足和隐患。市委常委、如皋工业园区党工委书记、如皋市长寿旅游度假区党工委书记刘向阳参加活动。

30日

△ 盐通高铁全线首孔箱梁在如皋成功架设，长32.6米、重714.8吨的“巨无霸”箱梁被提梁机平稳准确地安放至桥墩垫石上，标志着盐通高铁全线箱梁架设施工序幕正式拉开。

△ 晚，由市委宣传部、市文化广播电视传媒集团、市文化广电新闻出版局、江苏新空间集团联合主办的2019“新空间之春”新年音乐会暨江苏新空间民族管弦乐团成立十周年专场汇演在如皋大剧院举行。市委常委、市人武部部长祝国庆参加活动。

31日

△ 2018年，如皋市大力实施“人才强市”战略，多措并举构建引才“绿色通道”，全年新入选省“双创”人才6个，“双创”团队1个(5人)，入选人数创历史新高。

△ 2018年，据如皋海关数据，如皋辖区出口竹木草产品破亿美元，共出口竹木草制品2868批次，货值达1.02亿美元，较2017年同比分别增长54.86%、83.76%。

成就展台

Chengjiu Zhantai

大美如皋

2018年如皋市经济社会发展主要成就

2018年，如皋市实现地区生产总值1120.5亿元，同比增长7.3%，一般公共预算收入70亿元，税占比84.6%，全社会研发投入占GDP比重2.66%，固定资产投资400.8亿元，增长8.5%，社会消费品零售总额404.3亿元，增长9.2%，进出口总额229.6亿元，增长10%，城镇登记失业率降至1.82%，城乡居民人均可支配收入分别增长8.7%、9.2%，万元GDP能耗降幅和主要污染物减排完成上级下达任务，列福布斯中国大陆最佳县级城市第9位、全国综合实力百强县(市)第25位。

成就一：致力促进产业转型，运行质效不断提升

现代农业提质增效

工业运行质态优化。完成全部工业应税销售1423.2亿元、增长24.6%，高于南通平均增幅4.3个百分点。获批省“氢能特色小镇”，成功举办第三届国际氢能与燃料电池汽车大会并成为永久会址。

现代服务业发展提速。完成服务业应税销售1244.8亿元、增长19.1%。港务集团获评全国5A级物流企业。国家全域旅游示范区创建深入推进，实现旅游综合收入157亿元、增长14.3%。

建筑业转型步伐加快。完成建筑业施工总产值1194亿元、增长11.2%。跻身省级绿色建筑和建筑节能综合提升奖补城市。

现代农业提质增效。粮食生产再获丰收。项目农业投入33.4亿元，高标准农田、适度规模经营面积占比分别达77.9%、54.9%，花木盆景全产业链产值超200亿元。

成就二：致力转换新旧动能，内生动力不断迸发

产业项目加快集聚。新开工亿元以上产业项目95个，其中重特大项目11个。技改投入163亿元、增长20.4%。续建重特大项目新增设备投资额、新开工服务业项目投资完成率南通第一。

高新项目助推发展

创新能力显著增强。高新技术产业、新兴产业产值分别增长24%、18%。新认定高新技术企业79家。新增省级企业技术创新中心、工程技术研究中心各3家。万人发明专利拥有量22.4件，新增PCT国际专利94个。入选省“双创计划”人才11人。全国唯一县级基层标准化改革创新先行区创建工作纵深推进。

发展环境持续优化。深化供给侧结构性改革，减税降费12.8亿元。新增金融机构2家，各项贷款余额883.7亿元，制造业贷款占比 16.1%。实现直接融资77 亿元，“新三板”挂牌 1 家。施工图审查中心晋升一类资质。

成就三：致力推进改革开放，发展活力不断释放

各项改革纵深推进。率先在全省推进“互联网+政务服务”向基层延伸，简政放权创业创新环境评价全省第一。国税地税征管体制改革顺利实施。强化农村综合改革，完成产权交易额 6 亿元，发放承包土地经营权抵押贷款 1.4 亿元。

港口经济迸发活力

开发开放加速拓展。成功举办“一会两节”及系列活动。注册落户亿元以上项目 151 个，其中对接服务上海项目 61 个。新批外资项目 26 个，其中 3000 万美元以上项目 4 个。实际到账外资 4.57 亿美元，南通第一。

载体建设提档升级。省级高新区成功获批，被评为省知识产权示范园区。新开通内贸集装箱直达航线 2 条。集装箱吞吐量突破 30 万标箱，连续 4 年翻番。完成港口吞吐量 5800 万吨、增长 4.3%。

成就四：致力统筹城乡建设，宜居魅力不断彰显

城市品质持续提升。完成新城提升规划、高铁南站周边概念规划编制。中心城区基础设施投入 10 亿元。新改建城市道路 8 条。新增城市绿地 80 公顷。改造老小区 16 万平方米。新开工商品房 228 万平方米。

南美世贸中心、希尔顿酒店等项目成功落户，君瑞酒店、慧佳汇汽车超市建成运营。江苏盆景博物馆开馆。

城市品位持续提升

交通格局更加优化。盐通高铁开工建设，通皋大道完成工程量的 45%，新改建农路 390 公里、农桥 20 座，“四好农村路”示范县创建通过省级验收。

镇村建设协调推进。出台乡村振兴三年行动计划，完成 10 个镇总规修编。城镇化率达 59.6%。新增省级生态文明建设示范镇 4 个、示范村 8 个、最美乡村 1 个。获批南通特色田园乡村试点 4 个。

成就五：致力推动绿色发展，生态环境不断改善

突出环境问题整治有力。全面落实“河长制”、断面长制，全面消除劣 V 类。完成大气污染防治工程 91 项，空气质量优良天数比率达 74.7%，列全省空气质量较好县(市)第 9 位。关停化工、印染、“五小行业”“散乱污”企业 307 家。整治内河沿线非法码头 82 座。关闭拆除养殖场 226 户。

配套设施建设加快推进。飞灰填埋场和九洲环保二期危废处置中心投入运行。新改建镇级污水处理厂 6 座，新增村庄污水处理设施 64 座。铺设污水管网 79 千米。

长管长效机制持续完善。组建全省首家生态环境保护执法司法联动中心。实施更加严格的重点河流交界断面水质“双向补偿”机制。

成就六:致力保障民生需求,百姓福祉不断增进

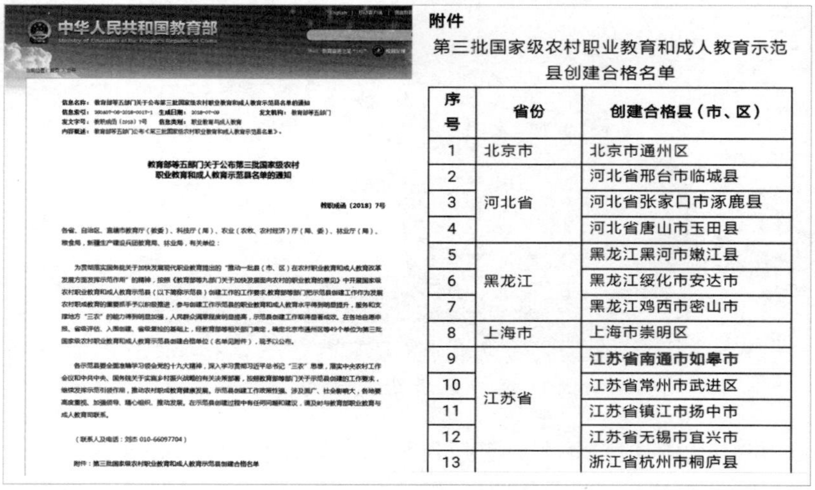

中华人民共和国教育部

信息名称：教育部等五部门关于公布第三批国家级农村职业教育和成人教育示范县名单的通知

发文字号：教职成函〔2018〕7号

内容概述：教育部等五部门公布《第三批国家级农村职业教育和成人教育示范县名单》。

教育部等五部门关于公布第三批国家级农村职业教育和成人教育示范县名单的通知

教职成函〔2018〕7号

各省、自治区、直辖市教育厅（教委）、科技厅（局）、农业（农牧、农村经济）厅（局、委）、林业厅（局）、粮食局，新疆生产建设兵团教育局、林业局，有关单位：

为贯彻落实国务院关于加快发展现代职业教育提出的“推动一批县（市、区）在农村职业教育和成人教育改革发展方面发挥示范作用”的精神，按照《教育部等九部门关于加快发展面向农村的职业教育的意见》中开展国家级农村职业教育和成人教育示范县（以下简称示范县）创建工作的工作要求，教育部等部门把示范县创建工作作为发展农村职成教育的重要抓手予以积极推进，参与创建工作示范县的职业教育和成人教育水平得到明显提升，服务和支撑地方“三农”的能力得到明显加强，人民群众满意度明显提高，示范县创建工作取得显著成效。在各地自愿申报、省级评估、入围创建、省级复检的基础上，经教育部等相关部门商定，确定北京市通州区等49个单位为第三批国家级农村职业教育和成人教育示范县创建合格单位（名单见附件），现予以公布。

各示范县要全面贯彻学习领会党的十九大精神，深入学习贯彻习近平总书记“三农”思想，落实中央农村工作会议和中共中央、国务院关于实施乡村振兴战略的有关决策部署，按照教育部等部门关于示范县创建的工作要求，继续发挥示范引领作用，推动农村职成教育健康发展。示范县创建工作政策性强、涉及面广、社会影响大，各地要高度重视、加强领导、精心组织、推动发展。在示范县创建过程中有任何问题和建议，请及时与教育部职业教育与成人教育司联系。

（联系人及电话：刘杰 010-66097704）

附件：第三批国家级农村职业教育和成人教育示范县创建合格名单

附件

第三批国家级农村职业教育和成人教育示范县创建合格名单

序号	省份	创建合格县（市、区）
1	北京市	北京市通州区
2	河北省	河北省邢台市临城县
3		河北省张家口市涿鹿县
4		河北省唐山市玉田县
5	黑龙江	黑龙江黑河市嫩江县
6		黑龙江绥化市安达市
7		黑龙江鸡西市密山市
8	上海市	上海市崇明区
9	江苏省	江苏省南通市如皋市
10		江苏省常州市武进区
11		江苏省镇江市扬中市
12		江苏省无锡市宜兴市
13		浙江省杭州市桐庐县

职教、成教再上台阶

富民增收态势良好。“晚霞行动”持续推进,新增城镇就业 8534 人、创业 3526 人,农村劳动力转移就业 3500 人。聚焦精准脱贫,建档立卡低收入人口累计脱贫率超 90%,经济薄弱村集体经济收入均超 40 万元。

保障体系日趋完善。城乡居民医保、职工“五险”实现动态全覆盖,新征地农民即征即保。率先在全省县(市)中实施职工照护保险。城乡低保标准实现一体化。省级双拥模范城创建实现“四连冠”。

社会事业全面推进。普通高考本一上线率南通第一,创成国家级农村职业教育和成人教育示范县(市)。北外附属龙游湖外国语学校投入使用。4 家镇级公立卫生院挂牌运行。支云足球俱乐部成功冲甲。成为全国首批县级融媒体中心建设试点县(市)。基层综合性文化服务中心实现全覆盖。

成就七:致力建设和谐社会,治理能力不断提高

精神文明建设富有成效。新时代文明实践中心建设列为省级试点,连续四届蝉联“中国百强公益慈善城市”。

民主法治建设进程加快。“一村一法律顾问”实现全覆盖,万人诉讼率首次低于南通平均水平,连续 4 年保持“省法治建设示范县(市)”称号。

社会治理水平显著提升。信访和矛盾纠纷总量稳步下降,市长公开电话办结率 99%。安监、消防联合执法常态化,安全生产形势总体稳定。连续 11 年获评“省平安县(市)”,公众安全感达 97.5%。

惠民实事

Huimin　Shishi

2018 年政府为民办实事项目完成情况

1.通皋大道如皋段完成施工便道、路基清表、路基挖方等工程，累计投入 11.5 亿元，占比 45%，完成年初目标任务。通州段因南通高铁西站功能和规划调整，计划分两期实施：一期工程实施到通州境内的丁平线，与如皋段同步建设，实现与 204 国道及锡通高速新坝出口快速联通；二期工程从丁平线至南通西站站前高架连接点，计划与南通西站高架同步实施。目前，通州段一期工程已完成对接工作。

2.继续推进主城区交通疏堵工程，益寿路（惠政路—环西大桥南段）及相关节点综合改造基本完成；奥体东侧停车场、国税局北侧停车场投入使用，新增停车位 398 个；198# 地块地下停车场主体工程完工，预计新增停车位 323 个。强化拥堵地段单行设置和城市停车管理，对大司马路实验小学段（福兴路—中山路）上放学时段试行由南向北单向通行，持续加强主城区路段巡逻管理，落实海阳路、宁海路等拥堵路段包保责任，优化中山路、福寿路绿波带。

3.如港公路（603省道）新丁磨路至皋张汽渡段等级提升改造，路面主线部分已完成修铺工作量的90%，两侧辅道搬迁完成98%，累计完成总工程量的75%，超额完成年初预定50%的目标。

4.推进“四好农村路”建设，实施农村公路“建养一体化”试点工程，施工道路92条，完成投资1.3亿元。提档升级农村公路190公里，新建通居公路200公里，新建、改造农村危桥20座，完成年初目标任务。

5.推进生态建设行政及司法集成化改革，落实生态环境保护共同监管责任，全面实施网格化管理，如皋市公共治理服务中心成立运行，组建全省首家生态环境保护执法司法联动中心。

6.按照流域系统治理思路推进水环境整治，实施占全市流域面积41%的如泰运河流域（含通扬运河与如泰运河重合河段）综合整治试点，整治入河排污口90处，超额完成年初目标任务；三四级及村沟村塘整治完成年初目标任务；如泰运河接通工程完成工程量的80%，超额完成年初目标任务。

7.已建乡镇污水处理厂和65个村庄生活污水处理设施（除工艺需要改变的外），通过提标改造、委派专家组技术指导等措施，均已达到委托专业运营条件；首轮乡镇污水处理厂扩容提标工程完成6家、开工2家，具备实施全市统一监管条件，均超额完成年初目标任务。

8.中心城区幸福河惠政小区段、皋南河（宣化路–惠隆路段）2条黑臭河道已整治到位，并建立长效保洁机制，完成年初目标任务。

9.大司马河二期西侧、闸桥西侧、国税局北侧3处小游园建成开放。宏坝等2个便民疏导点已建成投入使用，完成年初目标任务。

10.中医院三期改扩建工程完成项目方案设计、招投标、施工场地平整、高压线路移除等前期工作，工程队已进场施工，完成年初目标任务。

11.江安初中校舍建设工程完成4栋教学楼、图书馆、行政楼、实验综合楼、宿舍楼初步验收，完成工程量的95%，完成年初目标任务。

12.职工医保参保人员基本照护保险制度率先在全省县（市）中实施，1家医院、2家护理院、2家居家服务企业被评为基本照护保险定点服务机构，完成29批次584人重度失能人员评定工作，526人享受照护保险待遇，完成年初目标任务。

13.继续实施“晚霞行动”“191”就业援助，新增城镇就业8534人、超龄人员再就业1.3万人，安置“191”就业困难对象717人；各类重点困难群体就业援助对接服务率达100%，超额完成年初目标任务。

14.完善消防防控体系，新建市政消火栓66支、维护翻新15支、在建33支，规划待招标开工136支。区域二级专职消防站利用原如港公路磨头收费站站房进行改造，已完成施工图设计。

15.继续推进58个村（社区）综合文化服务中心建设，新建17个、扩建26个、添置器材15个，完成年初目标任务。

专文选编

Zhuanwen Xuanbian

专 题 报 告

解放思想再深入　改革开放再出发
接续开辟如皋高质量发展新境界

——在市委十二届八次全体（扩大）会议上的讲话

2019 年 1 月 5 日

张 建 华

这次会议的主要任务是，高举习近平新时代中国特色社会主义思想伟大旗帜，贯彻落实中央和省委、南通市委各项决策部署，回顾总结去年工作，研究部署今年经济社会发展和党的建设工作，动员全市各级党组织和广大党员干部，推动解放思想再深入、改革开放再出发，团结带领全市上下真抓实干、跨越赶超，奋力构建长江经济带战略支点重要支撑，接续开辟如皋高质量发展新境界。

下面，我根据常委会讨论的精神，讲四个方面的意见。

一、深入学习贯彻习近平新时代中国特色社会主义思想和党的十九大精神，高质量发展实现良好开局

一年来，市委把学习贯彻习近平新时代中国特色社会主义思想和党的十九大精神作为统领一切工作的总纲，紧扣“高质量发展走在前列”的目标定位，扎实开展解放思想大讨论，在解放思想中统一认识、定准方向，统筹做好稳增长、促改革、调结构、惠民生、防风险各项工作，经济社会保持平稳健康发展，高质量发展实现良好开局。

（一）经济实力实现新提升。全年地区生产总值预计增长 7.4%，完成一般公共预算收入 70 亿元，税占比提高 3.9 个百分点；工业应税销售、服务业应税销售、规模以上工业利润和工业用电量均实现两位数增长。新开工亿元以上产业项目 95 个，认定重特大项目 11 个，续建重特大项目新增设备投资额南通第一，服务业项目竣工率 100%。高新技术产业、新兴产业产值预计分别增长 24%、18%，规模以上工业企业及服务业企业新增数南通领先。认定高新技术企业 76 家，省级工程技术研究中心突破 40 家。新增特级资质建筑业企业和全国 5A 级物流企业各 1 家。氢能小镇获批创建省级特色小镇，国际氢能与燃料电池汽车大会永久会址落户我市。完善“1+6”人才政策体系，入选省“双创计划”人才 11 人，科技类双创团队实现零突破。

（二）改革开放取得新突破。深化供给侧结构性改革，积极稳妥开展各类改革试点，标准化、“放管服”等改革走在全省前列，降低企业成本等重点改革任务获省委专项督察组肯定，简政放权创业创新环境评价全省县（市、区）第一。在全省率先组建生态环境保护执法司法联动中心、公共治理服务中心。主功能区能级持续提升，开发区综合发展水平跃居全国国家级开发区第 32 位，省级高新区成功获批。重大外资项目支撑有力，到账外资完成率南通第一，外贸进出口保持两位数增长。如皋港集装箱吞吐量突破 30 万标箱，连续四年实现翻番。

（三）城乡发展呈现新面貌。完成海绵城市、交通疏堵等专项规划编制，盐通铁路、通皋大道等重点工程加快建设，城市水系治理、老旧小区更新成效明显，位居中国城市品牌影响力指数百强县级市第12位。各级交办特别是中央环保督察及其“回头看”交办问题扎实整改，河长制、断面长制有效落实，市考以上断面水质消除劣V类，建成省级生态文明建设示范镇村12个，污染防治攻坚取得阶段性进展。出台乡村振兴三年行动计划，规模农业项目、特色田园乡村和“三个全覆盖”试点建设南通领先，盆景风情小镇获批创建省级旅游风情小镇。累计建成江苏最美乡村4个，全省深化农村精神文明建设工作推进会在我市召开。

（四）民生福祉得到新改善。新增城镇就业8534人，居民收入预计增长9.4%。普通高考本一上线率南通第一，创成国家级农村职业教育和成人教育示范县。北外附属龙游湖外国语学校投入使用。南通支云成功“冲甲”。晚霞行动、五道医疗保障线、基本照护保险等惠民政策有效发挥作用，“建档立卡”低收入人口累计脱贫率超过90%，经济薄弱村集体经营性收入均超过40万元。与陕西洋县结对共建工作有力推进。全要素网格化社会治理实现全覆盖，信访和矛盾纠纷总量稳步下降。法治如皋建设深入推进，连续4年保持“省法治建设示范县（市、区)”称号，检察院荣获“全国模范检察院”称号。

“扫黑除恶”专项斗争扎实开展，安全生产形势总体平稳，连续11年保持“省平安县（市、区)”称号。

（五）党的建设展现新气象。把学懂弄通做实习近平新时代中国特色社会主义思想作为“两学一做”学习教育制度化常态化的首要任务，推动各级党组织和广大党员干部自觉以新思想定向领航、从新思想寻策问道。针对省委巡视反馈意见，制定144条整改措施，一着不让抓好整改落实，取得阶段性成果。村（社区）党建标准化建设全面展开，提升组织力、提高基层党建质量“双提”行动取得成效。举办村（社区）书记大讲坛，“一轴四轮”主要职责得到强化。压紧压实意识形态工作责任制，成为全国首批县级融媒体中心建设试点县。支持市人大及其常委会和市政协履职尽责，统战、党管武装、群团、老干部等工作健康发展。实现省级双拥模范城“四连冠”。集中整治形式主义、官僚主义，充分运用“四种形态”特别是“第一种形态”，风清气正的政治生态进一步巩固。在充分肯定成绩的同时，我们也清醒地认识到，产业发展水平和质量还不高，重特大制造业项目还不多，主功能区支撑引领作用还不强，水环境质量仍需改善，民生领域还有不少短板，少数干部勇于担当、创新求变的意识还不强，工作推进的体制机制还有待完善等。对此，我们必须坚持问题导向，抓住主要矛盾，切实加以解决。

二、抢抓长三角一体化发展和南通建设长江经济带战略支点重大机遇，坚定扛起推动高质量发展走在前列使命担当

当前，长三角一体化与“一带一路”、长江经济带发展等国家战略交汇叠加，李克强总理赋予南通“建设长江经济带战略支点”的新定位，省委、省政府明确支持南通建设上海“北大门”，这些都为如皋发展带来了重大机遇。全市上下要站在融入国家战略、服务南通大局的高度，主动策应长三角一体化发展，加强规划对接、政策协同和实践探索，深入挖掘“陆海江黄金交汇点、沪苏通高铁桥头堡”的枢纽价值，努力把如皋建设成为长江经济带战略支点的重要支撑。要进一步强化政治担当和责任担当，紧握历史“接力棒”，一张蓝图绘到底，一任接着一任干，奋力开辟如皋高质量发展新境界，为南通争当“一个龙头、三个先锋”多作贡献。

今年是新中国成立70周年，也是决胜高水平全面建成小康社会的关键之年。全市工作总的要求是：坚持以习近平新时代中国特色社会主义思想为指导，创造性贯彻落实中央和省委、南通市委决策部署，统筹推进“五位一体”总体布局，协调推进“四个全面”战略布局，坚持稳中求进工作总基调，坚持新发展理念，坚持以供给侧结构性改革为主线，坚持深化市场化改革、扩大高水平开放，继续打好三大攻坚战，统筹推进稳增长、促改革、调结构、惠民生、防风险工作，突出做实产业、做优城市、做好民生、建强队伍四大重点，奋力构建长江经济带战略支点重要支撑，为高水平全面建成小康社会收官打下决定性基础，接续开辟如皋高质量发展新境界，以优异成绩向新中国成立70

周年献礼。

经济社会发展的主要预期目标是：经济增长7.5%以上，一般公共预算收入完成72.5亿元，工业应税销售增长20%以上，服务业应税销售增长12%以上，实际利用外资3亿美元，外贸进出口增长6%左右，固定资产投资增长8%以上，力争8.5%，全社会研发投入占比达到2.68%，居民消费价格涨幅控制在3%左右，城镇登记失业率控制在3%以内，居民收入增长快于经济增长。

做好当前和今后一个时期工作，要把握好四点。

一是坚持党对一切工作的领导。要坚持以党的政治建设为统领，牢固树立“四个意识”，坚定“四个自信”，坚决做到“两个维护”，始终自觉在思想上、政治上、行动上同以习近平同志为核心的党中央保持高度一致，以求真务实作风把中央和省委、南通市委决策部署落到实处。要充分发挥党委总揽全局、协调各方的作用，把党的领导贯彻和体现到各个领域、各项工作中，有效调动各方面积极性，形成全局工作强大合力。要全面加强党对经济工作的领导，不断提高领导经济工作的能力和水平，确保全市经济社会持续健康发展。

二是持续解放思想。改革开放40年的实践证明，如皋的每一次跨越赶超，都是勇于解放思想、奋力改革攻坚的结果。我们必须深入学习、坚定对标习近平新时代中国特色社会主义思想，在把握社会主要矛盾、把握经济发展规律、把握高质量发展要求中持续解放思想，脑洞大开，坚决破除经验主义、思维定势路径依赖。必须大力弘扬如皋治沙精神，紧紧抓住并用好重要战略机遇期，自觉把如皋发展放到更大格局更长周期中审视定位、谋划推动，擂响改革开放再出发的铿锵战鼓。全市各级领导干部要在解放思想中发挥好“关键少数”的带头作用，加强调查研究，掌握真实情况，以钉钉子精神抓落实、解难题，做到充满激情、富于创造、勇于担当。

三是加快转型发展。构建战略支点重要支撑，开辟高质量发展新境界，绝不是喊喊口号就能实现的。我们必须沉下心来抓发展，招引落地一批引领性的重特大项目，谋划推进一批牵引全局的重大事项，为高质量发展积蓄更大势能。必须深入实施“双轮驱动”战略，进一步找准先进制造业、现代服务业的发力点和突破口，培育打造一批地标性产业集群，积极构建自主可控的现代产业体系，让如皋经济的筋骨更为强健。必须顺应城市发展规律，借势借力加快新城建设，高品质打造城市“功能核”，不断提升城市品质和服务能级。必须有效整合深水岸线资源和临港腹地，加快如皋港区铁路专用线规划建设，完善港口集疏运体系，提升中转联运能力，持之以恒打造江海联运主力港。

四是优化体制机制。灵活高效的体制机制是高质量发展的重要动力和保障。我们要以机构改革为契机，坚决贯彻保证党的全面领导的制度安排，不断提高把方向、谋大局、定政策、促改革的能力和定力，确保各项决策部署落地生根。要坚持贯彻民主集中制原则，不断完善党委定期分析形势、研究决策等制度，建立健全推动落实的责任体系和推进机制，加快形成与高质量发展要求相匹配的政策措施体系、与“三项机制”相衔接的考核评价体系，强化讲担当、重实干的鲜明导向。要切实把牢主攻方向，深入推进“六大指挥部”建设，进一步优化工作体系，聚力突破“拳头”型项目，为构建战略支点重要支撑注入强劲新动能。

三、坚持稳中求进工作总基调，奋力推动高质量发展实现更大突破

只有干出来的精彩，没有等出来的辉煌。全市上下要对标高质量发展要求，紧扣重点、狠抓关键，加快推动新旧动能转换，决胜冲刺全面小康，着力保持经济平稳健康发展、社会大局和谐稳定。

（一）主攻项目建设，做实实体经济。发展最坚实的基础在于实体经济，要坚持“抓项目就是抓经济”的理念，务实推进项目建设，以招商实、项目实促进产业实、产出实，不断增强经济实力。强化招商引资。围绕“3+3+4”特色产业体系，充分发挥产业招商协同中心的“触角”作用，大力开展委托招商、以商引商、产业园区孵化招商，积极推进境外招商。强化主功能区招商主战场地位，整合资源打造重点产业链专业招商团队，聚焦强链延链补链，突出长期招商和精准招商。狠抓项目建设。加快重点储备项目的决策拍板，强化土地、资金等关键要素的前瞻性准备，推动项目建设各环节协同联动、高效运转，确保新开工亿元以上产业项目不少于100个，新认定重特大项目20个以上，力争入选南通“前20强”项目4个以上。持续抓好省级投资计划申报工作，力争入选省重大项目不少于5个、省现代服务业重点项目不少于2个。严格执行市四套班子领导和“法检”两长挂钩联系推进重特大项目制度，坚持月度现场观摩、季度考核点评等推进机制，推动重大项目见产见效，力争全年实现项目竣工率80%以上、转化率60%以上，考评位次重返南通“第一方阵”。壮大产业集群。坚持先进制造业与现代服务业“双轮驱动”战略，大力发展新能源和新能源汽车、新材料、高端纺织、智能装备、电子信息等产业板块，扶持发展氢能、第三代半导体、生命科技等新兴产业，推动先进制造业做大做强。大力发展现代物流、软件和信息服务等产业板块，培育发展总部经济、会展经济、金融服务等新业态，推动现代服务业集聚发展。提质发展港口物流产业，完善功能配套，提高综合效益，确保全年完成集装箱吞吐量40万标箱。支持发展现代建筑产业，鼓励建筑业企业做大主营业务收入，提高财税贡献度。主功能区要放大载体平台的磁场效应，全力招引重特大项目，不断提升产业发展能级、做大经济规模，为全市大局勇挑重担。各镇要以“特”取胜，结合资源禀赋和产业基础，主动与主功能区开展园区共建、促进产业协同。在抓好增量的同时，要重视存量企业挖潜增效，推动骨干企业向产业链中高端攀升，培育一批制造业单项冠军，催生一批专精特新“小巨人”企业和“独角兽”企业。深入推进智能制造升级，确保全年新增省级智能车间2家、星级“上云”企业3家。支持企业上市发展，力争新增上市公司2家，科创板挂牌实现突破，不断壮大资本市场“如皋板块”。提供精准服务。抓好省“促进实体经济发展28条”、南通“促进民营经济高质量发展10条”等政策措施的落地落实，着力解决民营经济准入门槛高、要素成本高和融资难问题。设立民营企业服务中心，完善并落实好“帮办代办”等制度，切实解决企业运行中的困难。持续优化执法方式，实行柔性管理、包容监管，探索成立行政执法监督委员会，依法维护好实体经济发展主体的合法权益。鼓励企业家“二次创业”，加大技改力度，不断提升企业核心竞争力。弘扬优秀企业家精神，积极开展企业家星级评定等活动，在全社会大力营造关心企业家、支持企业家、尊重企业家的浓厚氛围。

（二）继续打好三大攻坚战。按照既定方案和部署，采取有针对性的措施，着力解决突出问题，为冲刺高水平全面建成小康社会夯实基础。打好防范化解重大风险攻坚战。防范化解地方政府性债务风险要多措并举、稳妥处理，做到坚定、可控、有序、适度。坚持源头管控，建立政府投资项目计划总额控制办法，严格执行债务管理制度，规范政府性债务举借和偿还行为。深化平台公司市场化转型，做实主营业务，加快形成稳定现金流，促进国有资产保值增值。加强非法集资风险排查和依法打击，有效防范流动性风险，切实维护良好的区域金融生态环境。打好精准脱贫攻坚战。全面落实“鼓励经济薄弱村脱贫攻坚政策意见”，扎实开展八大专项扶贫行动，确保新一轮“建档立卡”低收入人口年内全部脱贫。加强脱贫后的跟踪管理和政策扶持，做到脱贫不脱钩、脱贫不返贫。大力发展特色富民产业，稳步推进村级集体规模经营，确保32个经济薄弱村集体经营性收入达到50万元。更深层次与陕西洋县开展对口协作，促进共同发展。打好污染防治攻坚战。突出水环境治理，深入开展全流域系统整治，全面落实“河长制”、断面长制，围绕城镇和农村两个战场，聚焦农业、工业、服务业、生活四大领域，加快补齐环保基础设施短板，强化断面管控区制度，标本兼治，综合施策，确保优Ⅲ类水质断面比例实质性提升。突出大气污染防治，开展挥发性有机物污染专项攻坚，优化调整产业、能源、运输和用地结构，力争环境空气质量优良天数比例和PM2.5浓度达标。突出土壤污染防治，强化土壤污染管控与修复，推进化肥农药减量增效，确保农产品和人居环境安全。突出环境信访化解，扎实推进各级交办特别是中央环保督察及其“回头看”交办信访件的整改销号工作，及时回应解决群众反映的环境信访问题，切实压降环境信访总量。全面落实生态环境保护执法司法联动工作机制，强化“网格化”监管职责，保持严厉打击环境违法犯罪行为的高压态势。

（三）做优城市品质，提升城市发展能级。按照“75平方公里、68万人口”中等城市的定位，突出主城区集聚发展，以提高资源整合度、建筑密度促进提升城市首位度。优化空间布局。树立“精明增长”“紧凑城市”理念，坚持以“多规融合”为方向，编制城市“双修”等专项规划，抓好龙游河三期、高铁南站周边等重要区域的城市设计研究。统筹新城建设和老城区更新，统筹生产、生活、生态空间，不断提升综合承载能力。新城建设要坚持以产促城、以城兴产、产城融合，着重抓好规划设计、城市设计和项目设计的有效衔接，突出经济属性、功能属性和生态属性的相互协调。老城区要强化人居环境改善，突出抓好内外城河的水环境治理，有效保护传统空间形态和文化特色。优化功能配套。借力高端资本整体推进新城综合开发，加快壹言广场、希尔顿酒店、南美世贸中心等重点项目建设，不断丰富城市发展形态。突出抓好教育、医疗等服务功能的优化提升，切实增强辐射带动能力。主动融入区域综合交通网络，加快高铁南站、通皋大道建设，做好宁通高速、如港公路、白雪线等改扩建工程，推进张皋过江通道、G345和S355的立项工作。完善城乡客运一体化与公交线网规划，着力提高公交分担率，方便老百姓出行。优化综合治理。持续推进新“六城同创”，不断提升城市品质。加快重点旅游项目建设，逐步完善旅游配套设施，确保国家全域旅游示范区创建年内通过省级初验。保护传承历史文脉，稳步推进国家历史文化名城申报工作。深化城市执法体制改革，完善城市长效管理机制，全面推行“一线工作法”。结合智慧城市建设，加快“数字城管”等项目建设，持续提升城市管理智能化、精细化水平。加强停车场、公共厕所、便民疏导点等公共设施建设，加快棚户区改造、老旧小区更新和背街小巷整治，不断改善城市人居环境。

（四）深入推进创新驱动。认真贯彻省“科技改革30条”政策，优化科技人才工作体制机制，促进产业链和创新链双向融合，使创新成为推动如皋高质量发展的强大动能。加快创新创业载体建设。借助新城建设契机，推动市级科创中心规划研究，建立健全科技创新服务体系，每年排出一批重点产业技术创新项目，构筑全市科技创新集聚高地。发挥各类科创平台的产业孵化功能，开展创新、创业、创投、创客“四创联动”，培育更多创新型企业，力争新增国家级科技企业孵化器和省级众创空间各1家。办好各类创新论坛、创业大赛等活动，经常开展专题沙龙和路演活动，营造创新创业浓厚氛围。促进创新要素有效集聚。支持企业对接省产业技术研究院，加强与高校、大院、大所合作，促进实验室和生产车间相互对接，让更多研发成果在如皋转化，确保全年新增产学研合作项目120项，力争实施国际科技合作项目4个。深入推进国家知识产权强县工程示范县建设，确保万人发明专利拥有量达到24件。全面落实“1+6”人才政策，构建可持续发展的人才生态，选好用好领军人物、拔尖人才等“关键少数”，确保全年引进院士等顶尖人才10人、高层次创新创业人才20人。用足用好产业引导基金、科技引导资金，大力引进发展创投基金，确保全年新增“苏科贷”2400万元以上、“如科贷”6000万元以上。突出企业创新主体地位。引导骨干企业加大技术创新投入，不断提高原始创新、集成创新和引进消化吸收再创新能力，更加注重协同创新，当好科技创新主力军。大力发展高新技术产业，确保高新技术产业产值占比达到47%，认定高新技术企业80家以上，培育创新型领军企业2家。鼓励企业建立工程技术研究中心、重点实验室、院士工作站等研发平台，力争大中型工业企业研发机构全覆盖，积极创建国家企业技术中心。

（五）坚定不移推进改革开放。坚持在深化改革中优化体制机制、增创发展优势，在扩大开放中集聚资源要素、激发市场活力，将改革开放进行到底。扎实推进重点改革任务。深化“放管服”改革，深入推进“不见面审批（服务）”和“证照分离”改革，巩固提升“2340”成果，持续完善基层“互联网+政务服务”体系，稳妥推进农村“三块地”改革，切实抓好生态环境司法保护改革等自主创新项目，突出协同配套和系统集成，更好发挥改革牵引作用。扎实推进国家基层标准化改革创新先行区创建，探索构建适应高质量发展要求的标准体系，促进县域治理现代化。坚持在省委统一领导和安排部署下，精心组织、有序推进机构改革，确保按期高标准完成。高水平推进开发开放。抢抓《中华人民共和国外商投资法》即将落地的机遇，大力招引关键型、龙头型、基地型重大外资项目，确保全年新增到账外资3亿美元以上。鼓励梦百合家居、汇名天然气、伟越电器等企业通过跨国并购、联合投资等方式，加快“走出去”步伐，融入全球产业分工体系。支持六建、江中、中如、标龙等企业瞄准“一带一路”沿线国家和地区，不断做大国际工程市场份额。深化对接服务上海工作，重点做好嘉定如皋汽车产业协同发展示范区建设工作，不断加快沪皋合作进程。组织筹办好科技·人才洽谈会，承办好国际氢能与燃料电池汽车大会等重大活动。

（六）加快乡村振兴步伐。坚持把实施乡村振兴战略作为新时代“三农”工作总抓手，按照“五个振兴”要求，深入实施三年行动计划，把农业农村优先发展落到实处。做强农业特色优势。依托世界长寿乡品牌，积极引进优质社会资本，强化地理标志产品品牌建设，加快推进“互联网+现代农业”发展。调整优化农业产业结构和产品结构，加快推动花木盆景产业转型发展，加强与农业科研院所合作，探索发展“花海经济”。以黑塌菜产业化发展为突破口，大力推行农业标准化生产和全程化监管，不断提高“皋”字牌农产品竞争力。狠抓规模农业项目建设，延伸拓展产业链条，壮大新产业、新业态，推动一二三产业融合发展。放大“三个全覆盖”试点效应，积极培育新型合作农场、农民合作社、龙头企业、社会化服务组织等新型农业经营主体，实现小农户和现代农业发展有机衔接。建设生态宜居乡村。扎实开展农村人居环境综合整治，增强村庄垃圾污水综合治理能力，巩固“四好农村路”省级示范县创建成效。整合各级各类项目资源，打造一批特色田园乡村、生态宜居示范村，培育一批乡村旅游景区，绘就“江海绿韵·如意田园”的美丽乡村新画卷。提高农民生活水平。结合创建农民工返乡创业示范县，加快培育新型职业农民，大力实施乡村就业创业促进行动，积极发展旅游、休闲、生态等乡村特色产业，让更多农民在家门口实现创业就业，获得稳定的收入来源。充分发挥村规民约的“小宪法”作用和新乡贤的引领作用，持续推进农村移风易俗，组织开展丰富多彩的文化体育活动，让广大农民的精神和物质同步富足。

（七）加强保障和改善民生。坚持以人民为中心的发展思想，按照“完善制度、守住底线”的要求，精心做好各项民生工作，不断增强人民群众的获得感、幸福感、安全感。优化公共服务供给。扎实推进基层基本公共服务标准化，突出补短板、强弱项，让“隐性财富”看得见、用得上。严格落实各项惠民富民政策，重点抓好稳就业、促创业、防失业工作，深入实施“晚霞行动”，确保居民收入增长快于经济增长。聚焦老百姓反映强烈的突出问题，加强研究、精准施策，努力办好人民满意的教育和卫生健康事业。优化教育资源配置，谋划推进一批重点教育工程，争创“全国义务教育优质均衡发展县（市、区）”。稳妥推进镇（区、街道）卫生院（社区卫生服务中心）建设，扎实开展健康城市试点建设，全面提升卫生健康服务水平。深化社会保障制度改革，织密织牢社会保障安全网。适应养老需求由生存型转向发展型的变革趋势，围绕推进“医养结合”，构建多元化高水平社会养老服务体系。深化精神文明建设。深入推进新时代文明实践中心、融媒体中心建设，高标准打造“大爱如皋”特色品牌，持续深化高质量全国文明城市建设，为2020年夺取“两连冠”夯实基础。大力推动文化事业和产业繁荣发展，扎实开展基层综合性文化服务中心星级创建，更好满足人民群众精神文化需求。广泛开展群众性体育活动，积极承办国际马拉松赛等高端体育赛事，争创国家全民运动健身模范县。做好中甲联赛南通支云主场保障工作，打造足球城市新名片。提升社会治理质量。压实法治建设领导责任制，加强公共法律服务体系建设，提升执法司法规范化水平，持续深化法治如皋建设。时刻绷紧维护稳定这根弦，纵深推进“扫黑除恶”专项斗争，深入开展“六无村（社区）”建设，扎实推进“雪亮工程”提档升级，持续做好接访下访和包案化解工作，巩固平安如皋建设成果。健全完善“网格化”公共治理服务体系，不断提高社会治理信息化、精细化水平。严格落实安全生产责任制，以“零遗漏”为标尺深化隐患排查和专项整治，加强应急救援能力建设，抓好食品药品、特种设备和工业产品质量安全监管，争创省级食品安全示范城市，坚决维护人民群众生命财产安全。

四、全面贯彻新时代党的建设总要求，不断提升党的建设质量和水平

党的领导是我们做好一切工作的根本保证，要全面贯彻新时代党的建设总要求，坚决扛起管党治党政治责任，不断加强和改善党的领导，持续抓好省委巡视反馈意见整改落实，以高质量党建引领保障高质量发展。

（一）激励担当作为，不断增强推动高质量发展的意识和本领。全面落实新时代好干部标准，坚持用政治标准统领干部的“选育管用”，打造一支适应高质量发展要求的高素质干部队伍。注重在三大攻坚战、重大项目建设等改革发展主战场选拔培养优秀年轻干部，突出政治历练和实践磨炼，不断优化全市干部队伍整体结构。细化完善落实“三项机制”的具体途径和配套措施，以“有强度”的激励手段和“有底线”的包容举措，旗帜鲜明为敢扛事、愿做事、能成事的干部提气鼓劲，让不敢担当“怕作为”、庸碌懒散“不作为”、敷衍了事“假作为”的现象越来越少。积极倡导各级干部敢于直面矛盾和问题，勇于解决历史遗留问题，彰显新时代干部的勇气和担当。

（二）突出标准引领，全面打造坚强有力的基层战斗堡垒。严肃党内政治生活，严格执行重大问题请示报告、中心组学习、“三会一课”等制度，扎实开展“不忘初心、牢记使命”主题教育，不断培育良好政治生态的土壤。坚持党管宣传、党管意识形态，严格落实意识形态工作责任制，突出抓好网络意识形态工作。坚持以组织体系建设为重点，高标准完成村（社区）党组织换届工作，突出政治功能加强各领域基层党建工作，培育打造更多特色党建品牌。认真执行支部工作条例，动态抓好软弱涣散党组织整顿提升，打造基层党建标准化建设升级版，确保各项决策部署落地落实。深入实施“群雁孵化工程”，选优配强基层党组织带头人，全面履行“一轴四轮”主要职责。持续深化“走帮服”活动，坚持深入一线、走近群众，察实情、讲真话、办实事，切实增强基层党组织的凝聚力、号召力和战斗力。

（三）狠抓巡视整改，持续巩固风清气正的良好政治生态。坚决做好省委巡视“后半篇文章”，是当前和今后一个时期全市上下的重大政治任务。要按照既定的时间表和路线图，进一步加强过程管理和统筹调度，突出建章立制、标本兼治，把整改各项工作往前赶、往实做，确保反馈问题见底清零。坚定不移纠“四风”树新风，严格执行中央八项规定及其实施细则精神，深入开展形式主义、官僚主义集中整治，推动全市党风政风持续好转。压实全面从严治党主体责任，正确运用监督执纪“四种形态”，处理好“树木”与“森林”的关系，深化纪律监督、监察监督、派驻监督、巡察监督的有效全覆盖，严厉惩治群众身边的不正之风和腐败问题，持续保持越往后越严的高压态势。

同志们，目标催人奋进，使命呼唤担当。让我们高举习近平新时代中国特色社会主义思想伟大旗帜，在省委和南通市委的坚强领导下，团结带领全市广大干部群众，解放思想、锐意进取，埋头苦干、奋发作为，接续开辟如皋高质量发展新境界，以“强富美高”新如皋建设的优异成绩向新中国成立70周年献礼！

解放思想再出发　追赶超越勇争先
奋力推动如皋高质量发展走在前列

——在市委十二届七次全体（扩大）会议上的讲话

（2018 年 8 月 3 日）

陈晓东

这次会议的主要任务是，深入学习贯彻习近平新时代中国特色社会主义思想，认真落实省委十三届四次全会和南通市委十二届六次全会的部署要求，总结上半年工作，部署下半年任务，动员全市上下解放思想再出发，追赶超越勇争先，以新状态新担当新作为，奋力推动如皋高质量发展走在前列，加快建设“强富美高”魅力如皋。

下面，我根据常委会讨论的精神，讲四个方面的意见。

一、深入学习贯彻党的十九大精神，坚定践行新发展理念，高质量发展实现平稳开局

今年以来，市委把全面学习贯彻习近平新时代中国特色社会主义思想和党的十九大精神，作为一切工作的总纲和贯穿始终的主线，坚持稳中求进工作总基调，扎实做好稳增长、促改革、调结构、惠民生、防风险各项工作，实现了高质量发展平稳开局。

*经济发展运行平稳。*抢抓战略机遇，保持发展定力，综合实力居 2018 县域经济百强榜第 24 位，开发区综合发展水平居国家级开发区第 32 位。上半年，地区生产总值增长 7.2%，一般公共预算收入增长 10.3%，税占比同比提高 6.2 个百分点。大力实施“双轮驱动”战略，工业应税销售增长 31.8%，增速南通第一；服务业应税销售增长 45.3%，高于南通平均水平 21.7 个百分点。新增规模企业 11 家、上市入轨企业 1 家。持续深化开发开放，新批外资项目 13 个，实际到账 1.85 亿美元。完成出口总额 101.3 亿元，增长 35.2%，增速南通第一。集装箱吞吐量突破 10 万标箱，同比翻番。

*发展动力逐步增强。*强化项目支撑作用，新开工亿元项目 51 个，其中 10 亿元以上重特大项目 6 个。新旧动能转换加速，新兴产业、高新技术产业产值占规上工业比重分别达 28.7%、43%，同比分别提高 1.1 个、4.1 个百分点。坚持改革创新，深入推进国家基层标准化改革创新先行区等重点改革任务，率先在全省实现“互联网+政务服务”市镇村全覆盖，简政放权创业创新环境评价全省第一，在苏中地区县(市、区)中率先获得施工图审查一类资质。发明专利申请量增长 105%，增速南通第一，入围省“双创”人才项目 15 个。

*城乡融合稳步推进。*城建、交通、水系等一批重点项目有序推进，持续巩固全国文明城市创建成果，全省深化农村精神文明建设工作推进会在如召开。研究出台乡村振兴三年行动计划，扎实抓好“三个全覆盖”试点，规模农业项目新开工 81 个、新竣工 52 个；新增省级生态文明建设示范镇村各 2 个，乡村振兴旅游富民先进村和最美乡村各 1 个。氢能小镇入选省第二批特色小镇创建名单。坚决打好污染防治攻坚战，“河长制”工作体系全面建立，成立全省首家生态环境保护执法司法联动中心，各级交办突出环境问题整改“销号”工作稳步推进。

民生福祉持续提升。坚持百姓视角办好民生实事，城乡居民收入增长8.5%、9.1%，高于经济增速。统筹推进基层基本公共服务标准化，被列为全省首批健康城市试点市，实现省级双拥模范城"四连冠"，跻身国家级农村职业教育和成人教育示范县。建立健全党员干部挂村帮户体系，持续落实"五道医疗保障线"政策，深入实施"晚霞行动"，精准脱贫取得新进展。积极构建网格化公共治理服务体系，探索开展"六无"村(社区)建设，扎实推进安全生产八项工程、扫黑除恶专项斗争等行动，社会大局保持和谐稳定。

党的建设全面加强。以接受省委巡视监督、开展解放思想大讨论为契机，全面加强管党治党各项工作。压紧压实各级党委(党 组)意识形态工作责任制，牢牢把握意识形态工作主动权。探索建立村(社区)党建标准化"9+X"体系，党的基层基础有效夯实。扎实推动"走帮服"活动常态化制度化，探索形成解决问题"四步工作法"。部署推进省委巡视反馈意见整改，严格落实"两个责任"，创新实施月度提醒单、派驻协作监督等工作机制，党风政风持续好转。

成绩来自努力，收获源于奋斗。这些成绩的取得凝聚着全市上下的心血和汗水，饱含着干部群众的辛劳和付出。在此，我代表市委，向全市各级党组织和广大党员干部群众表示衷心的感谢和崇高的敬意！

在充分肯定成绩的同时，我们也清醒地看到问题和不足。主要表现在：大抓项目、抓大项目的氛围还不够浓烈，重特大项目数量不多、体量不大、质量不高；污染防治攻坚、矛盾信访等方面的问题依然不少，民生事业发展与人民对美好生活的需要还有差距；全面从严治党存在薄弱环节，少数党员干部推动高质量发展的能力和水平还显不足，干事创业的精气神仍需进一步提振。对此，我们必须坚持问题导向、系统思维，采取有力措施切实加以解决。

二、深入推进思想大解放，破除制约高质量发展的藩篱禁锢，全面激发追赶超越新状态

思想是行动的先导，是开创一切工作的前提。没有思想的大解放，就没有实践的大突破、事业的大发展。20世纪那场轰轰烈烈的治沙改土运动，改良了如皋大地的贫瘠土壤，也改出了如皋人民不甘落后、敢于争先的顽强斗志，厚植了解放思想、跨越赶超的发展基因。八九十年代，如皋抓住改革开放和撤县设市的历史机遇，大力发展工业经济，持续扩大对外开放，经济社会发展不断取得新突破。进入新世纪，如皋抓住沿江沿海开发的战略机遇，以"跨江争八强"的斗志加快发展，综合实力持续攀升，百强县市排名稳步前移。党的十八大以来，如皋抓住长三角一体化的重大机遇，系统谋划并办成了一批关系长远、牵动全局的大事要事，新能源和新能源汽车、软件和信息服务、现代物流等战略性产业悄然崛起，地区生产总值、工业应税销售、服务业应税销售和建筑业施工总产值全面跨过千亿大关，在苏中苏北县级城市中率先建成全国文明城市，高质量发展正在全面起势。可以说，改革开放以来，如皋发展取得的每一项重要成就，实现的每一次重大跨越，无不是运用解放思想这个武器摆脱束缚、破除障碍的结果，无不是保持跨越赶超这份士气攻坚克难、担当作为的结果。

实践发展永无止境，解放思想永无止境。站在新时代的起点上，我们要一以贯之、坚定不移地解放思想，从一切不合时宜的思维定势、固有模式和路径依赖中解放出来，以系统性思维进行战略谋划，以创造性思维狠抓推进落实，以探索性思维破解发展难题，奋力迈开追赶超越的坚实步伐，推动如皋高质量发展走在前列。

一是强化问题意识，在思想大解放中破除制约高质量发展的思想障碍。二季度项目建设和污染防治攻坚考核在南通位次靠后，1–6月份在南通"四个全面"抓落实"追赶超越"争标兵发展指标月度评估中仅列第4名，由去年的"别人追着跑"变成了当前的"追着别人跑"。然而，"上半场"的暂时落后并不可怕，关键是要坚持刀刃向内，从思想深处找准根源、除掉病灶，做到重整行装再出发。当前，经济已由高速增长阶段转向高质量发展阶段，我们身体进入了新时代，但还有相当一部分同志的思想还停留在"过去时"，抓发展不在状态、跟不上节奏，矛盾面前不敢担当，困难面前不敢攻坚。有些同志反应"慢半拍"，沉湎于突破百亿级项目的既有成绩，认为如皋发展得还不错，可以适当松口气、歇歇脚，却没有看到五百亿级、千亿级的格局性项目在我们周边相继落地。有些同志思维僵化，进入新时代仍试图用老经验、老办法解决新问题，屡屡碰壁受挫不说，还贻误了事业发展。有些同志对高质量发展的指标体系、评价标准和统计方法缺乏认知和研究，在体制机制上没有应势而变，导致我们的部分工作陷入战略被动。少数部门同志固化于“裁判员”的角色定位，局限于各种条条框框的束缚，从不敢越“雷池”半步，想问题、办事情缺乏全局视野和大局观念。站在转型跨越关口，全市上下都要打破老套路、对标新思想，做到在思想上与时代相融合，在行动上与使命相符合，在立场上与民心相契合。我们必须拿出“不负责就问责、不换思想就换人”的决心，创造性地开展工作，全力扭转局面，重回领先位次。

*二是强化机遇意识，在思想大解放中坚定推动高质量发展的战略自信。*新时代实现追赶超越、走在发展前列，必须紧紧抓住和用好当前这个大有可为的黄金机遇期。从外部环境来看，随着长江经济带发展和长三角更高质量一体化的深入推进，特别是长三角城际铁路网的加快建设，中国东部沿海综合大通道和长江黄金水道在如皋交汇的战略优势全面形成，我们具备了打造枢纽经济的核心竞争力。从内部发展来看，我们打造了国家级开发区、国家一类口岸、省级高新区等一系列开发开放载体，形成了具有一定竞争优势的特色产业集群，经济上行态势强劲，必将为推动高质量发展提供有力支撑。机遇从来都不会主动敲门，优势也不是一成不变的。我们要抢抓沪通铁路长江大桥、盐通高铁、通皋大道、张皋过江通道等重大工程建设机遇，全面联接南通空铁枢纽，主动承接“沪通同城化”的发展红利。加快推动如皋港铁路支线建设，深度融入长江干线港口核心港区铁水联运体系，着力打造以大宗商品贸易为基础、以供应链管理为核心、以临港产业为支撑的千亿级现代物流产业集群。进一步放大氢经济示范城市、国际氢能与燃料电池汽车大会的品牌效应，重点打造以整车制造为龙头、以关键零部件配套为支撑的千亿级新能源和新能源汽车产业集群，加快形成具有如皋标志、体现如皋质量的产业新标杆。任何机遇和优势都有“窗口期”，抓不住就是历史性的遗憾，抓住了就是跨越赶超的跳板。全市上下都要在思想大解放中坚定战略自信，加强前瞻性研究和系统性谋划，将黄金交汇点的战略优势转化为加快高质量发展的强大动能。

*三是强化争先意识，在思想大解放中激发加快高质量发展的昂扬状态。*解放思想不能停留于单纯的“头脑风暴”，必须落脚在担当作为的具体实践上。当前，如皋最大的实践就是追赶超越，就是推动高质量发展走在前列，为南通争当“一个龙头、三个先锋”作出更大贡献。全市上下都要卸下思想包袱，迅速调整状态，始终保持像“跨栏”一样的前倾姿态，在追赶超越新征程上摁下“快捷键”，跑出高质量发展“加速度”。在发展格局上体现新状态，要按照“跳一跳、够得着”的原则，在长三角的坐标系中锁定追赶超越的标杆。在前期的大讨论活动中，我们明确提出了“对标慈溪、学赶张家港”的总体定位，谋划了党建引领、改革创新、产业转型、城乡融合“四大路径”。认真分析与标杆城市的差距，既体现在经济总量、财政收入、居民收入等主要指标上，更体现在产业发展、科技创新和营商环境上。必须抢抓机遇、埋头苦干，紧盯标杆、奋力追赶，持续缩小与慈溪和张家港的差距。在发展目标上体现新状态，要全力抓重点、补短板、强弱项，不断增创体制机制新优势，持续提升发展的整体性和协调性，确保项目建设、污染防治攻坚和“四个全面”综合考核进入南通前3名，高质量发展进入全省前20名。在发展氛围上体现新状态，开发区要对标常熟开发区、学赶江宁开发区，着力挺进国家级开发区前30强；高新区要对标张家港高新区，着力挺进省级高新区前10强；长江镇要对标张家港金港镇，着力挺进全国千强镇前80强；如城街道要在全域旅游和现代农业上分别对标江宁区东山街道、溧水区白马镇，着力走好特色发展之路。其他镇也要提高政治站位，强化使命担当，在全省乃至全国范围内找标杆、争位次，全面形成争先进位、攀高比强的浓厚氛围，为全市发展大局勇挑重担、多作贡献。

只要全市上下彻底打开解放思想“总开关”，大力提振“遇到矛盾就兴奋、碰到困难就迎上”的精气神，一个声音喊到底、一鼓作气干到底，不争论、不议论，就一定可以迈开追赶超越步伐，推动如皋高质量发展走在前列。

三、全面贯彻落实上级部署要求，奋力攻坚重点领域关键环节，推动高质量发展不断取得新突破

下半年是完成全年目标任务的关键期，也是重点难点工作的攻坚期。全市上下要切实增强紧迫感和责任感，按照既定的工作思路和部署要求，真抓实干、埋头苦干，确保完成年度各项目标任务，集中主要精力抓好以下五个方面工作。

(一)关于项目建设。推动高质量发展走在前列,要坚定不移地抓好项目建设"头号工程",持续增强发展后劲。

把项目建设的支撑点放在招引项目的氛围营造、机制强化上。上半年,我市项目招引的数量不多,归根结底,还是没有压紧压实责任,缺乏大招商、招大商的合力。下半年,我们要以月度现场观摩为抓手,加强过程控制,掀起项目建设新高潮。市四套班子领导要带头招商,做到每月在外招商时间不少于一周,确保每年推进落户开工1个10亿元以上项目。各镇(区、街道)主要负责人要主攻招商,分管负责同志要全力招商,专业人员要聚焦主业、提升能力、当好主力,做好驻点招商。各部门要强化协同招商意识,充分用好各种资源,构建起大招商、招大商的工作格局。要大力引进猎头公司、投资基金,强化委托招商,突出以商引商,瞄准长三角一体化、京津冀一体化和粤港澳大湾区建设,招引科技含量高、发展后劲足、亩均贡献大的好项目。要建立完善信息筛选、专家咨询和评审决策机制,对在手在谈成熟度较高的项目,加快决策拍板,提升招商效率。

把项目建设的发力点放在聚焦主导产业、落户重大项目上。从观摩项目的情况来看,我们感到项目建设的总体层次还不高,对推动高质量发展的支撑还不够强。我们不仅要追求项目的数量,更要注重体量和质量。"六大指挥部"是全市经济社会发展的"四梁八柱",是推动高质量发展的有效抓手。各指挥部要进一步优化推进机制,抓好统筹谋划和协调推进,确保各指挥部年内分别举办2次以上大型招商对接活动、落户2个以上重特大项目。主功能区是项目建设的主战场,要强化综合配套,提升承载力,完成年初下达的10亿元项目建设任务,确保每个主功能区不少于一个项目列入南通前20强。要围绕重点打造新能源和新能源汽车、现代物流2个千亿级产业集群,新材料、高端纺织、智能电网、电子信息、软件与信息服务和氢能6个百亿级产业集群,花木盆景、长寿旅游和现代建筑3个特色产业集群,前瞻布局新一代信息技术、智能网联汽车、生物医药、供应链金融等战略性新兴产业,全力招引国内外知名龙头企业,加快产业结构调整和新旧动能转换。在做好增量的同时,要围绕产业链延伸、机器换人、智能化改造等重点方向,鼓励企业加大技改力度,新上一批优质项目。

把项目建设的落脚点放在快竣工、早转化上。发展不等人,竞争不等人,抓项目建设更是等不得、慢不得、歇不得,要抢前抓早、只争朝夕。要继续坚持并联审批、集中评估、项目代理员等有效做法,力争土地组卷报批缩减至一周内,进一步提升项目建设服务效率。大力推进重特大项目建设,力争百应能源、一下科技等4个新建省重大项目三季度开工建设;加快熔盛重工重组步伐,向港口物流产业转型;紧扣赛麟乘用车项目年内投产的目标,加快基础设施建设和设备安装调试;推动梦百合家居、初曦水分子等25个10亿元以上重特大项目快建设,促进荣威PVC、永友仓储物流等竣工项目快投产。同时,强化应竣未竣、应转未转项目的督促跟进,逐一明确时间表、责任人,逐一落实设备、销售、税金等指标的推进措施,确保项目竣工率80%以上、转化 率60%以上。最近南通出台了重点工业存量企业盘活升级考评办法,明确将用地面积3亩以上、亩均税收低于1万元的工业企业纳入项目建设考评范围。我们要加大力度处置僵尸企业,盘活利用存量土地,切实提升要素配置效率和产出效益。

(二)关于打好"三大攻坚战"。三大攻坚战,每一战都"牵一发而动全身",必须提高政治站位,强化底线思维,步步为营、稳扎稳打,加快补齐高质量发展短板。

重拳治理突出环境问题。对照生态环境高质量的要求,我市地表水达到或好于Ⅲ类水体比例、空气质量优良天数比率、PM2.5平均浓度3个监测指标排名靠后,环境信访矛盾较为突出,必须以系统化思维从根子上来解决。突出补齐水污染防治短板,深入落实河长制,大力实施清河行动,扎实推进全流域综合治理,确保年内全面消除新204公路桥、夏堡北大桥等省考以上劣Ⅴ类断面;持续深化"263"专项行动,强化源头管控,狠抓"散乱污"企业排查治理,规范养殖行为,加快推进"十个必接",切实提高污水收集率、处理率和达标排放率;畅通南引北排、内外联通的城市水系,再现清水绿岸、鱼翔浅底的美好景象。不断完善环保基础设施,重点抓好飞灰填埋场、九洲危废填埋场、生活垃圾焚烧等"补短板"

项目建设。压实环境信访属地管理责任，化解存量、遏制增量，实现环保信访总量大幅下降。扎实推进各级交办特别是中央和省环保督察交办突出环境问题整改“销号”，举一反三，标本兼治，确保环境质量显著提升。

精准实施脱贫攻坚。针对低收入人口脱贫率偏低的实际，要按照“小康路上一个不能少、一户不能落”的要求，结合“走帮服”活动，动态掌握贫困程度和致贫原因，因户施策、对症下药，确保点对点精准帮扶到位。尤其是针对一般性贫困户、边缘户，要切实增强内生动力和发展能力，落实好社会救助、教育资助、健康扶贫、金融助力等政策，完善动态调整机制，确保年内低收入人口脱贫率达90%。着重引导和鼓励薄弱村集体规模经营，通过盘活闲置资源、发展物业经济等多种方式，确保今年所有村(社区)集体经济收入超过40万元。

稳妥防控债务风险。切实增强忧患意识，加强化解政府性债务风险的指导推进，优化存量债务结构，落实风险管控责任，定期进行债务风险预判分析，全力防范流动性风险，确保早发现、早处置。规范融资方式和融资行为，加快推进政府平台公司市场化转型。强化全过程资金管理，既要防止违规举债融资，也要切实保障在建重点项目资金需求。全面排查各类非法集资线索，对非法集资活动打早打小，切实保护好老百姓的钱袋子。

关于改革创新工作。当前，如皋正处在新旧动能转换的关键阶段，我们要坚定不移深化改革开放，全面提升科技创新水平，为推动高质量发展走在前列注入强劲动力。

强化改革攻坚。认真落实8项国家级、15项省级改革试点任务，重点推进公共治理服务行政管理体制改革，努力实现全要素网格化治理。持续巩固“2340”改革成果，加快推进“不见面审批、零缺陷服务、精准化监管”，力争90%的审批服务事项不见面办理。加快推动5大国资公司的实体运营，明确主营业务，扩大经营规模，让国有资本成为推动发展的源头活水。扎实抓好标准化基础能力建设等七大重点工作，确保在全国率先建成基层标准化改革创新先行区。

加快科技创新。大力培育高新技术企业和创新型领军企业，鼓励企业与科研院所、高校集成创新，确保规上高企研发机构覆盖率90%以上。精准对接大院大所，重点抓好吉林大学(如皋)新能源汽车、清华大学人工智能产业研究院等载体建设，吸引更多的科技成果在如皋转化。做精做优2个国家级、3个省级孵化器，提升入驻企业孵化质量，更大力度释放创新潜力、激发创新活力。深入落实人才创新发展16项政策，抓好国家“千人计划”人才和省“双创”人才的引进培育，力争年内新增各类国家级人才10名。

提升开放水平。大力提升外资引进质量，优化外资利用结构，提高战略性新兴产业利用外资的占比，重点推进雅居乐装配式构件、一下科技、瑞龙半导体科技等外资项目快到账。主动融入“一带一路”战略，鼓励企业加快“走出去”，推动梦百合家居等企业建设境外产业集聚区，支持六建、中如建工等企业扩大境外建筑市场份额，推动汇名天然气等企业开展国际投资合作。深入对接上海“五大中心”建设，加大产业承接、项目对接力度，加快推动嘉定如皋汽车产业协同发展示范区落地建设，探索共建智能网联汽车试验场，合力打造长三角汽车产业中心。重点围绕主导产业、特色产业，全力组织好“一会两节”活动，将城市品牌优势转化为产业优势。

(三)关于城乡融合发展。坚持以城带乡、城乡一体，大力推进城乡建设高质量，加快构筑城市品质化、镇村特色化的城乡融合发展新格局。

优化空间布局。立足“75平方公里、68万人口”的中等城市的发展定位，加强对控制性详规的研究，统筹各级各类规划编制实施，重点做好高铁南站周边产城融合规划、开发区控制性详规等编制。围绕产业发展优化空间布局，加快推进中巴贸易总部双子楼、壹言广场、希尔顿酒店等高端服务业项目，吸引更多优质资本参与新城开发，提升要素集聚力、承载力。以解决群众基本住房需求为出发点，优化土地供给结构，高效推进中心城区经营性地块挂牌出让，年内新增供地1000亩以上，促进房产开发与土地出让的良性发展。加快推进通皋大道、如港公路、226省道等交通项目建设，扎实做好高铁南站、张皋过江通道、355省道、G40扩容等工程前期工作，加快把交通优势转化为发展优势。

提升城市品质。围绕城市修补、生态修复两大重点,扎实推进市政基础设施建设改造,统筹推进生态园林城市、全域旅游示范区等国家级城市品牌创建,加快建设精致城市、智慧城市、海绵城市。强化精细善治的城市管理理念,在细节中融入人文关怀,启动老城区危旧房、棚户区改造,畅通城市内部路网,做精做美水岸、广场、游园等公共空间。巩固拓展全国文明城市创建成果,大力实施《深化文明城市建设三年行动计划》,让广大群众生活得更有品质。

抓好乡村振兴。按照"产业兴旺、生态宜居、乡风文明、治理有效、生活富裕"的总要求,深入实施《推动乡村振兴三年行动计划》,加快推进农业农村高质量发展。大力推动农业"接二连三"融合发展,重点发展花木盆景、优质稻米、特色果蔬三大优势产业,扎实做好高标准农田、"三个全覆盖"试点建设,狠抓规模农业项目建设,确保全年新增项目投资25亿元。以创建全域旅游示范区为契机,深入推进乡村振兴示范村和特色村建设,积极推动平园池、花园桥、田王等村庄创建省级特色田园乡村。加紧村居规划编制,加快农村基础设施提档升级,建好"四好农村路",稳步提升"七位一体"长效管理质态,全力打造美丽乡村集群。

(四)关于保障和改善民生。百姓幸福是高质量发展的最终目的,要在高质量发展中加快补齐民生短板,始终做到民生发展优先考虑、民生事项优先落实、民生投入优先保障,切实增强群众获得感、幸福感和安全感。

提升民生保障水平。持续实施"晚霞行动",促进"5060"人员再就业,关注就业困难群体,力争动态消除"零就业"家庭。推动各类法定对象应保尽保,确保被征地农民即征即保,使人人都享有城乡一体的社会保障。完善差别化医保支付政策和"五道医疗保障线"制度,研究出台综合兜底救助措施,加大对病残孤老灾等重点群体的救助力度。完善居家养老服务体系,推进安康通智慧养老服务中心、福康居家养老服务中心尽快连锁化运营。

加快发展社会事业。优化城乡教育资源布局,促进教育优质均衡发展,加快推进高新实小、城东小学等工程建设。深化教育综合改革,稳步提升普高入学率,切实规范校外培训机构,办好人民满意的教育。深化医药卫生体制改革,加快中医院三期建设 ,不断完善基层医疗卫生服务体系,让群众享受更便捷、更优质的医疗服务。研究出台《健康如皋建设三年行动计划》,力争2020年创成省级健康城市示范市。扎实推进现代公共文化服务体系建设,完善基础设施网络,确保今年建成55家基层综合性文化服务中心。深挖地方特色文化内涵,加快推进盆景、电影胶片等博物馆建设,做大做强文化新型业态,力争文化产业产值超270亿元。支持支云足球俱乐部在如皋深耕发展,把足球打造成如皋的又一张城市名片。

推进社会治理创新。如皋矛盾多、信访多、诉讼多,已成为高质量发展道路上的"绊脚石"。各镇(区、街道)要把矛盾信访化解摆在全局工作的重要位置,从突破一个问题向解决一类问题转变,重点抓好"六无村(社区)"建设,确保矛盾纠纷在基层就地解决。推进网格化服务管理创新,加快"全科网络"建设,实施"雪亮工程",构建立体化现代化治安防控体系。严格落实安全生产责任制,大力创建国家食品安全示范城市,切实营造和谐稳定的社会环境。

四、牢牢把握新时代党的建设总要求,坚决抓好省委巡视整改,为高质量发展提供坚强政治保障

今年省委第五巡视组对我市进行了巡视,并于6月21日反馈了巡视意见。市委常委会召开了巡视整改专题民主生活会,并多次研究整改工作。我们要以高度的政治责任感落实好巡视整改要求,强化市委对高质量发展的领导,坚持问题导向、聚焦主责主业,以高质量党建引领高质量发展。

坚持政治统领,践行"两个维护",全面推进新时代党的建设。坚决把牢巡视整改政治方向。始终把政治建设摆在首要位置,把抓好巡视整改作为坚决维护习近平总书记核心地位、坚决维护党中央权威和集中统一领导的政治要求和具体行动,推动全市各级党组织和党员干部牢固树立"四个意识"、坚定"四个自信",永葆共产党人政治本色。始终保持对党忠诚政治品格。严格执行党内政治生活制度,根据上级部署精心组织开展"不忘初心、牢记使命"主题教育,突出用习近平新时代中国特色社会主义思想武装头脑,严守政治纪律和政治规矩,不断提高政治觉悟和政治能力。严格落实意识形态政治责任。坚持用社会主义核心价值观凝心聚力,强化思想引领,切实加强阵地建设管理,准确把握意识形态领域新情况、新变化,涵养风清气正的政治舆论生态。

*强化学以致用,克服本领恐慌,提升引领高质量发展的能力水平。*以新理念引领新发展。坚决以习近平新时代中国特色社会主义经济思想作为推动高质量发展的根本遵循,深刻领会高质量发展的内涵和要求,自觉用新发展理念校正思维方式、工作方法和政绩观偏差。以新本领落实新要求。依托市委中心组、党校选学等平台,精准化多层次开展新经济新业态的学习培训,特别注重提升招商选资、项目研判等能力和水平,不断增强党员干部推动高质量发展的本领。以新实践开拓新路径。树立"实干是真功夫、落实是真本事"的理念,对标全省高质量发展指标体系,针对我市不足与短板,在实践中探索改革举措,创新发展路径,当好新时代推动高质量发展的组织者和实践者。扎实抓好第四次全国经济普查工作,确保普查结果全面反映如皋发展态势。

*落实"三项机制",弘扬治沙精神,凝聚干事创业的强大合力。*全面贯彻落实习总书记"三个区分开来"和省委"三项机制"要求,旗帜鲜明树立干事创业导向,坚持在高质量发展一线近距离考察干部、凭实绩使用干部,为敢想的人鼓足劲,为敢干的人加满油,为试错的人卸包袱,打造一支忠诚干净担当的高素质干部队伍。市四套班子领导要坚持以上率下,带头谋划工作思路和具体措施,狠抓工作推进和落实,既要当好"指挥员",又要做好"主攻手",形成以"关键少数"带动"绝大多数"的良好导向。各部门负责同志要带头加强协同联动,既要管好自己的"责任田",更要主动跨前一步,协调配合,指导推进,积极作为,打好高质量发展"组合拳"。各镇(区、街道)负责人要坚持守土尽责,在其位谋其政,履其职尽其责,认真落实第一责任人责任,勇于挑最重的担子,敢于啃最硬的骨头,自觉在推动高质量发展上比担当、比作为、比业绩。全市上下要持续弘扬如皋"治沙精神",提振"遇到矛盾就兴奋、碰到困难就迎上"的精气神,以新状态踏上新征程,以新作为彰显新担当。

*突出固本强基,建强战斗堡垒,提升基层党组织组织力。*健全党建标准体系。树立党的一切工作到支部的鲜明导向,全力推动我市基层党组织标准化建设,加快村(社区)党建标准化达标工作,确保高质量迎接验收。创新组织建设体系。全面贯彻新时代党的组织路线,重点抓好组织体系建设,积极推进群团组织改革创新,大力探索街道"大工委"、社区"大党委"模式,探索城市党建"五所共建"机制,实现"两新"领域党的组织和工作"双覆盖"。完善队伍培养体系。大力弘扬"老支书"精神,以举办村(社区)书记大讲坛为载体,全面落实基层党组织书记"一轴四轮"主要职责,形成"头雁效应"。加大基层后备干部队伍储备、培养、选拔力度,切实提升基层党组织班子队伍质量。

*严明党的纪律,履行管党责任,营造风清气正的政治生态。*刚性落实"两个责任"。健全党委主体责任、纪委监督责任、党委书记第一责任、班子成员"一岗双责"的四责协同机制,严格落实"月度提醒单"制度和"季度考核、年终考评"的督查考核机制,压紧压实责任。持之以恒纠正"四风"。认真贯彻中央八项规定精神及省市十项规定,紧盯顶风违纪行为,推动巡察工作向基层村居延伸,严查群众身边的"微腐败"问题。精准运用"四种形态"。注重"四种形态"相互转化,突出抓早抓小、防微杜渐,认真处理好"树木"和"森林"的关系,实现纪法约束有硬度、批评教育有力度、组织关怀有温度。持续高压惩贪治腐。严格执行《中国共产党纪律处分条例》,充分发挥纪律建设标本兼治的利器作用,坚持无禁区、全覆盖、零容忍,坚持重遏制、强高压、长震慑,坚决查处侵害群众利益的不正之风和腐败问题,以全面从严治党的过硬成果取信于民。

做好下半年的工作,任务艰巨,责任重大。让我们高举习近平新时代中国特色社会主义思想伟大旗帜,大力弘扬治沙精神,以坚韧顽强的斗志、攻坚拔寨的勇气和只争朝夕的精神,撸起袖子、真抓实干,对标看齐、追赶超越,确保完成今年经济社会发展各项目标任务,奋力推动如皋高质量发展走在前列!

政府工作报告

——2019年1月22日在如皋市第十七届人民代表大会第三次会议上

何益军

2018年工作回顾

过去的一年，市政府在中共如皋市委的正确领导下，在市人大、市政协的监督支持下，深入学习贯彻习近平新时代中国特色社会主义思想和党的十九大精神，紧扣"高质量发展走在前列"的目标定位，践行新发展理念，统筹做好改革发展稳定各项工作，较好完成全年目标任务。实现地区生产总值1120.5亿元、增长7.3%；一般公共预算收入70亿元，税占比84.6%；全社会研发投入占GDP比重2.66%；固定资产投资400.8亿元、增长8.5%；社会消费品零售总额404.3亿元、增长9.2%；进出口总额229.6亿元、增长10%；城镇登记失业率降至1.82%；城乡居民人均可支配收入分别增长8.7%、9.2%；万元GDP能耗降幅和主要污染物减排完成上级下达任务（见附件一）。列福布斯中国大陆最佳县级城市第9位、全国综合实力百强县（市）第25位。

一、致力促进产业转型，运行质效不断提升。工业运行质态优化。完成全部工业应税销售1423.2亿元、增长24.6%，高于南通平均增幅4.3个百分点。新增新开业规模企业25家、亿元企业47家、10亿元企业7家。通过工信部两化融合管理体系贯标评定企业8家，新增省级智能车间3家。思源赫兹入围省专精特新产品企业。获批省"氢能特色小镇"，成功举办第三届国际氢能与燃料电池汽车大会并成为永久会址。现代服务业发展提速。完成服务业应税销售1244.8亿元、增长19.1%。港务集团获评全国5A级物流企业。国家全域旅游示范区创建深入推进，长江药用植物园创成省五星级乡村旅游区，盆景风情小镇入选省旅游风情小镇创建名单，实现旅游综合收入157亿元、增长14.3%。建筑业转型步伐加快。完成建筑业施工总产值1194亿元、增长11.2%。标龙集团晋升特级资质，新增一级总承包资质企业3家。获国优奖4个。跻身省级绿色建筑和建筑节能综合提升奖补城市。现代农业提质增效。粮食生产再获丰收。项目农业投入33.4亿元，高标准农田、适度规模经营面积占比分别达77.9%、54.9%，花木盆景全产业链产值超200亿元。新增省级农业龙头企业2家、示范家庭农场5家。"白蒲黄芽菜"获批国家地理标志证明商标。

二、致力转换新旧动能，内生动力不断进发。产业项目加快集聚。新开工亿元以上产业项目95个，其中重特大项目11个，省重大项目、南通"双百工程"项目完成投资任务。技改投入163亿元、增长20.4%，占规模工业投入68.5%。续建重特大项目新增设备投资额、新开工服务业项目投资完成率南通第一。创新能力显著增强。高新技术产业、新兴产业产值分别增长24%、18%。新认定高新技术企业79家。新增省级企业技术创新中心、工程技术研究中心各3家。万人发明专利拥有量22.4件，新增PCT国际专利94个。入选省"双创计划"人才11人。全国唯一县级基层标准化改革创新先行区创建工作纵深推进，主导制定国际、国家、行业标准18项，新增全国标准化工作组2个、驰名商标1个。成立清华大学人工智能、吉林大学新能源汽车、上海大学环境健康研究院。力星钢球获国家工业强基工程示范企业，星球石墨、九鼎新材分别获省科技小巨人、能源计量示范企业，梦百合入选省五星级上云企业。获国家知识产权示范企业2家、省科学技术奖项目4个。发展环境持续优化。深化供给侧结构性改革，减税降费12.8亿元。新增金融机构2家，各项贷款余额883.7亿元，制造业贷款占比16.1%。实现直接融资77亿元，“新三板”挂牌1家。施工图审查中心晋升一类资质。获评省土地执法模范县(市)。如皋港新材料化工园区区域环评获省批准。第四次全国经济普查有序开展。5人被评为南通改革开放40周年优秀民营企业家。

三、致力推进改革开放，发展活力不断释放。各项改革纵深推进。深化“放管服”改革，率先在全省推进“互联网+政务服务”向基层延伸，“不见面审批(服务)”改革取得新成效，简政放权创业创新环境评价全省第一。国税地税征管体制改革顺利实施。强化农村综合改革，完成产权交易额6亿元，发放承包土地经营权抵押贷款1.4亿元。防范政府隐性债务风险的制度与政策体系不断健全，政府融资平台市场化转型扎实推进。基层政务公开标准化规范化试点通过国家验收。县域综合执法改革代表南通接受国务院实地督查并被通报表扬。开发开放加速拓展。成功举办“一会两节”及系列活动。注册落户亿元以上项目151个，其中对接服务上海项目61个。新批外资项目26个，其中3000万美元以上项目4个。实际到账外资4.57亿美元，南通第一。完成服务外包执行额60亿元、增长143.9%，其中离岸外包1.46亿美元、增长144%。境外投资6338万美元。外经营业额3.3亿美元。载体建设提档升级。省级高新区成功获批，被评为省知识产权示范园区。新开通内贸集装箱直达航线2条。集装箱吞吐量突破30万标箱，连续4年翻番。完成港口吞吐量5800万吨、增长4.3%。海事、海关、边检等口岸单位高效运转。

四、致力统筹城乡建设，宜居魅力不断彰显。城市品质持续提升。完成新城提升规划、高铁南站周边概念规划编制。中心城区基础设施投入10亿元。新改建城市道路8条。建成“三小”项目8个，完成茅雉河一期、宝塔河等沿河风光带建设，新增城市绿地80公顷。蒲行苑解危搬迁317户，改造老小区16万平方米。出让土地710亩，新开工商品房228万平方米。南美世贸中心、希尔顿酒店等项目成功落户，君瑞酒店、慧家汇汽车超市建成运营。江苏盆景博物馆开馆。交通格局更加优化。盐通高铁开工建设，通皋大道完成工程量的45%，高铁南站、张皋过江通道、港区铁路专用线等工程前期工作有序开展。“建养一体化”试点深入推进，新改建农路390公里、农桥20座，“四好农村路”示范县创建通过省级验收。镇村建设协调推进。出台乡村振兴三年行动计划，完成10个镇总规修编。城镇化率达59.6%。疏浚河道258条，新增造林1.46万亩，改造农村危房120户，铺设燃气管道50公里。新增省级生态文明建设示范镇4个、示范村8个、最美乡村1个。获批南通特色田园乡村试点4个。

五、致力推动绿色发展，生态环境不断改善。突出环境问题整治有力。中央、省环保督察和“回头看”交办问题整改扎实推进。全面落实河长制、断面长制，市考以上断面化学需氧量、氨氮、总磷同比分别下降14.4%、43.3%、44.5%，全面消除劣V类。完成大气污染防治工程91项，空气质量优良天数比率达74.7%，PM2.5平均浓度降至39.2微克/立方米，列全省空气质量较好县(市)第9位。关停化工、印染、“五小行业”、“散乱污”企业307家。整治内河沿线非法码头82座。关闭拆除养殖场226户，生猪养殖量压降至67.4万头，完成南美白对虾养殖整治。配套设施建设加快推进。飞灰填埋场和九洲环保二期危废处置中心投入运行。新改建镇级污水处理厂6座，新增村庄污水处理设施64座。铺设污水管网79公里。焦港泵站主体建成，如泰运河接通工程加快推进。长管长效机制持续完善。推进生态环境司法保护集成改革，组建全省首家生态环境保护执法司法联动中心。集中管辖南通环境资源类案件，办理生态环境案件207件。实施更加严格的重点河流交界断面水质“双向补偿”机制。生态环境保护共同监管机制不断健全，全社会生态保护意识显著增强。

六、致力保障民生需求，百姓福祉不断增进。富民增收态势良好。多措并举稳就业，“晚霞行动”持续推进，新增城镇就业8534人、创业3526人，农村劳动力转移就业3500人。聚焦精准脱贫，十大专项扶贫行动深入开展，建档立卡低收入人口累计脱贫率超90%，经济薄弱村集体经济收入均超40万元。保障体系日趋完善。城乡居民医保、职工“五险”实现动态全覆盖，新征地农民即征即保。率先在全省县

(市)中实施职工照护保险。城乡低保标准实现一体化,农村"五保"保障标准稳步提升,残疾人"两项补贴"落实到位。退役士兵安置政策全面落实,省级双拥模范城创建实现"四连冠"。社会事业全面推进。普通高考本一上线率南通第一,创成国家级农村职业教育和成人教育示范县(市)。北外附属龙游湖外国语学校投入使用。校外培训机构专项治理扎实开展。基层医疗卫生服务体系改革稳步推进,4家镇级公立卫生院挂牌运行。支云足球俱乐部成功冲甲。《如皋年鉴》获全国地方志评比特等奖。建成省5A级数字档案馆。成为全国首批县级融媒体中心建设试点县(市)。基层综合性文化服务中心实现全覆盖。与陕西洋县对口协作任务全面落实。15件政府为民办实事项目较好完成(见附件二)。

七、致力建设和谐社会,治理能力不断提高。精神文明建设富有成效。巩固全国文明城市创建成果,新时代文明实践中心建设列为省级试点,"微笑之城·大爱如皋""书香如皋""诚信如皋"等品牌建设扎实推进,连续四届蝉联"中国百强公益慈善城市"。民主法治建设进程加快。高标准通过省"七五"普法中期验收,"一村一法律顾问"实现全覆盖,万人诉讼率首次低于南通平均水平,连续4年保持"省法治建设示范县(市)"称号。社会治理水平显著提升。组建公共治理服务中心,网格化社会治理成效初显。立体化社会治安防控体系更加严密,"扫黑除恶"专项斗争扎实开展。"六无村(社区)"创建有序推进,信访和矛盾纠纷总量稳步下降,市长公开电话办结率99%。安监、消防联合执法常态化,安全生产形势总体稳定。连续11年获评"省平安县(市)",公众安全感达97.5%。

围绕建设人民满意政府,这一年,我们始终把坚持和加强党的全面领导贯穿政府工作各方面、全过程,严格落实党风廉政建设、意识形态责任制,认真抓好巡视反馈问题整改,持续推进政府自身建设,着力转变政府职能,加强效能监察和审计监督,自觉接受人大法律监督、工作监督和政协民主监督,主动接受社会公众舆论监督,办理人大代表建议316件、政协委员提案332件,满意和基本满意率均为100%。此外,统计、物价、人防、气象、应急、信息公开等工作不断加强。公共资源管理、政府投资项目建设、机关事务管理进一步规范。积极支持工会、共青团、妇联、侨联、科协、残联、文联、工商联、社科联等群团组织发挥作用。民族宗教、外事侨务、对台事务、老龄、慈善、红十字会、老区建设、关心下一代、历史文化研究、老科协、老年体协等工作取得新进步。国防动员、征兵、双拥等工作成绩显著。

静水流深,行稳致远。盘点过去的一年,成绩来之不易,奋斗历经艰辛。这些成绩的取得,是市委总揽全局、统筹谋划的结果,是市人大、市政协有效监督、鼎力支持的结果,是广大干群和衷共济、勠力同心的结果。在此,我谨代表市人民政府,向全市人民,向人大代表、政协委员和离退休老同志,向驻如部队、武警官兵、公安干警和消防救援指战员,向关心和支持如皋发展的社会各界人士,致以衷心的感谢和崇高的敬意!

立足新的方位和坐标审视,工作中还存在不少短板和不足:一是对照高质量发展根本要求,做大总量和提升质量双重压力并存,科技创新能力不够强,资源利用、产出效益匹配度还不高,引领区域发展的龙头型企业、重特大项目比较缺乏;城市品质涵养不够,乡村振兴步伐偏慢。二是对照生态文明建设新要求,污染防治形势依然严峻,资源环境约束不断加大,生态产品供给与需求矛盾还比较突出,专业队伍建设和设施配套能力相对滞后。三是对照人民群众日益增长的美好生活需要,公共服务有效覆盖面不广,普通高中优质教育资源发挥不充分,优质文化、养老等资源供给不均衡,基层公共医疗补短板、市属医院医疗能力上台阶亟待发力。四是对照建设人民满意政府,政府职能转变还不到位,少数干部法治意识、责任意识、担当意识、服务意识还不够强,干事创业的精气神仍需提振。解决好这些问题始终是政府工作的指向和发展的责任,我们将采取切实有效措施,系统加以解决和改进。

2019年目标任务

今年是新中国成立70周年,也是决胜高水平全面建成小康社会的关键之年。当前,在长三角一体化与"一带一路"、长江经济带发展等国家战略交汇叠加的背景下,我们迎来了改革开放以来又一次重大发展机遇，进入了加速发展、追赶超越的“窗口期”。新的一年，我们将坚持“公转”与“自转”并举，找准发展路径。“公转”就是对接上海、对标苏南，聚焦南通建设长江经济带战略支点新定位，加快能量累积和经济发展，实现产业、市场、资源的互补和共享，全力抢占新一轮区域发展主动权。“自转”就是在产业和城市发展上发挥资源禀赋优势，建设“以新能源和新能源汽车为主导的绿色智造基地、以软件和新一代信息技术为特色的创意创业青年友好城市、以现代物流供应链服务为基础的江海联运枢纽、以现代文明和历史文化交相辉映为特质的长寿养生福地”。新的一年，我们将坚持“定力”与“活力”并举，着力做实产业。“定力”就是始终坚持以实体经济为强市根基不动摇，创新发展、特色发展、集聚发展先进制造业，全力打造一批具有地方标志、领跑全国乃至全球的产业标杆和先进制造业产业集群。“活力”就是始终以改革创新作为激发产业发展的两翼，系统推进“供给侧”“放管服”改革，不断优化发展环境；加快构建以企业为主体的技术创新体系，注重产业链和创新链双向融合，对接和利用高端创新平台，实现创新成果无障碍就地转化。新的一年，我们将坚持“外功”与“内功”并举，着力做优城市。“外功”就是塑造令人向往的城市魅力，在长三角城市群中挖掘比较优势，在传承城市历史文脉中打造个性特色，在城市建设中体现文化元素，着力提升城市辨识度。“内功”就是建设更有温度的宜居家园，深化文明城市创建，优化人居环境，提升管理水平，使如皋成为创业者称赞、本地人自豪、外来人向往的健康宜居城市。新的一年，我们将坚持“富民”与“安民”并举，着力做好民生。“富民”就是坚持把致富百姓作为工作导向，聚焦乡村振兴，聚力创业就业，突出产业富民、政策富民、改革富民，让发展成果更多惠及人民。“安民”就是把百姓安居乐业作为奋斗指向，瞄准民生领域热点难点痛点，以更实举措扩大优质供给、更强决心推进脱贫攻坚、更大力度创新社会治理、更深感情办好民生实事，不断增强人民群众获得感、幸福感、安全感。

今年政府工作的指导思想是：坚持以习近平新时代中国特色社会主义思想为指导，创造性贯彻落实中央、省、南通和市委部署要求，统筹推进“五位一体”总体布局，协调推进“四个全面”战略布局，坚持稳中求进工作总基调，坚持新发展理念，坚持以供给侧结构性改革为主线，坚持深化市场化改革、扩大高水平开放，继续打好三大攻坚战，统筹推进稳增长、促改革、调结构、惠民生、防风险工作，突出做实产业、做优城市、做好民生、建强队伍四大重点，奋力构建长江经济带战略支点重要支撑，为高水平全面建成小康社会收官打下决定性基础，接续开辟如皋高质量发展新境界。

今年全市经济社会发展主要预期目标是：地区生产总值增长 7.5%以上，一般公共预算收入完成 72.5 亿元，全部工业应税销售增长 20%以上、服务业应税销售增长 12%以上，实际利用外资 3 亿美元，外贸进出口增长 6%左右，固定资产投资增长 8%以上、力争 8.5%，全社会研发投入占比达到 2.68%，居民消费价格涨幅控制在 3%左右，城镇登记失业率控制在 3%以内，居民收入增长快于经济增长，万元 GDP 能耗下降和主要污染物削减量完成上级下达任务。

按照上述要求，我们将重点抓好以下七个方面工作：

一、主攻项目建设，扩大有效投入，着力夯实实体经济牢固根基。紧扣高质量发展要求，以开展重特大项目落地落实年活动为抓手，强化项目招引建设，力争项目建设考评位次重返南通“第一方阵”。

狠抓招商选资。注重招大引强。围绕“3+3+4”产业体系，重点推进新能源和新能源汽车、软件和新一代信息技术、现代物流、现代农业、文旅康养等产业，招引具有“凝结核”效应的项目，力争引进超 100 亿元或 10 亿美元项目 1 个、超 50 亿元或 5 亿美元项目 2 个、超 10 亿元或 1 亿美元项目 25 个。紧盯重点区域。锁定京津冀、长三角、珠三角等地区，务实对接服务上海，大力招引一批世界名企、大型央企、实力民企落户；强化美欧、日韩等国家和台湾地区委托招商、以商引商，重点办好日本和中国台湾地区招商会。创新招引方式。举办氢能及燃料电池汽车、第三代半导体等特色产业及其细分领域的专题论坛，实现资金、信息、人才有效集聚。发挥市三大产业招商协同中心支点作用，强化主功能区招商主战场地位，明晰各镇产业招商方向和定位，探索市场化招商，提高精准化、专业化和产业链招商水平。

聚焦项目建设。提高投入质效。更加注重投资体量、科技含量、亩均税收贡献等指标,确保新开工亿元以上产业项目不少于100个,项目竣工率80%以上、转化率60%以上,新认定重特大项目20个以上,力争入选南通“前20强项目”4个以上。重点推动康迪新能源汽车、思源电器、汤臣军民融合、一下未来科技等120个项目快开工,力促卫轩锂电池、森松二期等157个项目快建设,确保赛麟汽车、龙能科技、超达装备等118个项目快达产。支持存量企业依托“机器人+”“互联网+”“标准化+”,嫁接资本实现二次裂变,力促规上企业技改面70%以上。打造特色园区。实施园区建设规范提升专项行动,开展工业企业资源集约利用综合评价,培育氢能、模具、膜材料、光电科技等一批特色“区中园”。深化嘉定如皋汽车产业协同发展示范区建设。健全推进机制。严格执行市领导挂钩重特大项目制度,落实月度现场观摩、季度考核点评等推进机制。强化特色产业精准服务,实现“一个特色产业、一个挂钩领导、一个专业团队、一套服务班子”,打造更多行业科技小巨人和单打冠军。

强化要素保障。着力化解融资难题。深入开展“千企百亿”银企对接活动,新增贷款110亿元,制造业贷款占比提高2个百分点。建立市级产业转型升级母基金,做大做强市级担保公司和应急互助基金,招引金融机构2家。推动超达装备上市,加快星球石墨、斯密特森等7家企业上市进程,密切关注对接科创板,支持企业通过上市、发债等渠道直接融资超30亿元。着力化解用地难题。实施工业项目用地“产业发展+绩效评估”全生命周期监管,盘活闲置低效用地1800亩,完成占补平衡3000亩、增减挂钩4500亩。下调工业项目用地竞买保证金缴纳比例,探索实施工业项目弹性出让年期机制,降低用地成本。着力化解用工难题。建立用工数据库,强化对接劳务合作基地,回(外)引劳动力6500人。精准开展校企合作和订单培训,提升职技校学生本地就业率。

做强民营经济。优化发展环境。建立企业家参与涉企政策制定机制,出台促进民营经济高质量发展政策措施。用好服务企业(项目)热线,探索成立行政执法监督委员会,为企业提供“金牌管家”服务。认真落实减税降费政策,切实降低企业运营成本。依法打击非法集资,切实维护良好的区域金融生态环境。强化质效导向。完成第四次全国经济普查,健全统计调查和监测分析制度,强化数据收集、处理、发布和共享。完善企业效益综合评价体系,实施骨干企业、专精特新企业、小微成长企业培育计划。新增新开业规模企业30家、亿元企业30家、10亿元企业5家、50亿元企业1家。新增省级智能车间2家、星级“上云”企业3家。培优企业家队伍。弘扬“如商如水、善行善为”如商精神,开展企业家论坛、星级企业家评定等活动,注重新生代、“创二代”企业家培养。加强各类行业协会、商会和联盟建设,新组建大中城市商会4家,探索组建境外商会。

二、加快转型升级,突出提质增效,着力打造特色鲜明产业高地。加快结构调整和新旧动能转换,提高全要素生产率,厚植发展优势,构建具有如皋特色的现代产业体系。

集聚发展先进制造业。加快释放赛麟、康迪等汽车制造企业产能,扶持力星钢球、汤臣汽配、海泰科特等企业做大做强,加速集聚关键零部件、三电核心件、轻量化等领域企业。支持百应能源、江苏清能、安思卓等氢能企业发展,加强氢能产业园与国际品牌车企、中央能源企业的合作。鼓励神马科技、力威机械、天南电力等智能装备企业,向智能成套装备、关键基础零部件等产业链高端领域发展。培育壮大海迪科、卓远科技、天鸿科技、秦烯新材料等科创成长型企业,逐步形成新一代信息技术全产业链基础能力。推动森松重工、海通海洋等船舶海工及配套企业,向特种船舶、海工装备等产业链中高端升级。引导九鼎、百川、金桥等新材料企业,深耕细分行业,加快建链延链步伐。助推梦百合、泰慕士、明德玩具等企业,用创新引领发展,积极研发新产品,努力开拓新市场。

加速发展现代物流业。完善基础设施。长源码头作业区通过验收并投入使用,新建永友粮油2个万吨级、富港公司6个5000吨级公用泊位。实施焦港河航道提升改造,基本完成内河干线沿线码头综合整治。加快通扬线航道提升改造、港区铁路专用线建设和青年港港池扩建前期工作。优化服务功能。放大“江海河”联运优势,加快融入全省港口一体化进程。建立电子口岸大通关服务平台,持续推进口岸提效降费。启动保税物流中心扩容提质,积极申报进境木材、肉类、水果指定口岸，争取启运港退税政策扩大试点。提升合作水平。加快推进熔盛重工战略重组。紧盯新华集团冷链物流、成霖洁具等在谈项目，加快与渤商所、普洛斯合作共建智慧物流园区进程。强化外增内联，拓展近洋航线，加密沿海内河航线。力争港口吞吐量突破 6000 万吨、集装箱突破 40 万标箱。

提质发展旅游业。打造精品景区。推动国际园艺城、龙游湖创建 AAAA 级景区，森果农庄、金岛生态园争创省五星级乡村旅游区。加快盆景风情小镇建设，主攻如城西南片区田园综合体、中合电影文化小镇、瀚康怡和康养小镇等龙头项目的招引落地。提升功能配套。推进智慧旅游建设，完善旅游标识系统，建成旅游集散服务中心，新建旅游风景廊道、慢行绿道 60 公里。丰富旅游业态。放大长寿品牌效应，围绕“旅游+”，发展精品民宿，开发特色商品，策划节庆活动，促进文化旅游深度融合，实现游客接待量、旅游综合收入均增长 15%以上，确保国家全域旅游示范区创建通过省级初验。

高质量发展建筑业。巩固京津冀、长三角、东三省等传统市场，主动出击中西部地区和“一带一路”沿线国家等新兴市场，提升市场竞争力和占有率。鼓励六建、中如等企业参与重大基础设施建设，江中、标龙等企业主攻“超高特大难”房建项目。实施“绿色建筑+”工程，促进智能化生产、装配式建筑等新技术新业态的集成应用，创成省级装配式建筑示范项目 1 个，建成省级建筑施工企业 BIM 技术培训应用示范基地。筑牢金融支撑，探索与建筑业高质量发展相适应的融资方式。实现施工产值 1300 亿元、所得税 3 亿元。

三、深化改革开放，强化创新驱动，着力汇聚跨越发展源头活水。坚持以改革破难题促发展，以开放促改革助创新，敢于先行先试，创新体制机制，加快释放区域发展活力。

深化重点领域改革。落实供给侧结构性改革“巩固、增强、提升、畅通”八字方针，打好“破、立、降”组合拳。深化“放管服”改革，推进“不见面审批(服务)”和“证照分离”改革，拓展“3550”改革成果，提升纳税、跨境贸易、获得信贷及水电气全流程便利度，保持营商环境全省领先。做实“互联网+政务服务”，健全帮办代办、“全科窗口”服务机制，实现线上“一网通办”与线下“只进一扇门”集成融合。强化“双随机、一公开”，推行信用承诺、审慎监管等新型监管模式。深化公共治理服务改革，整合大数据资源，完善“全科网格”。严格执行债务管理制度，精准编制政府性投资项目清单，推行财政承受能力评估论证，规范举借和偿还行为，切实有效防范化解政府性债务风险。重点支持国有企业参与棚户区改造、城市片区开发，加快推进水务集团组建和规范化运行。实施城市建管养、新一轮财政管理体制改革。统筹推进 5 项国家级和 12 项省级改革试点。

打造科技创新高地。壮大创新主体。认真贯彻省“科技改革 30 条”，滚动实施一批重点产业技术创新项目，新认定高新技术企业 80 家。高新技术产业产值占规模工业产值比重提升 1.5 个百分点。万人发明专利拥有量 24 件。全面落实“1+6”人才政策，新引进院士等顶尖人才 10 人、高层次创新创业人才 20 人，新增高技能实用人才 2500 人。做强创新平台。加强与大院大所合作，实施国际科技合作项目 4 个，新增国家级科技企业孵化器 1 家、省级众创空间 1 家、产学研合作项目 120 项，力争大中型工业企业和规模以上高企研发机构全覆盖。办好第九届科技人才洽谈会。推进国家基层标准化改革创新先行区、国家知识产权强县工程示范市建设。优化创新生态。推动市级科创中心规划研究等前期工作，建立科技局、人社局、科协、科技镇长团等“多位一体”科技人才联席会议服务协调机制。大力引进风投、创投基金，新增“苏科贷”“如科贷”超亿元。

扩大高水平双向开放。提升外资质效。重点推进茂友集装箱、鸿基新材料、瑞龙半导体等 10 个超3000 万美元项目，鼓励荣威国际、森松重工等重点企业增资扩股。稳定外贸增长。鼓励企业参加进博会、广交会和国际知名行业展会，抢订单、争市场，提升机电、服装、长寿食品、家居用品等优势产业出口份额，推动新能源汽车、特高压输变电等重点产业实现突破。发展跨境电商、外贸综合服务等新业态新模式。强化海关 AEO 认证企业梯度培育。力争外贸进出口总额达 243 亿元。加快外经合作。持续扩大梦百合、中如、双马等企业境外投资规模，推动伟越电器、汇名天然气等企业参与“一带一路”合作开发，实现对外投资额 6500 万美元、服务外包执行额 72 亿元、对外承包劳务营业额3亿美元。

提升板块支撑力度。紧扣“一特三提升”要求，全力在园区发展形态和功能开发上求突破，提升对全市经济发展的贡献度。经济技术开发区聚焦打造氢能和新能源汽车千亿级地标产业，统筹发展高端智能装备、长寿生物科技等产业，重点招引具有全球竞争力的新能源汽车主机厂、氢燃料电池关键零部件和其他优质产业项目，在重特大项目招引建设上占据“半壁江山”，力争进入国家级开发区第一方阵。高新区紧扣“高”“新”，用好CSIP和开源空间“国字号”平台，集聚发展新一代信息技术、软件服务外包、大数据、第三代半导体等新兴产业，聚力发展机器人、智能制造等高精尖、高附加值先进制造业，打造创新型产业高地，为争创国家级高新区打下坚实基础。如皋工业园区依托现有产业基础和上市公司，做精特高压、精密机械制造等产业。培育发展总部经济、工业设计、功能食品等2.5产业，建设现代都市型产业示范区。提档升级东西部工业园区，加快与东陈合作建设城东工业区。以文旅康养产业为主线，整合国际园艺城、顾庄生态园、古龙游河等资源打造5A级景区。长江镇围绕“港产城”“港工贸”，转型发展新材料、通讯电子、装备制造、军民融合等“区中园”，依托“港口+腹地”“功能+产业”优势，构建全产业链港口物流生态圈，打造江海河、公铁水多式联运的“江海转运枢纽”，积极申报省级开发园区，加快建设“城市副中心”。支持其他镇与主功能区建立紧密型合作关系，按照集约化、特色化要求，从自身的资源禀赋和产业基础出发，在细分领域和产业分类中确定发展主攻方向，形成特色产业集群。

四、聚焦乡村振兴，坚持强优补短，着力开创“三农”工作崭新局面。按照“产业兴旺、生态宜居、乡风文明、治理有效、生活富裕”总要求，加快培育农业农村发展新动能，促进农业全面升级、农村全面进步、农民全面发展。

发展壮大现代农业。加快结构优化。稳定粮食生产，优化“3+N”产业布局，做精做优花木盆景产业，推进黑塌菜等地理标志产品产业化规模化，建设特色蔬菜基地1万亩以上。促进美莱网、中合万家等项目尽快落地。发挥品牌优势。利用“长寿之乡”资源禀赋，突出地理标志产品和品牌打造，积极引进大资本，探索订单农业发展新路，加强农产品检测、标准、品牌、仓储物流、市场营销“五位一体”建设，做好“互联网+现代农业”文章。提高装备水平。深化“三个全覆盖”试点，新建高标准农田6.95万亩。设施农业占比19%以上。农田水利现代化水平89.6%。争创国家级粮食生产全过程机械化示范市。壮大规模经营。新增规模农业项目投入25亿元，适度规模经营占比达60%。培育新型合作农场25个、示范家庭农场20个、南通市级以上农业龙头企业5家。

加快美丽乡村建设。强化农村规划管理，完成石庄、江安、丁堰等镇总规修编和60%规划村庄的实用性规划设计。按照“规划完善、建设规范、管理严格”要求，制定农村房屋规划建设管理新规。实施农村人居环境整治三年行动，以农村垃圾、污水治理和村容村貌提升为主攻方向，补齐突出短板。加快“四好农村路”、农村桥梁改造、通居工程建设。推进7个省、南通市“特色田园乡村”试点建设，加大4个省级传统村落保护和开发利用。推动白蒲镇争创全国历史文化名镇。

持续深化农村改革。加快集体产权制度改革，强化土地承包经营权确权登记成果运用，探索宅基地“三权分置”有效实现形式，实施土地承包经营权退出、农村产权交易标准化省级试点。继续推进省“同一乡镇”和南通陆海统筹改革试点。创新农村金融改革，建立涉农担保基金，扩大农村土地承包经营权抵押贷款全国试点成果。深化供销合作社综合改革，开展全国农民专业合作社质量提升整县推进试点。

健全乡村治理体系。规范自治建设。健全自治、德治、法治相结合的乡村治理体系，推进村(居)民小组微自治省级试点。强化基层民主建设，依法组织新一届村(居)委会选举。培育文明新风。实施“文明城市建设三年行动计划”，推进新时代文明实践中心建设，高标准打造“大爱如皋”特色品牌。强化网络舆论治理，打造清朗网络空间。深入推进“移风易俗弘扬时代新风”行动，强化新乡贤等先进群体示范引领，发挥村规民约以及红白理事会等群众自治组织作用，引导群众成风化俗。深化殡葬改革，扎实推进违规建设殡葬设施排查整治，狠抓殡葬领域乱象治理。加快市殡仪馆改造，规范镇村公益性公墓建设管理。提升服务水平。加强农村基层基础工作，注重村干部队伍建设，培养一批能带富、善治理的带头人。强化社会组织建设，健全民主管理机制，建成省级和谐示范村(社区)8个。

五、注重统筹协调，提升功能品质，着力展示文明城市独特魅力。树立“精明增长”“紧凑城市”理念，以现代眼光规划城市、以工匠精神建设城市、以绣花功夫管理城市，持续推进新“六城同创”，增强综合承载力。

切实强化规划引领。编制城市“双修”专项规划和开发区控制性详规，深化市科创中心、龙游河三期、高铁站周边区域城市设计。有序推进土地出让、房地产开发，新开工商品房220万平方米。强化城市总规与专项规划衔接融合，实现规划“一张图”，认真执行验线、巡查、核实制度，切实维护规划实施的严肃性。坚持整合文脉资源与留住城市记忆相结合，创建国家历史文化名城。

着力提升城市品质。加快南美世贸中心、壹言广场等重点项目建设。统筹棚户区(危旧房)和反差地段改造，推进蒲行苑解危及35#、99#等地块搬迁改造，搬迁57万平方米。加快与知名企业合作，探索片区整体开发，实现城市有序更新。优化提升教育、医疗等服务功能，完成新城高中、医院概念性规划设计。建设龙游河二三期、宏坝河、滨溪路等生态走廊，建成城市小游园3个，新增城市绿地80公顷。贯通观风路，实施龙游河与外城河接通、内外城河水质提升、宝塔河东延、大司马河三期、解放港整治工程，推进区域供水三期管网建设。

持续完善交通体系。积极配合开展北沿江铁路、G40改造、张皋过江通道等工程前期工作，开工建设高铁南站及枢纽工程。围绕构建“1246”通勤圈，完成通皋大道如皋段主体施工和如港公路准快速化改造。实施福寿路综合改造，优化城市主干道绿波带，改善支路“微循环”，畅通城市交通。加快建设“智慧停车”系统，探索城市停车差别化收费制度，新增停车泊位400个。完善城乡客运一体化与公交线网规划，着力提高公交分担率。

推动城市精细管理。深化综合执法标准化省级试点，建立城市“微治理”机制。持续推进露天烧烤、大型户外广告、违法建设等专项整治。深化垃圾分类试点和餐厨废弃物、建筑装潢垃圾资源化利用。加强城区干道、窗口地带、城乡接合部、背街小巷等重点区域的综合保洁。推进数字城管主城区采集全覆盖，加快4个中心镇数字城管系统平台建设，构建新型智慧城市管理系统。

六、坚持绿色发展，做优生态环境，着力展现宜居宜业美丽如皋。认真践行绿色发展理念，做好“生态+”文章，坚决打赢污染防治攻坚战，让天蓝、地绿、水清成为最靓丽的发展底色。

强化污染源头管控。严守耕地保护、开发强度和生态保护三条红线，优化生产、生活、生态空间布局。加快构建绿色产业链体系，完成上级下达GDP能耗下降任务。综合运用法律、经济、技术及必要的行政手段，加快淘汰落后产能。严格项目预审，落实项目环评全过程监管机制。推进开发区区域环评工作和国家级生态工业园区创建。完成重点企业清洁生产审核17家，实施南通市级节能与工业循环经济重点项目12个。建立重点环境风险企业数据库，推进重点污染企业在线监测全覆盖。实施农村环境“七位一体”长效管护，完成禁养区非规模养殖场整治，在试点基础上全面开展畜禽粪污社会化治理，建立长效机制，严防畜禽养殖复养回潮，养殖总量压降15%。

狠抓突出问题治理。坚定不移推进中央、省环保督察和“回头看”、南通市委环保专项巡察反馈问题整改。打好碧水保卫战，履行长江经济带生态环境保护责任，扎实推进四号港、中心河等入江河道整治。深入开展全流域系统治理，全面落实断面达标方案，力争全市不达标断面水质再提升，市考以上断面水质优Ⅲ比例54.5%以上。打好蓝天保卫战，实施新一轮大气污染防治行动，狠抓挥发性有机物、施工扬尘、餐饮油烟整治，推进化工新材料园区废气深度治理，PM2.5浓度下降1.2%、空气质量优良天数比率74%以上。打好净土保卫战，贯彻“土十条”，加强废弃工业企业用地土壤详查，实施土壤污染风险防控和修复治理工程。

加快环保设施建设。审慎论证并推进水环境PPP项目。推进“十个必接”，新改建管网64公里。新建搬经污水处理厂，完成磨头、青山等5家污水处理厂一级A提标改造，探索乡镇污水处理厂统一运行监管模式。持续推进“厕所革命”，加快撤并镇污水处理设施建设，实施农村集中居民点分散式生活污水处理试点，建成村庄污水处理设施73个。推动九洲环保危废填埋场规范运行，加快上海电气垃圾焚烧工艺技改和飞灰填埋场二期工程建设。

健全制度保障体系。落实生态环境保护共同监管责任，严明镇区、园区、村网格化监管和企业主体责任。深化生态环境司法保护集成化改革，不断完善生态环境保护执法司法联动中心职能，加快组建生态环境保护执法监督指挥中心。开展企业环境信用等级评定，建立环境违法企业“黑名单”制度。继续实施水环境区域生态补偿。探索“环保管家”新模式，助力企业提升环境管理水平。

七、立足惠民安民，促进社会和谐，着力书写人民满意时代答卷。始终以造福人民为最大政绩，兜牢“底线民生”，保障“基本民生”，提升“质量民生”，让发展更有温度、幸福更有质感。

加快富民增收步伐。认真落实富民增收25条，促进城乡居民增收致富。推进农民工返乡创业示范县创建，深入实施全民创业行动计划，支持自主创业2500人以上。持续深化“晚霞行动”，统筹各类重点群体就业，新增城镇就业8500人。做好农民工工资“治欠保支”工作。全面落实鼓励经济薄弱村脱贫攻坚政策，壮大村级经济，确保全市32个经济薄弱村集体经济收入达50万元。聚焦精准扶贫，健全就业帮扶、项目帮扶、救助保障等稳定脱贫长效措施，确保新一轮建档立卡低收入农户全部脱贫。继续推进与陕西洋县对口协作，促进共同发展。

提高公共服务水平。全面落实省基层基本公共服务功能配置标准，实现公共服务配套延伸。加强新时代教师队伍建设，继续开展校外培训机构突出问题专项治理，新建如城城东小学、高新区实验小学，启动如城红星小学规划建设，创建“全国义务教育优质均衡发展县（市）”。围绕省健康城市试点建设，规范实施国家14类55项基本公共卫生服务项目，在试点基础上全面推进镇级卫生院建设，加强全科医生培养。推进镇村综合性文化服务中心星级评定。建设胶片电影博物馆。加快推进融媒体中心和广电智慧社区建设。壮大文化产业，推动文化与旅游、科技、互联网等深度融合。承办长寿国际马拉松等高端赛事，优化对支云足球俱乐部资源配置，做好中甲主场赛事保障，擦亮足球城市品牌。

织密民生保障网络。持续推进社保扩面，实现城乡居民基本养老保险动态全覆盖、新征地农民即征即保，健全“六统一”城乡居民医保制度体系。稳步提高优抚、社救标准，加强困境儿童、留守儿童关爱保护，落实残疾人“两项补贴”，推进“残疾人之家”建设。加快民生档案资源共享平台建设。丰富养老服务供给，支持博爱等医疗机构探索医养融合新模式，建设公建民营农村敬老院2家、医养融合养老机构2家，打造有区域影响的多元化、高水平“长寿之乡”养老服务体系。

巩固和谐稳定大局。加快民主法治进程，压实法治建设领导责任制，加强公共法律服务体系建设，争创全国“七五”普法先进县（市）。严格落实安全生产企业主体责任和部门监管责任，坚决遏制较大以上事故发生。完善应急管理体系，加快长江镇智能化应急救援综合平台建设。强化食品药品安全监管，创成省级食品安全示范城市。抓好“扫黑除恶”专项斗争、“雪亮工程”、信访标准化建设，深入开展“六无村（社区）”建设，强化源头治理、矛盾化解、犯罪打击，坚决守住公共安全底线。发挥工青妇等群团组织和社会组织作用。强化全民国防教育，扎实开展双拥活动。

民生实事体现的是政府的为民情怀，考验的是干部的使命担当。新的一年，我们将带着感情和责任，全力办好16件民生实事（见附件三），让人民群众实实在在地看得见变化、感受到实惠！

切实加强政府自身建设

立足新时代、肩负新使命，政府工作必须有新作为、新业绩。我们将以机构改革为契机，归零翻篇开新局，重整行装再出发，持续打造“为民、务实、清廉”政府形象。

一、“勤”字当头，不忘初心、牢记使命，砥砺前行勇争先。情系民生。坚持勤政为民，持续深化“走帮服”活动，把群众诉求和期待作为工作的动力和方向，从老百姓反映最强烈的问题抓起、最不满的地方改起、最期盼的事情做起，着力解决一批民生热点问题，不断增强群众幸福感。勤练本领。强化学习实践，破除思想坚冰、路径依赖，提升前瞻预判、系统谋划、底线管控能力，做化解矛盾、破解难题、应对风险的行家里手。敢于担当。弘扬“治沙精神”，敢啃“硬骨头”、勇于“涉险滩”，在科学决策、真抓实干中体现政治担当、责任担当。落实鼓励激励、容错纠错、能上能下“三项机制”，给干事者鼓劲，为担当者撑腰。

二、“实”字发力，踏石留印、抓铁有痕，强化落实提效能。务实作风。强化“钉钉子”精神，弘扬“马上就办”作风，在项目建设、污染防治等事关发展的主战场，比学赶超，奋发作为，争当“抓落实的典范”。夯实举措。务项目之实抓发展，推动重特大项目落地见效，加快催生新的经济增长点。务突破之实抓改革，解决好改革协同、要素配置、运作机制等难点和痛点。务感受之实抓民生，综合运用市场化、社会化、信息化手段办好群众的操心事、烦心事。抓实考核。健全更加注重实效的督查考核体系，对事关发展全局的重要工作、重大项目、重点事项，紧扣节点抓进度、围绕目标查成效、紧盯过程找问题，形成“责任闭环”。

三、“法”字在心，知行合一、依法行政，秉公用权不任性。强化法治思维。落实法治政府建设实施纲要，运用法治思维和法治方式推动工作。全面完成政府机构改革，推动职能、业务整合，构建系统完备、科学规范、运行有效的职能体系。坚持依法行政。认真落实重大行政决策机制，健全重大决策前向党委和人大报告、向政协通报制度，完善政府法律顾问制度，进一步控制决策风险、提高决策质量。落实行政执法“三项制度”，深化跨部门、跨区域综合执法工作。积极引导社会公众参加行政争议化解，从源头依法预防和减少行政争议。全面接受监督。依法接受市人大及其常委会的工作监督和法律监督，主动接受市政协的民主监督，重视监察、司法、舆论和社会监督，加强审计监督。高质量办好人大代表建议和政协委员提案。

四、“廉”字守底，率先垂范、从严治政，廉洁自律树新风。强化制度约束。完善政府系统廉政风险防控机制、政府权力清单制度，健全政府投资工程建设领域阳光防范体系，以制度刚性约束权力任性。严格财经制度，加强财政资金绩效管理，严控“三公”经费和一般性支出，把有限财力更多用到保民生、补短板、增后劲的“刀刃”上。严守纪律底线。贯彻落实中央八项规定精神和党内政治生活若干准则，集中整治形式主义、官僚主义，坚持不懈纠正“四风”，不断强化政治纪律、组织纪律，严格执行廉洁纪律、群众纪律、工作纪律、生活纪律。压实主体责任。严格执行党风廉政建设、意识形态责任制，认真落实“党政同责、一岗双责”，着力营造干部清正、政府清廉、政治清明的良好环境。

实干创造未来，奋斗成就伟业。让我们在中共如皋市委坚强领导下，在市人大、市政协监督支持下，以坚如磐石的信心、只争朝夕的劲头、坚韧不拔的毅力，求真务实，努力“奔跑”，“追梦”前行，接续开辟如皋高质量发展新境界，以“强富美高”新如皋建设的优异成绩向新中国成立70周年献礼！

大美如皋

附件一：

2018年全市经济社会发展主要预期指标完成情况表

序号	指标名称	单位	2018年	
			绝对数	增长%
1	地区生产总值	亿元	1120.48	7.3
2	固定资产投资	亿元	400.82	8.5
3	社会消费品零售总额	亿元	404.27	9.2
4	外贸进出口总额	亿元	229.6	10
5	实际利用外资	亿美元	4.57	38.5
6	一般公共预算收入	亿元	70.01	—
7	常住人口城镇化率	%	59.62	—
8	居民消费价格指数	（上年-100）	102.3	—
9	研发经费支出占GDP比重	%	2.66	—
10	高新技术产业产值占规模以上工业产值比重	%	45.94	—
11	每万人发明专利拥有量	件	22.4	—
12	每万劳动力中高技能人才数	人	750	—
13	城镇居民人均可支配收入	元	43390	8.7
14	农村居民人均可支配收入	元	20161	9.2
15	城镇新增就业人数	人	8534	—
16	城镇登记失业率	%	1.82	—
17	学前三年教育资源配置率	所/万人	0.64	—
18	高等教育毛入学率	%	78.76	—
19	单位地区生产总值能耗降低	%	9.7	—
20	化学需氧量排放量	万吨	完成下达目标	—
21	二氧化硫排放量	万吨	完成下达目标	—
22	氨氮排放量	万吨	完成下达目标	—
23	氮氧化物排放量	万吨	完成下达目标	—
24	$PM_{2.5}$浓度	μg/m3	39.2	—
25	空气质量优良天数比率	%	74.7	—

注：上述新的指标体系按照高质量发展相关要求选取

附件二：

2018年为民办实事项目完成情况

1.通皋大道如皋段完成施工便道、路基清表、路基挖方等工程，累计投入11.5亿元，占比45%，完成年初目标任务。通州段因南通高铁西站功能和规划调整，计划分两期实施：一期工程实施到通州境内的丁平线，与如皋段同步建设，实现与204国道及锡通高速新坝出口快速联通；二期工程从丁平线至南通西站站前高架连接点，计划与南通西站高架同步实施。目前，通州段一期工程已完成对接工作。

2.如港公路(603省道)新丁磨路至皋张汽渡段等级提升改造，路面主线部分已完成修铺工作量的90%，两侧辅道搬迁完成98%，累计完成总工程量的75%，超额完成年初预定50%的目标。

3.继续推进主城区交通疏堵工程，益寿路(惠政路—环西大桥南段)及相关节点综合改造基本完成；奥体东侧停车场、国税局北侧停车场投入使用，新增停车位398个；198#地块地下停车场主体工程完工，预计新增停车位323个。强化拥堵地段单行设置和城市停车管理，对大司马路实验小学段(福兴路—中山路)上放学时段试行由南向北单向通行，持续加强主城区路段巡逻管理，落实海阳路、宁海路等拥堵路段包保责任，优化中山路、福寿路绿波带。

4.推进"四好农村路"建设，实施农村公路"建养一体化"试点工程，施工道路92条，完成投资1.3亿元。提档升级农村公路190公里，新建通居公路200公里，新建、改造农村危桥20座，完成年初目标任务。

5.推进生态建设行政及司法集成化改革，落实生态环境保护共同监管责任，全面实施网格化管理，如皋市公共治理服务中心成立运行，组建全省首家生态环境保护执法司法联动中心。

6.按照流域系统治理思路推进水环境整治，实施占全市流域面积41%的如泰运河流域(含通扬运河与如泰运河重合河段)综合整治试点，整治入河排污口90处，超额完成年初目标任务；三四级及村沟村塘整治完成年初目标任务；如泰运河接通工程完成工程量的80%，超额完成年初目标任务。

7.已建乡镇污水处理厂和65个村庄生活污水处理设施(除工艺需要改变的外)，通过提标改造、委派专家组技术指导等措施，均已达到委托专业运营条件；首轮乡镇污水处理厂扩容提标工程完成6家、开工2家，具备实施全市统一监管条件，均超额完成年初目标任务。

8.中心城区幸福河惠政小区段、皋南河(宣化路-惠隆路段)2条黑臭河道已整治到位，并建立长效保洁机制，完成年初目标任务。

9.大司马河二期西侧、闸桥西侧、国税局北侧3处小游园建成开放。宏坝等2个便民疏导点已建成投入使用，完成年初目标任务。

10.中医院三期改扩建工程完成项目方案设计、招投标、施工场地平整、高压线路移除等前期工作，工程队已进场施工，完成年初目标任务。

11.江安初中校舍建设工程完成4栋教学楼、图书馆、行政楼、实验综合楼、宿舍楼初步验收，完成工程量的95%，完成年初目标任务。

12.职工医保参保人员基本照护保险制度率先在全省县(市)中实施，1家医院、2家护理院、2家居家服务企业被评为基本照护保险定点服务机构，完成29批次584人重度失能人员评定工作，526人享受照护保险待遇，完成年初目标任务。

13.继续实施"晚霞行动""191"就业援助，新增城镇就业8534人、超龄人员再就业1.3万人，安置"191"就业困难对象717人；各类重点困难群体就业援助对接服务率达100%，超额完成年初目标任务。

14.完善消防防控体系，新建市政消火栓66支、维护翻新15支、在建33支，规划待招标开工136支。区域二级专职消防站利用原如港公路磨头收费站站房进行改造，已完成施工图设计。

15.继续推进58个村(社区)综合文化服务中心建设，新建17个、扩建26个、添置器材15个，完成年初目标任务。

附件三：

2019年为民办实事项目

1.继续实施城区教育资源提升工程，建成城东小学。

2.实施中小学生弹性离校制度，开展课后服务。

3.实施城乡居保精准扶贫工程，实现建档立卡未标注脱贫的低收入人口、城市和农村低保对象以及特困人员社会保险全覆盖。

4.精准帮扶重点困难群体，建立并实施职工、城乡居民重大疾病救治医保补偿机制。

5.积极做好稳就业工作，对各类重点困难群体提供就业援助，新增就业8500人；培育新型职业农民8000人。

6.继续实施蒲行苑解危和东皋市场周边棚户区(城中村)改造工程。

7.健全医疗卫生服务体系，新增公立镇卫生院(街道卫生服务中心)5家以上；引进临床类本科及以上学历专业技术人才75人。

8.开工建设高铁如皋南站综合客运枢纽。

9.实施“四好农村路”提升工程，继续推进农村公路“建养一体化”试点，完成农村公路提档升级195公里、通居路150公里、农桥改造20座。

10.实施龙游河与外城河接通工程，完成内外城河截污改造及水循环净化工程。

11.建成焦港引水泵站和如泰运河接通工程，提升引江调水能力。

12. 推进城市功能提升，城市规划建成区新改建公厕16座，城区生活垃圾分类处置设施覆盖率70%以上。

13.继续实施主城区交通疏堵工程，推进部分路段绿波带和支路“微循环”设置，建设“智慧停车”系统，探索差别化收费制度；新增停车泊位400个；实施福寿路(益寿路—海阳路段)综合改造。

14.继续完善消防防控体系，新建中部地区消防站1个。

15.新建公安“e警务”便民服务站20个，实现户籍、出入境、交通违法处理、居民身份证等审批业务24小时自助办理。

16.优化公交线路7条，新建公交站牌125个、公交站台(亭)19个，建成回车场2个，上线运行新能源公交车50辆。

附件四：

名词解释

1.南通“双百工程”：指南通市级层面的100个新开工重大项目、100个新竣工重大项目。

2.四好农村路：指把农村公路建好、管好、护好、运营好，逐步消除制约农村发展的交通瓶颈。

3.五小行业：指废铝、废油、废橡胶再生加工行业，家具行业和肠衣行业。

4.“散乱污”企业：指不符合产业政策或不符合产业布局规划、未办理相关审批手续、无治污设施或治污设施不能满足稳定达标排放要求、存在污染直排或偷排等严重环境违法行为的企业。

5.六无村(社区)：指无越级上访和群体性事件、无刑事犯罪、无涉毒案件、无邪教活动、无安全责任事故、无重点人员失控的村(社区)。

6.“3+3+4”产业：即船舶海工、新材料、高端纺织三大支柱产业，新能源及新能源汽车、智能装备、电子信息三大新兴产业，大物流、大旅游、大数据、大健康四大现代服务业产业。

7.BIM技术：是应用于工程设计、建造、管理的数据化工具，在提高生产效率、节约成本和缩短工期方面发挥重要作用。

8. 3550：指将开办企业、不动产登记、工业建设项目施工许可流程时间分别优化到3天、5天和50天。

9.双随机、一公开：指在监管过程中随机抽取检查对象，随机选派执法检查人员，抽查情况和查处结果及时向社会公布。

10.全科网格：指以社会治理网为基础，党建网、城管网、市场监管网、安全生产网、环保网等其他网在上面叠加，无缝对接，努力做到“一网采集、资源共享、联动处置”。

11.大中型工业企业：指从业人员300人及以上，且营业收入2000万元及以上的工业企业。

12.“1+6”人才政策：指我市出台的人才新政，“1”为《关于加快推进人才创新创业发展的若干政策意见(试行)》，“6”为鼓励人才创新创业、引荐人才奖励、支持企业引才用才、建设在外人才工作站、人才住房保障和子女入学等六个专项配套政策。

13.海关AEO认证：指经海关认证的经营者，经认证企业可享受海关进口环节相应的通关便利措施，具体包括减少通关时间、降低通关成本等。

14.一特三提升：指着力打造特色创新集群，着力提升土地产出率、资源循环利用率和智能制造普及率。

15.CSIP：指工业和信息化部软件与集成电路促进中心。

16.2.5产业：指介于第二和第三产业之间的中间产业，既有服务、贸易、结算等第三产业管理中心的职能，又兼备独特的研发中心、核心技术产品的生产中心和现代物流运行服务等第二产业运营的职能。

17.“3+N”产业：即花木盆景、生鲜果蔬、绿色稻米及创意休闲农业等。

18.三个全覆盖：指高标准农田、适度规模经营、社会化服务联盟全覆盖。

19.宅基地“三权分置”：指对宅基地所有权、资格权、使用权进行分置。

20.城市“双修”：指生态修复、城市修补。

21.“1246”通勤圈：即10分钟以小汽车方式上快速道路；20分钟以小汽车方式上高速公路；40分钟实现中心城区和南通市区、南通西站以小汽车或市域轨道方式通达，中心城区和市域主要镇区以小汽车或市域轨道方式通达；60分钟实现上海、苏锡常地区以城际轨道到达。

22.PPP：指政府与社会资本合作的一种模式，为提供公共产品和服务，以特许权协议为基础，形成“利益共享、风险共担、全程合作”伙伴合作关系。

23.十个必接：指将机关、学校、医院、集中居住小区、工业集中区、农贸市场、垃圾中转站、宾馆、饭店、浴室等十个重点区域(单位)排放的污水接入污水处理管网。

24.六统一:即城乡居民医保实行覆盖范围统一、筹资政策统一、保障待遇统一、两定机构统一、医保目录统一、基金管理统一。

25.雪亮工程:以市镇村三级综治中心为指挥平台、以综治信息化为支撑、以网格化管理为基础、以公共安全视频监控联网应用为重点的“群众性治安防控工程”。

26.行政执法“三项制度”:指行政执法公示、执法全过程记录、重大执法决定法制审核制度。

2017年度如皋市环境状况公报

如皋市环保局

根据《中华人民共和国环境保护法》《江苏省环境保护条例》和江苏省环境保护厅《关于定期发布地方环境状况公报的通知》的规定，现发布2017年度如皋市环境状况公报。

一、综述

2017年，全市环境保护工作认真贯彻党的十九大精神，深入学习贯彻习近平总书记关于生态文明和环境保护重要讲话、批示精神，牢固树立绿色发展理念，以切实改善环境质量为核心，加大污染治理和环境监管力度，严厉打击各类环境违法行为，全市主要污染物排放总量和强度持续下降，环境质量持续改善，环境安全得到保障，全年未发生重特大环境污染事故及环境事件。

二、环境质量

1.饮用水源水

2017年集中式水源地和备用水源地水质均符合《地表水环境质量标准》(GB3838-2002)中表1Ⅲ类、表2和表3标准，水质状况良好。

2.地表水

2017年，全市共设碾砣港闸、焦港桥、夏堡北大桥、曙光电灌站、勇敢大桥、新省道334公路桥、新国道204公路桥、长庄大桥、林梓大桥、东陈大桥、环西大桥等11个“水十条”考核断面，除夏堡北大桥、曙光电灌站和林梓大桥等3个断面未达到相应的功能区标准，其余各断面均达到相应的功能区标准。全年总体水质为轻度污染，Ⅰ~Ⅲ类水质断面占54.5%，Ⅳ类水质断面占36.4%，Ⅴ类水质断面占9.1%。

3.地下水

2017年两地下水测井所测指标均值除化肥厂氨氮超《地下水质量标准》(GB/T14848-93)表1Ⅳ类标准外，其余所测指标均值均符合标准。

4.废水和主要污染物排放量

2017年，全市工业废水排放总量为1026万吨。工业废水中主要污染物化学耗氧量(COD)排放量为1243吨。城市生活污水排放量(含全市各乡镇进入污水处理厂的量)3398万吨。

1.城市空气

2017年我市环境空气中二氧化硫、二氧化氮、颗粒物(PM10)、颗粒物(PM2.5)指标年均值分别为18微克/立方米、28微克/立方米、78微克/立方米和45微克/立方米，自然降尘浓度年均值为5.0吨/平方公里·月。2017年我市空气质量优良天数277天，优良率75.9%。

2.酸雨

2017年我市降水总体呈弱酸性，降水PH均值为6.08，酸雨频率为7.5%。

3.废气和主要废气污染物排放量

2017年全市工业废气排放量为129亿立方米，二氧化硫排放量为1911吨，氮氧化物排放量为1339吨，烟(粉)尘排放量为1497吨。

1.区域环境噪声

2017年市区区域声环境质量昼间平均等效声级值为51.7分贝,总体质量等级为二级(较好)。

2.道路交通噪声

2017年全市道路交通噪声昼间加权平均等效声级值为64.0分贝,质量等级为一级(好)。

3.功能区噪声

2017年,如皋市功能区噪声1类区声环境质量达到相应功能区要求,2类区昼夜间、3类区昼夜间和4a类区夜间声环境质量未达到相应功能区要求。

2017年,全市工业固体废物产生量为22.87万吨,其中危险废物产生量为9.34万吨,工业废物综合利用量14.52万吨,处理量为4.79万吨,贮存量7.39万吨。到2017年底,全市共有城镇污水处理厂21座,实际处理污水量11.39万吨/天,日产生污泥量80.72吨。污泥规范化处置率达到100%。

三、保障措施

1.坚持绿色发展,夯实生态环境基础

一是强化责任分解。制定《关于加快推进生态文明建设的实施意见》,以《生态文明建设与环境保护重点任务分解表》的形式,将生态文明建设重点任务分解到各部门、镇(区、街道),进一步明确分工、落实责任、形成合力,全面推进生态文明建设。

二是加强生态宣传。通过定期举办各类环保培训和讲座,进一步提升法律政策水平,强化对新《中华人民共和国环境保护法》及其配套办法的理解和运用;结合"5·22"世界生物多样性日、"6·5"世界环境日等重要纪念日,组织开展形式多样的科普宣传活动,通过开展"绿色科普宣传进社区"、生态文明摄影大赛等活动,全面推广绿色低碳的生活理念;借助广播、电视、报纸、电台等新闻传媒及如皋环保微信平台,宣传介绍绿色发展、节能减排、生态文明建设等方面的经验做法,努力营造生态文明建设氛围。扎实开展生态文明创建各项工作,2017年度创建省级绿色学校1所、南通市级绿色学校14所,组织28家学校分别参加了省、市绿色学校创建培训。市级绿色学校创建数量在南通市位居前列。

三是落实生态红线管控。划定生态红线区域共15块,其中省级确认红线区域8块,南通市级7块,两级红线总面积329.33平方公里,占国土面积的22.3%。加强对生态红线区域的管理,对红线区域项目建设进行严格控制和限制。积极做好迎接全省生态红线保护区域监督管理现场核查工作。

2.突出重点领域,系统推进污染治理

围绕环境质量改善目标,严格落实国家省"气十条""水十条""土十条",开展了系列污染防治工作。

一是深入开展大气污防治理。全面推进10蒸吨/小时及以下燃煤锅炉淘汰或以清洁能源替代,522台全面完成。对化工、水泥、进口废塑料等重点行业的14家企业开展清洁生产审核。列入《南通市2017年大气污染防治工作计划》的86个大气污染防治重点项目全面完成。开展空气质量达标"百日攻坚行动",积极应对重污染天气,做到区域联防联控。

二是全面推进水污染治理。制定《2017年如皋市水污染防治工作方案》,确定一批水污染防治重点工程并按期完成;发布了《如皋市水环境区域生态补偿考核办法(试行)》,正式启动了镇区间水环境区域生态补偿工作,以此倒逼水质较差的镇(区、街道)切实改善辖区内水环境质量。2017年全年共实施16个水污染减排项目,化学需氧量、氨氮排放总量分别削减3.55%、3.94%,完成上级减排目标任务。

三是扎实做好土壤污染防治。完成土壤重点污染源影响区域农用地监测点布置。开展我市83家关闭搬迁化工涉重企业的遗留地块土壤污染状况初步核查工作,委托资质单位对原皋南电镀厂、原如皋市镀锌管厂、原江苏宏凯蓄电池有限公司等场地开展预评估。完成《土壤污染防治工作方案》编制和发布工作。

四是大力推进农村环境综合整治。完成《如皋市生态文明建设规划(2017-2020)》编制工作。积极推进农村环境综合整治,2015年农村环境综合整治工程总计投资1696万元,项目已全部实施;2016

年投资1090万元，九华和吴窑铺设污水管网8000米，建设小型生活污水处理设施一座，工程竣二投入运行。2017年度农村环境综合整治工程开始实施，预计投资1201万元。

3.解决突出问题，提升环境监管成效

一是切实抓好突出环境问题整改。着力抓好中央、省环保督察交办问题以及南通市委市政府交办的2016、2017年突出环境问题整改工作，认真开展“回头看”，并进行逐一现场检查，切实强化整改成效。全面部署开展“263”专项行动，发挥督查职能，加大监督曝光力度，全年下发交办单94期，如皋电视台曝光36期，交办曝光环境问题163件。

二是严格环境执法监管。建立“两库一平台”，落实“双随机”监管机制，推进阳光执法。不断加大执法力度，持续开展环境执法“亮剑行动”，全年共出动6123人次，检查2131厂次，下达行政处罚决定书194份，为2016年全年的225%，罚款金额达830多万元。对化工、金属表面处理等重点行业开展清洁生产审核1872厂次，逐企逐项整治存在问题。制定《畜禽养殖污染整治专项执法方案》，推动镇(区、街道)关闭生态红线内的畜禽养殖户。对全市砖瓦企业进行排查，指导、配合镇(区、街道)关停取缔44家砖瓦烧结企业，对50家砌块砖、蒸汽加强砖等新型墙体材料企业开展环境整治。开展化工企业、丁基再生胶行业专项整治，积极参与“三河三行业”等集中整治，坚决查处环境违法行为，严控环境风险。

三是努力形成联动机制。配合法院对拒不履行决定的28家企业强制执行，对一批不履行处罚决定的企业采取查封、断电措施，有力震慑了环境违法企业。会同法院、检察院、公安局等十个部门，研究制定了《关于加强生态如皋建设司法保障工作的实施办法》，与公安机关建立“行刑联动机制”，严厉打击环境违法犯罪行为。向公安机关移送6起案件，其中行政拘留1起、刑事拘留5起，涉案共18人。

四是积极化解环境信访。牵头召开全市信访集中化解会议，研究制定了《环境信访集中化解实施方案》，明确了全市环境信访总量、重复越级信访量双下降的目标。联合市纪委(监察局)等部门对市委、市政府交办的环境信访集中化解情况开展督导巡察。实施重点环境信访问题后督查，对已执行到位、整改到位的重点信访，加强跟踪检查。全年办理各类环境信访案件4200余件。

2018年6月5日

2018年如皋市国民经济和社会发展统计公报

如皋市统计局

2018年，全市上下认真贯彻落实市委、市政府决策部署，紧扣“高质量发展走在前列”的目标定位，践行新发展理念，统筹做好改革发展稳定各项工作。全市经济运行总体平稳，转型升级稳步推进，经济结构持续优化。

一、综 合

年末全市常住人口124.17万人，其中，城镇人口达到74.03万人，城镇化率59.6%，比上年提高0.7个百分点。年末户籍人口141.97万人，比上年减少0.58万人。全市人口出生率7.83‰，人口死亡率9.04‰，人口自然增长率-1.21‰。

2018年末人口数及构成

指 标	年末数(万人)	比重(%)
年末常住人口	124.17	-
#城镇人口	74.03	59.6
乡村人口	50.14	40.4
年末户籍人口	141.97	-
#18岁以下	19.56	13.8
18-34岁	26.92	19.0
35-59岁	56.42	39.7
60岁及以上	39.06	27.5
#男性人口	70.73	49.8
女性人口	71.24	50.2

经南通市统计局评估反馈，全年实现地区生产总值1120.48亿元，可比价增长7.3%。人均地区生产总值90031元，增长7.7%。第一产业增加值69.39亿元，增长2.9%；第二产业增加值534.36亿元，增长8.8%，其中工业增加值447.12亿元，增长8.7%；第三产业增加值516.73亿元，增长6.2%。三次产业结构优化调整为6.2:47.7:46.1，第三产业比重同比提高0.5个百分点。

全年居民消费价格总指数102.3，即物价总水平比上年增长2.3%，与南通、省涨幅持平，比全国高0.2个百分点。其中，食品烟酒类价格略有下降，其它均有不同程度上涨。

八大类商品及服务价格涨跌构成

类　别	比上年增长(%)	对总指数的影响(增减百分点)
食品烟酒	-0.5	-0.13
衣着	0.8	0.05
居住	5.4	1.17
生活用品及服务	1.5	0.09
交通和通信	5.0	0.68
教育文化和娱乐	1.7	0.20
医疗保健	1.6	0.15
其他用品和服务	3.0	0.07

二、农　业

全年实现农林牧渔业总产值120.57亿元,增长3.2%。其中,农业产值65.57亿元,增长4.8%;林业产值0.25亿元,增长8.0%;牧业产值39.07亿元,增长5.3%;渔业产值7.12亿元,增长6.6%;农林牧渔服务业产值8.56亿元,增长8.6%。

全年粮食种植面积101.46千公顷,比上年减少4.19千公顷;油料种植面积8.14千公顷,比上年减少0.62千公顷;蔬菜种植面积21.57千公顷,比上年增加0.79千公顷。全年粮食产量67.26万吨,下降3.6%;油料产量2.36万吨,下降5.8%;蔬菜产量76.46万吨,增长4.1%。

主要农副产品产量

指标名称	计量单位	产量	比上年增长%
粮　食	万吨	67.26	-3.6
油　料	万吨	2.36	-5.8
生猪年末存栏数	万头	64.53	-7.0
生猪出栏数	万头	105.74	-0.3
羊年末存栏数	万头	21.32	-9.7
羊出栏数	万头	42.54	-14.0
家禽年末存栏数	万只	900	-0.2
家禽出栏数	万只	2476.55	8.0
禽　蛋	万吨	4.84	5
水产品	万吨	2.59	-3.4

年末全市拥有农业机械总动力87.54万千瓦;拥有拖拉机8879台,其中大中型拖拉机2152台;拥有谷物联合收割机2471台;全市农机化投入21102万元,其中用于农业机械购置的达9496万元;全市农用化肥施用量(折纯)2.96万吨。

三、工业和建筑业

年末，全市销售收入2000万元以上规模工业企业870家，完成规模以上工业总产值1773.46亿元，增长14.1%；高新技术产业产值814.69亿元，增长23.8%，占全市规模以上工业总产值的比重为45.9%；新兴产业产值557.92亿元，增长17.9%，占全市规模以上工业总产值比重为31.5%。全市规模以上工业主营业务收入1751.06亿元，增长13.8%；规模以上工业利润总额110.42亿元，增长22.5%；工业产品销售率98.9%。2018年末全部工业应税销售1423.22亿元(含一般纳税人、小规模纳税人、供电公司)，增长24.6%，全部工业实缴税金41.59亿元，增长3.8%。规模工业部分工业产品产量如下：

规模工业部分工业产品产量

	单位	全年产量	累计±%
橡胶轮胎外胎	条	2746781	10.0
民用钢质船舶	万载重吨	6.15	–70.0
钢球	万粒	631005	–9.1
新能源汽车	辆	8160	–52.7
锻压设备	台	702	–4.1
高压电器	台	50676	170.4
半导体分立器件	万只	581751	–11.2
纱	吨	65951	–3.6
布	万米	33498	2.6
服装	万件	9819	–18.6
玻璃纤维纱	吨	18950	4.6
饮料酒	吨	12252	–3.8

全年规模以上工业企业综合能源消费量90.64万吨标准煤，下降5.6%；万元产值综合能耗0.0511吨标准煤，下降17.2%。重工业企业综合能源消费量61.51万吨标准煤，下降6.8%，万元产值能耗0.0472吨标准煤，下降20.8%；轻工业企业综合能源消费量29.13万吨标准煤，下降2.9%，万元产值能耗0.0617吨标准煤，下降7.7%。

十大行业能源消耗情况

行业	综合能源消费量(万吨标准煤)	单位产值能耗(吨标准煤/万元)	单位产值能耗比上年增减(%)
纺织服装业	2.70	0.0283	–9.6
化学原料及化学制品制造业	19.28	0.0526	–37.5
纺织业	11.31	0.1421	–1.3
黑色金属冶炼及压延业	0.41	0.0336	0.6
橡胶和塑料制品业	5.67	0.1067	–22.3
通信设备、计算机设备业	1.80	0.0104	–40. 4
通用设备制造业	3.06	0.0342	–24.0

行业	综合能源消费量(万吨标准煤)	单位产值能耗(吨标准煤/万元)	单位产值能耗比上年增减(%)
非金属矿物制品业	8.71	0.0738	53.4
电气机械及器材制造业	3.87	0.0192	-12.6
汽车制造业	2.40	0.0245	-7.0
铁路、船舶、航空航天及其他交通运输设备制造业	2.28	0.0493	33.7

全市完成建筑业总产值1147.05亿元,增长12.9%。建筑队伍人数24.51万人,遍布全国30个省(区、市)、10多个国家和地区,其中工程技术人员1.81万人;年末境外劳务人员近千人。全年建筑企业承建施工面积1.61亿平方米,增长21.0%。全年建筑企业获参建鲁班奖1个、国优奖6个。标龙建设集团有限公司晋升特级资质,全市拥有特级资质建筑企业达4家。全市一、二、三级资质建筑企业分别达到31家、122家和122家。全市注册一级建造师978人,二级建造师2478人。

四、固定资产投资

全年完成固定资产投资400.82亿元,增长8.5%。其中,工业投资237.98亿元,增长8.6%;服务业投资162.84亿元,增长9.2%。

全年完成房地产开发投资50.01亿元,增长10.2%;房屋施工面积669.21万平方米,增长27.8%,其中,住宅施工面积453.55万平方米,增长28.3%;商品房屋销售面积156.62万平方米,下降15.2%,商品房屋销售额110.58亿元,增长4.2%。

五、国内贸易

全年社会消费品零售总额404.27亿元,增长9.2%。分城乡看,城镇消费品零售额265.15亿元,增长9.6%;乡村消费品零售额139.12亿元,增长8.6%。分行业看,批发和零售业零售额358.01亿元,增长9.1%;住宿和餐饮业零售额46.26亿元,增长10.5%。

限额以上批发和零售业零售额分类情况

指　标	零售额(亿元)	比上年增长(%)
粮油、食品类	9.93	3.3
饮料类	1.29	11.2
烟酒类	3.01	8.8
服装鞋帽、针、纺织品类	7.87	6.5
家用电器及音像器材类	8.26	-0.3
汽车类	39.32	-3.1
石油及制品类	29.35	29.3
家具类	1.02	6.6
日用品类	4.72	-33.3
化妆品类	1.78	7.8
金银珠宝类	2.36	-2.8
书报杂志类	1.47	-8.3

年末，全市拥有亿元市场11个，亿元市场年成交额130.53亿元，同比增长1.3%。

六、开放型经济

全年新批外资投资项目26个，其中超千万美元项目15个，超3000万美元项目4个，超亿美元项目2个。全年完成工商注册外资2.75亿美元，下降59.3%；实际到账外资4.57亿美元，增长36.4%；对外贸易稳中向好。全年完成进出口总值244.72亿元，增长15.1%。其中自营出口总额199.24亿元，增长17.7%。出口贸易总值中，机电产品出口51.29亿元，增长22.5%；纺织品出口32.42亿元，增长16.7%；高新技术产品出口22.82亿元，增长23.2%。出口超亿元企业达到25家。

进出口贸易主要方式分类情况

指　标	总量(亿美元)	比上年增长(%)
进出口总值	244.72	15.1
出口	199.24	17.7
其中：一般贸易	157.88	21.9
加工贸易	40.21	1.4
进口	45.49	5.0
其中：一般贸易	29.84	5.8
加工贸易	12.24	2.6

进出口贸易主要市场情况

国家和地区	出口总值(亿美元)	比上年增长(%)	进口总值(亿美元)	比上年增长(%)
印　度	42059	40.1	1797	–32.5
日　本	238253	21.8	41477	18.8
泰　国	95870	20	1425	–42
比利时	26354	8.4	434	–78.5
英　国	58030	12.6	8676	7.7
德　国	63966	–11.5	7764	–39.3
法　国	34521	7.3	21079	–12.7
意大利	32056	50.4	4141	6.3
荷　兰	53251	3.6	9554	33.3
西班牙	49327	54.2	6496	–43.3
俄罗斯	19997	–3	717	286
巴　西	46508	25	1600	642.7
美　国	445752	24.6	58470	43.9
澳大利亚	32177	13.9	615	–1.7
东盟组织	270901	7.9	119119	–24.7
欧盟组织	417791	11.7	67910	–5.4

七、交通和电力

全年交通运输、仓储及邮政业增加值52.99亿元，增长4.0%。全年公路客运量453万人次，旅客周转量37699万人公里；公路货运量2544万吨，货物周转量404478万吨公里；水路货运量688万吨公里，货物周转量533711万吨公里。港口完成货物吞吐量5800万吨。完成交通设施投入14.67亿元，完成农村等级公路提档升级190公里、通居公路200公里，改造危桥20座，新建镇村客运站亭12座。城乡客运协调发展，公交系统日臻完善，万人公交拥有量达7.34标台。

全社会用电量60.32亿千瓦时，增长11.2%，其中，农业用电量9752万千瓦时，增长6.1%；工业用电量40.32亿千瓦时，增长11.9%；建筑业用电量0.54亿千瓦时，增长6.7%；城乡居民生活用电量11.18亿千瓦时，增长8.2%。

八、财政和金融

全年完成财政总收入159.43亿元，增长17.5%，其中一般公共预算收入70.01亿元，下降1.8%。全年财政总支出167.93亿元，增长13.2%，其中一般公共预算支出107.77亿元，增长-1.6%。

年末，金融系统本外币各项存款余额1292.72亿元，增长2.8%，其中，城乡居民储蓄存款余额745.11亿元，增长2.7%。金融系统贷款余额883.68亿元，增长14.3%。其中，短期贷款余额349.08亿元，增长16.9%；中长期贷款余额493.18亿元，增长12.2%。

九、科学技术和教育

全年申请专利6776件，其中发明专利申请量为1380件；专利授权量3707件，其中发明专利授权量249件，万人发明专利拥有量达到22.6件。全年申报各级各类科技项目580项，获得立项146项，获各级扶持资金2300万元。全年有6项科技成果获国家及省市科技进步奖，其中国家行业协会科技进步奖2项，江苏省科学技术二等奖1项、三等奖3项。全年新增省级工程技术研究中心2家、省研究生工作站1家。

全市共有普通中学33所，在校学生48756人；职业中学2所，在校学生9636人；小学53所，在校学生63849人；幼儿园78所，在园儿童32062人。年末，教职工总人数12773人，其中专任教师11023人。

十、文化、卫生和体育

全市共有文化产业法人单位2068家，从业人员6万人。年末累计建成农村乡镇文化站14家，“农家书屋”、“社区书屋”345家。拥有公共图书馆2家、各类博物馆纪念馆17家、各级文物保护单位54处，其中，全国重点、省级、南通市级文物保护单位各2处、6处和2处。分别拥有国家级、省级、南通市级非物质文化遗产1项、10项和28项。

广播人口、电视人口综合覆盖率均达100%。年末有线数字电视用户29.13万户，占总户数的81.5%。

年末全市有各级各类医疗机构557个，其中，公立医院5个，非营利性民营医院56个，以预防保健为主的医疗卫生机构16个，门诊部13个，村卫生室(社区卫生服务站)361个，个体诊所、厂校医务室79个。全市医院共有床位6849张，每1000位常住人口拥有床位5.48张；有执业(助理)医师3087人，每1000位常住人口拥有执业(助理)医师2.57人；注册护士2541人，每1000位常住人口拥有注册护士2.03人。全市有卫技人员6776人、乡村医生291人。2018年，城乡居民基本医疗保险筹资标准提高到人均723元，全市共有99.22万人参保，统计参保率保持100%。基金总量达7.22亿元。全市共有135896人次住院对象进行了一站式报销，共计发生医疗费用127659万元，统筹基金补助55090万元，大病保险补助7363万元。低收入保障人员、特困供养人员、孤儿、重点优抚对象、60年度精减职工等人群8711人次实时进行了医疗救助共计支付1426万元。

全年分别成功承办国际、全国、省级体育赛事各2项、20项和4项。全市新增晨晚练健身点96个。体育彩票年销售额达17063万元。

十一、人民生活和社会保障

城乡居民抽样调查数据显示，全年城镇居民人均可支配收入 43255 元，增长 8.4%；人均生活消费性支出 23825 元，增长 5.0%。年末全市城镇居民人均住房建筑面积 58.8 平方米。

城镇居民人均消费支出情况

指　标	人均消费支出(元)	增长(%)
食品烟酒	6636	2.6
衣　着	1783	3.4
居　住	4317	6.9
生活用品及服务	1420	6.1
交通通信	2937	7.9
教育文化娱乐	4317	1.7
医疗保健	1739	12.7
其他用品和服务	676	10.3

城镇居民家庭每百户耐用消费品拥有量

消费品名称	计量单位	拥有量	比上年增长(%)
洗衣机	台	116	-7.9
电冰箱	台	143	3.6
彩色电视机	台	231	-1.7
空调器	台	249	11.7
固定电话	部	50	-40.5
移动电话	部	305	-5.6
家用电脑	台	75	-28.6
家用汽车	辆	91	-4.2

全年农村居民人均可支配收入 20166 元，增长 9.2%；人均生活消费支出 14741 元，增长 8.0%。年末农村居民人均住房面积 64.8 平方米。

农村居民人均消费支出情况

指　标	人均消费支出(元)	比上年增长(%)
食品烟酒	4378	5.9
衣　着	830	6.7
居　住	2513	11.6
生活用品及服务	918	8.5
交通通信	1997	13.4

指　标	人均消费支出(元)	比上年增长(%)
教育文教娱乐	2558	2.4
医疗保健	1199	12.7
其他用品和服务	348	10.5

农村居民家庭每百户耐用消费品拥有量

消费品名称	计量单位	拥有量	比上年增长(%)
彩色电视机	台	193	-13.5
电冰箱	台	136	8.8
摩托车	辆	32	-58.4
固定电话机	部	72	-6.5
移动电话	部	283	-8.7
家用计算机	台	41	-50.6
空调机	台	183	0.5
热水器	台	120	-16.7
家庭汽车	辆	69	-10.4

年末全市拥有各类养老机构31家，总床位数12299张；年末全市农村拥有敬老院14家，床位4884张。在全市农村5214名五保对象中，有1172人实行了集中供养。全年婚姻登记10083对。

年末全市参加企业职工养老保险人数171495人，比上年增加9567人；参加失业保险人数144232人，比上年增加7624人。

十二、城镇建设和环境保护

全年累计完成中心城区基础设施投入10.31亿元。全年新开房地产228万平方米，竣工147万平方米；全年新增道路1.94公里，建成区新增绿化面积47.35万平方米，城市绿化覆盖率达41.4%；共有道路灯具3.80万盏，城市亮化率99.0%；建成区新增燃气管道65.7公里，新增用户0.69万户，年供气量达17131万立方米；全年新增自来水管网46.45公里，自来水日供水能力40万吨。生活垃圾无害化处理率100%。

全市空气主要污染物年平均值为：二氧化硫0.014毫克/立方米，二氧化氮0.036毫克/立方米，可吸入颗粒物(PM10)0.066毫克/立方米，可吸入颗粒物(PM2.5)0.040毫克/立方米。全年空气污染指数达到良好以上的天数达274天，占全年天数的75.5%。全市主要河流水质基本符合相应功能区水质标准，集中式饮用水源地水质达标率100%。区域环境噪声白天平均等效声级为48.9分贝、夜间平均等效声级为41.8分贝，交通干线噪声白天加权平均等效声级为60.4分贝、夜间加权平均等效声级为54.7分贝，符合国家环境噪声质量标准。

注：1、本公报数为初步统计数，人均GDP按常住人口计算。

2、公报中地区生产总值、各产业增加值绝对数按当年价格计算，增长速度按可比价格计算。

2019南通乡村旅游节
开幕式

先进荣誉

Xianjin Rongyu

国家级荣誉

1月8日

2017年度国家科技进步奖揭晓,"特高压±800千伏直流输电工程"项目获特等奖。如皋市企业江苏神马电力股份有限公司是该项目主要完成单位,董事长马斌是项目主要完成人。这是神马电力作为项目主要完成单位获2012年度国家科技进步奖特等奖后,再次获此殊荣。

1月11日

农业部公布2017年全国休闲农业与乡村旅游星级示范企业(园区)名单,白蒲镇蒲新生态园成为如皋市唯一上榜的四星级示范企业。

3月7日

中国观网策划推出的"网民首选2017欧洲华人影响力年度人物"榜单出炉,如皋市著名旅比爱国侨领,明清外销瓷收藏、鉴赏家吴培,在29位候选人中,以897126票雄居第一名,荣获"首届欧洲华人影响力年度人物"称号。

4月1日

第一届"乐聚杯"中国青少年人工智能及创客大赛全国总决赛在黑龙江省哈尔滨市落下帷幕,如皋市"创客社团联盟""抱团"出征,参加比赛的如皋经济技术开发区第二实验小学、如皋市江安镇江安小学、如皋市磨头镇磨头小学等3所"创客社团联盟"成员学校均荣获一等奖。周祥皓等3名辅导老师均被评为"优秀指导教师"。

4月2日

中国物流与采购联合会在上海举办了"第二十五届物流企业授牌大会暨物流业创新发展论坛"。如皋港务集团公司总经理王利伟出席论坛,并接受全国5A级物流企业荣誉授牌。

4月16日

交通运输部公示了获批靠港船舶使用岸电2016–2018年度奖励资金的第二批及第三批申请项目,江苏长源钢铁物流投资有限公司南通港如皋港区长源通用码头岸电项目获得资金奖励202万元。

5月10日

商务部公布了2017年国家级经济技术开发区综合发展水平考核评价结果。在全国219家国家级经济技术开发区中,如皋经济技术开发区排名第32位,较上年提升13个名次,在县(市、区)国家级开发区中位列第4名。

5月14–15日

全国妇联在北京举办全国"最美家庭"揭晓专题节目、全国"五好家庭"表彰大会,对1000户全国"最美家庭"和1000户全国"五好家庭"进行了表彰。如皋市有2户家庭榜上有名,杨德英家庭当选为全国"最美家庭",李建云家庭当选为全国"五好家庭"。

5月20日

第五届"七彩语文杯"全国小学生诵读大赛颁奖典礼在南京金陵中学实验小学隆重举行。如皋市如城实验小学学生刘著作为全国特等奖获得者应邀参加颁奖典礼。全国小学生诵读大赛由七彩语文杂志社主办,来自全国二十多个省(自治区、直辖市)的数千名选手参赛。经过专家们的严格选拔,共评出25名特等奖。刘著的参赛作品是作家史铁生的《秋天的怀念》。

6月22日

"白蒲黄芽菜"地理标志证明商标被国家知识产权局正式核准注册。至此,如皋地理标志证明商标总量已达6件,其他5件分别是"如皋黑塌菜""如皋白萝卜"(生、熟两类)"如皋盆景""如皋香堂芋"。

6月28日

"2018中国县域经济创新发展论坛"在北京召开,论坛上赛迪县域经济研究中心发布了《2018年中国县域经济百强研究》及"县域经济100强(2018年)榜单"。南通5县市均上榜,排名分别为:海门排名18、如皋排名24、启东排名25、海安排名43、如东排名50。

6月29日

由中央文明办主办、中国文明网承办的"我推荐、我评议身边好人"活动公布6月份"中国好人"榜单,如皋市长江镇永平闸社区的"无臂硬汉"石晓华光荣上榜,当选助人为乐"中国好人"。

8月16日

小康杂志、中国小康网在全国范围内发起"2018中国信用小康指数"之"中国营商环境满意度大调查",推出了"中国营商环境百强区县"榜单,如皋市以第61名成功入选,成为南通市唯一入选区县。

8月–9月

《小康》杂志社、国家信息中心等机构,对2018年中国休闲小康指数的"寻找诗意休闲百城"进行了调查。如皋市位列最向往的百座诗意休闲小城第10名。

9月13日

中华全国总工会公布全国模范职工之家、全国模范职工小家、全国优秀工会工作者名单,如皋市总工会主席周太荣获“全国优秀工会工作者”荣誉称号。

9月12日

△从市住建局获悉，省财政厅、省住房和城乡建设厅发出通知，如皋市成功跻身全省绿色建筑和建筑节能综合提升奖补城市，成为全省仅有的两个示范试点县（市）区之一。

9月13日

“中国农民丰收节”组织指导委员会发布“5个100”名单，包括100个品牌农产品、100个特色村寨、100个乡村文化活动、100个乡村美食、100个乡村旅游线路。如皋经济技术开发区平园池村入选首届“中国农民丰收节”100个特色村寨榜单，是南通唯一入选的村庄。

9月14日

中国地方志指导小组下发《关于对第五届全国地方志优秀成果(年鉴类)的通报表扬》,《如皋年鉴(2017)》获特等奖，全国仅6部县级年鉴获此殊荣。

10月8日

《人民日报》公布了2018年中国中小城市科学发展指数研究成果。如皋分获全国综合实力百强县市第25位、全国绿色发展百强县市第22位、全国科技创新百强县市第20位。

10月15日

《中国档案报》公布了国家档案局主办的以“档案见证改革开放”为主题的征文活动评选结果，如皋市档案局获得县级市唯一的优秀组织奖，如皋市张健、顾鹏飞、许虎3人撰写的征文,在国家档案局组织的专家评审中脱颖而出，分别荣获个人优秀奖。

10月17日

有“科学界奥斯卡”之称的“科学突破奖”揭晓了2019年获奖名单，如皋姑娘、哈佛大学庄小威博士摘得“生命科学突破奖”的桂冠。

11月1日

由中国人民大学中国经济改革与发展研究院和经济学院联合主办的《中国企业创新能力百千万排行榜2018》发布会在中国人民大学成功举行。江苏神马电力股份有限公司继2017年后再次荣登1000强排行榜。

11月5日

中国慈善联合会在广州发布第五届中国城市公益慈善指数，如皋市榜上有名。至此，如皋市已连续四届荣获“中国百强公益慈善城市”称号。

11月13日

人力资源社会保障部和最高人民检察院颁发《关于表彰“全国模范检察院”和“全国模范检察官”“全国模范检察干部”的决定》，如皋市人民检察院获评全国模范检察院。

11月16日

中华全国供销合作总社办公厅公布了2017年度百强县级社名单，如皋市供销合作总社榜上有名，列“全国百强县级社”第16位。

11月23日

科技部发布了《关于2018年国家农业科技园区验收结果公示》。全国通过验收的国家农业科技园区共48个，其中江苏省南通国家农业科技园区以总分第一名的成绩顺利通过验收。

12月

福布斯中国发布了最新的“中国大陆最佳商业城市”榜单。在榜单中，江苏省上榜的城市数量最多，共计19个城市上榜，其中，南通排第37名，如皋排第66名，是南通唯一上榜的县级市，居江苏省内县(市)中第4位，居中国大陆最佳县级城市30强第9位。

12月4日

《中国县域经济发展报告(2018)》发布，在全国县域经济综合竞争力100强排名榜单中，如皋市位列第25名。

12月6日

中国老年人体协对2011-2016年度全国老年体育工作先进单位、先进个人和第九届全国健康老人的情况进行了通报表彰。如皋市老年人文化体育协会获批“全国老年体育工作先进单位”光荣称号，汪如一获授全国老年体育荣誉奖，101岁的余福喜和87岁的张建民被评为第九届全国健康老人。

12月21日

教育部印发《关于批准2018年国家级教学成果奖获奖项目的决定》，公布国家级教学成果奖评审委员会评审确定的2018年国家级教学成果奖项目，共计1355项成果获奖。如皋市4所学校上榜获奖名单，它们分别是：江苏省如皋师范学校附属小学、江苏省如皋市安定小学、江苏省如皋中等专业学校、江苏省如皋第一中等专业学校。

12月21日-23日

微博2018年V影响力峰会在北京国家会议中心举行，如皋发布(rugaofabu)荣获“微博2018读城最佳合作伙伴奖”。

12月26日

由人民日报社和中国品牌建设促进会指导，人民日报社、中国城市报社主办的“2018中国城市品牌评价排名试发布(县级市)”在人民日报社举办。“中国城市品牌评价(县级市)百强榜”中如皋榜上有名，排名全国第12位

12月27日

中国信息协会信用专业委员会和独立第三方机构竞争力智库联合发布《中国乡镇综合竞争力报告》(简称报告)，“中国乡镇综合竞争力百强”榜单、“中国中部地区乡镇综合竞争力百强”和“中国西部地区乡镇综合竞争力50强”名单揭晓。如皋市长江镇入选中国乡镇综合竞争力百强榜单第97名。

省部级荣誉

1月2日

《如皋日报》报道，江苏人才发展战略研究院、省人才创新创业促进会联合发布了《江苏县市人才竞争力20强报告（2017）》，对全省41个县市人才竞争力重新排名，其中，如皋市人才综合竞争力居全省县市第八位。

1月5日

全省乡土人才“三带”行动计划推进会暨省人才工作领导小组会议上，如皋市民王如生、时一成、陈洪生3人入选江苏省首批乡土人才“三带”名人培养对象，杨林才、陆寒尽、陈耀、宗玉华、姜国圣5人入选江苏省首批乡土人才“三带”能手培养对象。

1月10日

《如皋日报》报道，如皋市王如生、时一成、陈洪生3人入选江苏省首批乡土人才“三带”名人培养对象，杨林才、陆寒尽、陈耀、宗玉华、姜国圣5人入选江苏省首批乡土人才“三带”能手培养对象。

1月24日

江苏省科技发展战略研究院、省科技情报研究所于发布了“2017江苏省创新型企业100强”名单，江苏力星通用钢球股份有限公司上榜。

2月6日

在江苏省中华文化海外交流基地授牌暨工作会议上，李昌钰刑侦科学博物馆被省侨办、省文化厅联合授予“江苏省中华文化海外交流 基地”品牌，并举行了授牌仪式。

3月7日

江苏省环保厅公布首批江苏省生态文明建设示范乡镇（街道）、村（社区）名单，如皋市磨头镇、城南街道以及磨头镇天阳村、丁堰镇刘海村入选。

4月15日

《江海晚报》报道，江苏省人民政府办公厅发布2017年简政放权创业创新环境评价情况通报，对综合成绩优异的5个设区市、15个县（市、区）、15个省级以上开发区的地区和“开办企业”“不动产交易登记”“建设项目施工许可”单项成绩优异的地区予以通报表扬。如皋市综合排名位列第一。

4月16日

“全省台商服务工作示范点”授牌仪式在无锡举行。如皋市台办成为南通县（市、区）首家获此殊荣的单位。

4月25日

如皋市住房和城乡建设局、市城管局被省人力资源社会保障厅、省住房城乡建设厅授予“全省住房城乡建设系统先进集体”荣誉称号。

5月17日

江苏省人社厅和省编办在南京召开会议，表彰全省机构编制先进集体和个人，如皋市编办荣获先进集体称号。

6月18日

江苏省经信委对2018年江苏省两化融合管理体系贯标试点企业名单进行了公示，如皋市思源赫兹、天南电力和中铁华宇三家企业入围江苏省两化融合管理体系贯标试点企业。至此，全市省级两化融合管理体系贯标试点企业总数达到8家。

8月15日

如皋市档案局（馆）在2018年度全省档案宣传工作中成绩突出，荣获一等奖。

△如皋市档案局（馆）参与的科技项目《电影胶片档案收集保管与文化产业建设研究》获国家档案局优秀科技成果二等奖。

9月20日

如皋市盆景小镇入选江苏省第二批风情小镇创建单位名单。

9月26日

在扬州举行的江苏省第十九届运动会上，如皋学子缪嘉一路过关斩将，勇夺女子组1500米冠军。

9月21日

江苏省政府下发《关于设立江苏省南通通州湾经济开发区等26家省级开发区的批复》，如皋高新技术产业开发区获批省级高新技术开发区。

10月19日

江苏省委宣传部发文，如皋市姚呈明理论武装工作室获评全省基层理论宣讲先进集体称号。

10月31日

江苏省委宣传部专题下发《决定》，如皋市姚呈明理论武装工作室被表彰为全省基层理论宣讲先进集体。

10月24日

《如皋日报》报道，第八届江苏省职业教育创新大赛创新作品、机器人赛项获奖名单公布，如皋中专两支VEX机器人参赛队伍分别荣获冠军和季军，学生创新作品“滑轮式新型便捷高效农药喷雾器”获得三等奖。学校VEX机器人冠军队还将代表江苏赴澳门参加亚洲机器人锦标赛。

11月5日

由中国慈善联合会、广州市民政局主办，首都公益慈善联合会等24家单位联合主办的中国善城大会在广州召开，会上发布了第五届中国城市公益慈善指数，如皋榜上有名，连续四届荣获“中国百强公益慈善城市”称号。

11月14日

由省公安厅、省见义勇为基金会、苏宁环球集团发起并联合有关新闻单位和网络媒体共同开展的第九届苏宁环球杯“江苏见义勇为新市民”评选活动在南京揭晓，如皋人田道龙、马腾蛟、程登宝榜上有名。

11月13日

江苏省农业农村厅公示了2018年江苏省休闲农业精品村和主题创意农园名单，如皋经济技术开发区平园池村入选2018年“江苏省休闲农业精品村”，如皋江海荷香创意园入选2018年“江苏省主题创意农园”。

12月3日

如皋市数字档案馆符合《江苏省数字档案馆等级评估办法》规定的省5A级标准，顺利通过省5A级数字档案馆评估验收。市档案馆成为南通县（市）级国家综合档案馆中首家通过5A级数字档案馆验收单位。

12月8日

“2018年中国汽车企业创新大会暨中国汽车企业创新安亭指数发布会”在上海嘉定举行。江苏赛麟汽车科技有限公司等15家企业被授予汽车行业的“隐形独角兽企业”称号。

12月12日

江苏省文化和旅游厅公布了11个2018年度公共文化服务体系建设创新示范项目，如皋市数字文化馆云应用示范项目成功入选，是南通市唯一获奖项目。

12月15日

△第四届“寻找江苏最好吃大米”的评比结果在南京揭晓，如皋市中萃米业脱颖而出，继上年后再次夺得特等奖。

△共青团江苏省委、江苏省学生联合会公布了2018年度全省“最美中学生”“最美中职生”名单，如皋市第一中学高幸、如皋中学卢柔宇、如皋初级中学韩天予、白蒲高级中学倪梓原获评“最美中学生”称号，江苏省如皋第一中等专业学校的宗卫琪获评“最美中职生”称号。

12月18日

“江苏好人榜”发布，如皋市公安局白蒲中心派出所辅警沈银亮、如皋市长江镇富圩村村民杨秀凤分别上榜。2018年10月19日，沈银亮在协助民警抓捕犯罪嫌疑人过程中遇袭牺牲。杨秀凤1983年与爱人订婚后，爱人突遭矿难身受重伤，经救治后胸部以下高位截瘫。杨秀凤顶住压力，选择遵守婚约、誓死追随。35年来，杨秀凤每天给丈夫翻身、擦洗、按摩，帮助他排便，没让丈夫生过一次褥疮。丈夫虽失去了最重要的自由，却得到了最珍贵的爱。

12月20日

△江苏省农业农村厅公布了2018年度全省“一村一品一店”示范村公示名单，如皋有5个村居上榜，它们分别是：如皋市江安镇联络新社区、如皋市磨头镇塘湾村、如皋市磨头镇新港村、如皋市如城街道安定村、如皋市如城街道贺洋社区。

如皋市级荣誉

2018年度如皋市高质量发展红旗单位名单

项目建设红旗单位

高新区(城南街道)　江安镇　磨头镇
石庄镇　白蒲镇

财政收入红旗单位

高新区(城南街道)　磨头镇　吴窑镇
东陈镇　九华镇

生态文明建设红旗单位

政府办　环保局　公安局　发改委
高新区(城南街道)　白蒲镇　磨头镇

社会治理工程红旗单位

如皋工业园区(如城街道)　高新区(城南街道)
搬经镇　白蒲镇　下原镇　政法委
法　院　财政局　交通局

党建和精神文明建设红旗单位

高新区(城南街道)　白蒲镇　江安镇
组织部　市委办　市纪委监委　政府办
财政局　税务局　如皋工业园区(如城街道)
搬经镇　磨头镇

2018年度如皋市先进集体、先进个人名单

市级机关落实“四个全面”战略布局推动高质量发展综合考核先进单位

党群部门：市委办（研究室、机要保密局、督查室、接待办）
市纪委监委
组织部（机关党工委、两新党工委、人才办、编办）
人大办（委室） 政协办（委室）
宣传部（文明办、文联、新闻中心、社科联）
政法委（综治办、依治办） 统战部（侨联）
检察院

政府部门：政府办（法制办、机关事务管理局、外侨办、金融办、人防办、应急办、信息中心）
公安局（市委610办）、
财政局（国有资产管理局）
发改委（经信委、服务业办、中小企业局）
人力资源和社会保障局 国土资源局
教育局（教育督导室） 规划局
住房和城乡建设局
交通运输局（铁路办）
市场监督管理局（食药局、工商局、质监局、综检中心）、行政审批局（政务服务中心）、
城市管理局（城市管理行政执法局）

条管部门：税务局 供电公司 气象局 海关

金融部门：人民银行 中国银行 如皋农商银行
农业银行 建设银行 工商银行

落实“四个全面”战略布局推动高质量发展综合考核

先进镇（区、街道）

高新区（城南街道） 如皋工业园区（如城街道）
磨头镇 白蒲镇 江安镇 九华镇

创建“国家全域旅游示范区”工作先进单位

如皋工业园区（如城街道） 长江镇（如皋港区）
白蒲镇 磨头镇 住建局 城管局
财政局 交通局 旅游局
南通天天假期国际旅行社有限公司
江苏长生投资集团有限公司
南通华屹投资有限公司如皋汇金酒店管理分公司
江苏竹太藕生态农业发展有限公司

科技创新先进单位

丁堰镇 如皋工业园区（如城街道）

人才工作先进单位

一等奖：高新区（城南街道）
二等奖：经济技术开发区（城北街道）
如皋工业园区（如城街道）
三等奖：磨头镇 下原镇 东陈镇
优秀奖：长江镇（如皋港区） 组织部 科技局 人社局

工业运行先进单位

九华镇 磨头镇 白蒲镇 江安镇
如皋工业园区（如城街道）

服务业先进单位

磨头镇 石庄镇 白蒲镇 丁堰镇
高新区（城南街道） 如皋工业园区（如城街道）

建筑业先进单位

江苏南通六建建设集团有限公司
江苏江中集团有限公司
标龙建设集团有限公司
南通市戴庄建筑安装工程有限公司
中如建工集团有限公司
江苏沪港装饰有限公司

开放型经济先进单位

经济技术开发区（城北街道） 高新区（城南街道）
磨头镇 东陈镇 九华镇 白蒲镇

乡村振兴先进单位

经济技术开发区（城北街道） 磨头镇 东陈镇

乡村振兴示范村（社区）

城北街道平园池村 如城街道顾庄社区

产业兴旺先进村（社区）

磨头镇新港村 城南街道新华社区
江安镇胜利社区 城北街道花园桥村

生态宜居先进村（社区）

长江镇长青社区 东陈镇蒋宗村 白蒲镇朱家桥村
江安镇马堡村 九华镇洋港社区 城南街道新庄社区
磨头镇天阳社区 石庄镇石庄社区 如城街道龙游河村

乡风文明先进村（社区）

江安镇周庄社区 长江镇中心沙社区 城南街道肖陆村
白蒲镇钱园社区 石庄镇邹蔡村 磨头镇顾沈村
下原镇老坝村

治理有效先进村(社区)

长江镇永平闸社区	搬经镇梅甸村	城南街道申徐村
白蒲镇黄行村	东陈镇万富社区	
城北街道新生社区	磨头镇场东村	丁堰镇刘海村
江安镇黄庄村	如城街道新民社区	

生活富裕先进村(社区)

如城街道纪庄社区	城南街道建设社区
东陈镇石池村	江安镇镇中社区
九华镇郑甸社区	石庄镇新生港社区

2018年度如皋市文明行业、文明单位(校园)、文明镇(村、社区)表彰名单

文明行业

如皋市邮政系统(城中、城西、东陈、白蒲、九华、石庄、搬经、磨头支局)

国家税务总局如皋市税务系统(第一、第二、城南、城北、丁堰、白蒲、长江、石庄、磨头税务分局)

如皋市人民法院系统(立案庭,经济开发区、白蒲、磨头、搬经、港区、高新技术产业开发区人民法庭)

如皋市文广新系统(少年儿童图书馆、图书馆、文化馆、博物馆、文体旅游综合执法大队)

如皋市财政系统(如皋工业园区财政和资产管理局,如皋经济技术开发区财政局,长江镇财政和资产管理局,高新技术产业开发区财政分局,东陈、丁堰、九华、石庄、吴窑、江安、搬经、磨头镇财政所)

如皋市公安系统(指挥中心,法制、治安管理、交巡警、经侦、网络安全保卫、巡防、出入境管理大队,交巡警大队车辆管理所,看守所,城东、石庄、江安、搬经、桃园、袁桥、丁堰、白蒲、九华、如皋港交巡警中队,锦绣、丰乐、迎春、皋南、高新技术产业开发区、柴湾、袁桥、东陈、丁堰、白蒲、下原、磨头、九华、石庄、江安、搬经、郭园派出所)

如皋市市场监督管理系统(如城、高新技术产业开发区、经济技术开发区、东陈、丁堰、白蒲、九华、长江、吴窑、江安、搬经、磨头分局,综合检验检测中心)

如皋市住建系统(市政设施管理处、园林管理处、水绘园风景区管理处、自来水厂、皋城建设工程施工图审查中心、建设工程质量监督站、区域供水管理处、城市照明管理处、住房保障处、城乡建设档案馆、燃气管理处、白蚁防治站)

如皋市交通运输系统(交通运输综合执法大队、公路管理站、航道管理站、地方海事处、新长车务段如皋火车站、南通汽运集团如皋分公司、星星公交公司)

如皋市卫计系统(人民医院、中医院、第四人民医院、卫生监督所、疾病预防控制中心、妇幼保健计划生育服务中心、南通市中心血站如皋分站、120急救指挥中心,如城街道、经济技术开发区卫生所,东陈、丁堰、搬经、磨头、吴窑、石庄、下原、江安、九华镇、白蒲镇卫生所)

如皋市司法系统(法律援助中心,公证处,长江、经济技术开发区、江安、九华、磨头、如城、石庄、下原司法所,奔月、金皋、敏政、如港、希言、张峰、雉水律师事务所,长江、城北街道、方圆、皋城、皋南、磨头、正义法律服务所)

如皋市旅游系统(南通惠蒲酒店投资有限公司、江苏江中集团宾馆有限公司,南通天海国际旅行社有限公司、南通光辉国际旅行社有限公司,如皋金岛生态园发展有限公司,如皋市蒲新生态农业科技有限公司)

如皋市国土资源系统(土地储备中心,经济技术开发区、如城、长江分局,东陈、丁堰、白蒲、九华、石庄、搬经、磨头、下原、吴窑国土资源所)

如皋市民政系统(红十四军纪念馆、江滨医院、社会福利中心、救助管理站、干休所、婚姻登记处、公墓管理处、社会福利有奖募捐办、石庄殡仪馆)

如皋市烟草专卖系统

如皋市供电系统

江苏如皋农村商业银行股份有限公司系统(营业部,城南、如城、大明、中山路、高新、软件园、城东、兴隆、环北、如皋港、白蒲、东陈、夏堡、雪岸、江防、丁堰、长江、南凌、戴庄、场北、花园、高井、九华、桃园、龙舌、胜利、石庄、郭园、加力、石北、马塘、丁北、磨头、袁桥、柴湾、开发区、林梓、勇敢、奚斜、何庄、江安、下原、长庄支行)

中国建设银行股份有限公司如皋支行系统(建行营业部,城中、新皋桥、吴窑、长江、丁堰、白蒲、中山西路、经济开发区、福寿西路支行,北门、东陈分理处)

中国农业银行股份有限公司如皋市支行系统(农行营业部,中山东路、海阳南路、开发区、文峰、白蒲、林梓、如皋港区、石庄、下原、江安支行,磨头分理处)

中国银行股份有限公司如皋支行系统(中行营业部,海宁、海阳中路、东皋、西皋、开发区、白蒲、港区、丁堰支行)

中国移动通信集团江苏有限公司如皋分公司系统(城中、科技城、开发区、丁堰、白蒲、磨头、下原、吴窑、长江、九华、江安、搬经支局)

如皋市水务系统(如皋港闸、碾砣港闸、焦港闸、河道堤防、水费水资源管理所,农田水利试验站,经济技术开发区、东陈镇、丁堰镇、白蒲镇、长江镇、石庄镇、江安镇、搬经镇、磨头镇、吴窑镇水利服务站)

如皋市农委系统(农业技术推广中心、农林水利综合执法大队、林业技术指导站、畜牧兽医站、水产技术指导站、蚕桑技术指导站、农林科技与信息中心、农村能源技术指导站、种子管理站、家畜改良站、机电排灌管理站、农业机械化技术推广站;如城街道、丁堰镇、江安镇、搬经镇、磨头镇、白

蒲镇、经济技术开发区、吴窑镇、下原镇畜牧兽医站)

如皋市环保系统(环境监测站、环境监察大队)

中国电信股份有限公司如皋分公司系统(白蒲、柴湾、如城、长江、高明、林梓、磨头、江安、搬经、九华、东皋、皋南、郭园、下原、石庄支局)

中国人寿保险股份有限公司

文 明 镇

如皋工业园区(如城街道) 高新区(城南街道)

丁堰镇 磨头镇 吴窑镇 下原镇 九华镇

石庄镇 东陈镇 江安镇 白蒲镇 搬经镇

文明单位

中共如皋市纪律检查委员会(监委)

中共如皋市委办公室(研究室、保密局、督查室、接待办)

如皋市人大常委会办公室(含各委室)

如皋市人民政府办公室(法制办、机关事务管理局、外侨办、金融办、人防办、应急办、信息中心)

如皋市政协办公室(含五个委员会)

中共如皋市委组织部(市级机关工委、"两新"工委、市编办)

中共如皋市委宣传部(文明办、文联、新闻中心、社科联)

中共如皋市委政法委员会(综治办、依法治市办、国安办)

中共如皋市委统战部(侨联)

中共如皋市委农村工作办公室 (市政府农村工作办公室)

中共如皋市委台湾工作办公室

中共如皋市委老干部局

中共如皋市委党史工作办公室(地方志办)

中共如皋市委党校

如皋市档案局(档案馆)

如皋市总工会

共青团如皋市委员会

如皋市妇女联合会

如皋市科学技术协会

如皋市工商业联合会(总商会)

如皋市残疾人联合会

如皋市人民检察院

如皋市发展和改革委员会(经信委、服务业办、中小企业局)

如皋市教育局(教育督导室)

如皋市科学技术局(知识产权局、地震局)

如皋市人力资源和社会保障局

如皋市建筑工程管理局

如皋市规划局

如皋市城市管理局(城管行政执法局)

如皋市商务局(口岸办)

如皋市审计局

如皋市安全生产监督管理局

如皋市统计局

如皋市物价局

如皋市信访局

如皋市体育局

如皋市民族宗教事务局

如皋市行政审批局(政务服务中心)

如皋市公共资源交易管理办公室(交易中心)

如皋市政府投资项目工程建设中心

如皋市供销合作总社

如皋市港口管理局

如皋市粮食局

如皋市气象局

中国人民银行如皋市支行

江苏凤凰新华书店集团有限公司如皋分公司

南通市住房公积金管理中心如皋管理部

中华人民共和国如皋海关

如皋市文化广播电视传媒集团

江苏省沿海高速公路路政支队第四大队

江苏省灌溉动力管理一处拉马河闸管理所

如皋市城市管理监督指挥中心

如皋市环境卫生管理处

如皋市城市建设管理综合执法大队

如皋市物业管理中心

如皋市技工学校

如皋市劳动就业管理处

如皋市社会保险基金管理中心

如皋市社会医疗保险管理处

如皋市社会养老保险管理处

如皋市居民社会养老保险基金管理中心

如皋市机关事业单位养老保险管理处

如皋市体育中心

如皋市规划监察大队

如皋市规划编制研究中心(城市规划展示馆)

如皋市房地产交易监理所

江苏城开地产集团有限公司

如皋市规划建筑设计院有限公司

如皋市粮食购销公司

如皋市粮食储备库

如皋市粮食资产管理中心

如皋市建筑安全生产监督站

江苏南通六建建设集团有限公司

江苏有线网络发展有限责任公司如皋分公司

中国联合网络通信有限公司如皋市分公司
中国邮政储蓄银行股份有限公司如皋市支行
江苏银行股份有限公司如皋支行
如皋市公安局消防大队如皋中队
如皋大润发商业有限公司
如皋文峰大世界有限公司
如皋新城吾悦商业管理有限公司
南通品德超市连锁有限公司
江苏九鼎集团有限公司
江苏万达特种轴承有限公司
花木大世界控股有限公司
江苏海力达机电制造有限公司
南通市泰尔佳针织时装有限公司
江苏天南电力器材有限公司
江苏瀚皋机械有限公司
江苏神马电力股份有限公司如皋分公司
南通百川化工新材料有限公司
江苏海通海洋工程装备有限公司
江苏沪港装饰有限公司
江苏中铁山桥重工有限公司
南通德佳窗业幕墙有限责任公司
南通海螺水泥有限责任公司
南通杰克拜尼服帽有限公司
南通派斯第农药化工股份有限公司
森松(江苏)重工有限公司
汤始建华建材(南通)有限公司
东升南通石材产业园有限公司
华大石华(南通)有限公司
江苏如皋港集团有限公司
江苏长生投资集团有限公司
如皋金岛生态园发展有限公司
南通阳鸿石化储运有限公司
长江青少年素质教育实践基地
如皋市棉花原种场
南通泰慕士服装有限公司
江苏双龙健制衣股份有限公司
南通荣威娱乐用品有限公司
江苏大唐国际如皋热电有限责任公司
延康汽车零部件如皋有限公司
双钱集团(江苏)轮胎有限公司
南通超达装备股份有限公司
海迪科(南通)光电科技有限公司
南通世睿电力科技有限公司
小咖秀(江苏)科技有限公司
江苏顺丰通讯服务有限公司
南通恒绮纺织有限公司
如皋市非标轴承有限公司
南通昊晟纺织有限公司
南通聚星铸锻有限公司
如皋市丁堰纺织有限公司
如皋市西东色织厂有限公司
江苏路翔交通工程有限公司
南通华东油压科技有限公司
如皋市南蒲自来水有限公司
如皋市中如化工有限公司
如皋市吴窑福康医院
如皋下原医院
如皋花园医院
江苏宏景集团有限公司
如皋市华阳铝制品有限公司
南通瑞兴帽业有限公司
江苏大欣织带有限公司
南通伊藤雅针织服饰有限公司
南通星球石墨设备制造有限公司
南通小樱时装有限公司
江苏恒祥化学股份有限公司
上海电气环保热电(南通)有限公司
南通顺邦化纤有限公司
凯晖科技股份有限公司
如皋市五山漂染有限责任公司
南通玉兔集团有限公司
江苏汤臣汽车零部件有限公司
如皋师范学校附属小学幼儿园
如皋市东皋幼儿园
如皋经济技术开发区实验幼儿园
如皋经济技术开发区第二实验幼儿园
如皋经济技术开发区何庄幼儿园
如皋市港城实验幼儿园
如皋市长江镇郭园幼儿园
如皋高新技术产业开发区实验幼儿园
如皋高新技术产业开发区桃园幼儿园
如皋市如城安定幼儿园
如皋市如城实验幼儿园
如皋市如城光华幼儿园
如皋市西城幼儿园
如皋市城东实验幼儿园
如皋市东陈镇东陈幼儿园
如皋市东陈镇南凌幼儿园
如皋市丁堰镇丁堰幼儿园
如皋市白蒲镇白蒲幼儿园
如皋市下原镇山珀幼儿园
如皋市吴窑镇吴窑幼儿园
如皋市磨头镇磨头幼儿园
如皋市磨头镇场南幼儿园

如皋市九华镇九华幼儿园
如皋市九华镇营防幼儿园
如皋市石庄镇石庄幼儿园
如皋市江安镇江安幼儿园
如皋市江安镇葛市幼儿园
如皋市搬经镇夏堡幼儿园
如皋市搬经镇高明幼儿园
如皋市搬经镇常青幼儿园

文明校园

江苏省如皋中学
江苏省石庄高级中学
江苏省江安高级中学
如皋市第一中学
如皋市长江高级中学
江苏省如皋中等专业学校
如皋市实验初中
江苏省如皋师范学校附属小学
如皋市安定小学
如皋经济技术开发区实验初中
如皋经济技术开发区实验小学
如皋经济技术开发区第二实验小学
如皋经济技术开发区黄蒲小学
如皋市港城实验学校
如皋市长江镇郭园小学
如皋高新技术产业开发区实验初中
如皋市如城实验小学
如皋市东陈镇东陈初级中学
如皋市东陈镇东陈小学
如皋市白蒲镇白蒲小学
如皋市白蒲镇白蒲初级中学
如皋市白蒲镇林梓小学
如皋市白蒲镇阳光初级中学
如皋市白蒲镇新姚小学
如皋市下原镇下原初级中学
如皋市磨头镇磨头初级中学
如皋市磨头镇磨头小学
如皋市九华镇九华初级中学
如皋市九华镇营防小学
如皋市石庄镇石庄初级中学
如皋市石庄镇石庄小学
如皋市江安镇江安小学
如皋市江安镇东燕小学
如皋市江安镇滨江初级中学
如皋市江安镇葛市小学
如皋市搬经镇搬经初级中学
如皋市搬经镇高明学校
如皋市搬经镇夏堡小学
如皋市搬经镇搬经小学
如皋市搬经镇常青小学

文明社区

如皋工业园区(如城街道)蒲行社区
如皋工业园区(如城街道)新民社区
如皋工业园区(如城街道)大殷社区
如皋工业园区(如城街道)城西社区
如皋工业园区(如城街道)陆桥社区
如皋工业园区(如城街道)顾庄社区
如皋工业园区(如城街道)秀水社区
如皋工业园区(如城街道)贺洋社区
如皋工业园区(如城街道)宏坝社区
如皋工业园区(如城街道)西郊社区
如皋工业园区(如城街道)长巷社区
如皋工业园区(如城街道)安定社区
如皋工业园区(如城街道)红星社区
如皋工业园区(如城街道)城南社区
如皋工业园区(如城街道)孔庙社区
如皋工业园区(如城街道)花园社区
如皋工业园区(如城街道)仙鹤社区
如皋工业园区(如城街道)迎新社区
如皋工业园区(如城街道)城东社区
如皋工业园区(如城街道)许庄社区
长江镇(如皋港区)中心沙社区
长江镇(如皋港区)五零社区
长江镇(如皋港区)永丰社区
长江镇(如皋港区)薛窑社区
长江镇(如皋港区)镇龙社区
长江镇(如皋港区)范刘社区
长江镇(如皋港区)场东社区
长江镇(如皋港区)田桥社区
长江镇(如皋港区)顾桥社区
长江镇(如皋港区)三洞口社区
长江镇(如皋港区)长江社区
经济技术开发区(城北街道)城北社区
经济技术开发区(城北街道)东风社区
经济技术开发区(城北街道)庆余社区
经济技术开发区(城北街道)北郊花苑
经济技术开发区(城北街道)花园桥社区
经济技术开发区(城北街道)袁桥社区
经济技术开发区(城北街道)邓园社区
经济技术开发区(城北街道)双龙社区
经济技术开发区(城北街道)普济社区
经济技术开发区(城北街道)新王庄社区
经济技术开发区(城北街道)镇南社区

经济技术开发区(城北街道)杨宗社区
高新区(城南街道)马塘社区
高新区(城南街道)宋家桥社区
高新区(城南街道)新华社区
高新区(城南街道)桃林社区
高新区(城南街道)天堡社区
高新区(城南街道)平明社区
磨头镇新联社区
磨头镇天阳社区
磨头镇高庄社区
磨头镇邓高社区
下原镇邹庄社区
下原镇沈阳社区
下原镇白李社区
下原镇下原社区
东陈镇杨庄社区
东陈镇万富社区
东陈镇徐湾社区
东陈镇雪东社区
东陈镇山河社区
东陈镇雪岸社区
东陈镇洪桥社区
东陈镇双群社区
丁堰镇新堰社区
丁堰镇茄儿园社区
丁堰镇鞠庄社区
丁堰镇三河社区
丁堰镇三桥社区
白蒲镇文著社区
白蒲镇林梓社区
白蒲镇蒲西社区
白蒲镇钱园社区
白蒲镇月旦社区
白蒲镇文峰社区
白蒲镇浦东社区
白蒲镇蒋殿社区
白蒲镇松杨社区
搬经镇搬东社区
搬经镇严鲍社区
搬经镇朱夏社区
搬经镇群岸社区
搬经镇鞠桥社区
搬经镇湖刘社区
搬经镇兴夏社区
搬经镇鲍庄社区
搬经镇横埭社区
搬经镇董王社区
搬经镇谢甸社区
搬经镇高明庄社区
九华镇九华社区
九华镇四圩社区
九华镇郭李社区
九华镇营防社区
石庄镇永兴社区
石庄镇新生港社区
石庄镇石北社区
石庄镇石庄社区
石庄镇铁篱社区
石庄镇闸口社区
江安镇胜利社区
江安镇镇中社区
江安镇周群社区
江安镇周庄社区
江安镇黄市新社区
江安镇宁通社区
江安镇联络新社区
江安镇戈堡社区
吴窑镇三元社区
吴窑镇立新社区
吴窑镇吴窑社区
吴窑镇钱庄社区
吴窑镇大石社区
吴窑镇四房社区
吴窑镇黄石社区

文　明　村

如皋工业园区(如城街道)长港村
如皋工业园区(如城街道)龙游河村
如皋工业园区(如城街道)凌青村
如皋工业园区(如城街道)沿河村
如皋工业园区(如城街道)宗岱村
长江镇(如皋港区)刘胜村
长江镇(如皋港区)富圩村
长江镇(如皋港区)蔡埠庄村
经济技术开发区(城北街道)平园池村
经济技术开发区(城北街道)里庄村
经济技术开发区(城北街道)万新村
经济技术开发区(城北街道)纪港村
经济技术开发区(城北街道)狮垛村
经济技术开发区(城北街道)复兴村
经济技术开发区(城北街道)野林村
经济技术开发区(城北街道)天河桥村
经济技术开发区(城北街道)戴庄村
经济技术开发区(城北街道)朱厦村

经济技术开发区(城北街道)桥港村
高新区(城南街道)育华村
高新区(城南街道)申徐村
高新区(城南街道)明池村
高新区(城南街道)肖陆村
高新区(城南街道)桃北村
磨头镇丁冒村
磨头镇新徐村
磨头镇朗张村
磨头镇十字桥村
磨头镇兴韩村
磨头镇场西村
磨头镇高李村
磨头镇星港村
磨头镇塘湾村
下原镇老坝村
下原镇花园头村
下原镇陈桥村
下原镇张庄村
吴窑镇老庄村
吴窑镇何柳村
吴窑镇陈家村
东陈镇杭桥村
东陈镇北庄村
东陈镇雪洪村
东陈镇蒋宗村
东陈镇石池村
丁堰镇刘海村
丁堰镇红桥村
丁堰镇赵明村
白蒲镇合兴村
白蒲镇朱家桥村
白蒲镇康庄村
白蒲镇沈桥村
白蒲镇杨家园村
白蒲镇桥口村
白蒲镇沈腰村
搬经镇焦港村
搬经镇万富村
搬经镇梅甸村
搬经镇任庄村
搬经镇林上村
搬经镇肖马村
搬经镇港桥村
搬经镇哓庄村
搬经镇刘庄村
搬经镇土山村
搬经镇楼冯村
九华镇马桥村
九华镇营西村
九华镇丝渔村
九华镇耿扇村
九华镇赵元村
九华镇杨码村
九华镇姜园村
九华镇龙舌村
石庄镇凤龙村
石庄镇杨庄村
石庄镇何正村
石庄镇唐埠村
石庄镇邹蔡村
石庄镇洪港村
江安镇合作村
江安镇黄庄村
江安镇徐柴村
江安镇佘圩村
江安镇陈严村
江安镇黄建村
江安镇葛市村
江安镇新建村
江安镇申九村
江安镇西庄村